我
思

敢于运用你的理智

历史哲学

周建漳 著

长江出版传媒

崇文书局

图书在版编目（ＣＩＰ）数据

历史哲学 / 周建漳著. －－ 武汉：崇文书局，
2023.5
（崇文学术文库·西方哲学）
ISBN 978-7-5403-7163-0

Ⅰ. ①历… Ⅱ. ①周… Ⅲ. ①历史哲学 Ⅳ. ①K01

中国国家版本馆 CIP 数据核字（2023）第 038262 号

历史哲学
LISHI ZHEXUE

出 版 人	韩　敏
出　　品	崇文书局人文学术编辑部·我思
策 划 人	黄显深（bithxs@qq.com）
责任编辑	黄显深　鲁兴刚
责任校对	李堂芳
封面设计	书与设计工作室
责任印制	李佳超
出版发行	长江出版传媒　崇文书局
地　　址	武汉市雄楚大街 268 号 C 座 11 层
电　　话	（027）87677133　邮政编码　430070
印　　刷	湖北新华印务有限公司
开　　本	880㎜×1230㎜　1/32
印　　张	13.5
字　　数	314 千
版　　次	2023 年 5 月第 1 版
印　　次	2023 年 5 月第 1 次印刷
定　　价	88.00 元

（读者服务电话：027-87679738）

再版序

转眼这本书出版已近十年，今湖北崇文书局编辑黄显深先生跟我联系，说有意将之接手再版。书写出来总是希望有更多的人看，今有出版社方面认可其质量及市场前景，我挺高兴，并谨此致谢！

照理再版是修订的良机，就像再嫁之人也得重新梳妆示人，但我这些年来虽仍为学问中人，却"真理缠身"，于历史哲学方面殊少用力，尤其是文献阅读方面不能适时跟进，因此，这么些年下来虽不无新知新见，但认真说来却也乏善可陈。此外，除手头年来正在一改再改的有关真理的论著，我在 2014 年翻译完安柯斯密特 (Franklin Rudolf Ankersmit) 的《历史表现中的意义、真理和指称》后，曾决意于译事"告一段落"，但由于在真理研究中与美国学者哥文 (Michael Gelven) "相见恨晚"的邂逅，立意将他包括《真理与存在》(*Truth and Existence*) 在内的几本书一并介绍到国内，这样一来，也就没有更多的时间和精力重开历史哲学"第二战场"，因此，想来想去，除将原版中几处文字上的错漏顺手校正外，最终只好还是让它一仍其旧吧。

我此前曾经出过三本译著，其间从未为出版的事操过心。这次我在没有联系出版的情况下直接着手开始翻译，一方面固然是因为自己研究的需要，更重要的是对其出版前景——现在看来是——盲目乐观。待到后来自己且拜托朋友一通联系下来，方知情况今非昔比。孰知世间意外之事常有，这回是不如意与因缘殊胜之事联袂登场。我于几近"山穷水尽"之际跟黄编辑顺口提了一句，得知崇文书局也出版译著，并在了解了我所提供的作者背景及我的翻译后迅速表示了出版哥文《于思之际，何者入思》(*What Happens to Us When We Think*)的中文版的意向，"柳暗花明"真好。可是，对历史哲学就真的只能 say sorry 了。

周建漳

2022 年 8 月 31 日

于"仁智近处"

北大版序

本书是历史哲学的通论性著述，在定位上希望兼顾学术性与普及性，满足有兴趣了解历史哲学的哲学、史学乃至人文相关学科本科生及研究生的理论需求，同时希望在资料乃至某些论题及其论证方面对专业研究者亦能有一定的参考价值。因此，对例如"时间"乃至"叙述"这样的论题不可能做穷究性的专精探讨。与此相关，本书的文本基本上是陈述性而非论辩性的，虽然，完全不包含或明或暗论辩的哲学论述实际上是不存在的。

哲学话语与文学话语乃至史学话语的重要区别之一是，哲学论述并不是直接面对一般读者而是只写给同行看的内部话语，这一点在当代分析哲学中表现得尤为典型。但与科学理论不同——科学最终以技术产品的物质方式被大众接受——哲学作为人文学科终究还是要以语言方式与读者结缘，在这方面，西方哲学从苏格拉底到萨特乃至罗素都属于直面一般受众的哲学家，而中国哲人在这一点上似乎尤胜于西方哲人。笔者学有未工，但对"是真佛只说家常"倒也是心向往之。当然，这一点实际做来却并不是处处都那么容易处理得好，这里的原因既有学术上未必处处达到深入浅出所要求的透彻性，也与写作上编排和疏通的功夫不到有关。差堪自慰的是，书中所写均系自己文本阅读和独立思考的结果，所谓"肉烂了在锅里"，想来它对于有心的读者来说应该是会有帮助的。顺便说一句，本书的可能读者应该是对哲学多于对史学专业感兴趣的人，这和历史哲学本身的学科性质有关，但对于非哲学专业但有相应理论兴趣和人文素养的读者来说也不至于有太大的语言障碍。

作为哲学的一个分支，尽管自近代以来历史哲学已经有了一定的发展，但总体上说，她尚未形成一个完整统一的学科理论框架，换言之，关于什么是该学科应该包括的基本内容，以及这些内容之间的逻辑关系，笔者只能由自身的学养和识见出发，做出力求全面和融贯的抉择与安排。全书章节安排上以论题为主线，将思潮、人物、著作等融汇其中。举例来说，解释学和福柯思想中有关历史的论点乃至后现代史学潮流等并不专门论列，而是涵融于相关章节中。在内容的逻辑安排方面，本书"绪论"对历史哲学概念及历史脉络（思潮、人物、著作）作统一的简要概述，为全书各部分的论述提供一个基本的背景框架。第一、二章分别从"历史"与"史学"这两个最基本的范畴入手开始全书的论述。在此基础上，第三至六章及七、八两章分别属于历史"认识论"和"语言（文本）论"的问题。其中的各个问题覆盖了现当代西方历史哲学的基本论题，大致反映了现当代西方历史哲学的理论全貌。最后一章关于"历史评价问题"的讨论涉及与史学有关的道德问题和整体历史观中的进步论问题,是与现实联系较密切的一章。

内容构成上,分析与叙述的历史哲学的论题构成全书主体,在扬弃思辨历史哲学的基础上关于历史的形上哲学思考集中反映在第二章的问题中。此外,本书认为,历史哲学的既成学术论域有待拓展,本书关于解释学历史观方面的阐述就是在这方面所作出的一点小小的尝试。

另外,引文方面,外文著作有中译本的情况下我尽量引用中译,以方便读者查阅。英文书名和文章标题、出处等则直接引原文,有外文学术文献使用经验的读者都知道,这对于外文文献检索来说是最准确和最方便的信息。此外,这也是出于对本书读者基本英文能力的判断。

为本书面世,首先应该感谢的是编辑田炜女士的细致工作与愉快合作。对学界前辈何兆武先生及荷兰格罗宁根大学安柯斯密特教授的鼓励与教益,衷心铭感,对北京师范大学韩震教授在科研方面的大力支持谨此致谢。本书的研究得到国家社会科学基金的资助,几位匿名评审者对课题结项成果的慷慨褒扬给了我可贵的鼓励,谨此致谢!最后,对浙江大学历史系陈新教授、清华大学历史系彭刚教授、首都师范大学历史学院岳秀坤教授及厦门大学历史系赖国栋助理教授诸同道多年来在学术上的学谊与砥砺,一并致谢!当然,本着文责自负的原则，一切不足之处和批评指正例当由笔者"概括承受"。

周建漳

2014 年 6 月 14 日

于厦大东区"仁智近处"

目　录

第一章　绪论

关于"历史哲学"的反思性推究乃是其作为一门学科的逻辑起点。在此，历史哲学指的是西方历史哲学。这不是逻辑的必然，而是关于事实的陈述。

本章在大的线索上看，包含历史性与概念性两个层面：在第一节关于"历史哲学"的题解性质的阐述之后，第二节是对西方历史哲学从古到今整体理论脉络的历史性审视，它构成了全书各种理论话题的基本语境。在其余各节中，我们分别从本学科的基本论题、学科特性及与相关学科关系等方面勾勒与描绘历史哲学的界面与轮廓。

第一节　历史哲学：
关于"历史"与"史学"的哲学言说

哲学有一种牵涉一切的宏观意味，这从其名称不指向任何特定对象即可窥见一斑。当哲学的触角与人类特定活动领域如政治、经济、文化、宗教、法律、科学、语言发生关系时，就孕育出以各领域命名的如政治哲学、经济哲学、宗教哲学、法哲学等相应哲学分支，历史哲学即是如此。不过，与诸如"科学哲学"或"法哲学"等哲学分支稍有不同的是，历史哲学所指向的对象即"历史"一名二指，兼有客观实在和主体思维二义：历史既可以是"人类的过去"（the past），又指人类对此的记载与探究即史学。准此，"历史哲学"在语义上逻辑地包含着二者，即关于历史和史学二者的形上言说及理论反思，而事实上，大致自黑格尔一代之后，今日历史哲学所指往往即对我们关于历史本身所思所言即史学的批判性反思，至少其主流如此。

历史哲学曾经包括对历史和史学两方面的探讨，前者通常称为历史本体论，典型如黑格尔、汤因比、斯宾格勒关于历史本身——其总体行程、模式、意义乃至目的——的本体论"思辨性"话语，后者则为以史学（认识、写作）而非历史为对象的"二阶"认识论分析性言说，它涵盖了 19 世纪中下叶直到当代西方历史哲学的几乎全部著述。历史本体论的传统形态，即奥古斯丁及黑格尔式关于历史的总体行程、模式及总体意义、目的的思辨言说，在当今哲学与史学两界均遭摒弃，自汤因比《历史研究》之后几无人更奏此曲。从学理上说，这类质疑容有其学术上的合理性，因为，关于历史的传统本体论思辨话语有着过于明显的以哲学为关于世界的最终、绝对真理和"科学的科学"的传统遗迹，且关于言说对象的这样一类总体性"宏大叙事"往往内涵空虚、大而无当，不能得到经验材料的支持。但是我们注意到，历史本体论让位于认识论和语言论与自然哲学向科学哲学的转换是整个西方哲学现代学术转型的共同表现，它们在精神实质上与"拒斥形而上学"的极端思潮有内在关联，而这一主张今天在哲学中实际上已成"明日黄花"，这从晚近分析哲学内部奎因

(Willard Van Orman Quine)、戴维森（Donald Herbert Davidson）
等人关于本体论承诺的肯认的最新理论发展动态亦可以得到某
种佐证。[①]

　　从学理上说，形而上学非止于传统的思辨形态，一方面，去
掉其从基督教历史神学中所继承的末世论意味，欲达到对历史大
势的理解和把握，某种"历史总体化范畴"是必不可少的。就此
而言，关于"现代性"与"后现代性"的理论思考正是当代人类
把握自身时代的历史本体论话语。[②]另一方面，关于历史的形上
本体思考还可以是"分析的"或者说"描述的"，[③]对历史存在何
以可能之类的问题提出形而上学的追问，依范克（Gerhard Funke）
的现象学观点，此即是"对历史（成为可能）的条件、前提和基
础的一般揭示"。[④]在这一方向上，海德格尔在《存在与时间》
中关于"时间性"与"历史性"的现象学描述具有重要的范式意
义。费（Haskell Fain）的《哲学与历史之间——分析传统内思辨
历史哲学的复兴》从理论上论证关于历史的本体思辨的意义，赫

---

① 江怡主编：《走向新世纪的西方哲学》，中国社会科学出版社 1998 年
版，第 93—95、418—423 页。

② 关于这一问题，彼得·奥斯本的《时间的政治——现代性与先锋》（王
志宏译，商务印书馆 2004 年版）一书，尤其是其"序言"可资参考。

③ 韩林合：《分析的形而上学》，商务印书馆 2003 年版；"描述的形而
上学"则是当代美国哲学家戴维森关于"探索实在结构的语言框架"的学说
的理解，详见江怡主编：《走向新世纪的西方哲学》，中国社会科学出版社 1998
年版，第 419 页。

④ Gerhard Funke, "Phenomenology and History", in Maurice Natanson ed.,
Phenomenology and the Social Sciences, Vol. 2, Northwestern University Press,
1973, p. 19.

勒（Ágnes Heller）的《历史理论》则实际给出一个关于历史的形上哲学文本。从根本上说，一种缺乏本体维度的历史哲学是否可能或至少是否完整，这是历史哲学必须正视的问题。

关于历史认识的哲学反思具有明显的二阶性质，即从关于历史存在的直接哲学言说后撤，而以关于历史的史学思考及文本叙述为自身审视与分析的对象。这种认识论反思在迄今为止的历史哲学中曾经形成"历史解释"与"历史认识客观性问题"两大理论热点，同时，包括历史认识可能性、历史认识的独特性在内的一些问题亦得到一定的探讨。在"语言性转向"的哲学背景下，历史哲学亦经历了由认识论到史学文本修辞与诗学分析的转变，在语言的维度上，话语与存在的关系得以凸显，标示着当代历史哲学在理论广度和深度上的可贵提升。

作为哲学的一个分支学科，历史哲学处于史学与哲学交界处，因此，对它的概念规定势必涉及它与哲学和史学二者之间的关系。首先，在哲学范围内，历史哲学这样一种带限定语的哲学和一般哲学之间是什么样的关系？

由哲学与特定对象相结合构成的哲学分支如历史哲学、政治哲学或科学哲学有时被称作"部门哲学"，意即是限于某一方面的类别哲学。根据这样的理解，部门哲学与不带限定词的哲学之间乃特殊与一般的关系，部门哲学是一般哲学向非哲学领域"殖民"的结果，准此，哲学母体对其部门哲学分支有指导性意义。但另一方面，所谓一般其实是寓于特殊之中的。表面看来，一般哲学与部门哲学间视域有宽狭之别，前者以整个世界为对象，而后者则以世界的某一部分或方面为研究客体，然而，这一区分实际上只有相对意义，比如，作为 20 世纪哲学显学的"语言哲学"到底是一般哲学还是部门哲学？通常所谓哲学的"本体论"（形而上学）、"认识论"在理论的普适性方面被认为是关于存在与认识的普遍哲学理论，而事实上，关于整个世界和认识的思考都是以一定时代下常识性的典型存在与认识样式如"物理世界"或"数学""物理学"为原型和依托的，亚里士多德的形而上学之为"物理学之后"（Meta-physics），就是明证。准此，历史哲学亦即"历史学之后"即"元历史"（Meta-history）。因此，所谓一般哲学与部门哲学其实只是反映了哲学与世界或明或暗的"援引"关系而已，部门哲学从名称到内容都将其与经验存在的关系加以明示，而在所谓一般哲学中，这种关系直接看来似乎不那么明显。

另外，从精神旨趣与运思方式而言，世界上真正的哲学只有一种，在此之外并不存在一种专门和独立的另类哲学。换言之，历史哲学乃至各种哲学分支所操的无非是共同的本体论和认识论的语言，所谓历史哲学不过是关于历史存在与历史认识的哲学探讨。因此，包括历史哲学在内对历史这样一种特定存在的哲学探究反过来对于我们关于存在的一般哲学理解是不可或缺的，对各种存在的具体理解是我们关于存在的一般哲学理解的根基与根据。

再举一例，当代历史哲学从文本角度对历史叙述及其与存在间关系的探究对于主要基于语句分析层面的英美主流语言哲学显然具有重要的学术意义，另外，从历史叙述看叙述在人类思维及存在层面上与一般理知话语的关系，亦触及重大的理论话题。概括起来，历史哲学与一般哲学之间始终存在着微妙的同步共鸣的互补关系。作为哲学分支学科，其理论根基与资源是一般哲学，反过来，其进展又推动着一般哲学的发展。在这一意义上，丹图（Arthur Danto）的"历史哲学不仅仅与哲学有关：它就是哲学"[1]的主张是十分中肯的。

在哲学之外，（历史）哲学与史学的关系是一个有意义而又敏感的学术话题，在这一问题上，凡是对此问题有所关注的历史学家往往是提出投诉的一方，而哲学家则处于守势，需要为自身在史学问题上的话语权及其学术意义提出合法性辩护。

对关于历史的哲学思考，历史学家产生职业性的疑虑是不难理解的。一方面，他们往往产生自身学术自足地位遭冒犯或被凌驾之感；另一方面，史学家们往往质疑哲学对史学的反思对历史学科而言究竟有何助益，例如，一些像阿尔通（G. R. Elton）这样的历史学家怀疑历史哲学与他们的工作有何相干，甚至认为历史哲学观点对于他们的工作构成妨碍。[2]这其实牵扯到从学科定位、学术分际到学科本位乃至学术"恩怨"等一系列复杂的学术与"政治"问题，需逐一加以梳理和分析。

首先是学科论域的确定问题。从史学的角度看，关于历史的对象性言说似乎只可能有一种，这就好像关于一元二次方程，只可能有数学解，而不可能另有什么哲学解。准此，人们怀疑在各门学科关于特定对象的实证科学研究之外是否可能有哲学的置喙之地？关于哲学与具体学科关系的传统说法往往强调哲学论说相对于具体史学话语的整体综合性。可是，这种整体性与具体性之别在史学中无非是通史与断代史、世界史与国别史之别，虽

---

① 阿瑟·丹图:《叙述与认识》，周建漳译，上海译文出版社 2007 年版，第 1 页。

② R. F. Atkinson, *Knowledge and Explanation in History: An Introduction to the Philosophy of History*, Macmillan Education Ltd., 1989.

然有时历史学家自己亦将这种由史学自身出发的整体理论性历史言说认定为广义的历史哲学，①但在本质上这只是史学而非哲学。因此，仅仅是对象范围上量的扩张显然不足以为历史哲学提供立身之所。当然，哲学其实强调的是质上的整全性而非相对于部分意义上的整体性。以黑格尔《历史哲学》为代表的近代历史哲学为例，其所给出的即是这样一种思辨性整全历史话语，它是一种不仅关于全部人类过去，更预设历史的结局或终点的，关于人类史的"神学式"的整全目的论言说。一旦关于某种对象的言说上升到整全层面，其性质就发生了从经验学说到哲学思辨的转化，在此，表面看来史学与历史哲学"能指"相同，即均以历史为对象，其"所指"实有不同。哲学所面对的历史或史学和史学所面对和所是的严格说来是不同的两回事，它们处于不同的存在与话语维度上。历史哲学所涉及的往往是关于历史或史学的前提性和根本性问题。对这类问题，如历史是什么、史学作为一门学科的理论与文化品格及历史认识的合法性等等，一般历史学家具有由复杂来源形成的既定前见。作为具体研究的思想背景，这些前见本身在一般情况下并不进入专业研究的视野中，它们对于具体研究亦无直接具体助益或妨碍，而在理论层面上，这恰恰是哲学反思的应有问题。总之，就论说对象而言，在与史学不同的层面上，历史仍然可以是哲学合法的言说对象，这就好像说起山林来通常都同意是林业工作者的工作区域，但其实它同时也是猎人、山水画家、旅游者乃至游击队员的"作业区"，在此，"伐木

---

① 以中国史学而论，翦伯赞、牟宗三均有以"历史哲学"为名的著作，实质上即是某种总体史。

造林"与"逐鹿山中""师从造化""游山玩水"等等同样可能，一样正当。因此，在严格意义上，学科边界只是事实上形成的方便分层，其间并不存在先验唯一的疆域边界。

当然，历史可以是哲学的合法论域并不担保哲学家在此论域中所有言说的恰当性。事实上，思辨历史哲学不但为史学家所不乐见，即使是在哲学内部亦声誉欠佳，因而自黑格尔后便一蹶不振。关于思辨历史哲学的学术声誉及其理论得失（详见本章第二节）在此暂且不论，有一点可以指出的是，思辨历史哲学的式微与它自认或被认作是与史学在同一论域中"同台竞技"的理解不无关系，就像自然哲学曾经将自己当作自然科学的高级形态一样。反之，用思辨哲学所思辨的相应对象学科的标准看待其利钝成败其实也是犯了同样的错误。以例明之，分析历史哲学家丹图批评关于历史的实质性（substantive）哲学言说犯了"假定我们能在事件本身发生之前书写事件的历史"的错误，[①]因为"他把历史学家用于组织过去事件的同一类结构"不合法地"投射到未来中"，[②]可以说就有这种范畴误置之嫌。换言之，如果我们将思辨哲学还原为关于历史的虚灵理论想象，而非操思辨声口讲述的关于整个人类历史进程的哲学故事，则其价值主要不在于是否可以在"事件的历史"中得到"落实"，而在于是否对我们关于历史的理解有所启示，那既可以避免思辨者不必要的虚骄，亦可以减少哲学内外不必要的苛责。至于在中国语境下曾经出现过的所谓"以论代史"的情形，它是一种学术虚骄为表，伪学术话语为

---

① 阿瑟·丹图：《叙述与认识》，第 18 页。
② 阿瑟·丹图：《叙述与认识》，第 21 页。

里的虚伪话语，其不足为哲学病又何足道哉！

其次，对象论域与问题意识、方法和旨趣有不可分割的联系，在很大程度上，同一能指（语词）涉及不同所指（概念）往往与问题意识及方法、旨趣有关。一般说来，特定领域与哲学的交叉无非是以下两种情况。其一，哲学家将专业眼光投向该领域后"见猎心喜"的结果，例如，历史之为当下不在场的时间性存在，其特点对于哲学上本体论视角的拓展有特殊的意义；与此相联系，时间之为历史存在的形上前提成为时间哲学不可或缺的维度。此外，历史叙述所提出的关于文本与存在关系的语义学维度，以及叙述之为不同于一般认识论所着重关注的理知的话语形式在人类理解世界的方式中所占有的独特地位，均是由关于历史的哲学思考生发出来的哲学课题，同时也为相关哲学理论的发展提供了新的视角及可资利用的理论资源。哲学触角伸向历史的另一种情况，就是将已有的哲学理论运用于关于历史认识和著述的哲学处理和分析。例如，丹图在他的《分析的历史哲学》中关于"历史认识的可能性"及"叙述句"的语义分析，显露出明显的分析哲学路数。历史哲学中由亨普尔（C. G. Hempel）肇端并成为 20 世纪 50 到 70 年代分析历史哲学主流话题的"历史解释"问题，是科学哲学向历史哲学辐射的结果。至于海登·怀特（Hayden White）的《元史学》，其由语言学和文学理论入手进入史学文本的元叙述分析更为众所周知。其二，是由各领域内部的理论困惑提出具有哲学意味的问题，诸如"历史认识客观性"这样的问题，既具有明显的哲学理论的背景，又与历史研究的内在困惑有某种实际关联；在历史记忆、史学功能以及历史评价等一系列问题上，史家兴趣与哲学话语均有较多的交集之处。在这方面，哲学问题的提出和思考并不局限于专业身份，尤其是在历史认识问题上，专业历史学中的大家往往是那些能提出和思考哲学性理论问题的人，事实上，今日西方历史哲学研究者中绝大多数，如果就职业身份而论，往往属于历史系而非哲学系。当然，这和今天西方学术界人文学术一定程度上的打通倾向有一定关系，但是，即便是那些从事第一线史学工作的职业历史学家从兰克、马克·布洛赫（Marc Bloch）（《历史学家的技艺》的作者）、卡尔（E. H. Carr）（著名的《历史是什么》的作者）到当代法国年鉴学派的布罗代尔（F. Braudel），均曾就史学给出具有深刻理论意义的哲学思考，而反映在史学著述"前言"乃至正文的字里行间的理论反思就更是所在多有了。这是因为，狭义上的哲学具有由概念工具到思维方式一系列技术手段构成的专业门槛，在学术研究高度专业化的今天，几乎可以说非专业研究者办不到。而在广义上，哲学可以表征反思性的思想态度和超越性的理论旨趣，实际上，任何人只要对世间事物产生这样一种反思态度，他就处于某种"哲学时刻"，只不过和任何学科一样，如果不具备相应的技术性手段，这样一种思想态度往往只是灵光一现，难以形成有效尤其是系统的哲学理论。

在历史哲学之外，史学理论及方法论的思考亦具有反思性的特征，在某种情况下，二者之间可能存在着某种重叠关系，不过，总体观之，历史哲学与史学理论之间的界限，不论在理论上还是在实践中，大致上都是清晰的。除了思想的抽象性程度和概念工具方面的明显区别外，史学理论或方法论从根本上说是附属于史学的，而历史哲学的意向性则指向哲学而非史学，二者有所谓"对历史"(about history) 的或"在历史内部"(within history) [1] 的不同。前者不提供关于如何"作历史的操作手册"(manuals for doing history)，而后者恰恰以对史学实践的理论指导为能事。[2]

到目前为止，我们关于历史哲学的刻画所采取的是哲学本位的视角，就此而论，历史哲学属于哲学而非史学，其理论旨趣是为哲学而非为史学服务的，对史学有什么用至少不是哲学家的首要考虑，因而一种历史哲学是否成功的判准最终是其在哲学上的意义，而非其对史学有何价值。然而，这只是问题的一个方面，事情的另一面是，历史哲学既然以历史为定语，它就不可能也不应该是跟史学毫不相干的，相反，它必定会与史学有某种内在的关系，这种关系对人类客观历史而言，包括在通盘历史视野中审视当下，为当下的历史定位提供参照。试举一中一外两个例子，欧美学界关于当今时代的"后现代"历史判断，华人学者唐德刚关于中国历史四千余年封建、帝制、民治"三大阶段与两次转型"历史大势的论断，[3]二者抽象化程度容有不同，总体上看，都可以视作哲理性的历史思考。在认识论方面，为史学的历史哲学具体说就是将哲学理论与工具运用于史学认识与历史问题的分析中，并且以哲学服务史学为宗旨。如果说哲学本位的旨趣可以被比喻为缘历史之木求哲学之鱼，那么，以史学为中心的哲学思考则是后者对前者的反哺。在当代历史哲学论著中，就笔者所见，麦

---

① Partrick Gardiner, *The Nature of Historical Explanation*, Oxford University Press, 1980, p. x.

② Partrick Gardiner, *The Nature of Historical Explanation*, p. ix.

③ 唐德刚：《中国社会文化转型综论》，见氏著《晚清七十年》（一），台湾远流出版社 2011 年版，第 8 页。

吉尔（Allan Megill）的《历史知识和历史谬误：当代史学实践指南》（*Historical Knowledge, Historical Error: A Contemporary Guide to Practice*, The University of Chicago Press, 2007）和哥曼（Jonathan Gorman）的《历史判断》（*Historical Judgement*, Acumen Publishing Limited, 2007）这两本同年出版的著作正是这一类型的新作。哥曼明确指出，其书"意欲给出对历史学家所关注的理论问题友好的哲学回应"，并且主张，"关于史学的哲学思考应出自史学研究自身，而非由哲学所外加"。[1]麦氏之书强调历史认识论思考对史学认识的必要性，并且以美国史上杰弗逊与其黑人女奴黑明丝间是否存在性关系问题为个案，从历史认识论的角度加以分析，强调史家诚然可以进行推理，但为了证明其结论为真，则必须给出导致其信念的根据，并且有义务尽可能清楚地标明手中所掌握事实与其假说推理的边界何在，最后，还要为自己的推理的合法性提供辩护。基于上述认识论原则，他认为，由卡兰达（James Callender）1802 年率先提出的声称杰弗逊卷入与黑明丝性丑闻的说法在学术上缺乏根据。[2]

不过，哲学理论如认识论观点之被引入史学问题只是提供原则性的指导，本身不能独立解决具体史学问题。关于哲学功能的一个基本理解是，凡是涉及具体学科研究中的具体认识或方法问题，如果可能有解的话，其解总（已经）在该学科中而不在哲学中。在麦吉尔看来，有经验的史学家在自己的研究中事实上已然

---

[1] Jonathan Gorman, *Historical Judgement*, Acumen Publishing Limited, 2007, pp. 2, 4.

[2] Allan Megill, *Historical Knowledge, Historical Error: A Contemporary Guide to Practice*, Chapter 6, The University of Chicago Press, 2007.

遵循了正确的学术原则，哲学家在此只是将历史学家凭直觉而行的原则主题化和明晰化而已。将史学实践中的合理性因素上升到自觉的理论层次，使其具有了可推广性，这对提高史学研究的水平具有全局性意义。对于特定历史学家个体来说，历史哲学相关理论与其专业研究也许并无直接必然的联系，与之隔膜亦无伤"小雅"，可是，对欲在史学上做出重要成就的大雅之家，乃至对史学研究整体来说，与关于历史的哲学性思想的隔膜势必成为制约其发展的学术瓶颈，正如脱离具体学科凌空蹈虚的哲学是行不通的一样。我们看到，事实上的确有一些杰出的历史学家如《马丁·盖尔归来》的作者戴维斯（Natalie Davis）承认自己"在某种程度上"是"有自己的历史哲学"的，当今剑桥思想史名家昆廷·斯金纳（Quentin Skinner）则指出，对他的史学工作"产生了最为直接的理论影响的作者就是柯林武德"。[1]而在中国史学界，英年早逝被视为"天才的史学家"的张荫麟可以说是历史与哲学结合得最明显的典型。他 1929 年夏毕业于清华学校高等科，史学为其学术志趣之所在。同年秋季赴斯坦福大学，选择哲学、社会学为专业。他"出入玄与史"（钱锺书句），[2]目的是为一展其在史学上的抱负打下坚实的理论基础，"从哲学冀得超放之博观与方法之自觉"。[3]熊十力在悼张荫麟文《哲学与史学》

---

[1] 玛丽·露西娅·亚帕拉蕾丝－伯克编：《新史学：自白与对话》，彭刚译，北京大学出版社 2006 年版，第 63、271 页。

[2] 钱锺书：《伤张荫麟》，见氏著《槐聚诗存》，转引自陈润成、李欣荣编：《天才的史学家：追忆张荫麟》，清华大学出版社 2009 年版，第 4 页。

[3] 《张荫麟致张其昀》，《思想与时代》第 18 期，1943 年 1 月，转引自陈润成、李欣荣编：《天才的史学家：追忆张荫麟》，第 610 页。

中说:"今之言哲学者,或忽视史学。业史者,或诋哲学以玄虚。二者皆病。"①实为中肯之言。

对史学与哲学之间不即不离的微妙关系,我们可以借用维特根斯坦关于"语言游戏"的比喻加以进一步的说明。如果我们把史学视为特定的语言游戏类型,那么,历史哲学家乃是史学游戏的特殊旁观者:不同于游戏的拥趸,我们对游戏的玩法及胜负并无内在兴趣,因而从来不是高明或拙劣的谋士;与裁判不同,我们并没有执行规则以确保游戏公正性的权力;与教练员也不一样,我们并不具有在场外为史学工作者指点制胜之道的资格与义务;我们当然也不是引导人们观看比赛的现场解说评论。作为史学游戏的特殊旁观者,哲学家所扮演的角色倒有几分像文学评论家。文学评论与文学是两个不同行当,前者为"学术"而后者是"艺术"。表面上看,作为评论家的历史哲学家和其他的史学家及其同行读者或者一般读者面对的是同一文本,但在意向性层面上,彼此所指向的对象却迥然有别。哲学家的兴趣是理论性和阐释性的,史学之于哲学既是理论灵感的来源,又是理论阐述的素材。在史学研究与创作层面上,哲学家是外行,因此,就像小说家或诗人想依美学家或文学评论家的小说理论或诗学理论获得创作上的直接指南是缘木求鱼一样,任何按照历史哲学理论写出来的历史在专业上也是没有价值的。但是,话说回来,哲学本身自成专业,其关于历史及史学的理论反思与阐释,在更广阔与更深沉的意义上未尝不是富有学术含量的内行话。

---

① 陈润成、李欣荣编:《天才的史学家:追忆张荫麟》,第 21—22 页。

第二节 西方历史哲学的发展脉络

当我们回溯某一学科的源起时,必须区分相关思想萌芽的最早出现与学科意识的自觉,严格意义上的学科起源应该以后者为准。

就关于历史的哲学观点而言,今天我们至少可以追溯至古希腊哲人亚里士多德在《诗论》中提出的那个著名论点:"诗比历史更富有哲理、更富有严肃性,因为诗意在描述普遍性的事件,而历史则意在记录个别事实。"[①]亚氏此言的意义不仅在于他在那么早就敏锐揭示了史学的学术特征,更重要的是它代表着自古希腊时代开始西方人头脑中关于史学某种根深蒂固的典型观念。基于西方文化中内在的追求确定性与普遍必然性的认知冲动,古希腊人几乎一开始就对在变动不居、不可再现的历史中是否能做成有效知识心存疑虑。[②]因此,和史学在中国一直是作为一门显学不同,尽管号称西方"史学之父"的希罗多德在年代上比司马迁还早约 500 年,其后西方的伟大史家也大有人在,但是,史学在西方文化中长期不入学术之林。历史女神克里奥(Clio)侧身文艺

---

① 亚里士多德:《论诗》,《亚里士多德全集》第九卷,苗力田主编,中国人民大学出版社 1994 年版,第 654 页。

② 古希腊人早就认为,直接呈现给我们、我们所能感知的周遭实在乃经验之流,但流变本身却是不合理从而没法理解的。知识上合理的只能是"无时间、不改变"的"形式或结构"。Collingwood, *The Principles of History*, edited and translated by W. H. Dray and W. J. Van Dussen, Oxford University Press, 2001, p. 172.

女神之列，为九缪斯之一，即是这一现实的一个语言注脚。史学在西方长期以来缺乏独立的学术地位，这种状况一直持续到近代启蒙哲学。在笛卡尔的知识体系中史学被排斥在外，斯宾诺莎干脆说"历史的真理"的说法是形容词与名词的矛盾，因为，依照其观点，真理不可能是"历史的"，在历史的东西中不可能包含真理。①史学在康德的认识论中亦没有地位。此所以狄尔泰(Wilhelm. Dilthey)要在《纯粹理性批判》之后重建"历史理性批判"，而近代历史哲学家维柯（Giovanni Battista Vico）的开山之作《新科学》，从名称到内容，都充满了挑战笛卡尔，为史学在学术中争一席地的姿态。

　　西方文化中史学学术地位的建立，在一定程度上得力于基督教神学史观，"由于圣奥古斯丁，西方世界开始相信，整个历史是可以解释的"。②依照奥古斯丁在其《上帝之城》中所表述的历史观，人类历史在表面的偶然性与混乱背后是充满内在意义的，它在整体上好比是依照上帝预先写好的剧本演出的统一剧目，而从帝王将相到芸芸众生都在这部戏中扮演着不同角色。基于神意，人类历史之戏的开端与结局均是预先设定的，因此，在其展开中，我们可以逐渐领悟上帝关于历史的设计的线索。③这样一种目的论色彩的宗教神意史观如洛维特（Carl Löwith）所

①　卡西勒：《启蒙哲学》，顾伟铭等译，山东人民出版社1988年版，第180页。

②　A. 斯特恩：《历史哲学：起源与目的》，格鲁内尔：《历史哲学——批判的论文》，隗仁莲译，广西师范大学出版社2003年版，第162页。

③　G. Kuppuram, K. Kumudamani, *Philosophy of History*, Sundeep Prakashan, New Delhi, 2000, p. 10.

言，成为西方整个"历史哲学的神学前提"。[1]

有学者指出，如果说奥古斯丁代表着基督教史观的开端，那么，作为这一路径一个发展顶点的约阿希姆（Joachim of Fiora）同时标示着近现代历史哲学的真正开端。在他这里，奥古斯丁所区分的"神圣史"与"世俗史"的樊篱被拆除，发展进步的观念被运用于救赎史，历史被视为存在的自我实现与展现，历史的目的是自由的实现，等等。[2]总之，思辨历史哲学的基本要素与框架在此大致齐备，任何不带偏见的观察都很容易发现。黑格尔的理性或绝对精神无非基督教神学史观的世俗修订版，其关于历史理性支配世界历史进程，尤其是其关于历史人物成为理性工具的所谓"理性的狡诈"的观点，与上帝支配历史的神学史观何其相似乃尔！在进一步的意义上，西方任何关于历史总体的宏观思辨理解与解释在深层逻辑上均与奥古斯丁一脉神学史观存在内在的连续性。

亚里士多德和奥古斯丁在本体论和认识论上分别为后来的西方历史哲学定下了思想基调，但学科意义上的历史哲学则是在近代才出现的。说起"历史哲学"人们往往不忘记提及法国启蒙思想家伏尔泰，是他在 1765 年《风俗论》一书"序言"中首先使用这个词的。但是，证之以他在书中的论述，他关于历史的新观念是摒弃帝王史，以社会文明史为中心，此外，他写了一部世界史而不是西方史，不过，这些思考和实践与其说是哲学的，不

---

① 卡尔·洛维特：《世界历史与救赎历史：历史哲学的神学前提》，李秋零、田薇译，生活·读书·新知三联书店 2002 年版。

② Michael Murray, *Modern Philosophy of History: Its Origin and Destination*, Martinus Nijhoff, 1970, pp. 5, 108.

如说是史学的和政治的，伏尔泰本人于历史哲学既无清晰的学科意识，亦无实质性的贡献。就这两方面而论，1725 年发表《新科学》的意大利人文学者和思想家维柯应该被认作是西方历史哲学的重要开创者。

维柯在西方历史哲学中的地位可以由这样几个方面得到说明：第一，他对包括史学在内的人文学说有明确的方法论意识，其主要著作名为《新科学》，就是要在近代数学、自然科学长足进步的背景下为人文学说之为"诗性的智慧"的学术地位辩护。第二，为了给史学的真理诉求提供认识论辩护，他提出著名的"真理即创造"的观点，认为与自然科学乃是解读上帝用数学语言写就的"天书"不同，对于作为人类之书的历史，我们可以获得比关于自然现象的外部解释更为深刻确定的内在理解。这的确可以说是"历史理性批判的拱顶石"。[①]当然，随着近代科学与技术的结盟，人类已经可以从实验室到生产活动在不同规模上干预自然过程甚至制造自然过程，从而在很大程度上满足维柯所谓通过造就而知的知识要求。[②]不过，这仍然无碍维柯以此为史学真理辩护立场的合理性。最后，他提出了人类历史发展"神话时代—英雄时代—人类的或文明的时代"的三阶段的分期理论。

18 世纪以降，西方历史哲学进入稳定发展阶段，其基本脉络可以按照英国历史哲学家沃尔什（W. H. Walsh）1951 年在《历

① Peter Rickman：《维柯的第一原理和历史理性批判》，载 Giorgio Tagliacozzo 编：《维柯：过去与现在》上卷，人文科学出版社 1981 年版，第 215 页。转引自韩震：《西方历史哲学导论》，山东人民出版社 1992 年版，第 34 页。

② Hannah Arendt, *Between Past and Future*, Penguin Books, 1993, p. 57.

史哲学——导论》中提出的"思辨的历史哲学"与"分析（批判）的
历史哲学"①两大划界范畴来概括。"思辨的历史哲学试图在历史
中（在事件的过程中）发现一种超出历史学家视野之外的模式或
意义。而批判的历史哲学则致力于弄清历史学家自身研究的性
质，其目的在于'划定'历史研究在知识地图上所应占有的地
盘"。②后者与前者的区别用 19 世纪德国史学理论家德罗依森（J.
G. Droysen）的话说，即"建立认识和研究历史的法则，而不是
客观历史的法则"。③维柯之后第一个历史哲学大家黑格尔是思辨
历史哲学的代表人物，马克思和斯宾格勒、汤因比分别是这一流
派在 19 世纪和 20 世纪的主要代表人物。他们分别依据自己提出
的基本思想范畴与模式，如生产力与生产关系、经济基础与上层
建筑的关系、挑战—应战、文明发生与发展的生命历程观念，试
图对全部人类历史给出统一与宏观的理论说明。19 世纪末 20 世
纪初，德国新康德主义西南学派哲学家文德尔班（W. Windel-
band）、李凯尔特（H. Rickert），以及德国人狄尔泰、意大利哲学家
克罗齐（B. Croce）、英国哲学家布拉德雷（F. H. Bradley）及柯林
武德（R. G. Collingwood）等对史学在对象、方法上区别于自然
科学的特征从各个方面提出了逻辑上的论证与认识论辩护，其所
提出的观点包括：历史学对象的一次性、个别性从而史学所具有

---

① 沃尔什：《历史哲学——导论》，何兆武、张文杰译，社会科学文献出
版社 1991 年版，第 8 页。

② 威廉·德雷：《历史哲学》，王炜、尚新建译，生活·读书·新知三联
书店 1988 年版，第 1—2 页。

③ 德罗依森：《艺术与方法》，见何兆武主编：《历史理论与史学理论——
近现代西方史学著作选》，第 290 页。

的"描述特征";科学与史学的"解释"与"理解"之别;"一切历史都是当代史"以及"一切历史都是思想史";等等。他们的工作可以用狄尔泰的提法统称为"历史理性批判"。值得注意的是,所谓思辨历史哲学的各种学说基本上是由非专业哲学家提出的,因此,因时间关系和学科原因,他们对批判历史哲学流派几乎可以说是隔膜的。而后者对前者则是有批判的,例如克罗齐和柯林武德。①事实上,在西方哲学反黑格尔式形而上学传统和历史学家兰克等的批判之下,思辨历史哲学渐成式微,自汤因比后已成绝响。

作为批判历史哲学认识论反思的现代后裔,以著名科学哲学家亨普尔1942年发表在《哲学》杂志上的《普遍规律在史学中的作用》一文为标志,历史哲学进入分析历史哲学阶段,在整个20世纪中后叶,成为历史哲学的"主旋律"。分析历史哲学的研究者与著述较前均大大增多,其中较为著名或著述较勤的有沃尔什、丹图、明克(Louis O. Mink)、莫顿·怀特(Morton White)、内格尔(Ernest Nagel)、德雷(William Dray)、唐纳根(Alan Donagan)、阿特金森(R. F. Atkinson)等人。丹图的《分析的历史哲学》(其1985年修订版易名为《叙述与认识》)是此一流派指标性的成果,分析历史哲学的热点问题有两个,一个是围绕亨氏名文几近三十年的关于"历史解释"及其模式的理论论争。亨普尔以关于科学解释的研究成名,其以自然科学解释为理论原型的所谓"覆盖律解释模式"在历史领域的推广最终遭到历史学家和理

---

① 柯林武德:《历史的观念(增补版)》,杜森编,何兆武、张文杰、陈新译,北京大学出版社2010年版,第三编第七节"黑格尔"。

论家的抵制，而柯林武德及其同道威廉·德雷提出的"合理性解释模式"亦因其自身存在的理论缺陷未能成为替代性的解释模式。

分析历史哲学所聚焦的另一理论热点是历史认识的客观性问题，围绕这一问题曾产生了大量的专业文献。有趣的是，整体上说，质疑史学客观性的多为历史学家如贝克尔（Carl L. Becker）、比尔德（Charles A. Beard），而竭力为史学客观性的可能性辩护的倒是持实证主义立场的哲学家如莫顿·怀特、曼德尔鲍姆（Maurice Mandelbaum）等。这一现象部分可以由彼此不同的语境得到解释。史学家的观点可以看作是对此前流行的兰克式质朴客观性观点的反拨，而强调史学客观性的哲学家与在解释问题上持科学主义方法论一元论立场的是同一拨人。在此背后，关于客观性概念的不同理解或不同层面的强调亦与人们所持立场歧异有密切的关系。晚近美国学者彼得·诺维克的《那个高贵的梦："客观性问题"与美国历史学专业》(1988) 表明，这一问题仍在一定程度上占据人们的理论视野。我们注意到，在历史解释问题上，争议所在主要是哪种模式才是关于既有解释实践的正确理论概括和理论说明，而认识客观性问题的实质，则是关于历史认识中实际问题的理论反思，具体说，是对宏观历史描述与理论解释上始终聚讼纷纭、莫衷一是这样一种认识不一致现象的思考。反讽的是，关于认识不一致现象的成因、后果及意义，学界同样不存在一致意见。

在英美学术界之外，20 世纪西方学术界亦曾产生其他一些有影响的历史哲学研究，如冯·赖特（Von Wright）的《解释与理解》，阿佩尔（Karl-Otto Apel）的《理解和解释》，法国的雷蒙·

阿隆（R. Aron）的《历史哲学导论》，保罗·利科（Paul Ricoeur）的《历史与真理》及三大卷的《时间与叙述》，以及阿伦特（Hannah Arendt）的《过去与未来之间》，都直接或间接地涉猎相关的历史哲学话题。他们的观点未必完全可以冠之以"分析历史哲学"之名，但或多或少都不复思辨历史哲学的做派。

20 世纪中叶以后，历史哲学进入自身发展相对繁荣的时期，1960 年在美国创刊了史学理论与历史哲学的专业性学术杂志《历史与理论》(*History and Theory*)，今天它已成为在历史哲学学科内外均有一定影响的权威学术刊物，西方历史哲学界的重要人物大部分是该杂志的编委会成员或作者，其所发表的文章反映了历史哲学学科的学术动态与研究水平。此外，像《克里奥》(*Clio*)、《新文学史》(*New Literary History*) 等一些期刊也经常刊登历史哲学及史学理论方面的文章。2007 年在荷兰新创刊了由安柯斯密特（Franklin Rudolf Ankersmit）任主编的《历史哲学杂志》(*Journal of the Philosophy of History*)。

作为 20 世纪英美历史哲学的主流形态的分析历史哲学，在研究主题及学术倾向上在在可见的附庸当时的哲学显学科学哲学的痕迹，在很大程度上限制了它的独立发展和学术影响力，"历史解释"问题到了六七十年代基本已耗尽其学术生命力，要求人们寻求新的学术增长点，这就是叙述主义潮流的兴起。与此前的认识论主导倾向不同，叙述主义本质上属于语言性的学术取向，从而在广义上可以归类于所谓"语言性转向"(linguistic turn)，①不过，历史哲学以文本自觉为特征的修辞学与诗学旨趣

---

① 关于叙述主义历史哲学与哲学语言性转向的关系，请参看本书第三章

与哲学中发生的语言性范式变更之间并不存在明确的因果影响关系，[①]毋宁说这是同一时代精神下的思想共鸣。安柯斯密特本人于语言哲学有较多的涉猎，但观其论著，安氏所受的主要影响与其说是实质观点上的助益，不如说主要是学术旨趣上的。

在哲学界，[②]叙述的话题首先还是在分析历史哲学内部提出来的，在对亨普尔解释模式脱离史学实际的质疑声中，莫顿·怀特及丹图等开始注意到历史文本的叙述性，但其着重点仍然是挖掘历史叙述的解释功能。在他们看来，历史解释的话语形式是叙事，不过，叙事的内在逻辑结构仍然与科学因果解释并无二致。倒是加利（W. B. Gallie）开始注意到叙述之于史学的本质重要性，提出解释服务于叙事而非相反。他以观看板球比赛为喻，称解释只是当我们对历史故事的理解出现障碍时才偶尔需要的事情，正如当一个外行无法理解比赛进程时，此时需要有人插入某些关于特定规则之类的解说。但除此之外，他对叙述本身在学术上挖掘不深，倒是明克从史学理解区别于科学解释的独特性上揭示"史学和文学叙述之为历史理解的认知样式"，[③]此外，他关于

第一节。

① 怀特的成名作《元史学》比罗蒂那本书名颇具象征意义的编著《语言性转向》出版时间上晚 6 年，但正如安柯斯密特注意到的那样，怀特在"《元史学》里从未提及'语言性转向'"，其理论灵感的主要来源是文学理论。(F. R. Ankersmit, *Historical Representation*, p. 63)

② 当代文学理论和文艺批评关于叙述的关注大致始于 20 世纪 60 年代，其基本成员一是英美文艺理论家如 Wayne Booth, Kenneth Burke, Robert Scholes, Robert Kellogg, Frank Kermode, 以及 Roman Jakobson, Roland Barthes, A. J. Greimas 等。

③ Louis Mink, "History and Fiction as Modes of Comprehension", in Brian

生活本身不是故事的思考亦显示其思想的敏锐性。明克与海登·
怀特曾为大学同事，彼此在学术上相互切磋，其对于日后以怀特
命名的叙述主义转向的影响是不言而喻的。

1973 年，美国加州大学的海登·怀特发表《元史学》是继
亨普尔之后历史哲学范式转换的风向标，他的研究基于一个通常
人们熟视无睹的基本事实，历史不但是做出来的，对于后人来说
更是写出来的，是语言写就的叙述文本。历史哲学由此和主流哲
学一样完成了由本体论—认识论—语言论的逐级嬗变，从此，"叙
述主义历史哲学"继"分析历史哲学"之后成为支配迄今为止西
方历史哲学的第三种基本理论范型，而怀特本人也顺理成章成了
叙述主义历史哲学的领军人物。在叙述主义的源流中，怀特并不
是孤独的先行者，美国哲学家明克密切参与到他的理论发展中。[①]

历史哲学中叙述主义潮流的兴起构成了历史哲学迄今为止
最重要的学术进展，可以说，当代历史哲学中的活跃人物几乎都
是在叙述主义范式下运思的，当代历史哲学另一重量级人物是荷
兰格罗宁根大学思想史与史学理论教授安柯斯密特，其处女作
《叙述的逻辑》(1983) 以及后来的一系列论著从与怀特不同的语
言哲学而非文学理论背景切入历史叙述，丰富了历史哲学语言性
转向的内涵。此外，当代法国著名哲学家及语言学家罗兰·巴特
的有关论著，当代法国解释学与历史哲学家保罗·利科三卷本巨

Fay, Philip Pomper, Richard T. Vann eds., *History and Theory: Contemporary
Readings*, Blackwell Publishers, 1998.

　　[①] 怀特本人坦承，"哲学家中与我最有相通之处的当然是明克"。而他的
弟子凯尔纳说，"我认为他之所以转向叙事，是因为路易斯·明克"。见《邂
逅：后现代主义之后的历史哲学》，第 39、71 页。

著《时间与叙述》(1983—1985),以及凯尔纳(Hans Kellner)的《语言与历史表现:把故事说圆》(1989)等著作,都在历史叙述的研究中扮演着各自的角色。叙述主义的崛起在理论上提出了一些富有挑战性的新观点,更新或深化了我们对史学的理解。此外,它让历史哲学跟上了当代哲学的发展,与文学理论等学科发生学术上的互动关系,拓展了历史哲学本身的学术空间和在思想文化界的影响力。

从语言的角度看,史学之为叙述文本的语言学特性,使其与文学叙述之间在话语结构修辞手法方面同贯共规的家族相似性得到凸显,长期以来围绕史学的科学维度与艺术维度的争论在新的视角下展开,“从前历史与科学的异同问题被历史与小说的异同所代替”。[①]如果说,怀特关于叙述文本的分析主要取径于文学理论中的叙述学,安柯斯密特的史学思考则更多体现出与作为当代西方主流的语言哲学的对话关系,这从他的处女作《叙述的逻辑》的副标题“历史学家语言的语义分析”即可窥其消息。在这一语境中,叙述文本在指称、意义乃至真理问题上与陈述句迥异的语言特性,叙述之为历史表现而非对历史的真值命题描述等论题遂成为理论的焦点。

值得一提的是,贯穿历史哲学思辨、分析与叙述三大范型的一条思想主线,把握历史哲学的另一基本线索是科学主义与人文主义之争。前者的立场具体又可区分出两个层面,一是理论上的方法论一元论立场,即以自然科学为史学楷模,认为史学的学术

① Brian Fay, Philip Pomper, Richard T. Vann eds., *History and Theory: Contemporary Readings*, 1998, "Introduction", p. 2.

价值与前途在于科学化;二是用自然科学的概念和样式分析史学认识，如亨普尔将科学解释模式移用于历史解释并不成功的努力。反之，史学上的人文主义指的是一种史学自律论的立场，认为史学不可能亦不应该亦步亦趋地模仿科学，在包括历史解释、历史客观性乃至历史叙述在内的所有历史哲学迄今关注的问题上，他们秉持与科学主义不同的立场。历史哲学的人文主义取向还表现为在史学的科学维度与文学、艺术维度之间强调后者的存在与重要性，科、史差别的另一典型表达即著名的"理解"与"解释"之争。总之，科学主义和人文主义二者分野构成我们观察和理解历史哲学具体问题的基本线索。大致说来，分析的历史哲学的理论基调是科学主义的，而思辨与叙述的历史哲学则倾向于人文主义。

以上我们循"思辨—分析—叙述"的主线概述了西方历史哲学迄今为止的基本学术脉络，这大致切合于学科层面上作为一门哲学分支的历史哲学的实际状况，但要注意的是，在广义上，关于历史的哲思决不囿于狭义专业圈内的言述，就哲学界而论，像尼采《历史对于人生的利弊》、波普尔《历史决定论的贫困》、海德格尔《存在与时间》中关于"历史性"的论述，萨特《恶心》中主人公洛丁根关于存在与历史的领悟，伽达默尔在《真理与方法》第二部分中关于近代德国历史学派的评述及"效果历史"的一系列论述，罗兰·巴特的"历史的话语"、本雅明以"历史哲学"为名的短论等，都包含和表达了各自的历史哲学观点。法国哲学家福柯著名的历史"考古学"与"谱系学"论著更构成了历史哲学不容忽视的后现代维度。哲学之外，诸如法国"年鉴学派"以及晚近以《马丁·盖尔归来》《档案中的虚构》等著作为代表的欧美的后现代微观文化史流派亦表现出相当明确的理论兴趣与创见。甚至文学理论和文学作品中亦可以发现许多以非系统乃至只言片语方式表达的关于历史的哲理性思考与感悟，像当代新历史主义的"历史诗学"思潮，[①]约翰·福尔斯（John Fowles）《法国中尉的女人》等小说中的史识，如钱锺书关于"诗心与史识"的深刻开示，张爱玲散文小说背后关于"乱世"郁郁苍苍的历史感，都是著例。她说："我没有写历史的志愿，也没有资格评论史家应持何种态度，可是私下里总希望他们多说点不相干的话。现实这样东西是没有系统的，像七八个话匣子同时开唱，各唱各的，打成一片混沌。在那不可解的喧嚣中偶然也有清澄的，使人心酸眼亮的一刹那，听得出音乐的调子，但立刻又被重重黑暗拥上来，淹没了那点了解。……历史如果过于注重艺术上的完整性，便成为小说了。"[②]如此高论，放在当代任何历史哲学理论专集中亦不逊色。

第三节　历史哲学的现状与未来

综观历史哲学的学术现状，应该承认，即便在本来就不可能成为流行时髦话语的哲学领域中它也属于较为冷僻的学科。在关于哲学分支的分类目录中，历史哲学有时连"叨陪末座"的资格

---

① 关于文学与史学文本相关性的理论思潮，包括强调史学文本的修辞性、文学性维度。张进：《新历史主义与历史诗学》，中国社会科学出版社 2004 年版。

② 张爱玲：《烬余录》，《张爱玲散文全编》，来凤仪编，浙江文艺出版社 1992 年版，第 48 页。

都没有。①丹图曾担任著名的《哲学杂志》(*Journal of Philosophy*)的编辑，根据他的观察，在该杂志每年来稿中估计只有千分之一的稿子多少涉及历史哲学的问题。②在一般分析哲学家眼中，历史哲学之于哲学，正如军乐之于古典音乐，是那些缺少哲学才能的业余爱好者从事的工作，无怪它在哲学领域中完全是一副"灰姑娘"的模样。③人们对"历史哲学"是如此的陌生，以至于它常常被听成"哲学史"。④

历史哲学的地位不高在与当代哲学中与之学术性质最为相近的显学科学哲学相比时显得格外清楚。科学哲学中的大家如卡尔纳普、波普尔、库恩几乎同时都是哲学界的著名人物，反观历史哲学尤其是其当代发展，活跃其中的著名哲学家为数不多，其中还有一些人，尤为典型的是亨普尔，其进入历史哲学领域只是偶然客串。导致目前历史哲学不甚景气的重要原因之一，就是分析历史哲学对于科学哲学事实上的附庸地位，正像安柯斯密特所说的那样，"大多数当代历史哲学都是奇怪地无条理地关注碰巧

---

① Michael Stanford, *An Introduction to the Philosophy of History*, Blackwell, 1998, p. 5.

② Danto's paper in *A New Philosophy of History*, ed. by F. R. Ankersmit and Hans Kellner, The University of Chicago Press, 1995, p. 72.

③ F. R. Ankersmit, "Danto, History, and the Tragedy of Human Existence", in *History and Theory*, Vol. 42, October, 2003, p. 291.

④ 这是笔者的亲身经历。1997 年笔者赴德进修时，当回答大学里外系乃至哲学系学人关于自己研修内容的询问时，不止一人一开始将"史哲学"听成"哲学史"。在与英美学人的交谈中此种误会亦曾发生。这显然不能用德文与英文中两个词组结构上的相近来解释，因为，相信没有人会反过来把"哲学史"听成"史哲学"的。

引起涉足其他问题的哲学家注意的东西。例如，著名的覆盖律论辩事实上只不过是'科学统一论'的副产品"。[1]然而，当人们从科学认识的立场上反观历史认识时，史学因显然"不够科学"而乏善可陈，而其丰富的人文内涵则完全不在视野之内，这与狭义专业范围之外人们关于历史广泛的理论兴趣与真知灼见恰成对比。我们认为，历史哲学只有摆脱狭隘的（科学主义的）认识论视野，在更广阔的诸如本体和语言文本的各种维度上展开，必能在学术资源上左右逢源，获得与史学应有重要性相称的学术发展。例如，当代历史哲学中的叙述主义正是在这一点上开启了历史哲学新的学术方向，在很大程度上提升了历史哲学在学术界的影响力。正如安柯斯密特所说，"自怀特的巨著发表以来，史学理论已经变成一个根本不同的学科。"[2]由此，历史哲学与当代西方哲学的"语言性转向"保持了同步关系。[3]

　　叙述主义的历史哲学自兴起至今已有数十年，从时间上来说已趋近一种学术思潮流行期的极限，事实上我们看到，《历史与理论》等专业期刊上往昔那种聚焦怀特及其学说的学术热点已不

---

　　[1] F. R. Ankersmit, "Danto, History, and the Tragedy of Human Existence", in *History and Theory*, October, 2003.

　　[2] 安柯斯密特：《历史表现》，周建漳译，北京大学出版社 2011 年版，第 21 页。

　　[3] 怀特《元史学》发表于 1973 年，罗蒂所编的那本精辟概括了当代西方哲学发展潮流的选本《语言性转向》（*The Linguistic Turn*）出版于 1967 年。从时间上看存在着怀特受罗蒂影响的可能，但事实上，怀特本人对语言哲学始终是隔膜的。也就是说，叙述主义作为历史哲学中的"语言性转向"是在当代文化背景下"英雄所见略同"的结果。

复存在，研究呈现出在更广泛的领域和论题上各自言说的态势，例如，关于历史经验与历史记忆的兴趣，关于后现代主义包括女性主义史观的论说，关于"历史终结论"的讨论，等等。

整体上说，未来不可预设已成今日历史哲学的基本共识，历史哲学的未来亦是如此。但基于其此前发展轨迹与对其不足之处的理解，思考其未来发展的可能性则是学术之理所当然之事。

历史哲学居哲学与历史两间之地，理论上说"左右逢源"之利与"左右为难"之弊皆有可能，这颇像坦承"南北"之间诚然可以是彼此"呼应"，事实上却正好成"辕辙""南北"之势的今贤快语，历史哲学的目前局面不幸与后者相似。历史哲学要想在学术界占有更重要的地位，在很大程度上取决于其与哲学和史学更紧密的学术关系。一方面，就前者而言，是否能够发掘出与当代哲学主流存在深刻交集关系的有价值的哲学论题是十分重要的。就此而论，怀特尤其是安柯斯密特超越英美语言哲学的命题句子的（叙述）文本层次的揭示与论述已经开拓了值得深入挖掘的学术生长点，在这方面的理论突破将对语言指称、意义及真理的现有哲学理解产生具有全局意义的影响。此外，叙述作为人类最为基本的语言游戏形式，其与科学的分析、实证的科学语言游戏的关系亦是具有深刻哲学意义的研究方向。最后，叙事作为人类意义生成方式触及"意义"这一十分重要的哲学范畴。意义问题蕴涵着深刻的本体论、认识论与价值观维度，与现象学、解释学存在深刻的学术关联，由其中可以引申出如意义与存在、意义与语言、意义与真理等具有重大理论意义的哲学问题。此外，历史主义及"历史性"问题同样是具有普遍哲学意义的论题。

另一方面，关注时代与关注史学研究将为历史哲学提供源头活水。和任何理论一样，历史哲学的产生亦包含所谓"理论型"与"病痛型"两种形态，就后者而言，"世界历史上特定时刻里特别剧烈的历史灾难和骤变，总会引起历史哲学领域的普遍思考"。①《上帝之城》的写作直接与当时被看作文明世界首都的罗马城遭游牧蛮族西哥特人洗劫有关。"文革"十年浩劫之后国内同样兴起过关于中国历史的宏观理论思辨的热潮，作为其中"中国封建社会超稳定结构"说提出者的金观涛在《历史的深思》一文中开篇的第一句话就寄托着深厚的历史兴亡之感："每当我们登上雄伟而古老的长城时，一种企图追溯我们民族几千年来走过道路的责任感，便会涌上心头"。②围绕"历史终结"及"后现代性"的讨论实质上提出了深刻的历史判断问题，对史学走向的宏观探讨亦是哲学家与史学家可以有共同语言之处。

　　与其他哲学分支如科学哲学更不用说语言哲学相比，历史哲学迄今为止所涉及的议题相对来说是比较单一的，这首先与本学科研究队伍的规模较小有直接关系，但亦与学术视野的狭窄有一定关系，叙述主义历史哲学在这方面已然有所突破，但仍然留有许多未经开发的方面，比如与解释学的结合就大有可为。总之，在学科交叉处拓展视野，发掘各种新的议题，应是历史哲学获得更大发展的可取路径之一。

----

① 别尔嘉耶夫：《历史的意义》，张雅平译，学林出版社 2002 年版，第 1 页。

② 《历史的沉思》（青年文稿），生活·读书·新知三联书店 1980 年版，第 32 页。出身于物理专业的陈平以《单一小农经济结构是我国长期动乱贫穷、闭关自守的病根》一文为代表的"社会发展史研究"是当时另一种风格的宏观史论。陈平：《陈平集》，黑龙江教育出版社 1988 年版。

最后，学术是没有国度的，但学人则难免心系其母国。历史哲学在今天的学术语境下基本上是一门西方学术。关于中国历史哲学，中外都有人质疑我们是否具有成形的历史哲学学术传统，如黑格尔就说过"中国人的历史只包含赤裸裸的、明确的事实，而对它们不加任何意见和推论"的话，引用此话的张光直先生于批评黑氏的这一观察"很不可靠"的同时也认为，"中国传统史学本来就缺乏对历史理论的有系统的讨论"。[①]的确，史学在我国向称显学，但我们更重视的似乎是史学考盛衰成败、定忠奸善恶的政治、道德功能，关于史学的谈论亦多围绕撰述体例（纪传、编年、纪事本末）与史家修养（才、识、德、学）立论，对诸如历史本体的形上理解及史学作为一种认识的可能性这样的认识论问题无甚兴趣。从更深一层看，亦未尝不与中国文化轻理论重实用的固有特点有关。不过，这样说乃是以西方已有传统为参照，所能得出的只是我国没有现成的西方样式的历史哲学的结论，却不等于说中国人毫无关于历史及史学的理论思辨。中国有世界上最完整的历史著述传统，中国史学必定不乏关于历史的特定理论与哲学反思，问题是中国的传统历史哲学思想亦必与西方不同调，在此背景下骤然观之，我们一时难以看清自家典藏，我国传统历史哲学思想的系统发掘与整理有待来日。[②]事实上，从《春秋》到《史记》的中国传统史学表现出宏大的思想视野，它们并不以一时一事的详细考订为胜，却以天地为念。朱熹说"《春

---

① 布鲁斯·炊格尔：《时间与传统》，蒋祖棣等译，生活·读书·新知三联书店1991年版，第4页。

② 汪荣祖先生有《史传通说》（中华书局2003年版），于中西史学思想的比较颇见功力。不过，其立足点则仍在西学。

秋》以形而下者，说上那形而上者去"。①司马迁所提出的"究天人之际，通古今之变"的史学观念与西方"史学之父"希罗多德描写前人事迹不使湮灭的撰史动机相比，无论在境界还是格局上均远为深邃与宏大。《史记》在记述范围上不但有人物传记，还包括社会制度沿革的记载，内容上兼备政治、经济、文化乃至风尚各个方面，相较希罗多德们的各种"战争史"，其对历史的理解亦显见更为深刻与全面。就史学理论形态论，至少南朝刘勰《文心雕龙·史传篇》、唐人刘知几的《史通》、明清之际王船山的《读通鉴论》，以及清人章学诚在《文史通义》等著作中发表的史论，都包含古人关于历史的深刻理论思考。近代以来，梁启超、李大钊及朱谦之等人均对史学理论有相当的兴趣与建树。至于当今海内外华人中老一辈学者汪荣祖、杜维运、何兆武诸先生对历史哲学的引进、阐发，或对中国史学理论术有专攻，对历史哲学或史学理论在中国的发展有筚路蓝缕之功。新世纪以来，历史哲学学科和其他学科一样亦呈现上升发展的良好势头，在此仅举一较为直观简明的事实，国内仅涉及国外历史哲学的翻译丛书就有不下三种之多②，整个学科的发展态势，由此可见一斑。

---

① 朱熹：《朱子全书》（第十六册），上海古籍出版社、安徽教育出版社2002年版，第2243页。转引自王新春：《朱子的〈周易〉诠释视域》，洪汉鼎、傅永军主编：《中国诠释学》（第九辑），山东人民出版社2012年版，第76页。

② 它们分别是韩震主持的"历史哲学译丛"，陈新、彭刚参与的"历史的观念译丛"，以及杨耕、张立波主编的"后现代历史哲学译丛"。

推荐阅读书目

关于历史哲学的概论性著述如：

◇ 威廉·德雷的《历史哲学》（王炜、尚新建译，生活·读书·新知三联书店 1988 年版）言简意赅，和沃尔什的《历史哲学导论》（何兆武、张文杰译，北京大学出版社 2008 年版）合起来读，对"思辨"与"分析"的历史哲学可以有一基本的了解。

◇ 威廉·斯威特编：《历史哲学：一种再审视》，魏小巍、朱舫译，北京师范大学出版社 2008 年版。

◇ Michael Stanford, *An Introduction to the Philosophy of History*, Blackwell Publishers, 1998. 是较新的一本概述历史哲学的英文书。

◇ 柯林武德：《绪论：某某哲学、特别是历史哲学的观念》，见《历史的观念（增补版）》，何兆武、张文杰、陈新译，北京大学出版社 2010 年版，第 333—353 页。

◇ Richard T. Vann, "Turning Linguistic: History and Theory and *History and Theory, 1960 - 1975*", in F. R. Ankersmit, Hans Keller eds., *A New Philosophy of History*, The University of Chicago Press, 1995. 对历史哲学的当代发展有较为全面和深入的观察与思考。

◇ Hans Meyerhoff ed., *The Philosophy of History in Our Time*, Doubleday & Company, 1959. 是本很不错的老选本，尤其"前言"和每篇文章前面的编者介绍颇为清要有益。

◇ 何兆武主编：《历史理论与史学理论——近现代西方史学著作选》（商务印书馆 1999 年版）资料比较齐全；韩震编：《历史观念大学读本》（中国人民大学出版社 2008 年版）包含了近现代历史哲学和史学理论方面的基本文献。

◇ 多曼斯卡（Ewa Domanska）所编《邂逅：后现代主义之后的历史哲学》（彭刚译，北京大学出版社 2007 年版）是她与当代最重要的史学家及史学理论家的访谈录，他们对自身学说的"夫子自道"以及对当下史学思想的评论较其各自著述来得明快得多，读者可以依自己的兴趣选读。

◇ Harry Ritter, *Dictionary of Concepts in History*, Greenwood Press, 1986. 是

本质量较高的参考书，对历史哲学和史学理论的基本概念范畴的介绍给的篇幅较一般辞书为详，内容亦扎实得当。同类词典尚有德国学者斯特凡·约尔丹主编的《历史科学基本概念辞典》(孟钟捷译，北京大学出版社 2012 年版)，但在篇幅和内容上似均较前揭书逊色。

第二章 "历史"之为哲学范畴

"历史"作为一般概念，其基本意义即为"过去"(the past)，以之为对象的探究即为历史学。对于包括史学在内的各门具体学科而言，关于其所研究对象的具体内容及规律的解释是复杂和难以穷尽的，而作为各具体学科据以展开的前提和出发点，其各自的研究对象则是简单给定的，关于其研究对象的常识性共识，足以让学者们以其为基础做进一步的研究，而不致迷失方向。反之，哲学对于各学科对象的经验内容无以置喙，但却必须对这些被当作研究前提自明地接受的对象提出其形式为"X 是什么（意思）"这样的本体论提问。在此，各门科学与哲学的思想姿态可以分别概括为"在……内"(inside) 与"在……之外及之间"(beyond and between)，前者是置身事内，因而，事情本身属于自明前提，后者则因置身事外的"旁观者"超越视角对事情本身作源始的形上追问，表现出无前提性或前提的思想自足性要求。

作为哲学范畴，关于"历史"是什么的探讨涉及其存在的形上前提即时间性，以及历史作为时间性的生成过程所涉及的"在场"与"不在场"的辩证存在特性。这构成本章的主题。另外，在当代哲学背景下，关于存在与思维及语言的主客二分愈益成为站不住脚的过时信念，这样，在关于历史存在的思考中，其与思维和语言不可分割的内在关联成为历史本体论思考中另一个重要的维度，对此，本书将在"历史与语言"及"历史叙述"等项下后续讨论。

第一节 时间之为历史存在的形上前提

"历史是什么"乃历史哲学的开宗明义之论。哲学上关于"X是什么"的提问不是对日常指实性经验回答——如"那是只大雁"或"大雁是禽鸟"之类——的思想要求，而是对特定存在物的本体根据的形上追究。因此，对这一问题的回答不能由历史学或"流俗的历史概念"现成地得出。[1]依照所谓现象学的"构成识度"，[2]世间各种存在物均非外在现成的，因此，"回到事情本身"，历史哲学不以关于历史的常识理解为出发点，而是在其源始层面上将历史视为一种构成性现象。[3]

在历史何以可能的构成维度上，历史之意义所系在于"历史性"，"历史性这个规定发生在人们称为历史（世界历史的历事）的那个东西之前"，是令历史成为可能的前提。[4]进而，亦如海德格

① 海德格尔：《存在与时间》，陈嘉映、王庆节合译，熊伟校，生活·读书·新知三联书店1987年版，第442页。
② 张祥龙：《从现象学到孔夫子》，商务印书馆2001年版，第185页。
③ Gerhard Funke, "Phenomenology and History", in Maurice Natanson ed., *Phenomenology and Social Sciences*, Vol. 2, p. 19.
④ 海德格尔：《存在与时间》，第25页。

尔所提示的那样,"历史性植根在时间性中"。[①]这样,时间性是关于历史的奠基性范畴,以时间性为形上前提,历史"是其所是并且如其所是"。[②]

何为"时间"?这是一个如奥古斯丁所说你不问我似乎还明白,你一问我倒说不清楚了的问题。安柯斯密特注意到,即便是在历史哲学中,虽然人们总是谈论成长、发展、有机演化和命运,对渗透其中的时间却缺乏关注。在他看来,这与时间在历史著述中扮演的是否定性而非肯定性角色有关。[③]时间理解的困难之一,首先在于它在世界中幽灵般的存在,它在经验世界中似乎处处现身,却并不具有独立的实体性"肉身",用海德格尔的话说,时间不是"存在者"。面对关于"时间"的追问,通常人们的第一反应大概会是求助于钟表或日历,因为在日常生活中这大概是与时间关系最直接的东西。但是,钟表、日历只是定量计时工具,此时,我们已然"在时间中"。计时工具本身以时间的存在为前提,却并非时间本身,更无以为时间提供根据。在经验层面上,最自然的时间尺度是太阳——这从汉语里作为基本时间词的"天""日""时"的说法里仍可觉察。《圣经·创世纪》中第四天"神说,'天上要有光体,可以分昼夜、做记号、定节令、日子、年岁'"。钟表和日历时间的原型乃物理时间,它最初是以日月运动节律为参照的。在此,时间往往被表征为由离散的点组成

---

① 海德格尔:《存在与时间》,第 442 页。

② 海德格尔:《艺术作品的本源》,《林中路》,孙周兴译,上海译文出版社 1997 年版,第 1 页。

③ F. R. Ankersmit, *Meaning, Truth and Reference in Historical Representation*.

的匀质线性序列,以此为坐标,事物可以在确定的时间点上被定位、计算长度及分出先后顺序,这种时间为日常生活提供了极大的便利,成为协调人们行动的基本参数。但是,物理时间并未触及时间的深刻本质。首先,这样的时间本身是无根的和外在的,它只是附着于存在现象上的,像亚里士多德所说是"运动的计数":"12 秒 97"是对某种运动事实的测度,而不是运动本身;80 岁是我们借以理解生命的一个数量单位,其中并无生命,至少不是生命的本源所在。其次,以分、秒、时、日、月、年为基本计量单位的物理时间本质上是空间化从而均质化的,这甚至包含在时间一词内含的"间"这一意素中。当时间被放在两个时间点之间测距和度量,"如此所思的作为现在系列前后相继的时间的维度是从三维空间的观念中移植过来的"[1]。而可数字化测度的钟表时间本身实质上是静止的。数字化的时间乃是空间坐标 x、y、z 并列的坐标 t,在数列中,1 在 2 前,6 在 5 后,从而在钟表刻度上的 2 点和 1 点的"前后"排列代表二者之间的"早晚",然而,"数字是没有早或迟的,因为它们根本就不在时间中存在"[2]。之后代表 4 点在 3 点之后,由此隐含着类似于芝诺"飞矢不动"的奥古斯丁悖论:过去已不在,将来还未在,而每一当下现在又处于转瞬即逝的流逝中,于是,时间安在、何在?[3]从根本上说,物理

---

① 海德格尔:《面向思的事情》,陈小文、孙周兴译,商务印书馆 1996 年版,第 15 页。

② 海德格尔:《时间概念》,见孙周兴选编:《海德格尔选集》(上),上海三联书店 1996 年版,第 23 页。

③ 克劳斯·黑尔德:《时间现象学的基本概念》,靳希平等译,上海译文出版社 2009 年版,第 50 页。

时间触及的只是时间的日常及数量规定性,问题恰恰在于不可单纯从量上理解时间。在定量处理中,无限小的微分可能性甚至令"现在"无处安顿。美国当代小说家福克纳(William Faulkner)这样表达他对时间非计时的感悟:即使把手表敲碎,指针揪掉,"手表依旧滴答滴答走着……凡是被小小的齿轮滴答滴答滴掉的时间都是死了的;只有时钟停下,时间才活了"。①

日常时间观念看似符合经验直观,而实质上恰恰是一种思想抽象。胡塞尔关于时间意识的现象学分析已经表明,时间在我们的经验中并不是如通常所想象的只是指向作为一个孤零零的点的当下现在,而是一个域。其核心是现在,而现在的周围是一个由"持留"与"前摄"组成的逐渐暗淡的"晕",在此,过去、现在、未来共同构成一个"活的现在"或"时间场",我们对作为时间的艺术的音乐的聆听经验被当作这一观点的现实印证:音乐诚然由许多单个音符组成,但我们在音乐中听到的不是一个个音符,而是作为其有机结构的乐音。此中已隐隐透出时间乃是在场与不在场的统一的深刻本体论意味。超出纯粹时间意识的范围进入存在论的维度,对于此在来说,所谓"现在"乃是由其在世的生命时间为边界的,只有当不存在时,某个人才算是"过去"(pass away,同时也有"过世"之意)了;而在超个体的人类尺度上,我们拥有的则是所谓"世代生成的时间经验";②对于某一历史阶段来说,其现在甚至可以是几百年,如"现代"。正

---

① 转引自史成芳:《诗学中的时间概念》,湖南教育出版社 2001 年版,"题记"。

② 克劳斯·黑尔德:《世界现象学》,孙周兴编,倪梁康等译,生活·读书·新知三联书店 2003 年版,第 242—269 页。

因如此,海德格尔再三谈及常人的"流俗时间""日历时间"及形上"时间性"和"世界时间"的区别,另一位对时间与历史的关系深有研究的当代哲学家利科在其名著《时间与叙述》中对时间也做出了类似的区分。在他的范畴中,时间包括了所谓"宇宙时间""历史时间"与日常"公共时间"之分,其中"历史时间"是通过人类叙述由宇宙与公共时间中介而成。

时间是最基本的哲学范畴,而最基本的往往也是最艰深的。关于时间本身的专题性研究属于时间哲学的主题,在此我们无法一一铺陈。在时间问题上,现当代哲学中三位[1]以"时间"名其著的著名哲学家之一海德格尔关于时间的论述对我们关于时间的理解的重要参照性是不言而喻的,这种影响在本书的论述中是很明显的。不过,眼下我们的主题是在历史本体论的视角下探究与此直接相关的时间范畴,海氏以存在为中心和落脚点的论述却未必完全切合于当下我们的语境和理论需要,因此,我们关于时间的讨论在论述进路及具体观点上均对之有所取舍。

时间在我们的经验与观念中似乎已经成为不言而喻之事,从而我们很难设想一个没有时间的世界,然而事实上,由时间的反面入手也许恰恰是我们切入时间的最佳方式,此中的关键,是把握时间与运动(变化)的内在关系。至少自亚里士多德("时间是运动的数")起时间就被与运动联系在一起。这样,我们不妨从运动的反面即静止入手来看看时间到底是怎么回事。

假设从某一刻开始,宇宙时钟定格于其当下状态且恒常如

_____

① 即柏格森(《时间与自由意志》)、海德格尔(《存在与时间》)、利科(《时间与叙述》)。

此,那么,时间是否依然存在?假如中国历史在公元前 221 年即
秦始皇登基的时候神秘地停止了,那么,我们中国人今天是否可
能"历史地"置身于 21 世纪?回答显然是否定的。由于我们事
实上已然且始终置身于时间中,因此,没有时间似乎是难以想象
的。于是,我们很自然地会产生这样的错觉,似乎我们以上所说
的只是时间的意义而不是时间本身,例如,对于一个"年年 18
岁"的人,计算岁数可能没有实质意义,但时间似乎仍然在滴答
中匀速流逝。其实,这里涉及的只是一种关于时间相对局部失效
的设想,并且,这种想法本身也只能是在时间概念的框架内才是
可以想象的。在时间自始即完全不存在的绝对意义上,则所谓时
间仍在分秒不停地流逝事实上亦是不可想象的,因为,即使是在
滴答之间即为差异,假使没有时间,连声音的发生亦是不可能
的。因此,上述疑惑其实是基于已然时间事实而产生的思想错
觉。总之,当现在成为永恒,当一切不再变化,则时间事实也就
从这个世界上消失了。因此,作为时间的基本哲学规定,"时间
性"的本质即生成、演化(Becoming)。①换言之,"'时间'乃是
'变易'的一种化身"。②正如物质是关于客观实在的哲学范畴,时
间乃关于世间万事万物流变的哲学表达。伽达默尔说:"在时间

---

① 关于时间与运动即流变的直观关系,德国哲学家黑尔德有一个十分敏
锐的观察:今天,数码表已经十分普及,但它并没有取代指针表,因为,大
多数人仍然愿意从指针的运动中感知时间,而"从只显示数字的数码表上读
出时间,总给人以不太自然的感觉"。克劳斯·黑尔德:《时间现象学的基本
概念》,第 29 页。

② 柯小刚:《海德格尔与黑格尔时间思想比较研究》,同济大学出版社
2004 年版,张祥龙序《从辩证法到生存解释学》,第 2 页。

的流逝中总包括着变易,在变易中又总包括着时间流逝。"①在这一意义上,中国传统哲学经典《周易》从书名到各卦推演均渗透着浓厚的时间意识,黑格尔《逻辑学》的第一个三段式中的"有—无—变"实质上②就揭示了时间"籍其存在而不存在,籍其不存在而存在"的辩证性,从而时间在他那里实即"直观着的变易"。

一般意义上的运动、变化是时间成立的必要条件,但仅此并不足以完全把握时间的真实要义,对运动、变化仍需有进一步的分析。按照日常通俗的时间观念,一方面,时间包含"过去、现在、未来"三个维度,另一方面,我们所能把握或者说实际在场的唯一时间却总是当下"现在",我们用表"看时间"看的总是"现在"几点几分。由此,"现在"是唯一真实的时间,过去或将来都只不过是彼时在场或到场的现在("过去的现在"和"将来的现在")。在这样一种海德格尔称为"钟表时间"或"日历时间"的"流俗时间"观念中,时间在流逝的意义上似乎亦可以说是运动的,但这种运动其实是匀速、同质(因而可计算)的机械运动。这种运动从日月到气候呈现为"年复一年,日复一日"周而复始的循环,从而令真正的变化无从谈起。驻足于这一时间框架下时间

---

① 伽达默尔:《历史的连续性和存在的瞬间》,见氏著《真理与方法》,洪汉鼎译,商务印书馆 2007 年版,第 162 页。

② 注意,在"以纯粹思想或纯粹思维形式为研究对象"的"逻辑学"(黑格尔:《小逻辑》,贺麟译,商务印书馆 1981 年版,第 83 页)中是找不到"时间"的位置的,作为经验直观,时间要在《自然哲学》中才出现。但作为"有与无的统一"(黑格尔:《小逻辑》,第 197 页),"变易"显然是"时间"的纯形式规定性。

仿佛是无限的，人似乎总是有时间。"实际此在计算时间而未从生存论上领会时间"，①在这样一种时间框架中触及的其实只是事物"在时间中"，而未在根本上触及时间之为时间的"时间性"根源，从而对真正意义上的时间来说仍然"不着边际"。试想，如果人生无限（年年18岁），则时间对人来说将变得毫无意义和价值。关于时间的形下物理规定本质上是以关于时间本原性的形上理解为前提的，但却遗忘了后者。

传统视"现在"为时间的首要维度的观念与"在场"的形而上学有不可分解的内在关联，"把存在作为固定的在场来领会，并因此而从'现在'出发来规定时间的'存在'"。②在这种视野下，事物总"名副其实"地持续"是"其所"是"着。海德格尔强调"源始而本真的时间性是从本真的将来到时的"，③将来维度的引进，打开的乃是面向未来的可能性空间，将来之为（前所）未有，意味着开放性与不确定性。作为对当下现在之"是"的消解，"时间性的本质即是在诸种绽出的统一中到时的"，④在此，过去、现在、未来消除其在物理时间中固定的前后关系同时到场，共同构成时间生成的灵动的圆舞曲。在此须指出的是，将来并不是在时钟的嘀嗒声中如每天早晨的太阳按时降临，将来之所以可能，乃源于此在当下的自我延异的可能性，其"绽出"所敞开的其实就是存在的"动词性"⑤，乃至时间的生成性和事件性，而这与人

---

① 海德格尔：《存在与时间》，第475页。

② 孙周兴选编：《海德格尔选集》（上），第129页。

③ 海德格尔：《存在与时间》，第890页。

④ 海德格尔：《存在与时间》，第390页。

⑤ 参看王恒《时间性：自身与他者：从胡塞尔、海德格尔到列维纳斯》，江

作为"此在"始终是"在途中"的"能在",须"日新,又日新,日日新"地去把自己的"此"去"在"出来在是一而二,二而一的。在此,作为萨特所谓"命定自由"的非定在存在,此在"出离自身"同时即"回到自身"的辩证生存结构与时间之为自我超越的"绽出"(顺便指出,德文"存在"[Existenz]与"绽出"[Ekstase]从构词上看义属同源)其实是一回事。至此我们看到,唯有作为能在可能性的人才是一切变动的真正源起与主体,此所以海德格尔要说"时间就是此在"的意思。[①]正如黄裕生所精辟指出的,"这在根本上意味着,自由使我们'同时'存在于过去、现在与未来当中,存在于一个整体的时间当中。自由使我们有时间,从而使我们有历史"。[②]

其次,"将来"在海德格尔那里同时还指向人的有限性。正是将来维度的拈出令此在的存在周延,呈现其为由生至死的有机整体结构。整体上看,死亡构成生命的内在视域,而这是"烦忙"于当下日常生活的人类有意无意地遗忘或视而不见的,这要么表现为"明日复明日"的消极推诿,要么忘情于兴致勃勃的"生涯策划",总之,"总还有时间"[③]即总还有明天,忘记了人本质上恰恰是没有明天的存在,"此在"最极端而又最本己的存在处境是"今日脱鞋上床去,明日不知穿不穿"。海德格尔以"先行到彼"的

苏人民出版社 2008 年版,第 100 页。

① 海德格尔:《时间概念》,见孙周兴选编:《海德格尔选集》(上),第24 页。

② 黄裕生:《时间与永恒:论海德格尔哲学中的时间问题》,江苏人民出版社 2012 年版,第 225 页。

③ 海德格尔:《存在与时间》,第 498 页。

睿智和决心拈出这一点，而"在其最极端的存在可能性中被把握的此在就是时间本身"。①

海德格尔关于时间的哲学思辨与流俗时间观的本质区别所在，如果用日常的话来说，表达的其实就是"时间就是生命"的意思。离开人的生存看时间，包括康德式的认识论导向的时间观在内，时间只是单纯的先验构架或纯形式的无限流逝。然而，在日月的斗转星移中，毕竟有事情在实质性地发生，从"去年今日"的"人面桃花相映红"，到"人面不知何处去"的眷恋，到"人生者百代之过客"的感悟，从"江畔何人初见月，江月何年初照人"的形上之问到"前不见古人，后不见来者"的悲叹，是古今中外人类生存经验中关于时间的智性见证与诗性表达。时间在本源上是在日常生活的"度日经验"与人生整体上"世代生成经验"上与人照面的，②从经验层面上，正是白天黑夜（昼生梦死）、春花秋月、人事更替和世代生成这样一些与生存有关的"无常"现象提示我们关于时间的本真消息。阿根廷小说家博尔赫斯（J. L. Borges）基于自身的思考亦得出类似的观点："时间组成我的物质。时间是一条载我飞逝的大河，而我就是这条河；时间是一只毁灭的虎，而我就是这老虎；时间是一堆吞噬我的火焰，而我就是这火焰。"③

综上所述，时间在最一般的意义上可以统一地表达为生成、变化，但是，就时间的形上本原来说，这种理解还是不够的。本

---

① 孙周兴选编：《海德格尔选集》（上），第 19 页。

② 克劳斯·黑尔德：《时间现象学的基本概念》，第 242—244 页。

③ 转引自史成芳：《诗学中的时间概念》，"题记"。

真的时间只存在于与人作为有限存在的"此在"的关联中，或者说时间只有本源地奠基于此在才可能真正"在世"。即以所谓时间的"过去""现在"和"将来"的三维度而论，乃是参照作为此在的人而言的，"此"在也即"现"在，过去、未来均依此而区分开来，从根本上说，时间的三维亦暗合于人的"出生""当下存在"及"死亡"三阶段。此所以海德格尔再三说"时间就是此在"或者更准确地说"此在……是时间性的"。[①]综合地看，由一般的生成、变化到此在有限性背景下"能在"的"是其所非"的否定性绽出构成时间由抽象到具体（黑格尔）、日常到本真（海德格尔）的辩证统一。在此有必要稍赘数言的是，时间在测度和协调人类行为方面的功用其实也是在时间已然存在背景下成立的，在时间不存在的情况下，且不说测度与协调是否必要，它们完全可能有如发射某种信号之类的替代手段，就像军事上用以协调行动的"冲锋号"。不过，话又说回来了，以时间的已然存在为前提，我们并不必要在人类思想或行为的所有领域中都坚执"时间就是此在"的理解，在"形下"的场域中，我们完全可以事实上亦是在一般流逝背景下使用时间观念，正如日常生活层次上，"时间就是钟表"甚至"时间就是金钱"。

时间在本体上指向此在源始本真的"能在"即去"在"出来的可能性，这种可能性是我们在生活过程中在自身与他人的存在经验中体认到的。时间经验的心理基础是记忆，"记忆是过去与未来的前提条件。没有记忆，就感受不到时间过程。记忆使时间

---

① 孙周兴选编：《海德格尔选集》（上），第24页。

跃迁，使我们拥有过去，预测未来"①。然而，时间作为文化经
验则是在超个体的层面上形成的，语言在此扮演了个体心理与社
会文化经验的重要中介，具体说，人类时间经验的形塑是在文学、
史学各种叙述文本层面上生成定型的。按照《时间与叙述》的
作者保罗·利科的观点，叙述不仅仅在语义层面上依时间流展开
故事情节，叙述文本作为整体还象征性地给出超越任一当下现在
的整体时间框架，在此，叙述具有直接所指与间接意指的双重指
涉和故事叙述与时间塑形的双重功能。②在感知经验层面上只具
有"当下现在"维度的时间之为具有"过去""现在""未来"的
三维结构，与人类在当下叙事中整体故事感的形成之间有密切的
联系，故事常常是从中段说起，其所对应的正是"现在"，而故
事的"开头"与"结尾"在时间上则对应于"过去"与"未来"。由
此可见，"在故事叙述与人类经验的时间性结构之间存在着并非
偶然的联系"。③在利科看来，海德格尔基于"此在"的"时间性"分
析虽触及时间非常本己的方面，但本质上却只是一种私人时
间，只有通过被叙述的公共时间的中介，才能在个人时间与历史
时间之间建立起联系。此所以他要在海氏《存在与时间》之后
写一本《时间与叙述》的用意。

历史即过去（the past）乃人所共知的常识，但是，作为时间
的一维，过去如何可能，需要进一步在概念上加以分析。有一点

---

① 恩斯特·波佩尔：《意识的限度：关于时间与意识的新见解》，李百涵、韩力译，北京大学出版社 2000 年版，第 4 页。

② Paul Ricoeur, *Time and Narrative*, translated by K. McLaughlin and D. Pellauer, The University of Chicago Press, 1984, Vol. I, pp. 52-54.

③ Paul Ricoeur, *Time and Narrative*, Vol. I, p. 52.

是无可置疑的,在任何时刻,时间中只有现在是当下唯一直接在场的维度,然而,永恒的现在不成其为时间,只有在现在的过去化中时间才得以展开和到场。在此,过去仔细说来并不单纯是已然逝去、与当下断裂的"既往"(das Vergangene),而是与当下现在"藕断丝连"的"曾在"(das Gewesene)。从语法上说,一者的时态是简单过去时,一者则是由过去一直延续至今的现在完成时。①一切的过去从时间上说都曾经是现在,所谓"历史的现在"(historical present)。事实上,现在之为现在,不仅是在过去与将来的"烘托"下成立的,并且根本上过去、现在、将来乃时间自身的"三位一体"。曾经的现在之所以成为过去,是在将来中"到时"(海德格尔语)为过去。在此,最能揭示时间本真性的关键环节是"将来"。因此,海德格尔说:"源始而本真的时间性是从本真的将来到时的……时间性的首要现象是将来。"②"只有当此在是将来的,它才能本真地是曾在。曾在以某种方式源自将来"。③对于现在来说,将来意味着不同于当下新的维度的开启,将来之为将来意味着与当下不同的差异性。设想在时间的原点即宇宙大爆炸的一瞬间,那是一个纯然的当下现在,没有过去亦没有将来。由此可见,所谓过去、现在、将来在绵延时间中并无实存,三维时间实质上乃是我们以自身为标尺、为生活实践的需要标示时间的结果。

在时间中一切都会过去,时间性本质上即"会过去性",历

① 恩斯特·卡西尔:《人文科学的逻辑》,关之尹译,上海译文出版社2004年版,第124页"译注"。

② 海德格尔:《存在与时间》,第390页。

③ 海德格尔:《存在与时间》,第386页。

史由此出场,从根本上说,历史乃是"现在的过去"(past of present)或 "过去的现在"(past present)。过去在实体层面上诚然是一逝不返的,但在意义层面上,则过去从未彻底过去,同理,将来亦已然悄然潜入现在（死已然在生中）,用海德格尔式的话说,"时间性的本质即是在诸种绽出的统一中到时"。①

　　时间是关于历史最抽象,同时又最本己的形上本体范畴,但是,由"时间性"上升到"历史性"其间尚有一层范畴中介。时间之为生命,其最直接的呈现是个体存在,个体本真地是有时间即有限的存在 (mortal),每一个个体降生的时候都是一个生命的全新开始,其中除生物学意义上的血缘谱系外并不具有任何历史性因素,而个体的逝去则是与之相关的时间的彻底中止,从而不可能再有任何的历史延续性。质言之,单纯个体是不足以言历史的,②历史本质上属于人类性存在,是"我们"的过去。③有见于此,海德格尔"历史性"的前提是人"在世界中的存在"即与他人"共在"。在此,共在的本义主要不是空间、数量意义上的复数存在,而是古今的时间性意义上超个体的人类存在。他在早年关于狄尔泰的研究文字中曾经这样说:"我们是历史,这意味着,我们就是我们自己的过去。我们的未来从过去中活出来。我们附着在过去上。这在'相互共在'中,在代代相传中看得很清楚。狄尔泰发现了这个对于历史性现象很重要的概念。每人不仅

────────────

① 海德格尔:《存在与时间》,第 390 页。

② 个人只有一生"一世",而历史则为"世代"延续。由此可见"方法论个体主义"在历史领域可能的局限性之一。

③ David Carr, *Time, Narrative and History,* Chapter 5, "From I to We", Indiana University Press, 1991, pp. 122-153.

是他自己，而且也是他那一代人"。①在此，超个体之上的人类世代生成确保了作为历史第一要件的时间延续性，并且，时间在此亦由本己私人性的转化为公共历史时间。不仅如此，历史性更深刻的意义是人类世代之间实质性的意义关联，用海德格尔的话说，人类向着未来开放的存在同时就是"重演"。②个体直面本真时间性的存在"决断"使之超越在流俗时间中随波逐流的烦忙，即超越"小我"在人类"大我"的维度上筹划自身存在，"这就是我们指明发生在本真的决断状态中的此在源始的历史化的方式。"③在此，个体"命运"汇入人类历史"天命"之流，个体存在的"时间性"与人类"历史性"接轨。个体决断不仅在将人类世代"曾在"的"遗业"一肩担起的意义上是历史性的，并且，个体对自身本真存在方式的抉择并非"前无古人"，作为总是已然处于特定时机中的"来者"，每一当下此在其实都是"曾在"，先于任一个体的存在及其足迹即为当下此在的存在提供可能性，同

① 海德格尔：《威廉·狄尔泰的研究工作与当前关于历史世界观的争论》，见《狄尔泰年鉴》第九卷（1992 / 1993 年），第 173 页。转引自鲁道夫·阿·马克雷尔：《狄尔泰、海德格尔和历史的实行意义》，见阿尔弗雷德·登克尔、汉斯-赫尔穆特·甘德、霍尔格·察博罗夫斯基主编:《海德格尔与其思想的开端》，靳希平等译，商务印书馆 2009 年版，第 348 页。

② 值得注意的是，"重复"在克尔凯郭尔哲学中就是一个重要的范畴（氏著《重复》，京不特译，东方出版社 2011 年版），萨义德（Edward W. Said）指出，"重复是讨论人类历史连续性……的视角"。（萨义德：《世界 文本 批评家》，李自修译，生活·读书·新知三联书店 2009 年版，第 212 页）

③ 海德格尔：《存在与时间》，第 74 节。译文转引自 S. 马尔霍尔:《海德格尔与〈存在与时间〉》，亓校盛译，广西师范大学出版社 2007 年版，第 221 页。另参见陈嘉映、王庆节译《存在与时间》第 451 页，译文有一定差别。

时亦构成基本的约束。在此，此在"回到自身的，承传自身的决心就变成一种流传下来的生存可能性的重演了……此在为自己选择自己的英雄榜样"。①而正是在这种"重演"与更替中，人类在漫漫时间中的连续性、统一性联系即历史成形、在场了。

时间性作为历史性基础范畴另一不可忽略的意涵，即其所标示的有限性或曰未完成性。如雅斯贝尔斯所说，"为什么有历史？因为人是有限的……人之不完善性与其历史性是同一桩事情"。他同时认为，"纯粹的自然事件，才可能是永恒的终止状态"。②阿伦特亦指出，在古希腊思想的发展中，人与自然"有朽"与"不朽"的对举是"历史"成立的前提条件。③值得指出的是，"时间性"到"历史性"之间由抽象到具体的逻辑推演关系与二者之间实际的关系次序恰恰是颠倒的，正如意大利当代学者阿甘本所说的那样，"人不是因为落入时间而成为历史的存在；恰恰相反，正因为他是历史存在，他才能落入时间，把自己时间化"。④

以本源时间为基准，历史与自然恰好构成一正一反两种存在，换言之，时间是刻画历史与自然本体论差异的基本哲学范畴。抽象地说，给定时间的存在，世间万物无不与时间有关，用康德的话说，时间（和空间一道）是我们感知一切现象的先天直观形式。但是，事物与时间的关系在海德格尔看来有两种，一种

---

① 海德格尔：《存在与时间》，第 453 页。

② 雅斯贝尔斯：《历史的起源与目标》，转引自何兆武主编：《历史理论与史学理论——近现代西方史学著作选》，第 698 页。

③ Hannah Arendt, *Between Past and Future*, p. 43.

④ 吉奥乔·阿甘本：《幼年与历史：经验的毁灭》，尹星译，陈永国校，河南大学出版社 2011 年版，第 94 页。

是所谓"在时间中"的,另一种则是"时间性"的。前者是物理性的,后者则是存在性的,后者是本源意义上时间的规定性,而前者则是派生于前者的。可计时的不等于是时间性的,自然虽然可以说都是"在时间中"从而可以依时序加以整理和测度,但在物理及日常生活层面上,时间只有外在工具性的计时意义。自然现象诚然也存在变化,但在这些变化古往今来只是周而复始的不断重复的意义上,自然中并无真正的变化,实质的新奇性与独特性只局限在人类历史中。在历史及人生层面,时间才具有内在奠基意义,或者说,只有历史才是真正"时间性"的存在。对历史来说,时间的真正意义不是表面的"时过",而是内在的"境迁"。①"去年今日此门中"所见的"桃花"今年"依旧",无可寻觅的是"不知何处去"的"人面"。反过来说,寻常年代中 24 小时前的昨天或 365 天前的去年与今天和今年间并不存在真正即世事变迁意义上的时间流逝,从而并未成为历史。在人类存在的维度上,没有时间,就没有乡愁,没有一失足成千古恨,亦没有生命之意义与价值。从逻辑抽象层次上,我们说时间是历史可能的逻辑前提,反之,在实事层面上,历史与时间本为一体。史者,时也,事也,历史乃时间中的历事,时间内在于历史中。如果没有历史变迁,也就没有时间的开显。在这一意义上,历史不简单是发生在时间中的事情,而是时间性的事情。

在时间面前自然与历史之间的深刻差异从根本上说还是要

----

① 海德格尔说,现存的"古董"之所以成了"过去",本质上是因为"它们曾在其内来照面的世界""不再存在"了。海德格尔:《存在与时间》,第447 页。

从时间之为演化、变异的本源意义上加以解释。从根本上说,世间万事万物都不是永恒不变的,对于自然界来说,宇宙时钟同样存在。但是,由于自然界在时间尺度上与人类尺度间无可比拟的巨大差距,[1]自然作为一个整体,其变化对于我们来说缓慢得仿佛是不存在的。打个比方,宇宙的发展历程可以看作是以天地为剧场的一场全景电影,尽管其画面与场景也是变动的,但由于其时空尺度与我们人类相比的巨大反差,在我们所存在的岁月里,我们所能体验和感觉到的只可能是电影胶片的一格,于是,宇宙在我们眼中所呈现的自然就是仿佛定格化了的形相。总之,从某种人类中心主义的立场出发,至少在经典宏观物理学层面上[2]自然界可以被理解为具有同质齐一性与高度可逆性即非时间性特征,拉普拉斯所设想的根据宇宙任一瞬间的给定参数原则上能推断出世界在过去或未来的所有运动方程的精灵就是这一世界观的深刻反映。[3]因此,正如德国古典哲学家谢林(F. W. J. Schelling)所指出的,"并非一切发生的事情都是历史的对象。例如,在自然界中发生的一些事件获得了历史的性质,纯粹是由于它们对人类行动所发生过的影响;按照已知规律发生的、周而复始地出现的事情,或一般地说,一种可以 a priori(先验地)估

---

① 依照将宇宙自大爆炸以来 150 亿年的时间 365 等分换算为 1 年的"宇宙日历",最原始的人类出现在 12 月 31 日晚上 10 点 30 分(卡尔·萨根:《伊甸园的飞龙》,吕柱、王志勇译,河北人民出版社 1980 年版,第 11 页)。

② 一旦进入宇观自然演化与微观量子世界,这一点就是不成立的了。此外,生物演化在此显然是另一个例外。

③ 普里戈金、斯唐热:《从混沌到有序:人与自然的新对话》,曾庆宏译,上海译文出版社 1987 年版,第三编;包括托夫勒为该书所写的"前言"。

计出来的结果,更不能被视为历史的对象"①。出于同样的理由,黑格尔在其《自然哲学》中曾经将"历史"与"自然"分别标示为对立的"时间"和"空间"范畴。通常我们所说的历史指的就是人类历史,而物理层面上宏观自然界在严格意义上是没有历史的。总之,在时间性这一形上维度中,历史与自然构成对立的范畴。不过,自然与历史的对立在此只是从概念的抽象层面上说的,事实上,自人类出现以来,自然界已然被卷入历史之中。从而用海德格尔的话说,"就连自然也是有历史的",比如,"居住区和垦殖区,作为战场和祭场而有历史"。②当然,自然在此意义上终究只是"次级具有历史性的"。③

值得注意的是,内在时间性与外在时间尺度相互缭绕,构成复杂的时间样态和关系。物理时间表现为匀速流逝的样态,其尺度可以是最大的宇宙时间(光年)和日常生活中的年月日时分秒乃至毫秒,等等。而历史时间则以年、代、世纪等来标识,并且,依历史事件的不同性质与频率,历史年代呈现出或急或缓的时间节律,其理同于不同年度的气候状况表达在树木年轮上的疏密之别。在此,本源"形上时间"与"日历时间"之间存在着不同步性。历史时间是人类社会、文化流变的节律,"历史的现在不是绝对的现在,而是一种结构:更准确地说,是一种文化的结构"④。对于具有不同发展速度的文化与民族,同一日历时间内

---

① 谢林:《先验唯心论体系》,梁志学、石泉译,商务印书馆1976年版,第239页。

② 海德格尔:《存在与时间》,第456页。

③ 海德格尔:《存在与时间》,第448页。

④ Ágnes Heller, *A Theory of History*, Routledge & Kegan Paul Ltd., 1982,

其在实际历史时间中的定位却是不一样的,发展迟滞的民族如近代以来的中华民族在表面上历史悠久背后的则是没有(走出)历史,正如鲁迅所感叹的,"仿佛时间的流驶,独与我们中国无关"①。同处 21 世纪,不同发展水平的民族其实并不真正处于同一历史时代中,而当今世界上所谓的东西南北差距本质上乃是处于不同历史时间的差异。在进行历史研究尤其是比较研究时,历史时间的相对性是一个值得充分重视的因素。

本体层面上时间性的有无对于自然科学与人文学说来说具有深刻的认识论意义。时间上的可逆性即无时间性乃自然科学得以成立的本体论前提②,历史则反是,时间上的一度性乃历史的基本特征。从时间性的逻辑出发,自然界属于现成已完成状态的存在,因而,关于自然的认识具有可预测性。而历史则与人类本身同步,始终处于现在进行时态,因而,其未来是高度不确定的,本质上是不可预测的。自然与历史的上述差别深刻地影响到自然与人文学科不同的认识论特征。例如,在牛顿力学的世界中,事实即等价于本质真实的,一度所是即普遍之是,因此,由一个苹果的落地可归纳出对所有苹果乃至所有物体普遍有效的引力定律。而在人文领域中事情则未必如此,由一次战争如伯罗奔尼撒战争无以推出普适的战争规律,越王勾践和韩信的忍辱与项羽的自尊同为事实,等等。如果说科学话语以普遍必然性命题

---

p. 41.

① 鲁迅:《忽然想到》之四,《鲁迅全集》人民文学出版社 1982,第 17 页。

② 它所反映的当然不是主观妄见,而是宏观低速运动状态亦可以说是经验常态下自然界的特定面目,这一点即使在耗散结构及混沌理论在微观层面上揭示了自然界的"时间性"之后仍然是成立的。

的归纳概括为目的，史学则以愈益具体、真实的细节把握和历史感见长。科学揭示事物间静态结构性因果关系，史学则在时间性中把握局部事件与整体历史间的动态意义关系。在此，自然科学话语霸权影响下的话语平移往往是人文学科认识谬误产生的特定根源。

自然与历史不同的形上存在特性不能不在认识上导致认识目标、旨趣乃至样态方面一系列的差异。从维柯到狄尔泰、柯林武德和伽达默尔，西方历代具有人文主义倾向的历史哲学家均强调了历史研究不同于自然解释的理解性质，并以此为建立在研究者与研究对象主客同一基础上史学认识独特的真理性主张辩护。自然中是有逻辑的，依照伽利略以来近代自然科学的概念，就是说，自然是用精确的数学语言写就的"天书"，因此，尽管自然"非我族类"，我们却可以与之打交道。在拟人的意义上，我们与自然间仿佛存在对话关系。但自然毕竟是没有道理即没有内在意义的，我们对于自然现象可以给出精确到小数点后多少位的严格解释，但事实上我们永远也不可能懂得自然的心思。

第二节 时间性维度下历史的存在方式

基于上述关于历史存在时间性形上前提的论证，进而我们可以更切近地探究与引申历史之为时间性存在的种种形上规定性或曰存在方式，其中包括笔者所谓的历史的"一度性""两间性"及"异在性"等方面。

基于时间的不可逆性，历史明显地具有发生上的一过性或一度性。古希腊哲人赫拉克利特有言，没有人能两度踏入同一条河流。除非是在记忆中，我们不可能像数度进入某一空间那样再度回到同一时间。如果说，"回到拉萨"是可以做到的实事，"昨日再现"①则是只存在于在科幻小说中而在现实世界永无可能的想象。

历史的一度性包括两个层次，其一，在人类史作为一个整体的层面上，迄今为止人类历史进程事实上只发生过一次，即便上帝给我们第二次重历历史的机会，所发生的也不会是目前已然发生的人类历史的全盘重演，因此，不论是从事实上还是逻辑上看，人类历史在整体发展行程上（而非某些局部细节上）都是可一而不可再的；其二，在具体事件层面，尽管历史有时表现出惊人的相似性，但是，严格意义上同一事件的重演亦是不存在和不可能的。

对历史的一度性及具体历史事件的独特性不可无限夸大，似乎一切历史现象均为截然不同的单一事项，从而完全不可能归纳出任何具有普遍性的东西。事实上，自然界里亦没有两片形状完全相同的树叶，但另一方面，所有的树叶毕竟共有某些化学、生物性质。历史的一度性或独特性也是有条件的，它具体表现在人物、事件在时间轴上的不可再现、无法重复的独特性，但在性质的角度上，各异事件与人物仍然可能具有相同或类似的性质，从而可以被归类在政治、经济还是文化领域中及战争、革命、萧条与科学发现等事项里，由此观之，我们往往发现"历史是惊人的相似"。当然，在人事领域中，与在自然界中不同，制约着同一现

---

① 引号中的两个短语分别是当代中国歌手郑钧与英国著名女歌星卡朋特名曲（"yesterday once more"）。

象的各种条件如时代、地域、人物等背景条件相对自然现象要复杂许多，从而大大增加了历史现象的差异性。严格意义上的一过性与作为规律由之归纳而来的现象可重复性相牴牾，因此，我们应该慎言历史规律，至少不应将之与自然规律等量齐观。

在形上层面上，历史之为存在恰恰是在"过去"与"现在"之间，因为时间本来就不等于某一时间维度，由时间性定义可知，历史不可能切断时间，作为这由我们耳熟能详的关于时间即历史的"河流"隐喻中可以说得到了很好的表达。这表明，时间或历史具有像因果一样的关系性品格，属于关系性的存在而非实体性的实在。我们不妨将历史基于"当下"与"过去"不同时间维度居于"在场"和"不在场"之间的这一关系性特征称之为它的"两间性"。

在时间性维度上审视历史与过去的关系，一切历史在其本然形态上本是当下现在，根据我们在前一节中的分析，历史在本义上是一种时间性的存在。基于时间的"会过去性"(pastability)，历史（the past）由之成为可能。然而，"过去"虽为一切有限之物共同的命运，其本身却并非任何事物本然固定的规定性。从发生学的角度看，一切过去了的东西都曾经且首先是当下现在的，此所谓"过去的现在"(historical present)。在当下本然的源始意义上，我们均在历史中，是历史的当事人，因此，对历史而言，"过去在这里根本不具有特别的优先地位"[①]。可是，历史之为历史，毕竟又是当时过境迁、尘埃落定之后呈现的。在此，历史之为过去

[①] 海德格尔：《存在与时间》，第445页。

乃"现在的过去"(past of present)，①历史出场每当历史不再
(history is present when it was no longer)。

历史之为"过去"意味着它对于我们来说内在的异在性，不
论是从认知还是实在的层面上，历史与我们之间不可消除的异在
性乃是历史成立的根本，假如历史与现实重叠，则历史不成其为
历史而成为现实。伽达默尔解释学的洞见之一，就是摒弃从施莱
尔马赫到狄尔泰思想中包含的视过去与现在之间的时间距离为
"必须被沟通的鸿沟"，以为可以通过某种方法论手段最终消除这
一障碍，达到对过去的透明认识的"客观主义"和"浪漫主义"观
念。在他看来，"时间距离并不是某种必须被克服的东西"，相
反，"重要的问题在于把时间距离看成理解的一种积极的创造性
的可能性"。②

在"当下"与"事后"不同时间基点的交错中，从而在当事
人与旁观者两种视野之间，客观历史显现为两种不同形相，为简
便起见，我们在涉及二者区别时拟将当下实时的历史称为历史
I，相应地，将过去意义上的历史称为历史 II。以下我们将对历
史 II 及由历史 I 到历史 II 的存在转换分别加以探讨。

不同时间基点上由历史 I 到历史 II 的转换建基于历史自身存
在结构中内在的"两间性"，是历史自身的客观变换。它进而对
处于"当事人"与"旁观者"不同地位上的人显现出不同的形相，但
本身却与人的主观因素无关。换言之，历史 I 与历史 II 是在时间

---

① Ágnes Heller, *A Theory of History*, Chapter 2.

② 伽达默尔:《真理与方法》上卷，洪汉鼎译，上海译文出版社 1999
年版，第 381 页。(本书引用了《真理与方法》的两个版本，以下若未特别
注明，即为上海译文出版社 1999 年版。——编者注)

进程中本然生成的，不是相对于我们的认识视角才（横岭侧峰地）呈现出来的，就像一个人由少及壮首先不是从不同时间上看起来是这样，而是事实如此，尔后才是在别人眼里看起来也是这样。必须强调指出的是，历史Ⅰ与历史Ⅱ的存在地位是不同的：时间在先的亦是逻辑在先的，在发生学上处于优先地位的历史Ⅰ更接近于历史的本真形态，更多地具有和反映历史运动变化的本意，而历史Ⅱ则仿佛是历史Ⅰ的影子和替身。但历史存在的吊诡之处在于，历史是所有一切存在中独一以当下不再为条件的存在，真身隐而不显，替身赫然出场。在此，历史Ⅰ与历史Ⅱ之间的关系乃本然历史与实然历史的关系，二者阴阳、虚实之两间共同构成历史。正如罗腾史翠西（Nathan Rotenstreich）书名所示，历史乃在"过去与现在之间"（*Between Past and Present, An Essay on History*, Yale University Press, 1958）。"不再"历史的"现在"涉及历史与表现的关系，这是本书下一章的论题。

历史存在的两间性在语言中的表现就是丹图所称的叙述句（narrative sentences）。叙述句"是历史著述中出现的最典型句子"，"它们最一般的特征是，虽然它们只描述（只关于）所指涉的最前面的事件，它们涉及至少两个在时间上分开的事件"。[1]举一个最简单的例子，"莱克星顿事件开启了美国独立战争的历史进程"是一个历史叙述句，这一句子的成立在逻辑上要求日后反英战争的发生甚至成功，换言之，历史事件在历史坐标系中的客观定位通常要参照日后的事态发展获得确定，因此，历史事件的真面目对于即便是当下时间中全知的"理想编年者"来说亦是无

---

① 阿瑟·丹图：《叙述与认识》，第143页。

法洞悉的，其意义必须被放在一个超出当下的更大时间框架下才能理解。①用米什莱的说法，历史学家扮演俄狄浦斯式的角色，他为历史当事人"解释他们未能破解的自身之谜，告诉他们未能理解的自己的言行的意义"②。在这一意义上，我们可以说历史出场每当历史不再，对克罗齐"一切历史都是当代史"的名言，我们应当这样来理解。在认知的层面上，各种事件如"五四运动""三十年战争"等往往都是由后来者命名即赋义的，当事人"除非按预言的方式说话，我们不能对该事件做出这样的陈述"③。在此，分析哲学与非分析的本体论哲学思辨可谓异曲同工。

同一历史在不同时间基点上呈现为历史 I 与历史 II，在此两间之间，历史呈现出"可能性"与"现实性"的双重品格即存在样态。

在发生学意义上，一切历史都是现在。在现在进行时态中，历史 I 与时间箭头同向，它面对一个开放性的未来，此际，事态的发展尚处于未完成状态，其中包含着种种可能性的机缘。对于历史的当事人而言，历史 II 情况下一目了然的历史结局此时不但在认识上是未明的，而且在存在上是未有的，它有待于共在于历史世界中人们在多种可能性中的抉择与互动而随机或相对自主地确定。在不确定的未来的背景下，历史呈现出其本然的可能性存在论品格。然而，当历史成为历史，在历史 II 中是不存在真正的将来的，历史中曾经的将来此时统统化为了过去，一切均

① 阿瑟·丹图：《叙述与认识》，第八章"叙述句"。

② 罗兰·巴尔特：《米什莱》，张祖建译，中国人民大学出版社 2008 年版，第 99 页。

③ 阿瑟·丹图：《叙述与认识》，第 18 页。

处于过去和完成的状态。此际,原本流动的生成、演变的时间性进程已被压缩为静态、空间性的结构:"开放"的成为"闭合"的,"虚"的化为"实"的,"活"的成了"死"的,岩浆已成为石块,有血有肉的人物成为"木乃伊",刀光剑影、风云诡谲的棋局成为业已记录在案的一纸棋谱,历史长河在时间的尘封下"顿失滔滔"。于是,由于历史过程中所必然发生的历史Ⅰ与历史Ⅱ的时间转换,前者向未来开放的本然可能性品格在不经意间被后者实然现实性实在所遮蔽。"条条道路通罗马"的曾经史势为"走到罗马路一条"的已然史实所替代,包括事件发展结局在内的历史轨迹此际一线相连,历历分明。

历史Ⅰ与历史Ⅱ在本体上的关系蕴涵正反两方面的认识论结论。在正面意义上,必须指出,"历史不容假设"的信条只在历史Ⅱ的层面上才是有效的。尽管在事后历史Ⅱ的状态下,历史表现为绝对无法改变的铁的事实,但在历史Ⅰ的本真意义上,我们可以说,可能性比现实性更基本。历史的可能性品格与我们此前关于历史时间性本质的界定是完全一致的,对其实际意义我们可以借助"棋局"隐喻作进一步的阐述。世事如棋,研史如打谱,历史Ⅰ可以说是实际棋局,而历史Ⅱ则是由棋谱记录下来的事实棋步。棋的内容除白纸黑字的棋谱之外,还应包括当局者所面临的各种可能选择与机遇,此即所谓参考图的内容。打谱只停留在棋谱所反映的实际着手而不考虑其背后参考图的各种可能着想,岂能称之为真正读懂棋局?

由于历史Ⅰ在存在上的优先性,历史不但允许假设,事实上,关于不同可能性的设想构成历史思维不可或缺的环节。在我们对历史事件及人物的成败是非的探讨中必已隐含着关于不同可能性的设想，历史假设在福格斯关于美国早期铁路与西部经济发展关系的甚至还成为被系统运用并取得创造性发现的思想方法，而牛津大学的尼尔·弗格森更以专书对此加以讨论。[①]因此，正如海德格尔所指出的，历史的真意应是对"曾在的本真可能性"的"重演"。因为，如上所述，"'事实上'本真曾在此的东西就是生存状态上的可能性，而命运，天命与世界历史实际上曾在这种可能性中规定着自己"[②]。"历史学愈是简单愈是具体地从可能性方面来领会曾在世的存在并'仅止'表现这种存在，它就将愈其深入地开展可能之事的静默力量。"[③]在这个意义上，我们说，研究历史不但要知道实事求是，还需知道如何于虚事（可能性）中求其真谛。在历史 I 与历史 II "虚实相生，阴阳互补"中人类历史的真面目才可能向我们显现。

笔者注意到，这里关于历史的这种思考在理论物理学家霍金的宇宙学观点中可以得到理论上的响应。霍氏指出，根据量子力学的观点，"一个系统在时空中不止有一个单独的历史"，从而"必须把宇宙考虑成具有任何可能的历史"。[④]而我们今天所看到的实在是宇宙在多种演化可能性中实际实现了的当下状态。在量子理论基础上，霍金与其合作伙伴詹姆·哈特尔在 1983 年进一步提出"实时间"与"虚时间"概念，指出，我们"对于宇宙不能取

① 尼尔·弗格森：《未曾发生的历史》，丁进译，江苏人民出版社 2001 年版。此书英文原名 *Virtual History*，可直译为"虚拟（假设）的历史"。

② 海德格尔：《存在与时间》，第 463 页。

③ 海德格尔：《存在与时间》，第 463 页。

④ 史蒂芬·霍金：《霍金讲演录》，杜欣欣、吴忠超译，湖南科学技术出版社 2000 年版，第 57、59 页。

在实时间中的历史的求和，相反的，它应当取在虚时间内的历史的求和"。①

从反面上看，如果说在历史研究的实际操作层面上最常见从而最引人注目的是史实上的失误和歪曲，那么，在观念方面最值得注意的倒是陷入"伪客观主义的迷狂"②。由于历史研究者即旁观者的宿命，在未经反思的情况下人很容易将自己视野中的历史Ⅱ"自以为实"地认作全部历史真实，进而在此基础上做自以为"是"的"求是"功夫。然而，在历史Ⅰ被历史Ⅱ遮蔽的情况下，再认真的历史研究功夫亦不免是"刻舟求剑"，当我们小心翼翼地试图在船舷上留下关于某一事件发生的精确刻度时，却忘了历史轻舟此时可能已在万重山外，历史的真相在对所谓实事的片面追求下尽失其踪。这样一种关于历史的非历史观点，从理论思维的角度看，病在对历史"事实"与历史"真实"的辩证关系缺乏认识，不知道真实的固然必须是事实，但真实有单面事实未能穷尽的意蕴，用阿隆的话说，陷入一种"事实性幻觉"。而其根源，则应归咎于对历史在不同时间基点上迥异存在特性的失察。因此，历史Ⅱ在当下固然是史学研究的出发点和唯一基础，但它归根到底乃脱胎于历史Ⅰ，后者作为历史Ⅱ的本源形态是完整历史不可或缺的重要组成部分。只有对当下不在场的历史Ⅰ保持必要的理论敏感，我们关于历史Ⅱ的认识才不致在对史料的亦步亦趋中陷入胶柱鼓瑟的境地。

①　史蒂芬·霍金：《霍金讲演录》，第60页；另参看该书第32—33页。

②　Paul Ricoeur, "Objectivity and Subjectivity in History", in his *History and Truth,* p. 40.

　　与历史存在两间性有关的历史认识中另一个著名的误区，就是关于所谓历史必然性的简单理解。由历史 I 到历史 II 所发生的可能性向现实性转换的实质上是由"多"到"一"的变化，历史本然可能性状态下"通罗马"的"条条"大道于实到罗马之际收敛为"走到罗马路一条"。由于我们永远不可能两度涉足同一条历史之流，加上某种"事后诸葛亮"式的认识优越感，我们往往对自己置身历史旁观者的"后溯"（retrospection）处境缺乏必要的反思，于是，原本只是在历史多种可能性中实现了的某一种可能性每每被言之凿凿地宣布为内在必然性。黑格尔哲学"历史和逻辑统一"命题包含的历史必然性幻觉其实就是对此习焉不察的典型理论案例。用丹图的话说，即混淆了历史自身的结构与叙述性文本结构。[①]

　　历史中当然是存在某种必然性的，例如，由农业到工业的发展趋势，民主代替专制的倾向，从铁器、轮子到安全套、电脑的发明，相信都有其必然性，这就好比上华山那唯一的必由之路（自古"华山一条道"），但大多数情况下，相信历史的发展道路仍以"多歧路"式的"婉转有致"为主。就我们在历史研究中所面对的终究只能是历史 II 而论，历史的可能性是没法实证的，这似乎使我们所主张的观点处于天然的理论劣势。然而，不要忘记，我们每一个人当下即在历史中，在实实在在的历史 I 的进程中，只要不是拘泥于事后的历史 II 视野，历史对于未来的开放性难道不是无可置辩的事实吗？值得注意的是，历史战场上某些得势者很容易在事后不分青红皂白地"挟成败"以言"必然"，动辄以

---

① Arthur Danto, *Analytical Philosophy of History*, p. 357.

历史潮流的代表者自居,其实质与"上帝选民"同一机杼。不但混淆了实然与必然,进而欲将所谓的必然等同于正义,实属欺人之谈。①有鉴于理论的逻辑尤其是 20 世纪人类历史的实际,波普尔在他的《历史决定论的贫困》的献词中明确提出,其实,罗素早就看到了这一点。他说:"过分肯定必然性,是当今世界上许多最坏的事情的根源,而且这正是历史的沉思所应当为我们纠正的东西。"②

在历史Ⅰ向历史Ⅱ的转换中不仅发生了可能性之"多"与现实性之"一"的换步移形,同时发生的还有历史由实事向文本的转换。所谓存在或实在总是指现在:现(在时间中实际的存)在,历史Ⅰ满足这样的存在要求。可是,在历史Ⅱ 的背景下,"历史何在"成为问题。当历史成其为历史,它作为"曾在"在直接意义上即意味着不再——或至少不具有完整的——存在。时过境迁之后,经验实在意义上的客观历史存在——包括特定历史环境、当事人及历史情势——在整体上已永远消逝在时间隧道的另一端。但是,细致分析起来,历史并非如白德菲尔(Herbert Butterfield)所说如"去岁湖上之风,既逝矣,渺难追寻"③,除了过去作为传统(已传之统绪)可能仍构成我们当下现实的一部分,往昔还栖身或曰间接存在于地上地下文物(如器具、建筑、

---

① 在这一方面,刘小枫当年对"历史理性"的价值审视与追问今日读来力度尤在。见氏著《拯救与逍遥》"引言",上海人民出版社 1988 年版,第 24—28 页。

② 罗素:《历史学作为一门艺术》,转引自何兆武主编:《历史理论与史学理论——近现代西方史学著作选》,第 551 页。

③ 汪荣祖:《史传通说》,台北联经出版社 1988 年版,第 2 页。

墓葬、碑铭）和文献遗存（各种史学或非史学的文字记载、口头传说）中。但是，不论是文物还是文献，严格意义上它们只是历史的证据而非原本历史本身。并且，超越文物与文献间表面上物质与文字的区别，历史Ⅱ在存在样态上具有广义的文本性。

文物在经验直观上表现为物质存在的形态，但是，文物的实质是文而不是物，它和文献一样都是能指的符号。因为，尽管文物如刀剑仍然锋利，但作为文物，其意义不再是其实用功能，而是其中携带着的各种历史信息，史家在处理它们时与处理文献的操作手段也许不同，但目的则是一样的，就是通过各种手段释放和解读积淀其中的历史意蕴。在这一意义上，不论文物还是文献都是阅读对象，换言之，经验实在形态的历史在此已转换成指向它的文本符号。正是在这一意义上，伽达默尔强调历史学与语文学和解释学的内在同一性。[①]卡西尔及当代分析的历史哲学家丹图对此亦均有论述。[②]

由历史Ⅰ当下不在场发生的由经验实事到历史Ⅱ文本性的存在转换，或者说可感历史事实间接"转存"于与其异质的文字载体中，在认识论上有重要的影响。通常人们都意识到，由于年代久远，实物证据的湮灭令历史中出现大量无法弥补的缺环。但是，将注意力仅仅放在认识材料的缺乏甚至缺失上，这在认识上是比较表面和不够的，更重要的是，作为社会存在物，历史不像某种物件如博物馆里的青铜器那样被保存下来，在大多数情况

---

① 伽达默尔：《真理与方法》上卷，第 257、436 页。

② 卡西尔：《人论》第十章；Arthur Danto, *Analytical Philosophy of History*, p. 89.

下，我们关于历史事件、过程的了解不得不主要依靠文字记载。文字记载的运用涉及考证、互校等史学技术与方法问题，而在理论上值得注意的是，在文字记载中，历史转化为符号，仿佛景物被搬到画布上被模拟和表达。在这一过程中，三维空间的历史作为被固定在文本中的信息发生了平面化与单面化，从而我们由文字符码还原历史实在的可能受到重大的制约。如果说面对现实对象我们可以围绕它从各个角度获取立体、动态的信息，而历史文本却不是全息立体照片，而是以二维平面模拟三维物体及其运动，如果谁想要"按图索骥"，实现由文本到实在的转换，他立刻就会发现，历史画卷表面上的立体感掩盖不了其只有正面而没有侧面和背面，只有表面而没有厚度的缺憾，我们无法直接走到其景深中去，也就是说，虽说关于历史的文本有真伪优劣之分，但在文本形态下，历史总是从某一角度上被单义格式化。在幸运的情况下，我们可以通过不同文本的对勘弥补这种片面性，遗憾的是，这种情况往往只是例外而非通例。总之，历史确曾存在，但现在却不再继续存在，它被凝固在死物中，锁定在文本里。这样，与对自然、社会现实的认识不同，我们关于历史的解读在很大程度上超出认识论的领域进入到文本解释学的范畴。[1]

历史之为存在的又一重要之点是其内在的人文性。与自然作为非人世界（it）不同，历史则是属于人类自身人文世界（we）的。一方面，如果说在自然科学乃至社会科学中，认识主体与对象是异质的"我—它"关系，二者的分立是认识展开的前提条

---

[1] 伽达默尔指出，"历史学的基础就是诠释学"。见氏著《真理与方法》上卷，第 257 页。

件，那么，在人文历史领域中，主体与客体具有同一性，认识者与其对象从根本上属于同一类存在，彼此属于"我—你"关系，共同分有人文性与历史性的维度。另一方面，对于人类来说，前者是已然完成了的存在，而后者则是随人类实践历史展开的未然演化进程。由于自然对于人文的时间和逻辑在先性，自然与历史间有连续性的一面，前者对后者有约束处，二者之间亦有重合处。但是，人文的本质是非自然，二者关系上断裂大于连续。历史虽说是物质的人在自然背景下各种活动的轨迹，并且，个体层面上历史活动的目的、意志在社会整体层面上的消减乃至失效以及对于每一代人来说前代历史的已完成状态使得历史仿佛具有了某种超出任一当下人类群体之外的准客观性，然而，作为人类的集体创作，历史的作者与读者间最终有着为人与自然关系所不具有的主客同一性，从而我们总是在历史中，而历史也总是在我们中。这样，历史之为存在不但具有某种客观逻辑，并且有道理，即是渗透主体性有意义的人文作品。所谓人文维度亦即意义维度，这与前述历史的文本性又是相互契合的。

综上所述，基于形上时间性范畴，历史成为可能并展现出上述各种存在规定性，但历史的本体与史学通常所"照面"的形下历史现象间存在着重要的区别，这一区别依海德格尔的概念，即"存在"与"在者"的关系。理论中经验视野与哲学视野的区别在于，前者往往执着于在者，而后者则必须揭示在此隐匿了的存在。在存在的本义上，历史如前所述并非如人们直接感知或所接受就是简单的过去（the past），而是"意味着一种贯穿'过去''现在'与'将来'的事件联系和'作用联系'"及"'在时间中'演变的存在者整体"①，在形上本质意义上，历史与人类共始终，它并未过去，从未完成，因此，我们时时刻刻处在历史中，历史在每一当下生成着，并向着无尽的未来开放。作为一种本体存在（Being），历史的独特性在于，它不是直接呈现在我们面前的某种已然的定在过去，而是一种始终处在形成中的过程（Becoming），而以"过去"这一特定时间维度为表征的通常所理解的历史只是在时间性中到时的在者。但是，"存在"的时间性与历史性一旦落实为经验层面的"在者"（日历时间、过去事件），其无间绵延的本性隐而不显，表现为可分割和可计量的特定时段，从而成为现实史学研究的确定、具体的对象。

根据本体层面上历史的时间性内涵，处于某一过去点，哪怕是距今足够遥远的某一点上的事物本身并不必然具有内在历史性，在此存在着概念上可以区分为"时间性"与仅仅"在时间中"的不同。在日常理解中，历史无非是通过古物、故纸对故事真相的还原，但在严格意义上，关于古老东西的兴趣不等于在哲学上即本真性上有意义的历史兴趣，"它们也许是古的，但却不是历史性的"，②在此，以历史资料为某种理论或科学研究的材料与以历史真相的揭示和历史理解的建立为己任的真正史学间有不容混淆的界限。

在生成流变的层次上思考，时间不属于过去、现在或未来任何一个维度，而是包含或统摄三者为一体的，唯有在这三者之间，时间之流变方得以呈现。依照胡塞尔所开创的现象学的观

---

① 海德格尔：《存在与时间》，第 445 页。

② Leonard Kvieger, *Philosophy and History*, p. 141.

点，一切事物的存在在其意向性焦点之外都具有其边缘域，就时间而论，它具有一个集"当下""前摄"和"滞留"于一身的三重边缘域：现在并不仅仅是作为眨眼瞬间的当下，而是包括当下和非当下即滞留和前摄在内的现在；时间不是过去、现在和未来的简单叠加，也不是滞留、当下和前摄的点状流动；滞留和前摄不仅进入到当下之中，它们还成为当下得以成立的前提和条件。海德格尔亦指出，时间本质上并不是指"现在系列的前后相继"，而是"在当前、曾在、将来中嬉戏着的在场"。"三维时间的统一性存在于那种各维之间的相互传送之中"，于是，真正的时间仿佛是超越于此三维之上的"第四维"。①在此，时间的辩证性于流逝中留存。而在关于时间的流俗看法中，人们直观中可以把握得到的就是"现在"或曰"今天"，所谓过去—现在—将来则不过是同一现在在计时上的不同刻度或叠加的效应，"在每一个现在中现在都是现在，所以它持驻地作为自一的东西在场"。②借用芝诺的绝妙表达，正所谓"飞矢不动"。也就是说，在线性时间观中，"源始时间性的绽出性质被救平了"③。由对时间性的哲学把握反观历史，与通常理解不同，"历史主要不是意指过去之事这一意义上的'过去'，而是反映出自这过去的渊源。'有历史'的东西处在某种变易的联系中，……历史意味着一种贯穿'过去''现在'与'未来'的事件联系和'作用联系'。从而过去在这里根本不具有特别的优先地位"④。简言之，所谓"过去"总

① 海德格尔：《面向思的事情》，第 15—16 页。
② 海德格尔：《存在与时间》，第 496 页。
③ 海德格尔：《存在与时间》，第 390 页。
④ 海德格尔：《存在与时间》，第 445 页。

是以"现在"为参照的,而在"过去"与"现在"的关系中,"将来"已然进入我们的视野,因为,"现在"正是"过去"的"将来"。

基于时间集过去、现在、未来于一体的本真意义,历史在本质上并不单纯等于过去,不等于年代的久远性,而应定位于整体流变过程。历史时间性本体维度的澄明提示我们,史学研究在面对确定实然过去时不应囿于此而丧失对历史本然的生成流变维度的意识。与故纸堆打交道并非史学的充分条件,健全的历史感或解释学所说的"效果历史意识"才是史学的精神所在。准此,定位于某一过去时间片断"只问树木不及森林"的定点"考古"工作在实际史学实践中也许占有很大的比重,这种工作对形成我们的历史认识来说亦具有基础性的意义,但是,史学的最终意义却并不在此。对它的研究亦未必具有纯正的历史意味,只有以全面历史意识或历史眼光统摄具体史实的考究,建立关于历史整体进程的通史性概观才是史学应有的学术境界和最终目标。①这样说并不是要从哲学上对具体史学实践画地为牢,只是强调,以时间中古的、旧的或曰有历史的东西或事情为对象固然是历史研究的直接出发点,但对此的探究并不自动使之成为最本真意义上的历史研究。在此,正如时间性并不穷尽于物理时间,古的或旧的也不等于就是历史的。事实上,在过去、现在乃至未来的史学领域中,必定会有大量本身不具有史学本质特征的工作,它们在间接和辅助的意义上在史学学科建制内甚至亦具有其合法性。但是,归根到底,如果有一天,所有的所谓史学研究都处在这样的

---

① 准此,只有所谓历史研究而无撰史(断代史或通史)的史学只是半拉子史学。

层次和水平上，则这必定是真正意义上的史学的消亡。史之为史，最终提供给我们的应是时间长河中人类社会发生演变历程的全景画面，在这一意义上，史学研究最终的成品形式应该是通史，学术期刊和著述中人们关于史实及史学方法论的大量讨论最终乃是为编史工作服务的前期准备工作。

在史学研究中，是否能将所研究的历史局部放在正确的历史视野中，即历史感的有无，亦是决定研究水平高下的关键因素之一。所谓历史感，其含义之一，即统摄过去、现在与未来为一体的总体历史观。如果说历史学家因终日"近视"具体史实（"只缘身在此山中"）反而容易（但不必然）"不识庐山真面目"，宏观历史感作为总体性的鸟瞰视野则显示出其独特的优越性。当然，伴随这一"远观"优势的则是具体细部上的（主动）"色盲"，由此产生的空洞又要由具体史识加以填补。

如前所述，在时间之为流变的理解中，"将来"是至关重要的维度，然而，将来不只是时间中的一个维度，正是在将来中时间显现出其内在之"可能性"意蕴。在此，将来不可被简单等同于计时意义上的某一点如日历时间上的某年某月某日某时，因为，尽管一切均可计时，但并非一切都内在地具有时间性。恒常之物是无所谓将来的，依基督教的说法，上帝"在时间之外"。由于麻木于日常生活中周而复始的自然现象和机械重复的生活，将来可能在不经意中被我们认作日历上已经安排好了的某一时日，其来临毫无悬念，其内容并无新意。然而，在本真的意义上，对存在的任一当下状态而言，将来意味着某种与当下迥异的异质性存在状态的出现（否则就仍是现在），并且，这一异质性乃一开放的可能性（未来什么都可能发生）。依照当代物理学耗散结构理论,"仅当一个系统的行为具有足够的随机性时,该系统的描述中才可能有过去和未来间的区别,因此才可能有不可逆性"①。未来一旦定形,则它已是现在。对于与人类共有同一时间尺度的历史来说,未来并不逻辑地蕴涵在现在之中,将来岂止是未来,根本上是未有。将来是在人类实践中即时降临与到场的,这就是说,只有对于一个有未来的即开放性的存在才可能会有历史绽出。因此,以未来为核心,时间的生成演化于此进一步展开为内在的可能性品质。在形上层面上,时间性实即关于可能性的哲学表达,准此,历史性意味着可能性,历史在本质上是一可能性世界。

在可能性维度上加入人的维度,历史进而显示出自由这一规定性。自由并非通常行为意义上的日常概念,而是本体性的范畴。它一方面如存在主义所揭示的意味着无所依傍,另一方面,则意味着无所限定。在此,"人的自由、未完成性与人的历史性是一致的"②。历史作为自由等价于创生、事件性,它与逻辑(必然)先定.及宿命是水火不相容的。在宗教的永恒天国中将没有时间,这同时也就是历史戏剧的结束。③反之,"人是历史性的,因为他是命定自由的行为者"④。人不单是拥有历史,而是本身就

---

① 普利戈金、斯唐热:《从混沌到有序》,第 17 页。

② Gerhard Funke, "Phenomenology and History", in Maurice Natanson ed., *Phenomenology and Social Sciences*, Vol. 2, p. 14.

③ A. 斯特恩:《历史哲学:起源与目的》,转引自格鲁内尔:《历史哲学——批判的论文》,隗仁莲译,广西师范大学出版社 2003 年版,第 159 页。

④ Gerhard Funke, "Phenomenology and History", in *Phenomenology and Social Sciences*, Vol. 2, p. 16.

是历史性的。而历史的观点与逻辑的观点——在其背后的是先验决定论——在本质上是不相容的。

第三节　历史存在之"体"

除"时间性"涵义之外，历史存在尚涉及"空间性"的维度，即所谓历史之"体"（Body）或"主体"（Subject）的维度。与历史一词兼含主客观两义一样，历史在客观实在层面上亦含总体与具体两义，一方面，历史是总称人类全部过去的单称集合名词。在这一意义上，大写的历史以（过去时间中的）社会整体为其体。但另一方面，历史亦指具体的历史实在，举凡社会生活实践的方方面面，各种人、物、事皆为历史之实际内容，这一意义上的历史当然是小写复数名词。构成历史研究实际对象的恰恰是具体时空中的历史实在，它们以"专名"出现，如"1871年公社史""三国志""五四运动史""拿破仑传"等。总体历史是由具体历史组成与支撑的，作为后者之"共名"，离开后者，历史本身即为"空名"，就像赖尔在《心的概念》中举过的例子，在各个学院、图书馆、行政办公楼等之外并无幽灵般独立的"牛津大学"的存在。

在具体历史实在层面上，历史包含特定时空中的各种人（个体、群体）、物（器物、制度等）、事（件），但就其逻辑规定性（而非事实构成）而言，史者，时也，事也。人、物、事在历史中并不处于同一逻辑层次上，历史之为存在，与其说是物，不如说是事，历史最基本亦最独特的存在应定位在"事"（情）而非"人"或"物"的层次上。这一点，可以从史学与科学，以及人文社会言说内部史学、文学及社会科学如社会学的比较中获得清晰认识。为了说清问题，首先需要对通常混为一谈的"事""物"概念加以区分。

"事"和"物"虽在不同于"心"的意义上同属客观实在，但彼此其实是有区别的。首先，物是静态单一的三维存在（德谟克利特的"原子"或莱布尼茨的"单子"均为此形相），而事件则是涉及物间关系（物—物、人—物）的动态过程（黑格尔的"质量互变"及"否定之否定"颇具事件意味，在这一意义上，历史含有动词意）。其次，事件与物质实体在存在形态上一个显著的不同，是事件不像物质实体那样有固定与明确的空间定位，这和事件中所包含的人与物是外延明确的实体不同。人类关于各种实体性存在的命名与分类诚然亦包含文化而非纯自然的，但物体在空间上的边界从而与其他物体之间的区隔可以说是天然成形的，而对于事件来说，其分类、边界等均为非本然的，因此，何者为事件，为何类事件，一事件与它事件之间的拆分与交错，均与我们的意向性及语言概念有不可剥离的关系，从而较物质实体更具可塑性。就史学与科学的比较而言，科学显然以物为中心，所谓"格物"（致知），而史学则意在"叙事"，且历史事件乃人事，具有自然事件所不具备的意向性以及非因果决定性。在传统政治、军事史背景下，历史事件的"广延"往往以国土或战场为边界，曰"意大利"（文艺复兴时代的文化）、"伯罗奔尼撒"（战记）或"滑铁卢"（之役），即便是以具有可物理定位的肉身存在的人物为名的史著如"拿破仑传"，亦不是"以人为本"，而以其一生行迹的记载和研究为本，是由人见事。这表明，事件的空间定位只是宽泛的范围，本身并不像物体那样具有可准确度量的占位与形状等具体空间规定性。从根本上说，世界上本来有物，却没有本然的事件，这还不是指离开人没有事，而是指事件并非本然之物，而是后天建构而成的。事与物虽同为客观实在，但由于二者在广延上的上述不同，关于事件的研究在认识的实证性与确定性方面均不同于或直接说弱于关于物的（科学）研究，却与文学关于人的探究有相似之处。

在人文社会话语中，文学、史学及社会学因可以说均以社会为"外延"从而构成有意义的可比系列。

依照上述"事"与"物"的区分，社会无非由人（物）、物（器物、制度）、事（件）组成，①前两者可以统一视之为"物"。文、史、社面对的均是社会，但在社会的人、物、事三方面三者有所"分工"：文学是典型的"人学"，虽然人离不开社会环境（物）和生活实践（事），但文学始终以个体为对象，虽然小说、戏剧往往意欲通过典型人物折射特定社会与时代，但其落脚处仍在个体而非社会，因而，没有人物的小说原则上几乎是不可能的。反之，史学作品往往涉及人，甚至有以人为主的传记与自传体裁，不论是出于技术的还是概念的原因，绕开人说历史总显得不自然，因为历史中的事件乃人之所为。但史学非如文学那样以人为"本"，历史的着眼点是发生在一定时代背景下的大小事件，用海德格尔的话说："历史是生存着的此在所特有的在时间中发生的历事。"②因此，理论上说，不出现任何人名的历史写作是完全可能的。法国

---

① 这一点，在我国古代杰出史家司马迁的《史记》中即已"立其规模"：与希罗多德等的《历史》仅以当下事件为对象不同，《史记》包括由十二《本纪》、三十《世家》、七十《列传》及十《表》八《书》体例涵盖的人、事、制度的完整历史。

② 海德格尔：《存在与时间》，第446页。

现代史学年鉴学派巨子布罗代尔的《15至18世纪的物质文明、经济和资本主义》《法兰西的特性》的书名本身就极具超个体的象征意义,但是,就与社会学或人类学的本质区分看,史学的重心亦非社会本身,在逻辑而非事实性意义上,历史的独特之处在于以事为本,事件乃历史的逻辑本体。(我国清代著名史学理论家章学诚在其《文史通义·书教(下)》中即已明确指出,"史为记事之书"。)如果按照这样的理解,传统中国史学中所谓的"编年""纪传"与"纪事本末"三体,以后者为最切近历史之体的著史体裁。西方史学从一入手处的《希腊波斯战争史》(希罗多德)及《伯罗奔尼撒战争史》(修昔底德)就表现出以事件为中心的倾向。不过,对历史之为"事"不可做绝对化的理解,因为,和自然界中物的事情不同,历史毕竟是人事(更替),进而包含即事见人的意味。

"社会本身"是非直观的存在,因而,以之为直接对象的社会学往往在理论抽象水平上将之当作"结构""功能""交换关系"来看待,在这一水平上,具体的人或事都消失不见了,它们被抽象为匿名的"力"或"互动关系"进行理论化的处理。可以看出,与聚焦"人""事"的文史之学不同,社会学在认识上呈现出明显地将社会当作物质性实体的"物化"倾向,以之与"格物"的自然科学结缘。

以上我们分别从人、事、物的角度辨析文学、史学及社会学的逻辑本体。说历史以事件为体,准确地说,是指从事件的角度,或者说以事件为基点看生活世界,正如文学从人的角度,社会学从结构、功能的角度看世界。事件乃历史之体的逻辑规定性,但历史当然不止于事件。事乃世事,是在世界中的,所以,事不离世。另外，历史认识亦始于事但不止于"就事论事"。孟子曰："晋之《乘》、楚之《梼杌》、鲁之《春秋》，一也。其事则齐桓、晋文，其文则史，孔子曰：其义则丘窃取之矣。"（《孟子·离娄下》）从中国古代史学的基本倾向来看，由司马迁所揭橥的"通古今之变"成为史义①之基本范畴。具体而言，则其重心又落在"成败兴坏之理"②的考辨裁断上。从今天的观点来看，史学在"事"的基础上所探究的"义"的具体内容诚然不局限于王朝兴衰，但"通古今之变"实为历史思考的不易之理。但是，如果一味着眼于变，则逻辑上就不存在统一的历史，这就像赫拉克利特的名言"人不能两次踏入同一条河流"在他的弟子克拉底鲁那的命运：人甚至不能一次踏入同一条河流。然而，在过去与现在经验的不相同的前提下，究竟什么是变易中不易的东西呢？在本体论层面上，意义也许是不同历史时期甚至不同民族历史之间可以相通的"硬通货"，历史认识可以由此得到辩护。

最后，事件本身是具有一定内在结构的复合体，一个大的历史事件往往包含许多小的个体及群体事件，一个事件中则包含一个或多个实体（主体）及其互动关系。③因此，接下来的问题就是，究竟是个体性事件还是超个体的社会事件（社会运动）才是历史的恰当本体，抑或我们没有必要提出这种归根到底非此即彼

---

① 关于史义，可以理解为具体撰述上的"义例"或"义法"，亦可作"义理"解，如《文史通义》及《三国演义》的用法。此处用后一意。

② 《汉书·司马迁传》之《报任安书》："网罗天下放失旧闻，略考其行事，总其终始，稽其成败兴坏之纪"云尔。

③ 韩林合：《分析的形而上学》，商务印书馆2003年版，第5章"事实、事态与事件"。

的还原论问题？这两个问题牵涉到通常所谓"方法论个体主义"与"方法论社会主义"（Methodological Individulism and Methodological Socialism）①的问题。

方法论个体主义与社会主义均涉及意识形态意涵。作为方法论主张，它们分别预设了不同的本体论主张。在个体主义看来，个体，且唯有个体才是现实存在的真实本体，从而构成社会科学研究的基本和恰当单元。"社会"不过是用以指称个体及其行动的集合概念，不存在所谓脱离个体的独立社会实体。反之，方法论社会主义强调社会整体高于且不可归结为社会中的个体，正如水分子不等于氢分子和氧分子的加总，或生命不能归约为构成生命体的蛋白质成分，作为整体的社会可以理解为超越作为"成分"（原子）的个体的结构性存在。因此，在认识上，超出个体及其总和的社会维度——丹图所谓的"社会个体"（social individuals）即阶级、种族、大规模社会事件——是史学研究的恰当对象。方法论个体主义未必否认这一点，但他们认为"最终构成社会世界的是那些依对自身处境的理解而或多或少是恰当地行动的个体的人。每一个复杂的社会情境、制度或事件都是个体特有的建构的结果"。因此，社会层面的事情"最终只有参照人类

———————————

① Arthur Danto, *Analytical Philosophy of History*, Chapter XII "Methodological Individualism and Methodological Socialism", pp. 257-285. 通常的提法中与方法论个（人）体主义相对应的是"整体主义"（Holism）或"集体主义"（Collectivism），丹图此处用词为"Socialism"，故译为"社会主义"。丹图之所以选用此词，想是为了更清楚标明此处的"整体"即"社会"意。考虑到像"集体主义"和"个人主义"其实在方法论意义之外均有（更有名的）他义，故此处亦不考虑用法上的避讳。

个体的行动，而不是其他社会个体的活动，才能得到解释"①。换言之，社会最终可以还原到个体层面加以处理。现代历史学家们在这个问题上存在着不同的见解，有人这样描述马克·布洛赫的看法："由于人是社会群体的一部分，因而他将人当作史学研究的目标。对此，吕西安·费弗尔则激辩道：不是个人，再重复一遍，不是个人，永远不是个人，而是人类社会，是有组织的群体。"②

　　人类个体与社会个体相比的经验直观实在性，以及自由主义语境下个体在价值层面上对集体的道义优先性是方法论个体主义吸引人的地方，但前者并不构成否定社会存在的理由，按照其逻辑，则结果就是"社会的消亡"；后者的问题则有社会"物化"即独立化和实体化之嫌，推到极端亦有其问题。③从认识上看，关于社会的解释的确往往以这样那样的方式与个体发生关系，在有的情况下，"集体行为的逻辑"背后是作为个体的"经济人"动机，因而，可以根据关于人类行为主体的微观界定达到对宏观社会层面各种"人类行为的经济分析"。④但是，这往往是发生在某些高度同质性的社会行为层面，从而存在基于个体意向的简单或

①　阿瑟·丹图：《叙述与认识》，第325页。

②　E. 拉布鲁斯（Ernest Labrousse）引述自《阶级与次序——社会史研讨会》，巴黎 Mouton 出版社1973年版，第3页。转引自雅克·勒高夫：《历史与记忆》，方仁杰、倪复生译，中国人民大学出版社2010年版，第120页。

③　王宁：《个体主义与整体主义对立的新思考——社会研究方法论的基本问题之一》，《中山大学学报》2002年第2期。

④　门瑟·奥尔森：《集体行动的逻辑》，陈郁等译，上海人民出版社1995年版；贝克尔：《人类行为的经济分析》，王业宇、陈琪译，上海人民出版社1995年版。

复杂"累加性解释",而人类社会行为中同时还存在着"非累加性"的异质复杂的"集体意向性"①,从而无法将之视为个体的单纯放大,而必须作为独立的现象加以分析。例如,"微观经济学"固然奠基于关于"经济人"行为假定与分析的基础上,然而,"宏观经济学"则以社会经济系统及其运行为基本分析单位,后者有其不可归约为个体层面的独立实在性,在经济学的这两个维度之间不存在可还原的关系。推而广之,社会生活中如"制度""规则""战争"和"社会运动"等都具有不依个体意志为转移的性质,它们实质上乃是个体非意向行为的结果(unintended consequences),从而无法归约到单一个体动机及行为层面加以完全解释,许多事情"不是发生在个体层次,而是发生在社会层次上"②。依照结构主义的观点,整体大于组成它的部分(个体)之和。正如丹图从语言角度所指出的那样,"很难看出一个历史学家怎么可能只用直接指陈人类个体的句子传达用'三十年战争开始于 1618 年'这样的句子简洁明了地表达的信息"③。而在历史著述中存在大量这种以非人类个体为对象的句子。因此,丹图认为,将历史的主体视为超个体的社会存在在理解历史上容或有误,但那只是在"事实性"层面上的事,这里并不存在"哲学的罪责",④即在方法论上说并不存在概念性的原则问题。

另外,从认识旨趣上看,作为个人,人们完全有可能对某个

---

① 丛杭青、戚陈炯:《集体意向性:个体主义与整体主义之争》,《哲学研究》2007 年第 6 期。

② 阿瑟·丹图:《叙述与认识》,第 329 页。

③ 阿瑟·丹图:《叙述与认识》,第 323 页。

④ 阿瑟·丹图:《叙述与认识》,第 321 页。

人的历史产生超乎一切包括社会历史的兴趣，但是，学术作为天下公器代表的是人类的公共兴趣，在这一意义上，我们在历史中普遍寻求的肯定不是关于某人的个体事实，而是与人类、民族、国家乃至种族的过去相关的社会事实。实际上，关于个体历史的著述作为人物传记包括自传和回忆录，事实上只是史学文本的一个较小的门类，它不可能成为历史的主要对象。即便在传统英雄史观支配下的历史曾被讥为帝王将相才子佳人的家史，但最终构成古今中外史书主要内容的还是朝代更替、国家兴亡这样一些社会层面内容的记载，即便是关于个体的记述最终亦是服务于反映社会变迁这样的超个体性内容。正是在这一层面上我们才可能趋近于对历史的某种整体性的把握，而通过哪怕是最具代表性的个体，我们对于历史的把握也不可避免地是狭窄与单面的。总之，方法论个体主义及社会主义各有其不可替代的适用范围和意义，二者之间并不构成非此即彼的排斥关系，完全可以兼容互补。因此，丹图建议，处理方法论个体主义与社会主义之争"最明智不过的做法看来是逻辑上的裁军与哲学上的和平共处"①。

20 世纪叙述主义历史哲学一个具有根本意义的返璞归真之见，就是历史事实上以"文"为"本"，所谓"文本的自觉"。关于史学的文本维度的揭示与探究，在本体论、认识论诸方面引发具有广泛影响的思考和讨论，这些我们将在"历史与语言"及"历史叙述"等项下分别予以讨论。

---

① 阿瑟·丹图：《叙述与认识》，第 346 页。

第四节 关于历史整体的后现代反思

依照本章第一节的论证,历史之为可能的两个形上前提分别是"时间"与"共在"。第二、三节分别从历史的"存在方式"及其"主体"(Subject)的"空间性"角度进一步刻画其不同侧面的理论规定性。然而,迄今为止多多少少作为隐含前提包含在我们关于人类历史的直观理解中的,将人类历史视为一个时间中展开的整体的观念,在理论上仍然是有待探讨的问题,在尤其是以福柯为代表的关于历史的"断裂性"与"离散性"的后现代理论背景下,这更成为不可回避的理论话题。

在关于历史的理解尤其是史学实践中,关于历史的宏观总体把握长期以来实际未必成为历史研究的实际目标,历史学家们"并不总是完全从世界史的统一方面去思考历史世界",例如在希罗多德那里,历史被视为提供大量道德范例的场所,"但不具有统一性"。①专业历史学家通常更乐意沉浸在眼前历史事实的微观探究、考证上,而将关于人类历史的通观式置于理论的地平线上。一直到了19世纪前后,由于历史哲学家(黑格尔等)包括解释学家(狄尔泰等)相关的理论思考,在兰克史学中,关于人类宏观"世界史的构想"成为实际考虑的问题,在德国史学理论家德罗依曾那里,"连续性是历史的本质"②得到理论上的承认。

在最一般的意义上,将漫长与广阔时空尺度上人类的所作所为乃至所思所想统统置于"历史"这一名目之下的唯一联系纽带

---

① 伽达默尔:《真理与方法》上卷,第 268 页。
② 伽达默尔:《真理与方法》上卷,第 270 页。

其实只是时间，换言之，历史乃以时间（过去）划界。然而，仅此在理论上显然是十分单薄和不充分的。因为，历史之为人类宏观统一故事以人类历史进程的"统一性"和"连续性"为基本前提，而恰恰是这一点遭到福柯的后现代性质疑。在福柯看来，"不连续性曾是历史学家负责从历史中删掉的零落时间的印迹，而今不连续性却成了历史分析的基本成分之一"。①在"拒斥连续性"实即反对传统总体、线性历史观的意义上，福柯的"考古学"历史分析确如托马斯·弗林（Thomas Flynn）所说，是"空间性"的"反历史"。②具体说，就是反对"演化、活的延续性、有机体发育、意识进步"等观念。③

从概念上分析，历史的"连续性"是以"统一性"为前提的，只有在某种统一性原则下，才可能将纷繁复杂的大小事件纳入某一发生、发展的连续性框架中，这就好像情节起承转合的铺陈，是在同一个故事的背景下才可能并且被理解的。在史学中，时间是将所有现象压缩在唯一核心范围内最上一层的"整体化术语"，④由此而下，历史统一性被建构于各种不同层次的总体化概念中，从"某一文明的整体形式""某一社会的物质、精神原则""某一时期全部现象共有的意义"到"这些现象的内聚力的规律"。在

① 福柯：《知识考古学》，谢强、马月译，生活·读书·新知三联书店1998年版，第9页。

② Gary Gutting, *The Cambridge Companion to Foucault*, Cambridge University Press, 1994, pp. 32, 41.

③ Michel Foucault, *Power/Knowledge: Selected Interviews and Other Writings, 1972-1977*, edited by Colin Gordon, Pantheon Books, 1980, p. 70.

④ 福柯：《知识考古学》，第15页。

这些概念下，包含着这样一些假设：在特定时空尺度中所发生的全部事件中可以发现和建立起同质的因果关系系统；假设历史中存在着"经济结构""社会稳定性""心理情性""技术习惯"及"政治行为"等各种同一形式，并把它们置于同一类型的转换中；最后，假设历史本身可以被一些大的单位如古代、近代和现代之类整合在一起。[①]

"统一性"的实质是"同质性"，而关键恰恰是要认识到历史内在的异质差异性。在历时性的维度上，一旦我们揭开盖在那些历史之脸上的陈旧面纱，就会发现，许多事情在同一名目下事实上早已"面目全非"："我们面对的是被放在不同的历史境遇中的不同类型和层次的事件。一个被建立起来的陈述的同质性绝不意味着人们在今后几十年、几百年之中将说和将想同样事情。"[②]相反，当一个历史时期转向另一个历史时期后，"事物便不再以同以往一样的方式被感知、描述、表达、刻画、分类和认知了"[③]。例如，并不存在关于同一临床医学学科由远古到近代不断逼近真理的同一线性有机进化进程，在18世纪末至19世纪中叶不到半个世纪的时间里，随着人们医学观念由对疾病本质的抽象病理学把握转向将疾病的病理位置定位于人体患病部位的转变，才有现代意义上临床医学的诞生。此外，精神病与此前人们在"脑病""歇斯底里"等概念中所谈的也并不是一回事。与我们通常可能以为的不同，这里并不存在由我们今天视为当然的基于同一对象或同

---

① 福柯：《知识考古学》，第11页。

② 福柯：《知识考古学》，第187页。

③ 道格拉斯·凯尔纳、斯蒂文·贝斯特：《后现代理论——批判性的质疑》，张志斌译，中央编译出版社1999年版，第57—58页。

一认识主体而来的某种同一性。从根本上说，我们今天习焉不察地视为自明生理事实或行当的东西其实并无"前社会"的先验本质，而是由复杂社会实践背景下生成的话语概念所剥离、捕捉和界定的。更不用说像"人"或"主体"这样的社会存在物。

在共时性的维度上，各种社会历史现象杂然纷陈，"是一个由众多不同元素构成的、不受任何综合权力主宰的复杂系统"①。就局部论，政治、经济、文化或妓院、交易所、诊所、战场、学校各个场域内部和彼此之间固然存在千丝万缕的纵横联系，但就总体论，历史的各个层面之间及其内部却充满断裂、错位与步调的不一致，并不构成一元有机的统一整体。

在总体史的视野下，"起源"在传统史学思维占有一个核心的地位，依照这种黑格尔式"橡树"内在于"种子"的观念，起源中包含着历史的遗传密码，尔后的发展不过像是由种子萌芽到树之长成的合目的性辩证进程。然而，历史本质上并不是这样的有机物，原本异质多样从而充满偶然、断裂的历史之所以被压缩、归整和条理化，有着复杂的认知及权力因素。从认识上说，历史认识以当下为本位由后向前倒捋的特点很容易导致由"条条大路通罗马"（事实）收敛为"走到罗马路一条"（逻辑和目的论）的一元化事后推论，而在历史叙述上，"整齐故事"对于历史理解来说有其合理性和必要性。当然，关键是一元化与中心化与权力内在的大一统倾向一拍即合，于是，从奥古斯丁到历代帝王将相纷纷以历史为神圣或世俗权力的合法性"加冕"。它以起源上或真或假的"所来有自"的已然事实为政权应然的"久安长治"背

① 《福柯集》，杜小真编选，上海远东出版社2003年版，第163页。

书,以权力的"古老"表明君主"从未间断"的权力谱系,等等。福
柯尤为关注的是,"连续的历史是一个关联体,它对于主体的奠
基功能是必不可少的"①。而他对连续性宏大历史叙事拔剑相
向,其意不止于历史观的改造,而是主体中心主义这一"沛公"。

应当指出的是,尽管福柯着重强调历史的断裂性,但他对人
们称其为"将其历史学说建立在间断性上的哲学家"的提法却表
示不安。②这不仅仅表现出他质疑任何这类标签合理性的"狐
狸"品格,亦反映了他关于这一问题的全面立场。他知道,如果
将断裂绝对化,那就意味着历史将是一地碎片,无从收拾了。这
并不是他所希望看到的。他在否定"大写历史"一元独尊的同时
实际上并不否认"小写"意义上的多元历史本身中存在着特定的
统一性和连续性。福柯真正想表达的,是对以往人为地抹平历史
中大量的断层、错位和裂隙,将之伪造成一元、平滑和连续的"总
体史"的不满。为此,他不讳言自己对历史的断裂不无夸大,声
称这是"为了说教的目的"。

在 20 世纪下半叶西方哲学反本质主义和反基础主义的后现
代思潮背景下,福柯关于宏观历史断裂性的理论思考无疑具有强
烈的后现代色彩,从思想史的角度看,这本身诚然表现出与此前
历史观决裂的理论态势,但恰恰是在这一关系中,某种对话性从
而连续性隐约显现出来。实际上,过分强调连续性诚然是片面和
存在弊端的,但无视连续性同样也是一种偏颇,仅就人类历史意
识与历史存在间的互动关系而论(详见本书第七章第三节),就

---

① 福柯:《知识考古学》,第 15 页。

② 《福柯集》,杜小真编选,第 430 页。

为历史连续性的建构提供了强有力的根据。总体上说，断裂与连续的关系大致可以看作是历史发展的常态和变态，就像科学发展中常规科学与科学危机的交替一样，纯粹的断裂或连续事实上都是某种观念的抽象，事实上是不存在的。

推荐阅读书目

◇ 海德格尔：《存在与时间》，陈嘉映、王庆节译，生活·读书·新知三联书店 1987 年版。与本章内容最直接相关的是其中第二篇第五章"时间性与历史性"。

◇ 吴国盛：《时间的观念》，北京大学出版社 2006 年版。依历史发展的线索对西方时间观念的简要介绍。

◇ S. 马尔霍尔：《海德格尔与〈存在与时间〉》，亓校盛译，广西师范大学出版社 2007 年版。作为研究、阐释海德格尔"时间性"和"历史性"观念的第二手资料，是一本不错的参考书。

◇ 黄裕生：《时间与永恒：论海德格尔哲学中的时间问题》，江苏人民出版社 2012 年版。对海氏时间观念的阐释较为深入与透彻。

◇ 克劳斯·黑尔德：《时间现象学的基本概念》，靳希平、孙周兴、张灯等译，靳希平校，上海译文出版社 2009 年版。尤以其中第三讲"胡塞尔和海德格尔的本己时间"和第六讲"世代生成的时间经验"为重要。

◇ Ágnes Heller, *A Theory of History*, Routledge & Kegan Paul Ltd., 1982. 其"第一部分：历史性"对历史中过去、现在、未来的关系的论述可资参考。

◇ 阿瑟·丹图：《叙述与认识》，周建漳译，上海译文出版社 2007 年版。其第十二章"方法论个体主义与方法论社会主义"专门且深入探讨了关于"方法论个体主义与社会主义"问题。

◇ 福柯：《知识考古学》，谢强、马月译，生活·读书·新知三联书店 1998 年版。其第一章有福柯关于整体历史非连续性观点的集中论述。

第三章　史学之为"学问"

　　"历史"概念一词二义,上一章我们给出的是关于历史自身的形上前提的本体论思考,继而,从哲学角度对史学本身做一般面上的理论反思亦题中应有之义。一般历史学家研究历史,但并不专门讨论史学的一般话题,而另有一些史学家因各种原因对史学理论有相当深入的思考,比如马克·布洛赫本身具有相当的理论敏感,一个孩子关于"历史有什么用"的发问就引发出对《历史学家的技艺》的系统思考;历史学家对自身工作的反观自照最常出现的场合则是在接受访谈时。事实上,是否能够在"入乎其中"的同时"出乎其外",达到对史学的宏观整体观照,是衡量历史学家层次的重要标志之一。史学家关于自身工作的理论思考与哲学家有交集,从而构成哲学思考的重要参照,不过,哲学家与史学家各自的思考除了在专业手段如概念范畴方面仍有不同之外,更重要的是二者学科本位上的区别:如果说历史哲学是"对历史"(about history)的,史学理论则是"在历史中的"(within history)发问。①史家思考内含"致用"的方法论考虑,而哲学

---

　　① Partrick Gardiner, *The Nature of Historical Explanation*, p. x.

家更为关注的则是从中提炼与自身学术兴趣相关和较为纯粹的
理论性见解。

　　史之为学从根本上说即人与历史的精神性关系，这种关系一
般被定位为认识关系，如分析历史哲学就是这样，依此，史学和
科学一样是一种知识性学术话语，尽管史学之为学术其资格似乎
总是不那么硬。然而，我们作为过去历史的局外人和旁观者，同
时亦是历史中人和过去历史的传人，因此，在精神层面上，我们
与历史的关系非科学性认知一端，尚有人文性体认的维度，如果
说前者是史学的主业和基本操作，后者作为历史意识和历史经
验，不但是前者的思想前提和无言"支援意识"，亦是我们与历
史深层的精神关联，其存在范围与方式超出史学学科本身。

第一节　何为史学

　　如果不加限制的话，对标题所示问题可以给出漫无边际的回
答，因为，表面上具有同样的主谓结构的陈述句在内在语言逻辑
上其实可能是不同类型的语句，所针对的是不同层面的问题。从
哲学反思的角度看，"何谓史学"本质上是关于史学学科性质之
问，它涉及史学的对象域、根源、精神旨趣及学术特征等各个方
面的规定性。

　　各门学科的对象域往往直接反映在各学科的名称上，像"自
然科学""社会科学"，以及"数学""物理学""化学""经济学""政
治学"都是如此，准此，史学仅就事实性（而非在逻辑上）而言
可以说是以过去为对象的"过去学"或者"考古学"。不过，过
去只是关于历史学对象某种事实性和技术性的规定，其更深刻的

本质乃是时间性即生成流变性,过去乃是建基于时间性的附属性范畴。因此,历史学对象域的本质规定性应该是一切具有生成流变性的历史性存在,用司马迁的话说,此即所谓"古今之变",这个意思其实已然包含在汉语"历史"一词"历"的意素中。根据其意蕴,中国典籍《周易》英译名为"变易之书"(*The Book of Changes*),而章学诚又有"六经皆史"之说,就此而论,"易学或易理"不失为史学之正名。在生成流变的意义上,并非凡在时间中的事物均具有历史性,自然界在宏观物理层面上①对于至少迄今为止人类来说的恒常不变是非历史的,因而,历史的对象域进而限定在人类社会领域中。社会包括个体与群体,二者在各种史著包括人物传记或自传中均可以是合法主题,但和任何学科一样,史学逻辑地以人类而非哪怕再杰出的个体为最终对象。在此,史学与文学(小说)形成鲜明对照。小说以社会为背景,以人物(性格、遭际)为对象,反之,历史叙述固然也离不开个体人物——这是其与比如经济学、社会学甚至人类学相区别之处,但其最终落脚点却是以社会存在(包括诸如阶级、种族、宗教组织、大规模事件、运动等)而非具体个体为所关注的对象,这尤其在"经济史""法律史""文化史"这样一些部门史中表现得极为明显与突出。这样,史学具体说可以理解为关于宏观社会事实及其演变的研究与叙述。以时间为界,史学的疆域与哲学一样宽广:我们几乎可以在任何对象上冠以哲学和史学而得出一个哲

---

① 自然的不变性与社会的流变性之间是一个渐变的光谱,地质学、进化论生物学在自然科学中较具时间性从而与人文社会科学在某些方面更相似。微观物理学中的混沌理论亦是如此。

学或史学的具体分支，如政治哲学、经济哲学，政治史、经济史，等等。

以历史性存在为对象的逻辑规定性足以划定史学与其他学科间的边界，进而，对时间流逝的心灵感受和关于已逝过去的记忆则是人类历史意识的心理根源，有人说，"史者乃集合之记忆也"，①这将历史与记忆的关系摆在了我们面前。

历史与记忆直觉的相关性分析起来却并不简单。希腊神话的九缪斯中，司历史的克利奥为记忆女神之女，应该说表达了历史以记忆为母即记忆是历史的来源的意思。人类经验记忆尤其集体记忆的确构成史学的基本内容，同时，记忆总是指向过去，这亦构成记忆与历史之间共同的契合点。更重要的是，从记忆与史学分别在个体与社会层面上所扮演的角色或所发挥的功能来说，二者之间似乎存在着深刻的可类比性。对于人类个体来说，记忆是个体经验尤其是自我认同形成的基本条件，失忆将导致个体心理紊乱甚至人格分裂，同样，"一个民族和国家的集体记忆自愿或非自愿的缺失、丢失，也会导致集体身份方面的严重问题"。②在这一意义上，如果说记忆是人类大脑的心理意识功能，那么，史学所担负的则是为人类保留关于自身过去"存亡继绝"的精神功能，在这一意义上，史学即社会公共记忆。当然，一般意义上的记忆是在脑内细胞基础上实现的，而后者则是储存于脑外档案、文献、图像、纪念物乃至电子介质中。

尽管广义上说史学与记忆间的确难解难分，然而细细分析起

---

① 汪荣祖：《史传通说》，第 5 页。
② 雅克·勒高夫：《历史与记忆》，第 59 页。

来，史学作为人类的"专业历史意识"①与一般意义上个体乃至群体的过去记忆仍然存在着不可忽视的区别。首先，史学的意义多于记忆；其次，当事人或群体关于过去的记忆通常具有一定程度的自发性、随机性和狭隘性，作为生命经验的一部分，记忆在保留经验质感的同时往往无法拉开与过去之间的距离，从而势必以偏好记忆强化个体或是群体自身的信念和认同。而当这种情况发生在不同族群如巴勒斯坦和以色列人之间时，事情变得更为复杂。在此有必要强调指出，历史记忆的理由与其说是客观事实的建构，毋宁说更是基于历史正义的价值诉求，虽然后者并不必然与前者相冲突。这样，记忆的切身亲在性也就是非客观性与史学客观求实的学术目标之间是存在精神张力的。就学术性而言，史学家面对历史亲历者或有利害关系者彼此相互冲突或至少是各执一词的历史记忆时理应恪守专业旁观者的分际，自觉与各种当事人的记忆保持一定的距离，对之加以冷静的批判性思考。换言之，史家在思想意向上是以社会公共记忆为己任，以批判性的专业眼光和手段重建、整理和保存过去，其所提供的关于我们过去的图景一般而言较之普通历史记忆更全面、更系统，具有更大的客观性与合理性。

但是，学术与现实生活包括政治实际上永远是纠缠不清的，②正史的客观公正面目与其官方立场总是搅在一起，从而与民间记忆之间存在竞争关系，不论是官修正史还是民间野史，最终必须

---

① 约翰·托什：《史学导论》，吴英译，北京大学出版社2007年版，第10页。

② 因此，试图让政治或对政治退避三舍的办法既不可能亦不正当。

"被相信"至少"被接受"才能成为社会的公共记忆，虽然各自以不同的方式：血写的，重复宣传的，乃至强制灌输的，或是强迫遗忘的。"极权统治剥夺臣民的记忆之日，便是他们受精神奴役之始。"反之，"市民反对国家权力的斗争，是他们的记忆反抗强迫性记忆的斗争。他们一开始就制定了目标，不仅要拯救他们自己，还要活下来为后代做见证人，要成为无情的记录者"。①因此，从根本上说，历史记忆不仅是一门学术，同时更是一种权利，尤其对于无权（力）无势（力）的底层民众来说，"永志不忘"是历史对受难者的一种道义补偿。吊诡的是，民间野史（口述史、轶事乃至神话等）在史料乃至语言、逻辑上与正史相比难免有粗糙失实之处（这与其中的许多记忆乃属"创伤记忆"有直接关系），却在更深层次上更具有世道人心意义上历史的真实性。②当代西方史学界口述史及晚近微观社会文化史的兴起，反映了史学界本身对重建社会记忆的学术自觉。在理论研究层面上，保罗·利科的《记忆、历史、遗忘》是关于此一论题的最新专著，③安柯斯密特《历史表现》一书亦包含与此相关的内容。

由纪念物如纪念碑、纪念馆所表征的历史记忆具有"索引式

---

① 保罗·康纳顿：《社会如何记忆》，纳日碧力戈译，上海人民出版社2000年版，第11页。当我在键盘上敲下这些字句时，冯延巳《蝶恋花》的语句又一次浮现在我的心头："谁道闲情抛弃久，每到春来，惆怅还依旧……"此处"闲情"当然只是"他人之酒"，个中块垒，却在鲁迅"又为斯民哭健儿"句中。

② 张亚辉所著《历史与神圣性：历史人类学散论》（世界图书出版公司2010年版）一书对此多有阐论。

③ 详见赖国栋2009年复旦大学博士学位论文《历史记忆研究》第五章。

性质",它不像史学文本那样实际讲述什么,它只是将我们的注意力引向一个特定的方向,比如引向侵华日军南京大屠杀遇难同胞纪念馆,比如以色列的雅德瓦什姆或奥斯维辛集中营旧址,在那里,我们仿佛可以触摸和闻得到死亡的形状和味道。①

此外,与记载在史书中冷冰冰的史料不同,历史记忆具有"见证"的性质。安柯斯密特专门将费尔曼(Felman)和劳伯(Laub)描述纳粹政权的幸存者是怎么记忆大屠杀的书名《见证》拈出并引述费尔曼关于见证所说的话:"在由议事者和见证人构成的听众面前提供见证不仅只是报告一个事实或事件,或者讲述曾经经历过的,被记载下来和记得的事情。在此,记忆被唤起在根本上是为了向另一个人倾诉,让听众印象深刻,对公众呼吁……见证因而不单单是叙述,而是将自己交付出去,将叙述托付于别人。"②

安柯斯密特进而指出:"经验或者说对大屠杀的再体验让我们直面再现的局限。对这一限度的探测于是促使我们思考'见证'(testimony)及我们通常将之与这个词相连的东西:因为,难道一个人的见证不是对这个人最深沉和最重要的体验的再现吗?难道我们会不同意,就大屠杀的体验可以在语言中被再现而言,语言须采取见证的形式?不正是在幸存者的见证中我们最为接近 K. Z.(集中营)那不可名状的恐怖?关于大屠杀令人印象

---

① 安柯斯密特:《历史表现》,第六章"人屠杀记忆:悲悼与忧郁"。

② S. Felman, D. Laub, *Testimony: Crisis of Witnessing in Literature, Psychoanalysis, and History*, Routledge, 1992, p. 204. 转引自安柯斯密特:《历史表现》,第 168 页。

最为深刻的语言像策兰（Celan）①的《死亡赋格》（Death Fugue）难道不就是以见证的方式写就的吗？显然，见证是将大屠杀的体验和再体验表达出来的唯一方式。"②

此中提出的历史作为一门学科与历史作为人民的记忆③的关系值得我们深思。

作为历史意识的学术表现，史学的根本旨趣从逻辑上说当是重建过去。所有过去发生的事实（人物、事件、运动），以及在此基础上关于人类全部过去的叙述（总体史）。从历史学家的工作来看，史料的发掘、收集、考订、整理是最为基础性的，在此，时间久远所造成的资料缺失以及古今社会及观念隔膜是历史学家工作的基本障碍，因而亦是最容易显示史家功力的地方。历史研究中重要的突破，往往发生在史料方面，兰克的档案，傅衣凌的契约文书、族谱、地方志，陈寅恪的以诗入史，都是如此。④此外，当下很容易弄明白的事，今天来看则索解匪易，此所以史家如陈寅

---

① 保罗·策兰（Paul Celan, 1920—1970），生于一个讲德语的犹太家庭，父母死于纳粹集中营，策兰本人历尽磨难，于1948年定居巴黎。策兰以《死亡赋格》一诗震动战后德语诗歌界。

② 安柯斯密特：《历史表现》，第168页。

③ 在某次厦门大学人文学院中国文化方向国际硕士论文答辩上，美国学生Monica提交的以"南京大屠杀"为题的论文让我第一次注意到这样一个问题，在官方的南京大屠杀纪念馆之外，民间对亡灵的祭祀场所如小庙是否存在？这个问题涉及民间记忆与官方记忆的关系问题，显然，缺乏民间记忆基础的官方记忆是有问题的。

④ 历史学家的研究主题及成就与有力档案史料的发掘之间的密切关系是十分普遍的现象，参见玛丽·露西娅·亚帕拉蕾丝-伯克编：《新史学：自白与对话》，第133—134、186页。

恪会有关于杨贵妃当初入宫时是否为处女之类不无炫技性的考证。不过,基础不等于建筑本身,史实的重要最终还在于可供重构史事。因此,所谓史学即史料的想法实在是过于追求可靠性所导致的思想迷障。其实,清代我国学者章学诚早已指出,历史研究中的整辑排比的"史纂"方法及参互搜讨的"史考"方法不足以称为史学。只有对史料作出某些处理的"独断"之学才算得上是真正的史学。[①]必须指出的是,人类关于既往过去的追寻仅从所谓实践意义上看不得要领,它在本质上乃意义的探究与重建。我们在历史中寻求的是对各种历史事件的理解,例如,处决路易十四对当时巴黎市民和记者、日记作者意味着什么,20世纪的历史学家对此又是怎么看的。"意义探究及对涉及他者的意义发问乃人文研究——尤其是历史研究——的核心。"[②]

事实上,史家的雄心及实际所为当然不止于对过去的重建,尤其是近现代史家更注重的是对历史现象的科学解释或者说理性分析,这就是所谓"问题导向"的社会科学式的史学研究。因此,与过去更注重撰史不同,今天史学成果更多表现为研究论文,光从标题上看与一般社会科学研究论文几无区别。史学的社会科学化倾向有其自身的合理性,它大大深化了我们对历史的理解和认识,今天要想撰写出本质上有别于前人的史著,理论底蕴是其中关键的一环。但是,问题研究与分析本质上毕竟在性质上属于社会科学而非史学,基于学科分类独特性的逻辑,史学在总

---

① 内藤湖南:《中国史学史》,马彪译,上海古籍出版社2008年版,第378页。

② Michael Stanford, *An Introduction to the Philosophy of History*, Blackwell Publishers, 1998, p. 5.

体与终端的意义上毕竟以关于人类历史的宏观整体图景的"总体史"或"普遍史"为务，分析和研究的成果最后服务于和融入历史的总图中。当然，对于史家个体来说，完全可以以史料考订或某一片断研究为务，总体综合是史学的总体规范性目标，它是在一代代历史学家包括读者的群体水平上历史地实现的。概括起来，用布洛赫的话说："唯有总体的历史，才是真历史，而只有通过众人的努力，才能接近真正的历史。"[①]

关于人类历史的宏观整体描述必然包含中国传统所谓"天下大势""古今之变"之类的人文阐释，在西方传统中，奥古斯丁—黑格尔式的思辨历史哲学对人类历史的宏观把握也是如此。他们的已有阐述不尽如人意是一回事，（历史）叙述宏大则破绽必多、"莫衷一是"亦属当然，但是，归根到底，对历史的总体把握必为具有内在意义统一性阐释的宏大叙述，不但无可回避、毋庸置疑，且为史学合理终极旨趣之所在。因此，关于历史的后现代理解对史学研究固有切磋琢磨之功，终非究竟至极之议。

除事实描述、理性解释和意义阐释外，历史学家还负有为其著述的真实性与合理性辩护的学术义务，是为历史著述的第四个环节：论证和辩护。这种论证可以是针对某一具体论述或观点的，也可能是整体性的，如怀特所列举的，依照"形式论的、机械论的、有机论的、情境论的"模式给出寓论证于叙述的形式化理论论证。

在对象、根源与旨趣之外，关于史学的一般理论理解离不开

---

① 马克·布洛赫：《历史学家的技艺》，张和声、程郁译，上海社会科学出版社 1992 年版，第 39 页。

对其学术特征的刻画与勾勒，在此，与相应学科尤其是自然科学的比较构成基本的理论视野与参照。关于史学的"科学"抑或"人文"的定位之争由来已久，我们以下将专节讨论。在此要指出的是，史学诚然与科学有一些相似之处，但史学最根本的特质恰恰是其与科学的反差。

科学一意求真，未知之真为秘，因此，科学虽最终包含哈贝马斯所说"技术的旨趣"，但从认识上看，它本质上是一种解密的事业。"说破窍门不值钱"，科学在认识上以新为贵。在比拟的意义上，史学也有求真的一面，"上穷碧落下黄泉，动手动脚找材料"所为何来？发掘能够证明历史真相的史料。不过，且不论事实重建绝非史学的全部，史学所探究的人间秘密本质上属于"太阳底下无新事"，并非全然新的秘密。就像侦探找罪犯，每次抓的人在具体方面各有不同，但本质上都是且永远就是那么一回事。史学作为人文学科从根本上说所追求的应该说不是"解密"而是"明理"，即在常识基础上对人类行为、动机、意义等的阐释，所谓"世事洞明，人情练达"，属于常识性理解而非高科技式的探索。对自然的"解密"被直接用于对自然力的驾驭和利用，而"明理"则通过"解释世界"改变人的观念和行为而间接"改变世界"。正是建立在对这一区别的理解基础上，史学应该被看作是"学问"而非严格意义上的"科学"，这当然不等于说史学不客观或不具有知识含量，只是说它不完全是科学类型的认识。

"解密"或"明理"的区别在语言上亦反映出来。与自然科学乃至社会科学相比，史学是极少数以日常语言为工作语言的学术，史学中自创或输入的专业术语、概念很少。凯尔纳说："历史学是人文学科中最具常识性，对形式化反抗最有力的学科。"①
反观科学，以数理化为代表的精确科学使用的完全是人工符号，其典型形式是方程与公式；其余从哲学到天文、地理、生物、社会乃至心理的各门学科虽亦用到自然语言，但其中许多核心概念虽然用自然语言中的字符组成，其意义则或者直接由字面得出，或者说与日常含义在抽象性和严格性方面有根本区别，比如"存在""时间""自转""公转""进化""统觉"等都属于非日常语言的专业术语。人工符号及专业术语均非生活世界中本有的具象性语言，它们是生活世界中经验的抽象化结晶，对日常语言的使用表明了史学在思维方式上的非抽象性。与此相关的是，科学处理的完全是"通名"式对象，而史学中大量涉及的事物如时间、地点、人物都是"专名"的。

从语言的角度看，（自然及社会）科学家和哲学家所操的都是专家话语，他们的话直接是说给同行听的，史学和文学一样操的是日常生活中的自然语言，他们的话最终是说给大家听的。有趣的是，科学的话除少数专家没人懂，但科学人人信奉，因为科学"言行一致"，它说的话最终是"算数"即可以成事的。科学最终用普遍人都能接受的经验结果对大众说话，与生活接轨；不论是哲学还是史学其实都是"文"学，它们"以言为事"，是文本"制造商"及"供应商"。区别是哲学说行话，史学说普通话。行话大众听不懂，也不是对大众说的，哲学与生活世界的关系是通过与各种学科的显在或潜在对话和影响关系间接实现的。史学家说的是大众都能懂的普遍话，这是史学区别于几乎所有学科的可

---

① F. R. Ankersmit, Hans Kellner eds., *A New Philosophy of History*, p. 9.

贵特性，亦史学与文学的同一性所在。

史学的语言特征反映的是其思想性质的经验性，"科学与概念知识走在一起；经验和历史走在一条路上"。[1]据说孔子撰《春秋》时夫子自道："我欲载之以空言，不如见之于行事之深切著明也。"[2]西贤亚里士多德因此以为"史不如诗"。科学思维以经验为进一步理论抽象与概括的原料，史学的关注点恰恰是具体经验事实。如果说社会科学谈论"战争是政治的继续"，史学则记述"伯罗奔尼撒战争"或"赤壁之战"。文德尔班曾将社会科学与史学分别概括为"通则"(nomothetic)与"表意"(idiographic)类型，正如有人所说的那样，"历史学是一种明确的、记述式的社会科学，其目的在于建构过去社会的图像。社会学则是一种抽象的、理论化的社会科学，关注那些支配社会组织与社会变迁的法则与原理"。[3]史学虽然不是理论的生产者，但却是理论的消费者，也就是说，关于"战争"的一般理论对于理解特定的比如"赤壁之战"有指导意义。

经验个别性或是抽象普遍性与史学或理论性学科的对象无关而与关注点有关，因为，就个别性言之，自然界每个事物同样也是处在特定时空中，从而是独一无二的，只不过这种经验个别性不入科学的法眼。反之，历史事件诚然都是"这一个"，但同样具有其共性，否则，社会科学理论在史学中的运用就是不可思

---

① Richard E. Palmer, *Hermeneutics*, Northwestern University Press, 1969, p. 252.

② 司马迁：《史记·太史公自序》。

③ S. 肯德里克等编：《解释过去，了解现在——历史社会学》，王辛慧等译，上海人民出版社 1999 年版，第 14 页。

议的了。①进而言之，科学的抽象理论化恰恰与其物质实践性有内在关系，以实践有效性为唯一参照，科学在理论上得以对经验事物作单向度的一义抽象概念处理，同时，也只有这样，现代化大生产的标准化与批量化才得以实现。相反，史学典型地是不具有物质实用性的学科，其与世间事物的关系不是抽象的"我—它"性物质性关系，而可以是"我—你"之间的存在性人文关系，因此，正如现实生活中我们总是与具体人、事发生关系，我们的情感所系必定是具体活生生的存在者一样，史学作为生活世界中的学问与其对象间亦处于这样一种类似于一对一的存在性个体性关系中。

在思维方式层面上，史学的经验性意味着非逻辑性。经验的产生是无逻辑可寻的，它如伽达默尔所说是"突然地、不可预见地……从这个或那个对象获得的"。②当然，非逻辑不是反逻辑，但史学着眼的不是逻辑上可能或可推断的而是事实上如何的。史学当然也是理性的，但它的"讲道理"每每出之于"摆事实"，而非逻辑论证。依安柯斯密特的说法，历史理性与科学理性不同，它作为"贯通的理性是后验地（a posteriori）起作用的"。③也就是说，它是对具体事理一事一义的经验整理与把握，而非先验（a priori）逻辑地普遍论定的。逻辑无偶然，科学弃偶然而言必然，而历史中充满着各种偶然性，"理有必致，事无必然"，说的就是这个道理。伽达默尔深刻地看到，"经验……是某种属于人

① 关于历史对象唯一性与单一性的思路之一其实暗含从总体上看历史的视野，明确这一点，则我们所拥有的亦只是一个世界。
② 伽达默尔：《真理与方法》上卷，第452页。
③ 安柯斯密特：《历史表现》，第10页。

类历史本质的东西"。①事实上，史学的价值所在，或者说人类之所以需要历史，正是因为其所显示出的与逻辑封闭性不同的开放性经验品格，在上帝的世界中，历史以及偶然性是不存在的，正是因为我们本身作为历史性的有限存在，人类个体及群体命运中非确定或不透明的经验历史性才如此吸引我们。

综上所述，我们对史学是什么的问题可以给出如下的界说：历史是关于时间中人类命运的故事。在此，史学内在的时间性、史学对象、史学的非概念性理论学科的性质乃至话语形式都得到了表达。

如果给一个总体性描述的话，史学是以过去的事情为研究对象，以历史经验为本，以理解为学术追求，以描述、解释、论证和阐释为基本任务，以叙述为主要文本类型的学科。在更深的层面上，史学是人类时间性本性的基本话语表现形式，兼有科学性与人文性两个维度。

第二节　历史意识

所谓历史意识是相对历史认识乃至历史语言（叙述）而言的，包含两层意思，一是指关于历史的意识，即过去进入人的意识，这一意义上的历史意识是史学学术的精神文化前提，赫伊津哈说："历史乃是文化在其中获得关于其自己的过去的意识的一种形式。"②从根本上说，如果没有历史意识，就不会有历史研究和历史写作这回事。历史意识的另一种含义，是指与过去相契的

---

① 伽达默尔：《真理与方法》上卷，第483页。
② 安柯斯密特：《历史表现》，"导言"，第1页。

非认识论经验体认，其与学科体制下的史学认知及其语言产物有性质上的区别，且不能被驯化和纳入后者之中。在此一意义上，历史意识属于经验范畴，在广义上应该被纳入生命经验的范畴，它和我们在生活中直面存在的经历及面对艺术品时产生的经验属于同一类型。在历史哲学领域中，安柯斯密特的《崇高的历史经验》是系统讨论这一问题的第一本书。

考虑到在日常生活层面上过去其实是我们无所措手足的东西，过去之进入人类的意识显然并非某种自然发生，而是某种超越性精神性事件。那么，"我们究竟从哪里感觉到曾经有一个过去？"①从现在，即从过去已经过去之处感受过去，因为，过去如果没有过去那么就是现在。"一个文化必须具有一种实实在在而为人们所广泛拥有的失落感，才能建立起'史学'在我们所能辨识的任何形式的下所要求的探究和纪念的机制。"②我们关于过去的意识是关于时间（流逝）的文化感受，昨日（如青春）不再，"人面"（父老、故知、红颜）不再，并且，和周期性循环变易如"春去春又来"不同，与人的存在相关的逝去乃是不可逆的。在此，时间不是空洞抽象的"分秒"而是"岁月"，因此，时间意识不是对可测度流逝的单纯感知，而是"生死攸关"的人生体认，只是由于我们在根本上是时间上有限的存在，因此我们才会有过去且终将永远过去，才有对时间的兴趣与计较。由于对"无常变故"的敏感与系念，人热衷于讲"故"——即过去之——事，正是在故

① 安柯斯密特：《崇高的历史经验》，杨军译，东方出版中心 2011 年版，"前言"，第 2 页。

② 埃娃多曼斯卡编：《邂逅：后现代主义之后的历史哲学》，彭刚译，北京大学出版社 2007 年版，第 59 页。译文有改动。

事中,历史被对象化,潜在于时间意识中的历史意识正式成形。阿伦特说:"诗意地而非历史地说,历史可以说发生于尤利西斯(Ulysses)在费阿刻斯(Phaeacians)王的宫中听他自己的遭遇和人生故事的那一刻",此际,"单纯发生的事现在成了历史"。[①]人类历史意识的萌生与高更的问题息息相关:我们从哪里来,我们是谁,我们向何处去?历史意识的源起首先应该是对起源的关注,最先讲述的关于人类起源的故事是神话,在这一意义上,神话是最初的历史。

在个体存在层面上,时间意识乃源起于生死之间,而在社会存在层面,历史意识则表现为古今(异代)观念,即关于有一个"过去",从而"过去"与"现在"分离,历史由此出场。神话标示着人类由混沌未开到关于一个失去了的过去的崇高历史经验的产生,此后,诸如改朝换代[②]、"文艺复兴"、工业革命、法国大革命这样一些重大的断裂性经验成为人类划时代的历史经验。正是安柯斯密特所谓的"崇高历史经验"让我们意识到过去即历史的存在,[③]根据赫勒的研究,历史意识的发展具体可以划分出从"非反思的普遍性意识"到"世界史意识或反思的普遍性意识"五个层次。[④]

---

① Hannah Arendt, *Between Past and Future*, The Viking Press, reprinted of the 1968, p. 45.

② 于此,中国最早的史书《春秋》正反映了当时天下大乱、礼崩乐坏背景下国人历史意识的觉醒。

③ F. R. Ankersmit, *Meaning, Truth, and Reference in Historical Representation*, Cornell University Press, 2012, pp. 181-182.

④ Ágnes Heller, *A Theory of History*, pp. 6-16.

给定过去的存在，我们关于过去的意识经验同样存在不同的形态，一是寻常实证主义意义上基于历史遗存及文献形成的关于过去的客观感知，在此，历史意识或经验属于认识的感性阶段，和自然科学中的经验观察材料一样，它们是有待整理和升华的认识初级阶段，在此基础上做成关于历史各种循规蹈矩和可以分出真假对错的知识论述。但是，在这种"客观历史经验"之外尚有另一种历史经验的存在，即"崇高的历史经验"，[①]后者其实才是存在层面上与过去相契的本真经验。首先，这是一种时间性的经验，具体说，是对过去之为"失去的时刻"的体认，或者说是对过去的"陌生化"感知。按照传统历史主义的经验概念，"关于过去的经验指向认同的理解，指向关于过去的再体验"，[②]相信可以通过特定认识手段消除时间距离，达到对过去的确定把握。这种经验观的缺点正如伽达默尔所说的那样"完全是从科学出发看问题，因而未注意经验的内在历史性"[③]。在本真的维度上，安柯斯密特指出，"将我们与过去联系在一起的是一种悲欣交集，失去和爱交织的奇特感受，历史经验的崇高性由此产生"[④]。

我们对过去的本真历史经验具有某种思乡病实即思旧的模式[⑤]，一方面是对过去不再的深刻感受，另一方面，正因其不在而"魂牵梦萦"，"辗转反侧"，所谓"将求之不得也，虽枯槁不舍也"。这种经验的本质正在于辩证的历史张力，只有在缺席的

---

① 安柯斯密特：《崇高的历史经验》，第 208 页。

② 安柯斯密特：《历史与转义：隐喻的兴衰》，第 253 页。

③ 伽达默尔：《真理与方法》上卷，第 445 页。

④ 安柯斯密特：《崇高的历史经验》，第 7 页。

⑤ 安柯斯密特：《历史与转义：隐喻的兴衰》，第 249 页。

时候,过去才到场从而才会成为经验的潜在对象,设若哪一天真的时光倒流,我们回到比如说童年时光,则它立即失去其刻骨铭心的魅力,还原成与现实中的每一天一样的平常日子。因此,"我们在怀乡病中历史地经验到的东西并不是'过去本身',而是现在和过去之间的差异和距离"。①那么,这样的历史经验对做成专业化历史知识有什么用?恐怕没什么直接作用。但是,重要的是要知道,"我们如何感受过去与我们对过去知道些什么一样重要"②。因为,"就历史学家向过去经验的开放而言,它们无疑是必不可少的",虽然这些感受在历史学家言说过去时"不能且不应当作论据",但却是"历史学家努力穿透神秘过去的最重要的资产"。③

其次,与寻常意义上准科学式的感官经验迥然不同,崇高历史经验属于"心灵经验"(intellectual experience)和"教化性经验"(formative experience)④。关于过去的这种具有存在主义意味的经验不是以主客二分对峙为前提的,也非有待于上升为真理性论述的原材料。按照一般认识论的观点,过去从总体上说在我们的经验范围之外,其所残留的器物以及文献中记载的史料是我们手头所有的唯一经验"证据",据此我们对过去进行推论和想象性的重建。包含在历史经验中的历史观认为,过去不是外在于

---

① 安柯斯密特:《历史与转义:隐喻的兴衰》,第 254 页。

② 安柯斯密特:《崇高的历史经验》,第 7 页。

③ 安柯斯密特:《崇高的历史经验》,第 150 页。

④ F. R. Ankersmit, *Sublime Historical Experience*, Stanford University Press, 2005, "Introduction", p. 8. 中译本将二者分别译作"智识经验"与"构形经验",与笔者的理解与译法有异。

历史学家的独立无关的认识论对象，而是人类自身存在的一部分，因而，它对作为人类一分子的历史学家具有"感同身受"式的切身关联。"在历史经验中，主体和客体都融入了经验本身。"①在这一意义上，崇高历史经验是本体性的、带有生命温度的经验。

维特根斯坦在《哲学研究》中讨论"私人语言"论题时曾举过"疼痛"的例子，他关注的是"疼"这样一种私人经验诉诸语言——它是公共性的——"我疼"时是否蕴含语言意义私人性的问题。我们现在所关注的是，关于"疼痛"的经验和"下雨了"的经验正好属于两种不同经验类型，一个喊着"我疼死了"的人所说的话不是一般意义上的经验陈述如"我看到下雨了"，它并不是一个语言哲学所谓的真值语句，因为，只有当可能存在"不知道"或所知为假的可能时"我知道……"这样的陈述才有意义。②同时，"我疼"也不必然带有信息传递比如说希望引起别人注意的语用意向，即使在无人在场的情况下疼极了的人同样会喊疼，其本来意义其实是呻吟，因而也可以用不说话的呻吟来代替。在此，"几乎就像是疼痛通过呻吟有了自己的声音……可以这么说：经验在此对我们讲话了"③。在同样的意义上，崇高历史经验应被视作"文明的呻吟声"，而史学家包括诗人、小说家可以说就是人类文明的"神经"，当然，是会发出声音的神经。他们关于人类文明包括既往历史所说的某些话乃是"一种文明的疼痛、心情和感受在其中发出声音的文本"④。安柯斯密特建议，对

① 安柯斯密特：《崇高的历史经验》，第220页。
② 安柯斯密特：《崇高的历史经验》，第152页。
③ 安柯斯密特：《崇高的历史经验》，第152页。
④ 安柯斯密特：《崇高的历史经验》，第154页。

于后现代史学写作的微观史学、生活史、心态史等均当作"经验史"看，它们并无认识论上的"微言大义"，"历史学家感到，自己成了自己所描述内容的一部分，亦即现在与过去的背离的一部分，而他／她们对于失去一个熟悉的世界的绝望感将推动其写作，激发其最深刻的思想。历史学家写自己所属文明的命运，写它被抛进深不可测的强力漩涡的情况，然而归根到底，历史学家表达的是自己（对过去）的经验。因此我们可以说，崇高的历史经验实际上是对过去之主客观经验的融合"。[①]

　　崇高历史经验与科学主义视野下感官经验的重要区别，是其无以"言"表甚至出人"意"表。关于纳粹对犹太人大屠杀这种创伤记忆（经验）的无以言表，史学界已有不少讨论，因为，这是此前人类从来没有过的经验，也因为其在亲历者心灵中所造成的深创巨痛令人"瞠目结舌"。创伤性经验只是崇高历史经验的一种类型，它还可以像《中世纪的秋天》的作者荷兰历史学家赫伊津哈所说由某件文物，编年史中的某一行文字，或一首老歌的几个音符所触发。总体上说，它们都是去语境化或未曾被职业化历史写作所整合、驯化的化外之物，是"语言牢笼"之外的自由物。"语言的胜利以经验为代价，而经验的胜利也不可避免地令语言变得迟钝"。[②]同时，这种经验的发生不是人绞尽脑汁所可以获得的，而是在某一时刻不经意被触发的，就像普鲁斯特由玛德莱娜点心的滋味所"遭遇"的关于过去时光的"非自觉性记忆"，它不期而至，可遇而不可求，亦无以重复。赫伊津哈于观

---

① 安柯斯密特：《崇高的历史经验》，第210页。

② 安柯斯密特：《崇高的历史经验》，第138页。

看荷兰画家凡艾克兄弟的画作时获得他的历史经验，由此写出《中世纪的秋天》；对于歌德来说，数个世纪未曾变动的一件家具或一个房间可以激发历史经验；而在出席一场古代仪式或观看某个城市景观时，赫尔德和布克哈特获得了他们的历史经验。就好像某种"气息"或"氛围"之类的东西被保存在那里[1]，在有心的明眼人那里，它们被捕捉住，成为宝贵的与历史合为一体的本真经验。

按照传统实证主义的经验观，所谓经验具有所谓"原子化"的特征，它们只是用于建构真理大厦的砖瓦，因此，关于世界的经验认识缺乏综合性、复杂性和全面性，后者依康德所说是要由知性范畴赋予的。如果"接受有关经验本质的实证主义教条"，那"我们就永远无法理解历史经验"。[2]在这一点上，历史经验和艺术经验一样是最为复杂的。在艺术如观画经验中，我们并不是先看到局部然后再拼出关于全画的印象的，而是首先获得关于画的整体直观。同理，在历史经验中我们获得的亦是关于过去的本质性整体经验直观，拘泥地说，也许这一直观来自于某些特定、具体对象，然而，由此产生的历史直感却具有"一叶知秋"的"全息性"特征。顺便指出，当海登·怀特为了说明文本叙述独立于史料的诗学维度举出的例子是，同样的法国大革命在马克思和米什莱笔下分别被呈现为"喜剧"和"悲剧"，他认为，这种选择本身并无认识论方面的理由，最终的根据是"美学的或道德的"。[3]

---

① 安柯斯密特：《崇高的历史经验》，第89—90页。

② 安柯斯密特：《崇高的历史经验》，第93页。

③ 海登·怀特：《元史学》，"序言"，第3页。

依照安柯斯密特的历史经验观,恐怕导致不同抉择的内在缘由还在不同的历史经验或历史感之中。

崇高历史经验突出的特征是其本质上的人文性而非科学性,因此,在以科学认识为中心的职业历史写作中通常难觅其踪影,而作为人文性经验,其发生并不囿于史学范围,文学家、艺术家倒往往与之有缘,请看张爱玲的一段文字:

"我一个人在黄昏阳台上,骤然看到远处的一个高楼,边缘上附着一大块胭脂红,还当是玻璃窗上落日的反光,再一看,却是元宵的月亮,红红地升起来了。我想到:'这是乱世。'晚烟里,上海的边疆微微起伏,虽没有山也像是层峦叠嶂。我想到许多人的命运,连我在内的;有一种郁郁苍苍的身世之感。……将来的平安,来到的时候已经不是我们的了,我们只能各人就近求得自己的平安。"①

其中所包含的浓厚历史感是任何人在历史中都可能感受到且可以以不同于历史著述的语言方式传递的,它并非历史学家的专利,其对于读者的"教化"作用与历史著作无异。同理,崇高历史经验并非出现在所有历史著述中,从单纯认识的角度看,它亦非历史认识的必要条件,对历史过去毫无此种经验的人,仍然可以写就中规中矩的史学著作,甚至可以说,大量的职业历史写作往往不包含或只包含稀薄的历史经验,而这正是一般历史著述与史学大师的同类著作相比在思想价值上的本质差距所在。吉本由其静观暮色中的古罗马遗址所产生的历史经验及布克哈特关于意大利的历史实感,为各自的著作确定了基调,决定了各自史

---

① 来凤仪编:《张爱玲散文全编》,第 272—273 页。

著的风格。^①在此，风格并非外在于史学肌理的"文风"，而具有"史识"的意味，历史经验实质性地影响着他们的历史思维和写作。

"历史经验对象向我们的呈现先于历史学家有意识的思考，它跟任何思考过程都没有关系，跟历史学家组合过去留下的证据以构建有关过去的某种假说的方式没有关系"，^②倒是与现象学所谓的纯粹意识经验有相似的地方，在这方面，美国学者大卫·卡尔对先于历史学科和认识论的关于时间与历史性经验的探究值得注意。在他看来，我们与过去的联系先于并独立于历史学科对过去的对象性认识论探究，这是一种用现象学语言来说"非主题性"（non-thematic）或"前主题性"（pre-thematic）的经验，^③我们关于"时间性"和"历史性"的直观感受和理解正是在这一层面上形成的，而时间性和历史性作为"前见"是史学赖以成立的思想前提与基础。历史经验和史学的常规操作程序没有直接关系，但是，它却可能对习见的历史思考和写作范式构成挑战，改变我们对过去的宏观理解。^④在此，史学风气与潮流的变更往往不是由于具体研究手段的更新，而与新的历史感觉有关，比如，在当代史学微观生活史、心态史的后现代转向中，我们就约略可以感受到新的历史经验的生成与影响。总之，历史经验对于史学的影响具有战略性的意义。

---

① 安柯斯密特：《崇高的历史经验》，第 126—127 页。

② 安柯斯密特：《崇高的历史经验》，第 94 页。

③ David Carr, *Time, Narrative and History*, Indiana University Press, 1991, "Introduction", pp. 1-16.

④ 安柯斯密特：《崇高的历史经验》，第 100 页。

也许比这还要重要的是,崇高历史经验具有直接影响作为历史作者和读者的我们的生命存在的力量。如果说在一般感官经验意义上我们可以说我们有关于各种物体的视觉、听觉或嗅觉经验,那么,在包括历史经验和艺术经验在内的存在经验中,经验占有我们,改变我们,与我们同在。狄尔泰认为,对待过去的纯粹沉思态度不仅是不可能的,也是不健康的。"成为一个完全的人就要将自己沉浸在历史生成之流中,通过向他者开放弥补我们一己经验的片面与偏颇。"①伽达默尔曾经这样描述艺术经验与人的关系,他说,如果一个人上博物馆,"进去时没有带着生命的感觉,参观后从里面走出来时就有了这种生命的感觉;如果人们真的获得了艺术的体验,那么这个世界就变得更光明,变得更轻松了"。②质言之,作为生命经验的历史感,崇高历史经验所提供给我们的不是某种客观、科学的感性认识材料,而是在存在意义上与本真"事情本身"直接相遇的契机,在这一层面上,关于事情本身的切身体验对于主体来说有"直击本心"和"改变气质"的教化意义。

崇高历史经验的拈出对我们理解史学的人文维度有重要的意义,在更大的背景下,安柯斯密特敏感地捕捉到,它与当代历史学对"大屠杀记忆"的关注和哲学中从语言一极独大到意识、心灵维度的复苏趋势是一致的。③回归本真经验对安柯斯密特来

---

① Martin Jay, *Songs of Experience*, University of California Press, 2004, p. 231.

② 伽达默尔:《美的现实性》,张志扬等译,生活·读书·新知三联书店 1991 年版,第 41 页。

③ 安柯斯密特:《崇高的历史经验》,导论"历史与哲学中的经验"。

说意味着对长期统治历史哲学的认识论中心主义的扬弃,由关于过去的认识还原到其本体存在的维度,以往占据认识论几乎全部兴趣的譬如真理问题被置于更平衡的局面中加以考虑。不过,这样一种在"语言囚笼"之外,超越康德式认识范畴约束直接"触及"过去的本体性经验我们是一说就"俗",有论者认为,对这样的经验我们所能做的似乎只能像奥古斯丁所说的"先信仰,后理解","如果你还没有这样的历史经验,没有感触到它,那你是没法信从安柯斯密特的"。①换言之,这种由某种图像、声音或气味引发的不期而至的主体经验飘逸得令人难以捉摸,其可信性,如果不说其真理性的话,如何保证,的确是仍有待于进一步思考的问题。

第三节 历史认识的可能性问题

在关于"异在"过去的感受与"乡愁"的历史意识基础上,乃有历史认识问题的进一步呈现。自康德在《纯粹理性批判》中对科学认识——其逻辑表达是"先天综合判断"——何以可能提出其著名发问以来,这一问题已成为哲学认识论话语的基本语式,关于历史的认识论反思也不例外。②这一问题在性质上属于理论性的探讨,而不是对历史学家认识(能力、成果)的不信任。广

---

① Hans Kellner, "Ankersmit's Proposal: Let's Keep in Touch", *Clio*, Fall, 2006, Vol. 36, Iss. 1.

② "康德的'哥白尼式的革命'隐然包含着——尽管康德本人并没有得出——历史知识如何成为可能的这一理论。"柯林武德:《历史的观念(增补版)》,第68页。

义上说,认识可能性问题覆盖认识论的所有方面,诸如认识客观性及解释的合理有效性均可以被理解为属于这一问题。而在狭义亦是本节所采用的意义上,关于历史认识可能性的问题主要是面对相关的怀疑主义质疑如何为历史认识辩护。对历史认识的质疑基本上都是围绕作为史学认识对象的历史本身的本体论特征展开的。当然,在此背后多多少少都隐含着对自然科学的参照,从而涉及关于认识本身的概念界定和理解。比如,如果严格以自然科学为认识可能性的唯一标准模式,则某种程度的怀疑主义也许是难以避免的结论。

如前所述,关于史学的自觉认识论意识是贯穿全部西方历史思想史的一个重要特色,但是,不同时代和流派对同一问题的切入点和重心各有不同,依时间顺序加以概括,它们大致围绕以下这样一些范畴展开:其一,历史现象的"一过性""流变性";其二,历史现象的"独特性"或"非普遍性";其三,历史作为"过去"所引发的一系列认识上的问题。它们大致反映了西方古代、近代及现代关于历史认识可能性的思考。

提出认识可能性问题的概念前提是关于"认识"本身的固有理论预设。认识兼指"活动"及其"产物",后者即所谓的知识。所谓认识可能性,基本上是在后一种意义即作为认识成果的知识意义上说的。在关于认识的探讨上,西方思想自始就具有超越单纯实用理性的纯粹理性倾向,他们更为关注构成真正认识的理论及逻辑条件。在西方人心目中,认识与意见或其他精神产物的区别,就在于它的确定性、明晰性及普遍必然性等基本品格,而保证认识成立的逻辑条件则是经验归纳与理性演绎。

以认识论反思的眼光观察史学认识,其普遍缺乏确定性、明晰性及普遍必然性几乎是一目了然的。希腊人认为，导致此一认识差异的原因，主要应归咎于作为人类活动产物的历史事件的唯一性、不可重复性和流变性。"希腊人早就认识到，那直接呈现给我们，我们所感知和经验到的周遭实在是一个事件之流，……尽管流变是事实，但却不合理"。①与自然现象的周而复始（如春夏秋冬）和同质齐一性（水恒往低处流）不同，历史事件各个都是独特的"这一个"或"这一次"，并且，历史从不重复自己。对于单一事件和过程，我们难以将之作为某种"同类项"进行普遍概括与归纳，形成具有恒常普适性和规律性的认识。事实上，历史在定义上就不是普遍恒常的，亚里士多德《诗学》中关于"诗所描述的事带有普遍性，历史则叙述个别的事"的论述代表了当时乃至此后西方学术界关于历史的一种基本观察。

　　而历史现象的变动不居的特性与希腊人追求永恒不变知识的形上冲突亦是直接相违的。在希腊思想中，"真知"与"意见"的区分是重要的认识论范畴。而所谓意见指的是"我们关于世界的不断流变着的现实之不断流变着的认识，因而它只在此时此地在它自己本身的延续期内是有效的；并且它是瞬间的，没有道理的，又不可能证明。反之，真正的知识不仅是此时此地而且在任何地方都永远是有效的"。②因此，对希腊人来说，对于发展变动的过程是不可能真正被我们的认识所把握的，对变化的恐惧在埃利亚学派的芝诺那里甚至发展到论证变动本身的虚幻不实性

---

① R. G. Collingwood, *The Principles of History and Other Essays,* edited by W. H. Dray, W. J. Van der Dussen, Oxford University Press, 2001, p. 172.

② 柯林武德：《历史的观念（增补版）》，第 23 页。

（"飞矢不动"云云）。

对变动不居的"一过性"对象的普遍理论把握与表达的确是与通常意义上自然科学在认识上性质迥异的问题，后世新康德主义弗莱堡学派的探索在某种意义上可以看作是对这一问题的理论回答。在此可以预先指出的是，自然与历史现象间普遍与特殊、单一与类似的差别未必是天然成立的，自独特性言之，自然界如莱布尼茨说过的没有两片相同的树叶，而就普遍性而论，历史中亦未尝没有马克思据说的"惊人相似之处"。当然，由此不能简单将两种认识样式的差别引申为仅仅是着眼点上的差异，自然现象的差异性在科学这样的语言游戏中之所以可以忽略不计，社会历史现象间的差异之所以总是呈现为某种本质直观，应有其更深刻的原因，对此值得我们做更深入的分析与探究。

关于历史认识的思想疑虑直接导致史学在西方思想史中长期处于某种边缘化的地位，它或是被当作哲学或伦理的经验实例，或是作为服务于实际政治目的的简朴工具，这种现象直到中世纪以奥古斯丁为代表的基督教"神意史观"的出现才有所改变。①

依照奥氏在《上帝之城》中所表达的历史观，此前在西方人眼中看来显得纷乱无序的历史现象在宏观目的论的视野中获得了某种合乎逻辑的说明。值得注意的是，此前古典思想关于历史"一过性"的理解总是在当下微观经验视野即具体事件层面上

---

① 参看柯林武德《历史的观念（增补版）》第二编"基督教的影响"；H. Meyerhoff, *The Philosophy of History in Our Time*, "Introduction: History and Philosophy".

给出，①而在拉长了的历史景深和宏观视野中，历史可能表现出微观层面上被遮蔽了的东西，这正是在神意史观中出现的新视角。在奥古斯丁看来，历史在当下局部层次上走马灯式的场景变换令人头晕目眩，可是，在世界历史的长程发展和上帝神意的终极视域中，我们不难发现历史发展的内在合理性线索：历史其实乃是依上帝拟就的剧情线索丝毫不爽地一一上演的神意战胜邪恶的救赎史，在这部历史中，伟大人物或芸芸众生追功逐利的行为或随波逐流的无奈最终不过是在历史的悲喜剧中扮演给定的角色，成为实现上帝赋予历史的目的工具。在这样的视野中，上帝的意志在历史长程中实际上愈益显现其端倪，而奥氏显然自诩为洞悉并传达上帝旨意的赫尔墨斯（Hermes）即信使。

撇开基督教史观的神学色彩，其在纵向整体宏观视野上把握历史内在发展脉络的理论主张在方法论上显然具有开创性的意义，其所开出的纵向思想维度亦是对此前静态平面思想维度的突破，在理论上自有其意义，无怪柯林武德将之视为西方历史观中三大思想转折之一。②事实上，我们在日后黑格尔"理性史观"乃至马克思"劳动史观"的历史思辨如历史进步及历史发展方向的观念中均可窥见神意史观的某些影子，稳妥言之，我们至少可以说宗教历史观与世俗历史观念间并无绝对势不两立之处。

在关于历史的认识论辩护中，18 世纪意大利人文主义学者维柯提出了某种独树一帜的看法，曰"真理即创造"。其意为"一

---

① 古希腊史家如希罗多德、修昔底德著作中所记载的往往是当代之事或刚刚过去不久年代的事情，这在一定程度上限制了他们的历史视野。

② 柯林武德：《历史的观念（增补版）》，第 52 页。

切存在只对它自己所造出的事物能真确地理解与贯穿……这一项条件严格地说，只能于精神的世界中实现，而不能在自然中获致圆满"①。在自然科学飞速发展本身及以笛卡尔为代表的科学主义认识论话语的内外夹攻之下，维柯指出，和自然现象对于科学来说只是给定的外在对象不同，历史本身是人类活动的产物，由于史学中认识主体与其对象间特有的内在同一性即所谓基于普遍人性的预定和谐，我们对于历史所能达到的是自然科学对于外在自然现象永不可能具有的内在理解。正如柯林武德所说，维柯上述思想的方法论要点是，导致某一事物能被真正认识的关键条件并非关于它的经验知觉或理性思考，而是它是否及如何被创造出来的。"根据这一原则，大自然只对上帝才是可理解的，而数学则是人类可以理解的，因为数学思想的对象乃是数学家所构造出来的"②。

维氏关于历史认识的观点新颖而独特，不过，在本节所探讨的历史认识可能性的具体语境中，其本体性论说多少游离于对话之外，具体说来，此类大而化之的宏观思辨话语并不足以构成对主流话语中相关论点的具体回应，故在此不拟多做阐发。

对历史认识可能性的辩护在近代德国新康德主义弗莱堡学派的文德尔班、李凯尔特那以捍卫史学独特认识地位的形式围绕"普遍"与"特殊"、"一般"与"个别"范畴展开。基本的观点是，存在着两种（而不是一种）基本的科学或认识形态，一者是规律的知识，一者是事件的知识；前者讲的是永远如此的东西，后

---

① 恩斯特·卡西尔：《人文科学的逻辑》，第 15 页。
② 柯林武德：《历史的观念（增补版）》，第 73 页。

者讲的是一度如此之事；①史学和自然科学分别是各自的代表，二者之间并无天然的高下之分。导致两种认识形式区别的原因不在对象间的天然畛域，而是认识着眼点所致。在文、李二人看来，无论是史学还是自然科学，共同之处在于都以经过批判琢磨和概念洗练的感觉经验为出发点，以此为进一步理论推论的逻辑前提。同时，对个体事物的关注并不意味着与普遍性无涉，对特殊的把握总是牵扯普遍概念，而普遍又寓于绝对个别和绝对独特的事物之中。②在此，我们不但看到了对认识的概念、逻辑基础的分析，更重要的是看到了认识观念的重要转折。在此，希腊传统的"把有生有灭的个别事物当作空虚无实的假相抛开"的"柏拉图方式"的正当性遭到质疑，以此"认为历史没有严格科学的价值，因为它永远只抓住特殊的东西，从来不理会普遍的东西"的叔本华式观点被看作是思想的偏见。③

文、李二氏不但肯定史学作为认识分支的正当性，还强调了对个别性与具体事件关注的独特重要性。文德尔班正确地指出，与人生一样，历史"之所以有价值，仅仅在于它是一次性的"。"认识就是特殊潜入普遍，一度潜入永恒。"④并且，在普遍

---

① 文德尔班：《历史与自然科学》，转引自何兆武主编：《历史理论与史学理论——近现代西方史学著作选》，第388—395页。

② 李凯尔特：《历史上的个体》，转引自何兆武主编：《历史理论与史学理论——近现代西方史学著作选》，第468—469页。

③ 文德尔班：《历史与自然科学》，转引自何兆武主编：《历史理论与史学理论——近现代西方史学著作选》，第393、395页。

④ 文德尔班：《历史与自然科学》，转引自何兆武主编：《历史理论与史学理论——近现代西方史学著作选》，第396页。

之外，个别、具体的东西是不可简约的剩余物。李凯尔特看到了
普遍、特殊的辩证关系，虽然史学在思想旨趣上以一次性、个别
性的事件为本，但这并不意味着普遍、一般性与史学无涉。世界
上并无脱离普遍、一般的纯粹绝对个别，史学中使用的概念本身
不可避免地是具有一般意义的。他更强调的是，史学的独特性在
于其为自然科学所不具有的价值维度。总之，基于对个别与特殊
的重视与普遍、特殊关系的辩证理解与阐发，史学作为一门真正
学术的认识与逻辑地位在近代历史哲学中在一定程度上得到了
论证。

　　但是，仅仅从一般逻辑上处理普遍与个别的关系是不够
的，其中已预先暗含着科学性思维的抽象性，要达到对史学思维
普遍性的中肯理解，有必要跳出一般现成观念另辟理路。在这方
面，不以历史哲学名其家的解释学家伽达默尔借鉴康德审美的
"反思判断"得出的关于"历史判断力"①的观点恰恰提示了这样
的可能性。

　　和科学不同，艺术乃至史学中"趣味"是一个十分基本而又
重要的范畴，而关于美或意义的审美、历史判断来说，个别性与
独特性扮演了一个在科学中没有的核心角色，然而，它同时又满
足特定的"普遍有效性"要求。审美趣味显然不是"孤芳自
赏"的，"在趣味中不是个别的偏爱被断定了，而是一种超经验

---

　　① 约埃尔·魏因斯海默：《哲学诠释学与文学理论》，郑鹏译，中国人
民大学出版社 2011 年版，第 41 页。是书中魏因斯海默关于康德审美判断力
与伽达默尔历史判断力关系的阐释（详见上揭书，第三章"康德与历史美
学"）对本书此处论述有重要的启发。

的规范被把握了"。①它不但获得广泛的认同，并且其关于有或没趣的判断具有类似于法规式的"典范性"。"趣味"于此与另一范畴"天才"相关联，本身不拘一格（无规则乃至反规则），却能为艺术"立法"即确立具有普遍意义之典范。

　　然而，艺术的普遍性与科学概念意义上的普遍性不同。在科学中，个别是被归类于普遍之下或被普遍所"覆盖"、所规定的个例之一，其本身没有独立的地位和价值。科学以普遍为旨归，个别有赖于上升为普遍。在艺术乃至历史中，普遍与个别的关系正好颠倒了过来，"艺术性和历史性一样是独特的、不可重复的和本质不规则的事实"，②"好的趣味从不会是一种实际的经验普遍性"，"美的效用并非来自一种普遍原则，也不能由这种普遍原则所证明"。③也就是说，美和历史中的个别性都是不能被归类、"挂靠"于某种先在抽象普遍性规定的。不存在一套判定其真实艺术性的规则或标准，我们可以将具体艺术品作为一个例顺当地安置其中从而证明其合乎美的普遍真理性要求。而是普遍性即寓于个别性的"具体普遍性"。例如，梵高或毕加索与传统大相径庭的作品之为绘画艺术的杰作，完全不是也无法用先前的任何关于美的先验概念或标准来裁断，但是，它们确乎是可以判定为美的创造，或不如说创造了新的具有普遍意义的美本身。在此需要的不是基于抽象概念的演绎或推论，而是"反思判断力"。

　　"艺术的理解提供了一个适宜于历史理解的模式。"④伽达默

　① 伽达默尔：《真理与方法》上卷，第55页。

　② 约埃尔·魏因斯海默：《哲学诠释学与文学理论》，第59页。

　③ 伽达默尔：《真理与方法》上卷，第54页。

　④ 约埃尔·魏因斯海默：《哲学诠释学与文学理论》，第59页。

尔明确指出,"历史认识也不力求把具体现象看成为某个普遍规则的实例……历史认识的理想其实是,在现象的一次性和历史性的具体关系中去理解现象本身"。[1]因此,史学并不以"对于规律的不断深化的认识为标准去衡量",[2]这样,历史认识的普遍性不是那种概念的形式普遍性,而是在个别中即普遍的具体普遍性。比如,1789 年法国所发生的事情之为"革命",不可能是因为满足一套关于革命的普遍要件,作为革命,从历史的角度看,它是一独一无二的事件,然而,其历史普遍性在于,我们毕竟有理由将其视之为革命的一个范例,在此,每一个案都扩展了我们关于历史或艺术的特定理解,个别与普遍的关系呈现出一种"整体—部分"间的解释学循环。再看布克哈特在他的《意大利文艺复兴时期的文化》中关于"文艺复兴人"的经典描述,它并不是一个类似于科学上关于"金"或"水"的普遍概念,我们据之可以"按图索骥"地将凡是符合特定性质的此类事(人)物皆归入其下。相反,当我们把达·芬奇、马基雅维里或米开朗基罗等都视为"文艺复兴人"的时候,我们指的并不是他们"全都具有某一些内容上固定的,彼此吻合的个别特征",而是说"无论他们彼此之间是如何对立迥异,或甚至正因为这些对立,他们却共同地站立在某一特别的观念之上的相关性之上;也即是说,他们之中的每一个都以其自己的方式参与缔造上述我们一般所谓的文艺复兴的'精神'或文艺复兴的文化"。[3]用维特根斯坦的话来

---

① 伽达默尔:《真理与方法》上卷,第 4—5 页。
② 伽达默尔:《真理与方法》上卷,第 4 页。
③ 恩斯特·卡西尔:《人文科学的逻辑》,第 116 页。

说，"文艺复兴人"代表的是具有某种"家族相似性的"的"气质"或"风格"概念。

历史认识旨趣与对象上的个别性与思维上特有的普遍有效性对关于史学的哲学理解具有根本性的意义，魏因斯海默敏锐地注意到，"尽管狄尔泰希望在康德第一批判的基础上建立对历史理性的批判，伽达默尔却以第三批判作为他的起点"[①]。《真理与方法》三大部分以关于"艺术经验"的探讨始，暗示关于历史的哲学理解需要的不是历史理性，而是类似于审美"反思判断力"的历史判断力。判断力与一般意义上的"纯粹理性"截然不同，其将"某个特殊事物归入某种一般东西中"的直觉判断"在逻辑上是不可证明的"。[②]因此，作为一种"类似于感觉的能力"，"判断力是某种绝对学不到的东西，因为没有一种概念的说明能指导规则的应用"。[③]根据伽达默尔的看法，"精神科学根本没有自己特有的方法"，[④]这里所需要的毋宁是类似于艺术鉴赏或知人论世时那种一语中的地"说出真理"[⑤]的"机敏"。这是一种"对于情境及其中行为的一种特定的敏感性和感受能力"，[⑥]它是"教化"的结果，以"共通感"及"趣味"的养成为标志。[⑦]"谁

---

① 约埃尔·魏因斯海默：《哲学诠释学与文学理论》，第41页。
② 伽达默尔：《真理与方法》上卷，第39页。
③ 伽达默尔：《真理与方法》上卷，第40页。
④ 伽达默尔：《真理与方法》上卷，第8页。
⑤ 伽达默尔：《真理与方法》上卷，第23页。
⑥ 伽达默尔：《真理与方法》上卷，第19页。
⑦ "教化""共通感""判断力"及"趣味"是伽达默尔《真理与方法》开宗明义提出的"人文主义的几个主导概念"。伽达默尔：《真理与方法》上

具有了审美感觉,谁就知道区分美的和丑的,好的质量和糟的质量;谁具有了历史感,谁就知道对一个时代来说什么是可能的,什么是不可能的,而且他就具有对过去区别于现在的那种异样的感觉。"①在不以规律性认识为己任的史学中存在着其独特的真理诉求,这是不能"像康德一样按照科学的认识概念和自然科学的实在概念来衡量"的真理②,而是包含在"历史意识的经验"中的理解的真理。

以上我们关于历史认识可能性的探讨主要是在人文主义层面展开的,在现代西方分析哲学科学主义的学术背景下,历史作为关于"过去"的陈述,其语句的"意义,指称和真值"③成为探讨的焦点,同时成为滋生关于历史知识可能性的怀疑主义观点的温床。与此前关于这一问题的论说从关于史学自身的直感或实感出发不同,关于历史认识问题的分析于理论上更为深入、专业的同时,亦更多地成为当代哲学语言与逻辑分析手段以史学为个案的实际操练。

在传统认识论与分析哲学间存在着由心理到逻辑、认识到语言的视界转换,认识问题被转换为语义问题。关于句子意义问题,分析哲学众所周知的论点是,它是由我们对语句原则上的可经验实证性决定的,除了逻辑上的分析句子之外,语言中有意义的命题和陈述必须是经验上可证实即存在真值的。

依照某种观点,历史事实"并不像砖头那样是轮廓分明的、

卷,第10—54页。

① 伽达默尔:《真理与方法》上卷,第20页。

② 伽达默尔:《真理与方法》上卷,第125页。

③ Arthur Danto, *Analytical Philosophy of History*, p. 28.

可以测出重量的、某种坚硬的、冷冰冰的东西"。"历史学家也就不可能直接与事件打交道。他所能接触的仅仅是这一事件的有关记载。"①经验事实方面史学的特有缺失诚然构成我们认识历史的直接技术障碍,但这对史学认识的可能性来说却并不构成原则性的障碍。丹图说得好:"观察过去不是史学自身的缺点,而是史学所面对的遗憾,对它的克服恰恰就是史学的目的所在。"正如"疾病不是医学上的憾事……疾病正是医学存在的理由"。"正是因为我们没有直接通达过去的管道,我们创造了史学。史学自身的存在端赖这一事实:它令史学成为可能而不是不可能或不必要。"②因为,历史事实虽不具有当下的完整存在性,但也并不是就完全销声匿迹,一方面,它往往在各种物质遗迹中留下了关于自身存在的证据,其中尤以建筑遗址及地上地下文物为著。另一方面,历史上发生过的事情留下了相关的文字记载,这是史料最基本的来源。因此,虽说后人对于历史本身不可能有直接的感知经验,但根据其文物及文献遗存所保留的信息,仍然可能间接获得对它的认知。前者与现实中刑事侦查依据些微现场痕迹如指纹、弹道等复原犯罪事实本质是一回事,而就文字记载而言,抽象地说,历史事实在此成了某种精神形态的东西,似乎难免其主观性,但具体地说,这种记载无非某种当下经验的记录,其可靠性在当下与今天我们关于身边事物的观察是等效的。至于记载上主观失实之处,史学上通过同质或异质史料交叉互证等一系列方

---

① Carl Backer, "What Are Historical Facts?", in Hans Meyerhoff ed. *The Philosophy of History in Our Time*, pp. 123, 124.

② 阿瑟·丹图:《叙述与认识》,第119、120页。

法论原则与技术均可保证对它的校正。总之，在历史遗迹及史实记载与原始历史事实之间存在着由普遍接受的标准方法程序保证了的严格的可翻译性，而这最终又是由史料原则上的可经验实证性所决定的，在此基础上，历史认识在史实层次可以达到与自然科学同样的客观性，这由历史学家在史实方面原则上不存在无以消除的学术分歧亦可得到清楚的印证。

　　句子的可证实性除了通常所说的必须为经验性言说之外，实际上还暗含着一种时间维度上的前提，只有关于当下或未来事态的言说才可能被人们付诸实证，例如，依照丹图在《分析的历史哲学》中所引证的实用主义者刘易斯（C. I. Lewis）关于知识的观点，我们关于某物具有某种性质的说法意味着某种关于我们对此做些什么及对此获得什么经验的预期，例如，我手上有一个东西，如果我咬它一口会感到甜，捏上去有些软，翻转它时其背面还会是圆的……正是这些当下或可预期的经验构成了我们对苹果的知识。准此，"如果我宣称知道某事，这就是暗含着这样的一个预期，如果我做某事，则我将会产生某种经验。与我们的行为及其经验结果相关的预期就是'我们关于实在认识的全部内容'"。[1]在此，认识等于其证实，而证实来自于一个从现在指向未来（预期）的过程，然而，史学陈述恰恰是关于过去事件的言说，对于史学中的陈述如"恺撒被刺死于元老院的台阶前"这样一个发生在过去（而非当下）的事情，我们又怎么能够依这种"如果－则"（If-then）的预期经验形式加以认知或证实呢？

　　刘易斯提出的问题解决方案是，过去依关于它的现存证据而

---

① Arthur Danto, *Analytical Philosophy of History*, p. 35.

被知道,他实质上是用证据的现在性避开了历史的过去性与其知识主张间的冲突,试图与此同时维护自身理论与关于历史认识的直觉。但是,这样做的理论代价是将过去等同于其当下遗存,而这些当下证据与过去的关系本身恰恰是有待证明的。刘易斯似乎认为,过去事件以及作为其当下可经验证据共同构成某种在时间中延续至今的某种整体对象,而这是难以成立的。丹图指出,依此,我们等于将发生于 1066 年的黑斯廷斯战役(Battle of Hastings)等同于关于古战场遗址的当下经验,将林肯等同于其葛提斯堡演说,如果学习英国史的学生由此被告知黑斯廷斯战役仍在延续,或者有人依他看到的葛提斯堡演说的文本而宣称他今早见到了林肯,不知其意的人肯定要被吓一大跳。[①]归根到底,如果我们不能知道过去本身,则作为其效果的证据将有毛将焉附之虞。

针对由关于语句的经验证实引发的上述麻烦,分析哲学名家艾耶尔曾提出"原则上的可证实性"以为纾解之策。艾氏的意思是,依经验证实原则及其内蕴的时间维度,对描述过去事实的历史话语的经验实证在技术上有难以克服的困难,但至少在逻辑上这种困难是不存在的。因为,我们事实上不处在观察发生在过去的事情的有利时空位置上本身只是偶然如是而非必然如此,设若在例如恺撒被刺时我们在场,则关于他被刺的叙述对于我们来说就是可证实从而有意义的陈述。可是,这一让步一方面并不能实际解决历史句子的经验意义问题,另一方面,它还暗含着陈述的内容与给出这一陈述的时间无关,关于句子意义的检验可以在摒

---

① Arthur Danto, *Analytical Philosophy of History*, p. 38.

除时间维度的情况下被独立、恒常地给出的意思，换言之，严格意义上"没有什么关于过去的陈述"，[1]正是这一点遭到丹图的有力反驳。

丹图在历史哲学中提出的一个重要观点，就是事件从而语句的意义随后续事态的展开而不断获得规定，同样的事实在不同时间下不但可能呈现不同的意义，且会有不同的真值。例如，恺撒将死、已死句子的基本内容相同，但在不同时间下真伪不同；我们在 1893 年时不可能有意义地说出如《东方红》歌词中"中国出了个毛泽东"那样的句子——尽管这是一个生物学或医学意义上可证实的事实，而在 1893 年假设有人偶然说出了上述的句子，则它即使在生物学层面上也不可能是和在 1893 年毛泽东的出生证上的记录语句同样意义的真句子。丹图强调，并不存在一个超时间的纯然客观事实，语句的意义随每一次的证实而改变，"依某种赫拉克利特式的说法，我们永远不能两度证实同一个句子"。[2]同时，时态性陈述预设了与之相关的非时态性陈述的真理性。由此，丹图引出了他自己在这个问题上的正面观点，句子的真值与其可经验证实性并不是一回事，"一个句子几乎不可能是超时间的真实的"，"时间性直陈句的真理价值完全取决于其所被言说的时间"。"一个过去时态的真句子，正是关于过去的句子"，[3]而不是什么关于现在可预期经验的描述。总之，丹图关于这一问题的最终看法是："就我们所考虑的历史的语句而论，可

---

① A. J. Ayer, *The Problem of Knowledge*, p. 160. Adopted in Arthur Danto, *Analytical Philosophy of History*, p. 53.

② Arthur Danto, *Analytical Philosophy of History*, p. 46.

③ Arthur Danto, *Analytical Philosophy of History*, pp. 56, 57.

证实性并非其意义性的恰当标准。"①阿特金森从反驳关于认识的"直接观察"理论及其对基于证据的间接知识及记忆的认识优越性地位的角度也得出了类似的结论。②准此，建立在这一标准基础上对关于过去的知识的可能性的怀疑论立场相应地也就失去其理论力量。

除了意义的经验证实观点以外，关于历史认识可能性的另一反对意见将语言意义及其证实的问题放在一边，径直对历史语句的指称——即"过去"本身——的实在性证明提问。对历史认识此一釜底抽薪式的攻击假设过去世界是不存在的，其基本论据是，即便我们所知的世界不过是5分钟前刚刚创生出来的，这一本体论事实对于我们关于世界的所有现有经验及我们的行为在逻辑上毫无矛盾，事实上毫无影响，在此我们所需要的只是记忆本身的同一性或主观经验内部融贯性。例如，试考虑一思维机器，它只要被输入记忆材料就可以工作，而不论其记忆是否以外部实在为基础。依照这样的观点，我们关于历史的认识完全是一个自足的话语系统，我们在图书馆内根据文字记载（另一话语）研究吉本及其罗马史，根据新产生的研究资料得出新的结论。这样一种语言游戏表面上似乎预设了过去，但它其实与是否真实地存在一个客观的过去并无实质性的关系。③这就好比在奥运会上，跑得远而快作为一种马拉松游戏规则，除了游戏本身规定的内部锦标意义外并无原本的实践意义，即在没有交通工具的情况下高速

___

① Arthur Danto, *Analytical Philosophy of History*, p. 61.

② R. F. Atkinson, *Knowledge and Explanation in History: An Introduction to the Philosophy of History*, Chapter 2, section 2 "Direct Observation, Memory".

③ Arthur Danto, *Analytical Philosophy of History*, pp. 65-66.

传递一个生命攸关的战争信息（马拉松的本源）。

关于历史是否存在的怀疑论观点实际上等于是一种涉及时间的不可知论，其基本立足点是，尽管设想世界在时间上没有真正的过去在直觉和经验上都是令人难以接受的，并且，到底有没有一个过去如丹图所说对于我们的生活是有影响的，但它至少在逻辑上是不矛盾的，换言之，世界有过去还是没有过去对于历史游戏中我们的经验与行为来说是没有区别的，反正我们原先关于历史的一切记忆应有尽有，就像一台快乐机器所模拟的各种高峰体验和快感与真实经历造成的不分轩轾。既然如此，用我们真的知道世界有一个过去这样的常识说法反驳怀疑论是完全无效的，逻辑的问题须以逻辑的方式来处理。

反驳世界仅在 5 分钟前创生的一个可能思路，是考虑其反向命题，即世界将在未来 5 分钟内毁灭。丹图注意到，和世界在 5 分钟前创生不同，它在 5 分钟后消失在实践上令人难以接受，但在逻辑上并不给我们以荒谬感，反之，世界只在 5 分钟前刚刚存在在实践上是可以接受的，但由于某种原因，在逻辑上却显得荒谬。不过，仅仅指出这一不平衡现象并不构成关于上述怀疑主义观点的充分反驳，它只是提示我们，这里一定有什么不对劲的地方。

丹图认为，过去与现在的关系可以考虑为因果关系，而这一关系逻辑地嵌入在语言形式中。在我们的语言中可以区分出"过去参照"（past-referring），"时间中立"（temporally-neutral）及"未来参照"（future-referring）三种情况，与我们眼下的讨论直接相关的是第一种句子。所谓过去参照的语句，指的是对一个当下事态或事件的正确描述逻辑地牵涉到一个较早的事实，例如，"父亲"一词的使用不仅涉及当下可确定的性别,它必定与该男子的既往历史如其与另一女人的性关系或婚姻关系相联系;我们将身体某一部位皮肤的凹凸不平指为伤痕须根据过去时间中发生的某一事件才能成立;等等。这样,正如此前已经说及的,关于过去的句子其内容不能被归约为现在时的句子而无语义损失或改变,而关于世界无历史的思想试验的实质,就是将一切都挤压在当下现在状态。

进而分析下去,说世界在 5 分钟前存在既是任意的,也是不彻底的。对过去的彻底否定必定推出世界在瞬间发生的逻辑结论,这令"5 分钟论"的不合理性暴露得更为充分。关于世界的瞬间存在论是自我矛盾的,我们对于一个瞬间的世界甚至无以言说,因此,一个人是不可能前后一贯地坚持一种瞬间怀疑论的。另一方面,瞬间其实必预设持存,例如,赛跑冠军总是在一瞬间确定的,但它却是整个奔跑过程的结果,先有跑者,才有胜者(runner-winner)。

总之,尽管世界创生于 5 分钟前的说法在某一局部上看逻辑上可以接受的,但正如其归谬形式瞬间论所示,其在逻辑上也并不是完全周延的。考虑到我们语言的内在时间性,其在实质上的不合理性亦暴露无遗。既然如此,对历史认识可能性的拒斥至少在此是不成立的。

历史认识的可能性在更广泛的意义上还牵扯到历史认识是否具有客观性与真理性这样一些问题,这些将在本书第六章中作专门的讨论,在此不予论列。

分析哲学框架内对历史认识可能性的辩护具有防御性和形式性两个特征,归结到一点上,就是逻辑和语义的分析,而其实际参照则是自然科学。在更大范围内，从古希腊哲学的质疑到新康德主义的辩护，其实也都是参照乃至比附自然科学谈论历史认识的可能性。在这一层面上，迄止我们所讨论的结果表明的是，历史作为认识分支的可能性在逻辑上或形式上是不存在致命缺陷与根本障碍的。但是，史学认识与科学认识之存在实质性的差别，以后者为标准为前者作认识论辩护注定会是一种削足适履的把戏。在实质意义上，关于历史认识的可能性的正面积极辩护要求我们在一个更为广阔的背景下和视野中提出和考虑问题，例如关于何为合法认识得出基本共识，而此中关键之一，又是跳出功利性的技术视角——在某种意义上，这正是自然科学在实践中从而理论上最有力的支撑点——考虑认识问题。在这方面，欧陆哲学如胡塞尔晚期现象学、海德格尔尤其是伽达默尔在《真理与方法》中已经提供了丰富的思想资源。最后，关于任何一种认识可能性的讨论都要摒弃绝对主义的观点，即在获得关于所认识领域或对象的绝对真理的意义上考虑问题。就历史认识而言，历史学家作为时间中的旅者如伽达默尔所指出的事实上是不可能完全回到过去的，以为历史认识的极致就是对横在过去与其今天的探索者之间"时间距离"的完全克服的历史主义观点既是不切实际的，也是不明智的。其素朴性就在于它没有对历史认识自身的历史性进行反思，也看不到时间距离在历史认识中的积极作用。[1]

---

[1] 伽达默尔：《时间距离的诠释学意义》,《真理与方法》上卷，第373—385页。

第四节　史学：科学还是艺术

尽管史学具有复杂的面向，但认知肯定是其中一个十分重要的方面，而在关于史学的认识论探讨中，被认作标准认识的科学始终是基本的背景参照。有关历史认识合法性的各种分歧最终聚焦为史学究竟是"科学"还是"人文（艺术）"学说的问题。[①]英国史学家伯里和屈维廉（George Macaulay Trevelyan）的话大致可以说是两种各执一端立场最早的代表，前者倡言"史学是一门不折不扣的科学"，后者旗帜鲜明的结论是："把历史同自然科学相类比的做法，在过去三十年里错误地引导历史学家离开了他们的职业的正确道路。……历史的价值不是科学的。"[②]他进而批评道："在现在所写的历史中，因科学而牺牲艺术的情形十倍于因艺术而牺牲科学的情形。"[③]

康德以经验材料加普遍必然性为科学定位，在哲学上为认识论确立了基调，从古希腊到今天，关于一门学科认知合理性的质

---

①　H. Meyerhoff ed., *The Philosophy of Our Time*, Chapter II: "Clio—Science or Muse?", Doubleday, 1959. 国内近年关于这一问题的重大意见分歧以庞卓恒先生《历史学是不是科学——与何兆武先生商榷》（《史学理论研究》1997 年第 3 期）为代表，另可参看颜一《历史是一门科学吗？》（《湛江师范学院学报》1998 年第 2 期）；王学典：《十九世纪的自然科学与历史学：塑造、同化与区别》（《山东社会科学》2004 年第 2 期）。

②　屈维廉：《历史女神克里奥》，转引自何兆武主编：《历史理论与史学理论——近现代西方史学著作选》，第 628 页。

③　屈维廉：《历史女神克里奥》，转引自何兆武主编：《历史理论与史学理论——近现代西方史学著作选》，第 644 页。

疑或辩护的攻防均不出此逻辑:怀疑论者往往围绕普遍必然性说事,典型的是始自古希腊的追问:在个别及不可重复的人事现象基础上如何可能做成具有普遍必然性的知识? 近代以来关于历史规律的探讨的主流共识应该说是以否定性的结论告终,随手可举的例子如哲学家罗素、波普尔,史学家屈维廉等。[①]亨普尔关于历史解释的"覆盖律模式"之所以不成立,史学不能满足其所预设的普遍规律前提是重要的理由(详见本书第五章第二节)。抽象地说,关于历史可以且提出了某些似规律的命题,上至关于人类历史发展必然经历的各个阶段的论述,下至"得道多助,失道寡助""多行不义必自毙"这样的人事代谢法则。但是,它们要么大而无当,无以经验证实;要么明显存在反例,不满足"如果……则……"的逻辑要求,因而由之无以得出具体准确的预测。在此要指出的是,我们不应不加分析地将此轻易归咎于社会与自然的差异。一般说来,社会历史现象无严格规律性从而不可预测,只在存在博弈性的人类行为领域典型如政治、战争等方面大量存在,而这通常是由于自由意志基础上选择的存在,因而人有意无意地让自己的行为呈现出反常和不规则性。而在诸如人口增长、经济波动曲线等超出统一意志控制的方面,我们对其规律性的把握与自然科学相比并不逊色。甚至我们对某只股票走势的预测亦未必比地震或中长期天气预报更不靠谱。

在与此对应的方向上,奥古斯丁一脉思辨史观的意义在于,它实际上用有意义可理解取代了因果普遍必然性,这可以说

---

① 参看何兆武主编《历史理论与史学理论——近现代西方史学著作选》中各相关人物文选。

提供了一种理解史学认知合理性的思路，但这与其说是对史学科学性问题的回应不如说是回避。在理解的方向上更进一步，就走到为史学的学科自足性（autonomy）辩护，甚至打出与科学分庭抗礼的人文或艺术旗号。

对史学科学性辩护的基本理路无非是：其一，试图从逻辑、语言方面论证史学与科学并无二致，例如，新康德主义一脉曾比照科学，试图从逻辑上个别与普遍的关系入手为历史认识寻找逻辑合法性辩护，同时以科学所不包含的价值维度解释史学的特殊性。丹图在他的分析历史哲学专著中曾针对"关于历史认识可能性的三种反对意见"逐一详细反驳，认为史学句子无论在意义、指称还是真值方面均满足科学句子的要求。但是，历史认识中与科学相左之处往往不在事实层面，而在宏观历史认识层面上，因此，由于他所讨论的问题只限于句子层面，即便他所说的完全成立，亦不足以证明史学在文本层面上宏观认识的科学性。其二，则是从史学作为一种学术话语在思想旨趣以及所遵循的游戏规则与自然科学的亲缘性方面寻找理据，傅斯年强调史学对事实的尊重（"动手动脚找材料"），言必有据。沃尔什说："历史学乃是一种科学研究，这在它是按照自己的方法和技术所从事的一种研究这种意义上说，大概是不好加以否认的。历史学家所寻求确立的结论，是通过对一种明确确定的题材——即人类过去的行为与遭遇——的考查，按照一代又一代的探究者使之不断精确的规则而实现的。在这一方面，几乎没有什么严肃认真的争论的余地。"[1]年鉴学派史学家勒高夫说："历史是并且一定是一门科学的最好

---

① 沃尔什：《历史哲学——导论》，第30页。

证据是，它需要技巧和方法，它可以被传授。"①这些应该说都是公允平实之论。②不过，在此要特别说明的是，史学中的有效方法论程序或结论的无争议通常只表现在史实考订层面上，一旦进入宏观历史描述与解释，并不存在可以导致认识一致性的明确方法论程序，我们立刻陷入众说纷纭、莫衷一是的所谓"前科学"（库恩）无政府主义状态。

史学与科学在精神气质及思维方式上诚然不无相似之处，但仅此并不足以保证史学科学家族标准成员的资格，因为，这些因素孤立地说几乎存在于人类精神领域的各个方面，以此为据几乎和把所有用脑子想的事都列为"思想"是一回事。对史学作为科学最有力的反驳，应该就是不但迄今为止我们在历史领域中没有、大概永远也不可能证明出类似万有引力这样具有严格性与普适性的关于社会历史现象的确切规律，关于这一点最明确的证据，就是我们在史学中很难看到如自然科学理论那样的预测性，这是令所有宣称史学是一门严格科学者既无以回避又难以解释的事实。宣称史学最终也能产生自己的牛顿至少到目前为止是迄未兑现的空头学术支票。因此，"如果科学意味着研究普遍性规律的学科，即使事实服从于法则的学科的话"，那么，坦率地

---

① 转引自图克：《我们关于过去的知识：史学哲学》，徐陶、于晓凤译，北京师范大学出版社2008，第24页。另见雅克·勒高夫：《历史与记忆》，第201页，但译文与此引文有较大区别，故取转引而非直引。

② 但就在上引这段话的后边沃氏又从史学非外行所能为的专业角度试图进一步论证其科学性，是犯了将技艺等于科学的错误。因为，艺术也是甚至是需要高度技巧的事情，但这并不意味着艺术是科学。在此一相信是不经意的失察中倒是可以看出科学在人们心目中意味着什么的某一侧面。

说，"历史不是一门科学"。①此外，正如柯林武德所说，"没有任何历史的论证曾经以精确科学所特有的那种强制性的力量证明了它的结论。……历史推论从来都不是强制性的，它至多只是许可性的"，在此意义上，"历史学不是一门精确的科学"。②

　　检点关于历史认识的基本事实，史学在规律、预测及认识一致性达成等方面与科学相去甚远，而在意向、态度、方法程序甚至结论上则不乏与科学极为相似之处。因此，在总体理论态势上，对史学认识合法性辩护在反驳对史学科学性的攻击时或不无得力之处，但却不足以正面确立史学为科学的立场。其实，"科学"作为基本概念（大字眼）阐释空间甚大，其内涵与外延可以是具有严格规律性、可预测性的数理化这样的精确科学，亦可以是表达与非学术（艺术）、不客观（宗教等）相区别的划界性概念。在此，史学究竟算不算科学其实与事实关系不大，而是取决于你所使用的科学一词的确切语义，"如果我们采纳康德的定义，认为就'科学'这个词的本来意义而言，它只适用于其确定性是无可置疑的那一部分知识，那么，十分清楚，我们不可能有一门关于历史的科学"③；但是，精确自然科学并不代表学术的唯一或至上形态，史学不纯粹是科学或在某些方面达不到严格科学的标准未必意味着其学术性的贬值。事实上，以规律的严格性及理论的确定性而言，从数学、（经典）物理到化学、气象学及生物进化论处在光谱的不同区间上，作为科学大家庭中的不同成

---

① 利科主编：《哲学主要趋向》，李幼蒸译，商务印书馆 1988 年版，第 240 页。

② 柯林武德：《历史的观念（增补版）》，第 297 页。

③ 卡西尔：《人论》，第 258 页。

员。如果将史学与上述学科加以比较的话，那么，它在性质上显然更接近于理论生物学（进化论）而不是数学、物理和化学这样一些"硬科学"。[1]有必要指出的是，"一切精神科学，甚至一切关于生命的科学，恰恰为了保持严格性才必然成为非精确的科学……历史学精神科学的非精确性并不是缺憾，而纯粹是对这种研究方式来说本质性的要求的实行"。[2]因此，布克哈特说得好，在某种意义上"历史学是一切科学中最不科学的学问，但它却包含着许多值得我们认识的东西"。[3]因此，只要"祛魅"科学包揽所有的"真"或者是唯一具有正确性的东西的观念，我们或许也就用不着因为"政治正确"的情结或攀附心理硬是给史学贴上科学的标签，[4]所有关于史学科学维度的论辩均可以在"学问"中获得安顿。

在事情的另一面，如果说史学不够科学，那么，它同样亦不止于科学，在此，"我们如何感受过去与我们对过去知道些什么

---

① 进化生物学具有一目了然的历史性描述从而非经典决定论的特征，因而，正如迈尔所说的，"将进化论生物学看作物理科学与社会科学及人文科学之间桥梁，是完全合理的"（迈尔：《生物学思想的发展》，湖南教育出版社1990年版，第83页）。

② 海德格尔：《林中路》，第76页。

③ H. Meyerhoff ed., *The Philosophy of History in Our Time*, "Introduction", p. 14.

④ 在这方面，有人早在发表于20世纪40年代一篇文章中所说的话殊堪玩味："有些历史家太把自己看作科学家，以为一顾文字便失掉了科学家的尊严。他忘了艺术在人生中的价值，并不比科学来得低"。孙毓棠：《历史与文学》，见蒋大椿主编：《史学探渊》，吉林教育出版社1991年版，第987页。

同样重要"。①史学非科学性的一面不但表现在上述认识的非精确性和非规律性，更重要的是表现在话语层面上。从语言的角度上看，科学与艺术的重要分野乃抽象概念话语与具体经验话语之别，凡所谓严格科学为追求单一精确性要求均自创和使用人工符号，即使是使用自然语言符号的社会科学亦创造大量专业术语，史学文本则基本上对自然语言作日常使用。具体说，史学的非科学性突出表现为其文本叙述性。历史叙述超出科学的一面恰是其与艺术相通的人文维度，在这一点上，"文史不分"乃中外通例。将史学与艺术联系在一起的本质关联并非虚构或审美快感，而是它们所包含着的关于世界的意义理解。此外，前一节中我们讨论过的伽达默尔关于作为审美和历史判断核心范畴的"反思判断力"已然从人文学科独特认识方式的角度对此作出了深刻的阐述。古德曼（Nelson Goodman）强调艺术的认识论维度，认为艺术和科学一样是我们理解世界的一种方式，科学与艺术之间的区别不是通常以为的真与美、情感与理智、直觉与推理之别，而只是由于各自语言符号的特殊性所支配的分歧。②艺术语言可能不是依科学语言的真假游戏规则展开的，其直接后果是艺术不具有操控物质实体的物质力量，但是，在像艺术乃至人文学说的非实用领域中，真理其实并不像在科学中那么重要，求真其实只是某种边缘的要求。作为伽达默尔所说的"教化"（德文原文为Bildung）类学科，它们宏观上赋有在较科学远为深厚的文化层

---

① 安柯斯密特：《崇高的历史经验》，第 6 页。

② Nelson Goodman, *Languages of Art*, The Bobbs-Merrill Company, Inc., 1968, p. 264.

次上形塑我们关于生活世界及自我的理解的意义功能。即便是在
微观具体理解层面,艺术品及以文学、史学、哲学为代表的人文
学说也都提供了不同于功利性算计的关于事物的本真理解,例
如,梵高笔下的"农鞋"不再是合脚之物,而是与人的生存息息
相关的存在者,"农民生活的整个世界就在这双鞋里"。[1]伽达默
尔说,当我们参观美术馆的时候,应该看到的不是"指称"人、
物、山水的图像,而是对我们有话要说的作品,因而,当我们从
美术馆中走出来的时候所带着的是进去时所没有的"生命的感
觉"。[2]总之,在真正的艺术与人文作品中包含着"超出方法论控
制范围的对真理的经验",而"通过一部艺术作品所经验到的真
理是用任何其他方式不能达到的",[3]这真理与狭义的真假无
涉,却是关于意义与理解的切身真理,它不是我们可以在概念、
公式中习得的"命题真理",而是我们必须参与其中才能得到的
"事情真理"。[4]在生命经验的层面上,一般说来艺术作品所提供
给我们的存在理解多于史学文本,正如《追忆逝水年华》的作
者普鲁斯特所说的那样,"真正的生活,最终得以揭露和重见天
日的生活,因而是我们唯一确实经历的生活,就是文学"。[5]值得

---

① 海德格尔:《艺术作品的本源》,见孙周兴选编:《海德格尔选集》;伽
达默尔:《〈艺术作品的本源〉导言》,《美的现实性》,张志扬等译,生活·
读书·新知三联书店 1991 年版,第 103 页。

② 伽达默尔:《美的现实性》,第 41 页。

③ 伽达默尔:《真理与方法》上卷,"导言",第 18—19 页。

④ 海德格尔:《路标》,孙周兴译,商务印书馆 2000 年版,第 208 页。

⑤ 普鲁斯特:《追忆逝水年华》,法文版,第 3 卷,第 895 页。转引自
瓦尔特·比梅尔:《当代艺术的哲学分析》,孙周兴、李媛译,商务印书馆 1999

注意的是，当代史学中《奶酪与蛆虫》《蒙塔尤》等微观史学作品对以往可能认为无足轻重的平凡人生活琐碎生活场景的再现，其意义恰恰在于往昔经验的生动复活，而就在这些著作中"过去是如何在历史经验中向他（她）们显示的"而言，所发生的和"发生在一个小说读者或观看艺术作品的人身上的是一样的"。①在此，史学与艺术之间并无截然畛域。

"意义先于真假"，就人文艺术真理与科学真理的关系而言，前者对于后者来说毋宁处于本体上的优先地位。海德格尔说得好："科学绝不是真理的原始发生，科学无非是一个已经敞开的真理领域的扩建。"②只有在我们关于世界的本真自然理解的基础上，貌似更为精确和具有实践强制力的科技真理才得以展开，并且，其效用是以牺牲认识全面性的片面方式实现的。③

综上所述，史学之为学问兼有科学性与文学性的双重维度。从根本上说，史学的二重性与史学是人学而非物理学（广义）有关，人所兼有的自然属性与文化属性使得与真实意义上的人有关的认识④都具有为科学所不具有的双重性。作为人类自我认识的文化形式，史学如维柯等早就指出的那样具有研究者与研

年版，第 194 页。

① 安柯斯密特：《崇高的历史经验》，第 223 页。为适应此处行文，译文在不影响本意的前提下略有改动。

② 海德格尔：《林中路》，第 45—46 页。

③ 周建漳：《历史认识的客观性问题反思——关于史学中认识一致性问题的哲学分析》，《哲学研究》2000 年第 11 期，第 45 页。

④ 医学或人口统计学等学科虽以人为对象，但却是以人的例如自然属性为单一维度的研究。

究对象主客同一的特征，在此，一方面，人类的出现在原先单纯决定论的物质运动中增加了人的意识与意志这样的主体性因素，这在总体上使得人文领域具有较之单纯自然领域更高的复杂性与非决定论特征，人类社会以工具、语言等"世界Ⅲ"（波普尔）为载体的发展演化与生物界基于自然选择的进化在性质与速率上均不可同日而语，这些因素均是人文研究科学化程度的限制因素。另一方面，与对待自然界时的超然态度不同，我们在关注自身历史时必定有情感与价值的投入，我们对于自身的研究理所当然地也应当渗透价值关怀，[①]正是在这里，有史学研究的诗意，即人文性、艺术性维度的绽出。

　　总之，由于求真——事实与因果解释的真——史学具有科学性，由于求的是人之真而非物之实，由于并不存在如自然界严格必然性的规律，由于其特定的话语形式及教化民众等原因，"历史并没有真正的科学价值"，[②]却与文学有了某种亲缘性关系。基于史学内在蕴含着的科学性与艺术性的两个维度，任何对于其中某一方面排他性的强调都无异于削足适履："无论将历史学界定为一门人文学科，还是一门社会科学，都将是对它部分特性的否定。……历史学是一门将两者结合在一起的学科，它所具有的无尽魅力和它所具有的复杂性恰恰归因于它超越了两者对立的事

---

①　我们对于自然亦可能产生某种准价值性的关注及审美感受，但这与我们对待人类的态度有本质的不同。"相看两不厌，唯有敬亭山"及"我见青山多妩媚，料青山见我亦如是"，都是人"爱屋及乌"式的拟人化移情。

②　屈维廉：《历史女神克里奥》，转引自何兆武主编《历史理论与史学理论》，第633页。

实。"①这就是我们特意拈出"学问"一词的原因。

第五节　史学何为

在关于史学是什么（何为史学）的理解中，史学有什么用（史学何为）也是一个值得一问的问题。不过，正所谓"问题的提出本身就已经暗示一个危机或者一种困境的存在"：人们从来不问鞋子、眼镜或者钱有什么用。我们不懂科学，但确切地知道科学有用。凡实用之用皆不成其为理论问题，而诸如史学何为这样的发问本质上带有质疑甚至鄙夷的意味，是一种反义疑问句的用法，对此的回应所取的其实是为史学辩护的态势。关于史学何为的申辩具有理论反思的性质，它不以史学功用的列举为能事，重要的是探讨此中涉及的一些理论性问题。

首先，质疑史学何用的人显然是以日常器物之用衡量史学。在常识性的实用理解中，物之所"是"在很大程度上是依其"用"而成立的，无用即废物。但是，用其实并不以习以为常的理解为限，实际上，实用意义上的用只具有第二性的手段或工具价值，恰恰未必有什么究竟之用，在超越日常实用的意义，那些看似无用之物的东西实际上自有其妙用或大用，理解这一点也许需要些老子式"无"的智慧（《水浒传》中军师智多星以"吴用"为名，即点此意）。

与此相联系，直接探讨史学何用的问题对于一般史学实践本身来说并无太多必要。正如没有人是在预先想清楚人生意义后进入人生的，史学家对自身学科的一般理解往往是在自身史学实践

---

① 约翰·托什：《史学导论》，第45页。

中逐步形成的。历史学家当然是相信自己所从事行当的正当价值的，但他的注意力主要放在专业上，而把史学的作用当作自明"必有用"的不予置疑。史学家的这种态度毋宁是健康合理的，过多追问有什么用折射出一种功利态度，它会影响史学实践的独立性及专业性，[①]在某种程度上，为其自身而投入某事是最纯正亦最专业的立场。"史学何为"本质上是理论性而非实践性问题，不过，实践家虽不必搞理论，但了解进而理解相关理论在深远的层次上对其专业实践倒不无助益。

其次，关于"……有什么用"的发问本质上是意义之问，我们关于日常事物习以为常的实用理解表明了其意义的自明和单一，但这显然并未穷尽意义的全部维度。史学意义的复杂性在于，作为精神文化性作品，一方面其意义链条较为间接、复杂，且不像日常器物的意义具有日常可知的经验直观性，另一方面，史学本身有不同的层次，因而呈现不同的意义。没有哪一种史学能集史学的全部意义于一身。

第一，关于史学功用的任何谈论都不能离开它作为一门学术的认知功能，问题是我们在什么意义上理解史学的认知功能。通常人们直接提及的往往是史学作为人类经验宝库所具有的"鉴往知来"的作用，这是任何大学历史系本科一年级新生当被问及所学学科意义时都会给出的标准回答。的确，人类个体的成长在很大程度上是与其所获得的正反两面的经验成正比的，仅仅从个体

[①] "如果只单纯强调致用的目的，而忽视为学术而学术的追求，其结果必然使学术的正常发展受到阻碍。"周振鹤：《历史学：在人文与科学之间？》，《复旦学报》2002 年第 5 期。

有限的经历中学习是不够的，还需要借鉴他人的经验，而当这样一种借鉴是以人类数千年的经历为对象，其意义是不言而喻的。正是基于史学作为"以事例进行的哲学教诲"（麦考莱语）^①考虑，史学被赋予"穷探治乱之迹，上助圣明之鉴"的功能，成为君主和官僚士大夫治国理政的教科书。古今中外史学家写下卷帙浩繁的"资治通鉴"，古往今来的政治人物与志士仁人亦从不同角度叩问历史，试图从中探寻国家民族兴衰成败的轨迹、治国安邦的智慧或"君人南面之术"、纵横捭阖的权谋。

一般地谈论历史"使人明智"是无可指责的，但从理论的严格性出发，对于历史经验的认识意义不宜过甚其词。前人经验借鉴作用的逻辑基础是古今的相似性乃至同一性，而这恰恰是非历史的。在严格重演（同一）的意义上，历史必定没有过去，仍然是当下现实。从认识上讲，"世事如棋局"，而打谱是长棋的重要手段，在特定情况下，前人的经验甚至成为某种"定式"，但是，即使是棋局这样一种依确定规则展开的单纯游戏也是"千古无同局"的，更何况历史长河中变动不居、一逝不返的现实史局？发生在历史上的成功或失败的事例是特定背景下大量复杂因素因缘契合的结果，在同类历史情境表面的相似性之下存在着且往往同时存在着种种不可再现的差异，在此，诚如古希腊哲人赫拉克利特所云，人不能两次踏入同一条河流。历史经验对于后人诚然具有启示作用，却不具有严格的指导作用。黑格尔曾经说："经验和历史所告诉我们的是，各民族和各政府并没有从历史中学

---

① 何兆武主编：《历史理论与史学理论——近现代西方史学著作选》，第260页。

到，也没有依据由历史中推演出来的法则行事。"①

总之，经验从性质上说就是不容"株守"的，在不可逆的时间背景下，经验往往是我们没有时无法传授，有了后却又必须面对新的境遇从而仍然没经验的辩证过程。这就好像我们好不容易在船舷上刻下了准确的记号，船却已经漂移到下一个地方去了，因而，我们付出艰辛代价得到的经验在实用意义上很少不是马后炮。人生如此，历史亦是这样。关于经验，当代解释学大师伽达默尔精辟地指出，它是"某种属于人类历史本质的东西"。真正意义上的经验总是具有全新"第一次"的性质，由于经验的不可重复性，我们很难照搬经验。真正的经验实质上乃是对"人类有限性"和"历史性"的经验，一个真正有经验的人的标志是他对新经验的开放态度。②指出历史经验在认识上意义的有限性并不是要否认其教益，只是认为我们对其作用不可持过分坐实的观点。面对人类宝贵的历史经验，就像面对珍贵的历史文物，我们与其用功利或工匠技艺性的目光打量它，不如以文化和历史的眼光看待它。值得一提的倒是，经验超越理论，人类在漫长时空中展示的多样经验，是我们通过任何其他理论途径都无法逻辑地推知或确认的。史学在民族、文化层次上通过不同生活实践向我们展示的乃是人类不同的存在可能性，这是坦率地说，要是没有欧洲人近代以来在政治、经济领域的成功的历史实践，人权、民主及市场经济体制对于我们来说是难以想象的。和生物多样性一

---

① *The Concise Oxford Dictionary of Quotations*, second edition, "G. W. F. Hegel" item, Oxford University Press, 1981, p. 116.

② 伽达默尔：《真理与方法》上卷，第 457、459 页。

样，不同文化圈及不同民族的历史实践对于人类新的生活创造是极为难得的不可再生性精神资源，[①]如果说对人类来说存在着所谓智慧的源泉的话，其必定在包括历史的人文领域中而不在精致的科技王国里。只有在这样的高度上，我们对于历史的精神价值才算有一个与之相称的评价。

史学不以具体实用的科学性知识见长，它在人类理智中的作用更重要的毋宁是作为一种思想意识及思维方式方面潜移默化的影响，这集中体现为非形而上学的"历史主义"意识和超越日常生活狭隘和势利眼界的"历史感"。

所谓"历史主义"（Historicism 或 Historism）在此指的是这样一种观念，[②]世界上并不存在时间和历史之外永恒不变的东西，事物的本质存在于其历史中。在认识论上，它主张对于人类事务的恰当理解必定是历史性的，一切事物的真理、意义与价值需在其具体历史起源及发展中去寻找。正如一位当代美国学者（David D. Roberts）给他研究后形而上学观念的书所起的书名：《只有历史》（*Nothing but History*）。在此，历史流变的视野所解构的是西方传统关于超时空绝对真理的形而上学观念。按安柯斯密特的说法，历史主义乃是史学所能够向学术界输出的极少

---

① 20 世纪 80 年代初笔者遇到的一位美国商人比尔说的话令我至今无法忘怀。当被问及中国有什么令美国人羡慕的时候，"历史"一词脱口而出，"我们今天所有的一切你们将来都有可能有，但我们永远没法拥有你们那样的悠久历史"。

② "众所周知，'历史主义'一词在过去两个世纪里往往在令人困惑甚至截然相反的意义上被使用。""Historicism" in Harry Ritter ed., *Dictionary of Concepts in History*, Greenwood Press, 1986, pp. 183-188.

数本土思想观念之一。

"历史感"是某种在超越当下的时空尺度上、在历史上下文的透视关系中获得的某种鸟瞰性的（Bird's 或 God's eye）视野，在此，"历史作为此在存在（时间性）的展现，并不是事件的堆积，也不是故事的汇编，而是一个视界"①。唐代诗人陈子昂"登幽州台"名句思想意蕴所在，正是由"古人""来者"烘托出来的深切历史感。历史感在认知意义上表现为关于事物的整体感及高屋建瓴的大局观，在关于世界的宏观理解的意义上，"远见"亦即"卓识"。在此基础上，历史感同时还与人的精神境界有内在的关系。就个体存在而言，阅读历史有助于我们超越当下日常生活的狭隘眼界，从而形成关于人生及其意义更健全的存在领悟。培根尝言"读史使人明智"，引申言之，读史同时可以使人"明义"。义与利除通常所理解的人我公私之别外，很重要的一点，就是当下与远大之辨。利欲本质上总是当下和"见小"的，而义则天然是远大的（所谓"千秋大义"）。尤其对于历史人物来说，历史感与其道义担当及境界高下有直接的关系，它可能让人超越党派、身家之私，表现出崇高的历史责任感，反之，则不论以何种欺世盗名的名义，均不出鼠营狗盗之列。诚如苏格拉底所说，"知识即是德性"。与此形成鲜明对照的是，"刘项原来不读书"。应该指出的是，就政治家的历史责任感而论，"狂"不如"狷"。就前者而言，历史感也可能表现为"千古一帝"之类的狂妄，我们在 20 世纪诸多政治强人身上都能看到这种"狂者进取"的形象，相较这种"大有为"的历史野心，倒是那些"有所

---

① 黄裕生：《时间与永恒——论海德格尔哲学中的时间问题》，第 116 页。

不为"的狷者是真正具有历史责任感的人。如果说知道大饥荒这样的事情在历史上是要留骂名的人至少在这一点上不失为天良未泯，那些在邪恶面前即便"零落成泥"仍守义如磐的志士仁人，则为中华民族树立不朽历史典范，必将彪炳千秋，万世景仰。

另外，作为人类关于世界的常识性理解的代表，与科学及哲学所代表的关于世界的理论化抽象理解不同，史学在人类文化系统中具有奠基性的世界观功能。

世界观即人对自身及外部世界的宏观总体性观念，历史观乃世界观基本和十分重要的组成部分。我们关于世界的根本理解构成一切具体认知活动的思想前提，当海德格尔指出理解是此在的基本存在方式时，这里所谓理解不是一般知识意义上的，而正是基本世界观层面上的。世界观本身未必是某种彻底理性论证的产物，但却构成以科学为代表的各种具体认识活动的基础性视野。近代自康德哲学以来，关于人类认识的主体性意识结构或意向性构造（胡塞尔）的研究成为哲学长期关注的中心，但其重点基本上局限于科学理性的层面，尚未触及在其之下更基本的日常经验及其叙述。与科学相比，叙事在话语形态上显得粗糙和不精确，但却具有科学所不具备的整全性特征，并且，从语言游戏的角度看，以概念分析、逻辑论证乃至定量计算为特征的认知性话语诚然有着为日常语言所不具有的严格性与精确性，但作为高度抽象性的语言游戏的产物，科学事实上是远离且愈益远离生活世界的，反之，包括史学在内的日常叙事话语看似不那么科学严格，但恰恰是它与人类生活世界经验处在同一层次上，构成人类基础性经验话语。

世界观从本体论上看是人在世界中存在体验的折射，但人作为文化和语言的动物，其生存体验总是在一定话语形式中结晶、赋形，以一定的语言游戏表达出来的。在基督教背景下，圣经故事赋予西方人世界观以神圣的维度，而在中华文明中，诸如"自从盘古开天地，三皇五帝到于今"与"雪山草地"之类的历史叙事织成我们的基础视域。在此，我们的历史观也并不完全是由专业历史著作构造的，民间口述性及文学想象性的历史话语在其中扮演了重要的角色。在远古年代，篝火旁、纺车边代代相传的神话、传奇、"讲古"、"演义"等为人们勾勒出人类历史的基本轮廓。在科学昌明的现代，普通人乃至科学家对专业之外的科学理论并没有也不可能都有深入的理解和认识，在一般社会意识层面上，包括科学理论在内的学术话语往往作为诸如"牛顿苹果"或"从猿到人"之类的故事进入人的视野，成为我们世界观画卷的组成部分。在某个具体、狭隘的领域内存在着所谓的专家，但在一般意义上，所有人其实都是普通人，世界观而非专业知识构成人存在的基本精神维度，而专业认识则最终是以特定世界观为基础、在此平台上进一步展开的，由此可见历史之大用。

第二，与"鉴往知来"平行的是史学历来被赋予"彰善瘅恶""扬清击浊"的道德功能。依古希腊历史学家塔西佗的说法，"历史之最高职能在赏善惩恶，不要让任何一项嘉言懿行湮没不彰，而把千秋万世的唾骂，悬为对奸言逆行的一种惩戒"，[①]所谓"钉在历史的耻辱柱上"。我国唐代重要史家刘知几说："史之为务，申以劝诫，树之风声；其有贼臣逆子，淫君乱主，苟直

---

① 转引自严建强、王渊明：《从思辨到分析与批判的西方历史哲学》，浙江人民出版社1997年版，第232页。

书其事，不掩其瑕，则秽迹彰于一朝，恶名被于千载。"①"权力是当权者的语言，语言是无权者的权力"，从语言上说，关于历代人物及事情的道德评价是历史话语的语用学实践，它在政治层面上表现为语言与政治权力软硬、强弱与久暂之间的博弈关系。

史学的道德功能与其所涉及领域如政治、经济、文化中的人和事本身内在的道德性直接相关，因而有其内在的合理性。在此，史学中道德评价的独特性在于，它涉及的是社会公共领域的道义问题，如自由、正义、平等的考虑，而不以历史人物的私德为虑。在社会生活中，公德与私德是相对独立的，常常会有这样的情况，恐怖分子与慈父并行不悖，花花公子与贤明政治可以一身二任（如克林顿者），"家齐"与"国治"之间未必如古人所以为的有什么内在逻辑联系。因此，在历史的道义天平上，最终有意义的砝码是社会政治性的善而非人格的善。

通常道德评价的作用是通过舆论压力影响人的行为，可是，关于历史人物及其公共行为的道义判断对当事人来说是马后炮。在此，史家道德评判的思想逻辑是"以古讽今"或"谏今"，所谓"往者不可谏，来者犹可追"。

对于道德评判在史学中的地位、作用及可能的弊端我们应有清醒的认识。道德判断首先应以客观事实为依据，而且，事实的确立与解释（认识）而非道德裁判（伦理）方为史学的第一要务，后者必要但并非是最重要的。在某种意义上，是非分明则善恶自见，道德评判倒未必需要处处刻意为之；其次，对于历史褒贬在

①刘知几：《史通·直书》，第92页，转引自汪荣祖：《史传通说》，第17页。

道德上所能发挥的作用不可高估。早就有人指出，"要拿历史来使乱臣贼惧，这无异于对贼讲《孝经》，直是做梦。见了一个字的褒贬就生畏惧，这样的好人也不会做乱臣贼子。孔子的《春秋》出来之后，乱世贼子当真'惧'了吗？"[1]同样应该指出的是，也许有人如不惧道德评价，但人心得失还是在的。其三，史家须警惕因"后见之明"或身居"判官"地位极易产生的认知和道德优越感，下笔注意分寸与轻重，无枉无纵，以免厚诬古人，失其公正。

第三，由于传统史学往往是以马克思所谓上层建筑为核心展开的，它天然具有政治意识形态的功能，成为政治斗争的武器或思想工具。这涉及福柯所津津乐道的话语的权力效用。在前现代背景下，执行为某种政权统治合法性辩护功能的一方面是神学或准神学话语，另一方面则往往是历史话语。而自启蒙运动宗教失去权威的情况下，历史起而代之，替代宗教扮演同样的意识形态功能。[2]正如福柯所指出，史学话语长期以来实际承担为权力"加冕"的"仪式"功能；它以过去的伟大业绩和伟大人物"担保"今天的价值；以权力之"权利的古老"表明君主"从无间断"的权利。此外，则是以"神意""天意"或"历史潮流或法则"等名义给出的"奉天承运"式说词，以代表某某的名义为可能的"党同伐异"之理论铺垫。其实，权力获得的历史事实根本不足以成为统治正当性的根据，在这种"马上江山"论调背后的是"成王

---

① 齐思和：《论史学之价值》，见蒋大椿主编：《史学探渊》，第 620 页。

② Ágnes Heller, *A Theory of History*, p. 45.

败寇"的血腥角力，所谓"战争实际上是历史话语真理的子宫"。[①]
而托命于超人历史意志与"神灵附体"的巫术本质上如出一辙。事实上，任何一个政权事实上唯一地以历史为自身合法性辩护恰恰表明了其正当性的当下不在场。

事实上，历史的权力话语必然导致历史真相的歪曲或抹煞，这与以历史为权力正面辩护正好构成相辅相成的两个方面，英国作家乔治·奥威尔在他写于1948年的政治寓言体小说《一九八四》中对于专制政权本质的天才揭示中至关重要的一个部分，就是所谓的英社党系统而持续地篡改历史的做法。在小说主人公所任职的"真理部"里，"一切都消失在迷雾之中了。过去给抹掉了，而抹掉本身又被遗忘了，谎言便变成了真话……由真理部负责的这种日常窜改伪造过去的工作，就像友爱部负责的镇压和侦察工作一样，对维持政权的稳定乃属必不可少的"[②]。而这样做的目的，一是愚弄人民，"但是窜改过去，还有一个重要得多的原因，需要保卫党的一贯正确性"。[③]对不利于自己的历史事实，极权主义往往通过"有组织的忘却"剥夺人民的历史记忆。事实上，这种情况仅在捷克的历史上就发生过两次，1618年以后和1948年以后。"当国家机器被系统地用来剥夺其公民的记忆时……便是他们受精神奴役之始"。"在极权统治下，可怕的不仅在于侵犯人的尊严，而且还在于这样的恐惧：可能再也不会

① 福柯：《必须保卫社会》，钱翰译，上海人民出版社1999年版，第60—61、155页。

② 奥威尔：《一九八四》，董乐山译，辽宁教育出版社2001年版，第65页。

③ 奥威尔：《一九八四》，第189页。

有人真实地见证过去。"①在这一意义上,历史的清算(朝后看)是
迈向未来(向前看)的必要条件。

当然,话语乃是一把双刃剑,统治者可以以之执行意识形态
功能,作为其反面与平衡,被压迫者亦可以用它作为反抗的武
器。官修史书与民间稗史、正史与野史之间争夺历史话语霸权的
斗争有史以来从未真正停息。"市民反对国家权力的斗争,是他
们的记忆反抗强迫性忘记的斗争。他们一开始就制定了目标,不
仅要拯救他们自己,还要活下来为后代做见证人,……他们站在
对立面写历史……保存了其声音本来可能会被忘记的那些社会
群体的记忆。"②

第四,正如个体生命历程中的经历构成自我记忆,社会水平
上关于人类或族群既往史实的记载则成为我们集体性的类记
忆,在此,认识历史如柯林武德所说"乃是为了获得自我-认
识"。③米什莱认为,历史学家应该是"已故者的财产管理人","历
史的正义让生活在不同时代的人发生联系……他们现在同我们
生活在一起,我们自视为他们的亲友。一个家庭正是这样建立
的,一个生者和死者共享的城市正是这样建立的"。④从狄尔泰开
始许多学人都认识到,对于人类这样一种历史性的存在,我们是
什么即人的本质唯有历史才能告诉我们。存在主义者萨特关于人
的著名命题是"存在先于本质",作为自为的存在,人的本质是

---

① 保罗·康纳顿:《社会如何记忆》,第10—11页。

② 保罗·康纳顿:《社会如何记忆》,第11页。

③ 柯林武德:《历史的观念(增补版)》,第357页。

④ 米什莱:《19世纪史》第二卷《督政府》,"前言",第2页。转引自
罗兰·巴尔特:《米什莱》,第98—99页。

由其选择决定的,而人类的一切选择本质上均是在历史中和历史性的,因此,人的本质是历史地获得的。基于这一点,我们完全有理由接着萨特的命题说,"本质在于历史"。在表面浅层次上,记忆是经验积累的要素,承担避免前车之覆的实际功能。而从根本上说,记忆乃人类自我意识及自我认同形成与确立的前提,对于个体存在者来说,失忆使"我是谁"成为难以回答的问题,其生活由此支离破碎。正如通过精神分析学我们所了解到的那样,个体由于某种无法直面的经历而导致的自我叙述的缺损可以导致严重的身心疾患,而精神分析的工作则是通过让被打入潜意识中的记忆重新进入叙事层面达到治疗的目的。

在超个体的人类层面上,失忆或记忆残缺的后果同样不可设想。中国人的民族认同与华夏五千年的历史记忆是绝对分不开的,"大抵追远合群二义,史因之而发轫者也"[1]。所谓"慎终追远""怀其旧俗"。例如"振兴中华"这样的民族意志事实上就与我们对民族既往历史的特定记忆直接相关,在像美国这样一个缺乏深厚历史的国度中,是断然不会产生出这样的念想的。

最后但也许更重要的是,作为时间中的故事,历史感提供了人类抗击时间和超越有限的形上可能性。海德格尔关于此在的生存论哲学分析揭示了"烦忙"于当下现成在手事物与秉持"向死而在""良知"二者之间的本质区别,就在于不同时间观及历史厚重感的有无,此所以他以"存在与时间"命名其书的根本理由。存在主义者卡尔·雅斯贝尔斯说:"为什么要研究历史呢? 因为人生是有涯的,不完全的,同时也不可能是完全的,所以他就

---

[1] 《姚永朴文史讲义》,凤凰出版社2008年版,第147页。

必须通过时代的变迁才能领悟到永恒,这也是他达到永恒的唯一
途径。"①人在世的时间是极其有限的,作为一种"有",人终将
在时间中一逝不返地"没有",这样一种无根性(昆德拉所谓"生
命中不可承受之轻")使得存在的意义对于人类来说成为问题,因
此,人类的心灵深处存在着"突破时间壁垒与有限性的内在愿
望"。②根据阿伦特《历史的概念》一文中的研究,"历史"观念
在西方世界的源头之一古希腊社会中一开始就是作为和"自
然"并列的范畴,后者对希腊人来说是永恒不朽的存在,由于动
物只是作为类而存在的,因此,在种群中亦是不朽的,人是地球
上唯一有朽(mortal being)的存在。历史就是古希腊人认为可以
令人类个体获得比肩自然的无限存在的精神寄托。③并且,在《历
史的概念》一文中,宗教在很大程度上正是试图为人指出超越有
限宿命并具有圆满存在意义的"天路"。在现世与来生"两个世
界"的背景下,在神的眷顾下人类渴望永恒的灵魂得以安顿。然
而,宗教所提供的外在超越并非存在意义的唯一解决方式,④在
非宗教的"一个世界"背景下,进入历史是人类超越自身有限性
的现世方式。个体固然是有穷的,但人类的历史传承则永无穷

① 卡尔·雅斯贝尔斯:《论历史的起源与目的》,转引自张文杰等编
译:《现代西方历史哲学译文集》,第42页。

② Arthur Marwick, *The Nature of History*, third edition, Lyceum Books,
Inc., 1989, p. 16.

③ Hannah Arendt, *Between Past and Future*, p. 42.

④ 宗教信念固有的神秘性导致接受上的困难,对于具有"未知生,焉知
死"现实感的民族来说,"敬鬼神而远之"成为合理的选择。而在现代科学发
展的背景下,"上帝之死"亦显示出某种必然性。

尽，从而成为有穷之人对无穷存在意义的追求的安身立命之所在。从历史上看，古埃及时代人们最初历史意识萌动的背后就是这样的形上冲动，"说死者之名就是使之再生"，[①]我国传统所谓"立功、立德、立言"的"三不朽"则是这样一种超越追求的更高形态。不朽的最终方式就是进入历史记忆，所谓"青史留名"："人生自古谁无死，留取丹心照汗青"。我国传统史学自司马迁《史记》开始就有了人物传记，这与西方史学相比是一个突出的特征。

当然，"凌烟阁"或"先贤祠"中所能容纳的毕竟只能是极少数杰出个体，活在家族乃至后代的记忆中则是芸芸众生的普世超越方式，在生物学的层面上和文化层面上，子子孙孙、宗祠、族谱则提供了这样的可能性，而这些在本质上都可以说是一种历史方式。值得注意的是，在人类古老文明中，古希腊与古印度这两大深具宗教情怀的文明中历史感是相当薄弱的，而具有深厚历史意识和史学传统的中华文明则恰恰缺乏宗教情怀，这恐怕未必是偶然的巧合。在人类终极关怀的视域中，它表明了人类各大文明在超越方式上的不同取向。当然，宗教与历史两种超越方式分别以人间—天堂的"两个世界"和世俗的"一个世界"为背景，并且，历史超越与宗教超越比起来更多表现为某种象征性意义而非实质性的，但是，在另一方面，前者又是更为确定的，而后者至少对无神论者来说多少显得虚无飘渺。

对于时间中有限存在的人类来说，浩渺的时间往往激起人心中思古之幽情，与此相关，空间上的遥远亦成为表达同样情感的

---

① Herbert Butterfield, *The Origins of History*, Eyre Methuern Ltd., 1981, p. 48.

象征。[①]"远"应该成为美学与哲学人类学中一个重要的范畴。德国哲人兼历史思想家赫尔德感叹道:"时间距离是多么强烈地作用于我呵!有什么东西比时间距离更多地触动我呢?因而我热爱古迹的阴影和遥远的过去。"[②]有人将历史在人心中引起的情怀与宁静的周日清晨远处教堂钟声在心中激起的情感相联系,钟声所喻示的亦是一种"远意"。荷兰历史学家瑞尼尔(Gustav Renier)指出,我们关于过去的情感几近秋日里的内心感受。是时,空气中弥漫着柴烟,一股奇特、无端的乡愁充满身心。[③]的确,有什么比"乡愁"更准确地刻画我们在时间中的惆怅和对历史的诗情。如果说,乡愁是空间性的思念,史思则是时间性的乡愁;旅游对陌生空间的探访是对人生庸常有限性的一种超越方式,作为时间中的旅游,历史则是这一超越更为深刻的文化方式。正是在人生短促、有限的背景下,悠悠时空才如此牵动人的情怀。在源始的意义上,恰恰是关于历史的这种情怀成为人类历史意识萌发最深刻的根源。

以上我们择其要者概述了史学的作用。史学与历史有时难以截然二分,因此,关于《历史对于人生的利弊》,我们有必要听听尼采的意见。尼采这本篇幅不大的小书侧重从价值层面考察历史及其意识的正负影响。他认为,历史的正面价值在"服务人

---

① 最典型的是王洛宾所作《在那遥远的地方》意味深长的开头:在那遥远的地方,有位好姑娘。为什么"好姑娘"偏偏"在那遥远的地方"?如果不是由于它所带给人的某种人生返想,单从情理上说是说不通的。

② 菲利普·巴格比:《文化:历史的投影》,夏克等译,上海人民出版社1987年版,第17页。

③ Arthur Marwick, *The Nature of History*, p. 16.

生"，"它属于行动者与努力奋斗者，属于保存者与尊敬者，属于受难者与需要解放者"，是为"纪念的""好古的"与"批判的"历史。[1]但他同时强调，历史同样也可能成为人生的负担，会产生比如"旧的拖住新的，死的拖住活的"的现象。他在书中甚至还提到我们，说"谁先学会了在'历史的威力'面前折腰与低头，谁最后就像中国人机械似地向每个威力都点头称'是'"。[2]他借用歌德《少年维特之烦恼》的题记发出呼唤："好好地作一个男子，不要步我的后尘！"因此，他主张，"反刍、历史的意识，都有一个度数，一到这个度数，凡生者就要走向损害之前途，最后归诸沦亡，不管这生者是一个人，或是一个民族，一种文化"[3]。尼采的这些话，显示出他眼界的开阔与思想的洞明。

综上所述，我们在本章中实际上讨论了史学之所是与其之为用两个问题。依照实用主义的观点，一物之"用"即为其所"是"的规定性，所谓"有用即真理"，真实的信念就是导致实践成功即在实践中证明其效用的观念。在一定程度上，以"用"求"是"有其深刻性与明快性。分析表明，凡工具性的事物，其"是"即在于其"用"，如"锄头""榔头"或"斧头"，同样的一根木棍，它可以是"拐杖""打狗棍"乃至"哨棒"，后者更明显提示了是与用间的直接关系。然而，所谓工具性事物其实是由人的工具性需求和视野所决定的。工具性的实质是动物性的生存视野，而人之为人就在于超越单纯生存境地进入存在层面的潜能或可能性，此

---

① 尼采：《历史对于人生的利弊》，姚可昆译，商务印书馆 2000 年版，第11页。

② 尼采：《历史对于人生的利弊》，第55页。

③ 尼采：《历史对于人生的利弊》，第5页。

即由"器用"层面至"道"的飞跃。在超工具的视野中，"是"与"用"、"真理"与"效用"是可以分离的，一物之所是虽亦在与他物的相互映照关系中成立，但却是可以独立于其对他物或他事的"效用"定义的，是独立于"为他"的"自为"存在，我们生活世界中的一类事物如包括史学在内的"学术"——其反面则为道术——恰恰就是具有上述特征的存在物。

逻辑上是之独立于用与凡是（存在）必有其用[1]的事实没有矛盾，但史学在不同层次上发挥着何等作用是一回事，其是即其意义是否系其可能效用则是另一回事。孔子曰"朝闻道，夕死可矣"，此中渗透着求是甚于求用的精神。章太炎曾说："学以求真，不在致用"，竺可桢说科学精神就是"只问是非，不计利害"，皆为明理之言。学术研究不但首先，而且在根本上就是求真、求是之事，其结果可以相信终当有用，在现实研究工作中以用为参照求其是亦不失为某种可能的研究路径，但却绝不是唯一可行的路径，甚至可以说不是一种纯粹的学术进路。对于非实用性的学术研究来说，学者的使命是纯学术的而非实践的。因此，对史学效用的探讨与史学自身价值和意义是应该加以严格区分的两件事，极端地说，史学可以一无所用却未必一无是处。

推荐阅读书目

◇　约翰·托什：《史学导论》，吴英译，北京大学出版社2007年版。托什学养丰富，在许多问题的论述上可以看出有他自己的思考和见解。

◇　柯林武德：《历史的观念（增补版）》，何兆武、张文杰、陈新译，北京大学出版社2010年版。名副其实的名著，对现当代西方历史哲学有深远

---

① 李白诗"天生我材必有用"可以认为是天生之物必有用的局部表达。

的影响。

◇ 阿瑟·丹图:《叙述与认识》, 周建漳译, 上海译文出版社 2007 年版。其第三到六章逐一探讨、反驳了"关于历史认识的三种可能反对意见"。

◇ E. H. 卡尔:《历史是什么》, 吴柱存译, 商务印书馆 1981 年版。由一线历史学家所写的关于史学理论影响很大的小书。

◇ 安柯斯密特:《崇高的历史经验》, 杨军译, 东方出版中心 2011 年版,"导论: 历史和哲学中的经验"; 第二章"从语言到经验"。

第四章　历史主义：历史之为
思维方式与价值取向

　　"历史主义"是一个有名的含义复杂甚至被认为是不可界定的概念，但是，不论其包含多少不同乃至相互冲突的含义，如其名所示，它是与历史研究直接相关、由史学中产生出来的一种思想信念是毫无疑义的。作为史学学科几乎仅有的理论性思想产物，它在史学之外的广泛领域产生了重要的辐射效应。在本书中，我们将聚焦历史主义之为思维方式或思想方法的层面，在梳理其核心观念的基础上对其所包含的正负理论价值加以分析和评判。

第一节　"历史主义"的由来与基本内涵

　　"历史主义"（Historicism 或 Historism）一词来自德文（Historismus），事实上它主要也是一种欧陆（尤其是德国和意大利）思想传统，在美国，1950 年代的任何一本标准词典中均未收录此词。英国哲学家波普尔在其 1930 年代的《历史主义的贫困》一书中赋予此词与所有通行用法大相径庭的"历史决定论"涵义。历史主义思潮在 18 世纪前后兴起的历史背景，是在启蒙运动所代表的理性主义及其在学术上的表现科学主义时代潮流下浪漫主义及人文主义立场的产物。根据伊格尔斯（Georg G. Iggers）的研究，"最早提到'历史主义'的地方是弗里德里希·施莱格尔在 1797 年随意记录的一些有关语言学的零碎的笔记中。那里该词已经有了后来的意思……施莱格尔要求大家提防一种'理论的但非历史的态度'"。[①]一般认为，卡尔·维尔纳（Karl Werner）1879 年在关于维柯的论著中首次使用了这个术语，意指维氏的这样一种观点：人类思想不能认识任何历史之外的实在。[②]1880年代，当这个词在奥地利经济学家门格尔（Carl Menger）的笔下，它是作为贬义用法，旨在指责德国经济学"历史学派"政治经济学家试图将经济法则依附于经济史的观点。20 世纪初这一术语还出现在德国新教神学家的著作中，用以谴责将基督教义降格为历史事实的思想。总体上说，历史主义是 18 世纪德国思想的产物，"它是德国人对于启蒙运动的某些思想模式，尤其是自然法学说的反动"。[③]据此，大致可以把它的诞生期确定为 18世纪。

　　直到紧接着第一次世界大战结束的时期，"历史主义"才获得广泛的使用。大战的影响及其德国失败的后果促使德国知识分

---

　　① 格奥尔格·G. 伊格尔斯：《历史主义的由来及其含义》，王晴佳译，《史学理论研究》1998 年第 1 期，第 71 页。

　　② 卡洛·安东尼：《历史主义》，黄艳红译，格致出版社 2010 年版，第2 页。

　　③ 格奥尔格·G. 伊格尔斯：《德国的历史观》，彭刚、顾杭译，译林出版社 2006 年版，第 36 页。

子重新评价既往历史与政治传统，正是在这一背景下，特勒尔奇
(Ernst Troeltsch) 在《历史主义及其问题》(1922) 中试图审视历
史主义的起源，估量其优点与局限。历史主义兴趣的另一更为广
阔的思想背景，则是对近代启蒙运动以来理性主义及科学主义思
潮的反拨。在德国之外，历史主义最重要的思想家之一当数意大
利的克罗齐。他最终接受了"绝对历史主义"作为其历史观的旗
号。作为一个黑格尔式的唯心主义者，他认为没有任何人类存在
领域外在于精神，而精神又展现在历史中。在"历史主义"的概
念史上，除特勒尔奇的《历史主义及其问题》之外，梅尼克
(Friedrich Meinecke)《历史主义的兴起》(1936)、安东尼（Carlo
Antoni)《历史主义》(1963) 及伊格尔斯的《德国的历史观》(1968)
分别是具有代表性的主要论著。在梅尼克的视野下，历史主义与
兰克以来德国史学及其专业研究模式紧密联系在一起。至于后两
本著作，基本上是以历史主义为对象的研究性著作，值得一提的
是，他们不但在对历史主义内涵侧重点的强调上与梅尼克不
同，对梅氏历史主义观及其在对德国现代史尤其是二战评价上的
影响亦持批评态度。

　　有必要强调的是，历史主义作为一种思想态度或理论立
场，其涵盖面显然不限于明确采用了这一术语或者说打出历史主
义理论旗号的人，在这一意义上，历史主义者的光谱涵盖 19 到
20 世纪欧陆德、意、英、法诸多重要的史学家和人文学者，在较为
严格的意义上，至少维柯、黑格尔、狄尔泰、洪堡、兰克、赫尔德 (J.
G. von Herder)、德罗依曾、文德尔班、李凯尔特、克罗齐、柯林武
德、曼海姆 (Mannheim) 均可以被放在历史主义的视野中加以理

解，①在当代哲学中，至少像海德格尔及伽达默尔解释学深厚的
历史主义意涵是毋庸置疑的。

举凡一切人文基本概念于仿佛一目了然的字面意义背后均
包含多义乃至歧义纷陈的面相，"历史主义"于此可以说是有过
之而无不及。历史主义的复杂意涵除了与历史一词本身的多义性
有关，还涉及其被置于何种对应项的语境中。在与"自然"相对
应的意义上，历史主义首先生发出与人文主义相近的意思，就此
而言，"历史主义观念的核心是假设在自然现象和历史现象之间
存在根本差异，由此在社会和文化科学中需要一种与自然科学方
法完全不同的研究方法"。②这可以说是所有历史主义者的最大公
约数，在这一意义上，所有历史主义观点在广义上均属安东尼所
谓的"人文历史主义"。"自然"同样是多义概念，从古希腊开
始，"自然"与"人"就分别与"永恒"(immortal) 和"有朽"(mortal)
联系在一起，③因此，与静止重复的自然不同，历史主义概念在
特勒尔奇那里意味着"在历史发展的情境中看待所有知识与经验
形式的思想倾向"，在强调发展变化的同一思路上，曼海姆的历
史主义观念更像是某种"过程论"的世界观。④历史主义的另一
对立项，就是欧洲历史上自亚里士多德以来源远流长的"自然
法"传统。自然法观念源自斯多噶学派关于人类共同本性和宇宙
普遍理性的观念，其核心是主张法律、道德的根本是某种永恒不

① 卡洛·安东尼:《历史主义》。

② 格奥尔格·G. 伊格尔斯:《德国的历史观》，第 3 页。

③ Hannah Arendt, *Between Past and Future*, p. 42.

④"Historicism", in Donald M. Borchert (editor in chief), *Macmillam Ency-clopedia of Philosophy* (2nd edition), Thomson, 2006, pp. 390-391.

变的普遍法则,现实生活中的实体法或道德规范反映且应该服从于神圣的自然法。"与自然法哲学不同,赫尔德认为所有价值和认识都是历史的和个体的。""这种个体概念涉及一种价值和知识理论,而且至少对政治理论来说蕴涵着一些含义。它假设不存在普遍有效的价值,道德不能建立在理性的训诫或是有关共同人性的假设基础之上,所有的价值都来自于民族精神。"[①]这一观念在经历一战德国战败的梅尼克那里具有更急迫的德意志民族独特"个体性"腔调,他把历史主义定义为对人类事物及其演变过程不可化约的个体性意识,强调"历史现象——不论是个体或是像国家、宗教等文化体制——均是根据其自身的独特原则发展出来的,因而,不能按自然法概念去理解"[②]。在此,历史主义这个术语的明确含义"就是由德国思想所实现的与西方自然法传统的决裂"。[③]梅尼克视启蒙运动所呼唤的普遍理性的观念为"抽象、空洞和虚伪的观念",他认为,"摧毁这一观念是自宗教改革以来德国思想取得的第二个伟大的成就"。[④]但在安东尼看来,"否认人类普遍价值的存在,将这些价值定义为抽象的东西,讥讽它们是天真甚至虚伪之物,并以封闭的个体性价值取而代之,这个错误是悲剧性的"。[⑤]对此,伊格尔斯亦有同感。

　　如上所述,历史主义在不同层面上引申出繁复甚至不无冲突的内涵,不过,这并不影响我们给出关于历史主义的基本概念界

[①] 格奥尔格·G.伊格尔斯:《德国的历史观》,第41、42页。

[②] Harry Ritter, *Dictionary of Concepts in History*, "Historicism", p. 184.

[③] 卡洛·安东尼:《历史主义》,第4页。

[④] 卡洛·安东尼:《历史主义》,第6页。

[⑤] 卡洛·安东尼:《历史主义》,第7页。

定,虽然这一概念界定并不能完全涵盖更不用说消解关于历史主义的各种不同观点。按照曼德尔鲍姆为《麦克米兰哲学百科全书》所写的"历史主义"词目,"历史主义是这样一种信念,认为只有根据事物在特定发展过程中的位置和它在其中所起的作用,我们才能获得对任何事物本质的恰当理解及其价值的恰当估量"。①这一规定可以说表达了历史主义最基本的含义,即将事物放在一个历史性即时间性的框架内加以理解和把握的方法论主张,例如,人是什么只有历史才能告诉我们,"人没有本性,而只有历史"。②这种方法论主张隐含着关于人文社会历史现象的本体论前提,用萨特的话说,即"存在先于本质"的本体论观点。与此同时,它与自然主义的区别也就包含在其中了。

历史主义从维柯的时候开始就是作为对主流科学主义的反拨进入人们的视野的,作为一种发源且兴盛于欧陆的思潮,它在英美学界似乎始终未获得充分的正式关注,而后者今天俨然为学术重镇和主流,因此,有人认为,今日的情况是,"历史主义者在很大程度上不受重视……除了在'新历史主义'(它主要是一种文学源流)一词中,'历史主义'一词本身很少听到人提及"③。哲学家中海德格尔对历史性的关注是重要的例外,但由于其晦涩的风格且与纳粹沾边,其在英美学界的影响力亦大为式微。

历史主义在明面上看其基本意义与思想脉络大致如上,这也是相关百科全书或辞书"历史主义"词条的标准内容,就历史主

---

① "Historicism" in Donald M. Borchert (editor in chief), *Macmillam Encyclopedia of Philosophy* (2nd edition), p. 392.

② 格奥尔格·G. 伊格尔斯:《德国的历史观》,第 3 页。

③ Michael Stanford, *An Introduction to Philosophy of History*, p. 164.

义作为由史学出发并以史学为中心的理论思潮而言，这就是其所涵盖的基本内容。然而，在更广阔的视野下，这并不是事情的全部。当我们将诸如科学哲学中以库恩为代表的"科学史学派"及罗蒂等人反基础主义和本质主义的后形而上学观念纳入视野，当代英美哲学中一种虽无历史主义之名却有历史主义之实的宏观趋向呼之欲出。事实上，在大卫·卡尔为《麦克米兰哲学百科全书》撰写的"历史哲学"条目中，罗蒂等人的思想已然在"历史性、历史主义与哲学的历史化"的标题中被拈出。用历史主义的概念审视哲学中的非形而上学运动，相信可以为我们理解当代西方哲学提供一个有益的理论视角。以下，我们将依次在哲学、社会历史和文化层面上探讨历史主义在各自领域的表现、主张及其理论是非。

第二节　当代哲学中的历史主义倾向

由于自然语言在语词使用上的宽泛性，并非任何与历史二字沾边的观点都必然地是历史主义的，正如不以历史冠名或不从历史和史学入手的思想未必不包含历史主义的维度。就此而论，从维柯到新康德主义在均为人文历史学科张目的意义上说与历史关系密切，但究其实质，他们所主张的严格说来其实是反科学主义的人文主义而无特别[1]的历史主义含义。维柯主要强调的是人

---

[1] 当然，历史主义发展中本来也包含为历史作为一门学术正名的支派，即以兰克为代表的史学专业化思潮，不过，它毕竟非历史主义的正宗本义。尤其是其对史学或有一定意义，对我们这里集中关注的哲学则没有什么意义。

文历史学科认识主体与客体的一致性对于以异在客体为解释对象的自然科学的优越性，而文德尔班和李凯尔特则是从个别与普遍以及事实和价值的角度区分自然与人文学科，其论证是逻辑性或价值性的，却未必是历史性的。他们所提出的论证不具有将事情放在历史进程中加以理解的特定历史主义意味，只是由于人文与历史的关联，他们的观点顺便被冠以后者之名。相反，库恩在《科学革命的结构》中提出的关于科学发展中不同范式间非逻辑性、不可公度性的观点，则与历史主义异曲同工。罗蒂以反基础主义和反本质主义著称的后形而上学观点，其精神实质即历史主义的立场[1]，至于在德国哲学家海德格尔、伽达默尔和法国哲学家福柯、德里达（Derrida）那里，历史主义更是名副其实的理论存在。[2]从哲学的角度看，历史主义主要的意义在于，"按照历史主义的观点，事物的本质存在于其历史中。如果我们想要把握一个民族、一国人民、一个制度或者一种观念的本质，历史主义者

---

[1] 正如安柯斯密特《罗蒂与历史》(F. R. Ankersmit, "Rorty and History", *New Literal History*, Vol. 39, No. 1, Winter, 2008, pp. 79-100) 一文中所指出的，罗蒂对历史学家和历史哲学无甚兴趣，他和海登怀特20世纪90年代曾在斯坦福大学共事且为好友，但对这位当代著名历史理论家的观点从来未置一词。同样的情况亦发生在他对丹图历史哲学的关系上。然而，安柯斯密特认为，从《哲学和自然之镜》看，"'历史'在他的这本著作中有十分突出的表现"。其实，罗蒂本人在书中曾明确表示了"本书的精神是历史主义的"意思。（罗蒂：《哲学和自然之镜》，李幼蒸译，生活·读书·新知三联书店1987年版，第7页）

[2] David D. Roberts, *Nothing but History: Reconstruction and Extremity after Metaphysics*, University of California Press, 1995.

要求我们考虑它们的历史发展"①。在此，历史主义的核心是关于存在和认识历史性的理解，其对立面则是传统形而上学超时空的本质主义的世界观和逻辑主义的认识论观念。

在从古希腊开始的漫长形而上学传统中，关于世界从而认识的普遍必然性的本质主义和基础主义理解与追求始终是西方哲学与文化的主流，罗蒂说，我们在西方哲学传统中可以清楚看出"一种逃避历史的企图"。②因而，存在内在的历史性一直处于遮蔽之中。这种追求普遍必然真理的理论冲动在西方文化中最终导致了近代自然科学的诞生，而后者反过来又被非历史地抽象为哲学形而上学的理想模型。于是，在以经典宏观物理学为代表的严格自然科学及其哲学代言人如笛卡尔或维也纳学派那里，世界可以且事实上被假定为超时间的恒常存在，由此才可能有规律的普遍必然性品格。因而，除了计时量度之外，此类自然科学中时间性是不必要因而不存在的，历史性思维在此亦无用武之地。但是，正如伽达默尔所指出的那样，"自然科学的认识方式"其实只是认识的"一种变体"，③它只是在某一限度内才假定成立的，并非普适于一切事物和一切认识领域，经典自然科学在某一点上如混沌理论所示终将遭遇时间之矢（参看本书第二章第一节）。在哲学方面，波普尔的"证伪主义"科学观和库恩关于科学史视野下不同科学范式间不可公度的非逻辑断裂的反思已经粉碎了关于超时空一元普遍科学真理的想象。

---

① 安柯斯密特：《历史表现》，第 123 页。

② 罗蒂：《哲学与自然之镜》，李幼蒸译，生活·读书·新知三联书店 1987 年版，第 6 页。

③ 伽达默尔：《真理与方法》上卷，第 333 页。

依照美国学者罗伯茨（David D. Roberts）的论述，传统形而上学的同义词是超历史（suprahistory），它建立在对存在的确定性、超历史的基础或本质，起源与目的这一系列信念的基础上。[①]伽达默尔明确指出："历史意识就是形而上学的终结。"[②]在这一意义上，当代哲学遍及欧陆与英美的反形而上学思潮可以被理解为本体论上的历史主义转向。[③]在反基础主义和本质主义的"后形而上学"视野中，我们面对的是一个"除历史之外别无存在的世界"[④]，用布鲁克·汤姆斯（Brook Thomas）的话来说，伴随形而上学的终结，我们所面对的是一个"历史的偶然的世界"，在这个世界中，"我们认识的唯一方式只能是历史性的"。[⑤]如果说早期历史主义者维柯等曾坚持人是什么，只有历史能告诉我们，那么，对自海德格尔以降的反形而上学和后现代的哲学家罗蒂、福柯来说，全部存在和真理的问题统统需在一个历史性的视野内获得理解和解答。

[①] David D. Roberts, *Nothing but History: Reconstruction and Extremity after Metaphysics*, p. 6.

[②] 伽达默尔：《当今德国哲学中的历史问题》，《真理与方法（诠释学Ⅱ）》，洪汉鼎译，商务印书馆 2007 年版，第 37 页。

[③] "对尼采、克罗齐及海德格尔来说……形而上学或先验性的崩溃在第一时间意味着世界或实在本身的历史化。"David D. Roberts, *Nothing but History: Reconstruction and Extremity after Metaphysics*, p. 16.

[④] David D. Roberts, *Nothing but History: Reconstruction and Extremity after Metaphysics*, p. 274.

[⑤] Brook Thomas, *The New Historicism and Other Old-Fashioned Topics*, Princeton University Press, 1991, pp. 215-216. See in David D. Roberts, *Nothing but History: Reconstruction and Extremity after Metaphysics*, p. 8.

当代哲学中历史主义世界观的形成是一个殊途同归的现象，对于海德格尔来说，他是从"此在"（人类）作为在时间上有限（mortal）的"能在"其生存意义的思考中契入存在的时间性和历史性视域的，由此扩展开去，如伽达默尔所概括，"凡称为存在的东西，应当由时间境域来规定。所以，时间性的结构显现为主体性的本体论规定"，"这样一来……形而上学（这是由作为在场者的存在所占据）的全部问题境域，就被毁于一旦"。①依照由海德格尔到伽达默尔一脉相承的本体论思考，历史性的世界是在时间中生成着的，因而是非先在固定和非永恒的过程性存在，它不具有先验从而普遍的本质，这样的一种存在倒很像佛教所说的"缘起性空，成坏住灭"的偶成世界，依赫拉克利特所说的，则为"不能两度涉足"的河流，在此，河流的"可一不可再"显然不是在空间而是在时间即演变的意义上说的。存在的时间性在更深刻的意义上是由于我们对世界的参与性，每一代的人即已"存在"于历史的已然的世界中即传统中，同时又在对传统与当下的"理解"中形塑新传统，在伽达默尔所谓"效果历史"的过程中，时间、历史与此在同时"绽出"。

在画卷的另一边，历史主义是作为反本质主义和反基础主义出现的，后者以由古希腊时期的"逻格斯""理念"到近代启蒙时代的"理性"为基本信条，相信人类精神的进步尽管历程曲折，但最终步步为营地趋近那客观永恒真理。这种观念在黑格尔以"逻辑与历史统一"为特征的绝对精神体系中登峰造极，是我们理解传统形而上学的典型样本。其实，从康德开始，认识的主体性实

---

① 伽达默尔：《真理与方法》上卷，第330—331页。

即人性因素已经露出端倪，但这最终还是被关于"普遍必然性"认识的追求所压倒。黑格尔哲学的"逻辑学"从一开始就是建立在作为人类意识史的"精神现象学"的基础上的，但作为也许是西方最后一位著名的形而上学哲学家，黑格尔哲学的"历史感"最终只是为绝对精神的"逻辑展开"铺路，其《逻辑学》的终点已然蕴含在起点中，因此，绝对精神（真理）虽然"在时间中"走一个"程序"，但不断并最终实现只不过是时间问题（matter of time），却并不具有内在的时间性（time is not the matter）。时间中的人与超时间真理的相遇带出了形而上学的"本体论隐含"，绝对精神实质上是上帝的隐喻，正如基督教将人类命运寄托在在人类身上"做工"的上帝，基础主义认识论自身的"基础"是建立在人类理性与客观理性（理念、自然法等）的神秘契合上。

反本质主义和反基础主义不承认人的认识有超人类、超时间的客观保证，在塞拉斯看来，以为人类作为认识者通过外来经验刺激而建立与客观实在的联系从而为客观真理提供基础的观点乃是站不住脚的"所与神话"，奎因关于认识的"整体论"观点否定认识可以通过"还原"到观察命题的基础上获得一一对应的可靠性保证，亦切断了认识在语言和历史之外的绝对根基。这和法国哲学家德里达关于语言从来就不是共时态的自足系统，语言的意义在"能指"中不断"延异"的解构主义观点存在明显的思想共鸣。普特南（H. Putnam）主张"具有人的面孔的实在论"，认为"在我们辩护的概念中，根本没有'基础'这种东西存在"。[1]

---

[1] 普特南：《理性、真理与历史》，童世骏、李光程译，上海译文出版社1997年版，第227页。转引自陈亚军：《从分析哲学走向实用主义》，东方出

这些美国哲学家的思想或隐或显地受到实用主义传统的影响，后者作为"彻底经验主义"（威廉·詹姆斯语）逻辑地蕴涵着关于认识的人间性及历史性意味。

罗蒂的《哲学与自然之镜》将分析哲学家如塞拉斯、奎因、维特根斯坦到实用主义者杜威及大陆哲学家海德格尔等都整合在反形而上学及传统认识论批判的理论视野中，尤其是在全书三个部分中将"'心''知识'和'哲学'等观念分别置于历史的视野之内"①，显示了鲜明的历史主义立场②。

传统哲学的形而上学冲动集中表现为关于永恒、普遍真理的理想，并且视自身为这种理想的化身，有意无意地掩盖了哲学作为传统的一部分本身恰恰是历史地生成的，对此，历史感乃是其解毒剂。"在罗蒂那里，哲学通过变身为某种激进的历史性探究而发挥其矫治功能。"③他敏锐地指出，西方哲学中笛卡尔式心物二元分立式的认识观的背后是某种镜式视觉隐喻，而这些特定的观念说到底不过是特定隐喻暂时性胜出的结果，本身并非天经地义，因而，是可以且必定会被替代的，事实上，实用主义的认识观就是其历史替代类型之一。在这样一个历史背景下，"把这些视觉性隐喻结合在一起的哲学词汇，会显得像前古典时代中泛灵

版社 2002 年版，第 131 页。

① 罗蒂：《哲学与自然之镜》，第 7 页。

② David D. Roberts, *Nothing but History: Reconstruction and Extremity after Metaphysics*, p. 226.

③ David D. Roberts, *Nothing but History: Reconstruction and Extremity after Metaphysics*, p. 233.

论的词汇一样地离奇怪诞"。①正如安柯斯密特所指出:"罗蒂反对认识论的主要论证是指出它只是偶然成为如此并进而在西方哲学中获得其突出地位的,拜一些纯粹是偶然的因素所赐,哲学传统由亚里士多德主义发展到我们将之与笛卡尔、洛克及康德联系在一起的这种现代哲学。"②不无意义的是,罗蒂将哲学分析与历史叙述结合起来这一为分析哲学家少有的历史感同样与其自身经历中的某些偶然因素有关:他大学本科就读的"芝加哥大学的哲学系很重视哲学史的学习"③。

罗蒂对形而上学的攻击具有全局性,其最终所关注的是整个西方哲学传统的历史性。他强调,任何时候,哲学聚集某一话题而非另一话题并不存在什么辩证的必然性,而是由于所发生的一些平常的事件,如某人当时恰好撞上了某种观念,或是因为刚好有某一才华横溢的新问题或新观念杀出,甚至哲学之外碰巧发生的新情况像法国大革命、科学上的新发现甚至是现代小说中的某种进展,都可能影响哲学的形式。④"因此,说到底,不单哲学,连我们的整个世界都不过是历史的,包括从自我到语言的所有东西。"⑤这些直接影响到罗蒂整个的哲学观,"人们再也难以认真

---

① 罗蒂:《哲学与自然之镜》,第 8 页。

② F. R. Ankersmit, "Rorty and History", in *New Literal History*, Vol. 39, No. 1, Winter, 2008, p. 80.

③ 卡尔纳普:《卡尔纳普思想自述》,陈晓山、涂敏译,上海译文出版社 1985 年版,第 64 页。转引自陈亚军:《实用主义:从皮尔士到普特南》,湖南教育出版社 1999 年版,210 页。

④ 参看罗蒂:《哲学与自然之镜》,第 231 页。

⑤ David D. Roberts, *Nothing but History: Reconstruction and Extremity after Metaphysics*, p. 232.

看待这种观念了，即存在一门超级科学或一门主学科，它关心的是具有根本重要性的问题……认为有独立于历史和社会变化的‘永恒哲学问题’的观念似乎极其可疑了。"①于是，并不存在传统形而上学所寻找的关于世界的基础性或本质性的"终极语汇"，借此可以一劳永逸地讲出关于世界的永恒真理。观念上的这一转变同时表现为关于思想的态度上由真理祭司式的"义正词严"转为犬儒式或唯名论式的"反讽"，由形而上学的"唯我独尊"转换为与科学、文学乃至小说众文类之间"人类谈话中的"②平等一员。在这一方面，我们可以看到古德曼对罗蒂思想的特定影响。③依照古德曼的"多元主义世界观"，哲学、科学或艺术同为人类"构造世界的各种方式"，自康德用"心灵的结构"替代此前本体论"世界的结构"，C. I. 刘易斯用"概念的结构"取代"心灵的结构"，他"进一步用科学、哲学、艺术、知觉以及日常话语的很多种符号系统取代了概念的结构。这个运动是从唯一的真理和一个固定的、被发现的世界向构造中的多种正确的甚至冲突的样式或世界的转变"。④值得一提的是，尽管古氏本人于历史主义似乎从来未赞一词，但他对康德以来主流哲学的概括所透露出来的却正是一种充满历史主义意味的审视与观照。

　　罗蒂关于哲学的历史主义"重述"由福柯在更广阔的文化史

---

　　① 罗蒂：《哲学与自然之镜》，第 14 页。

　　② 罗蒂：《哲学与自然之镜》，第 338 页；另参看罗蒂：《偶然、反讽与团结》，徐义瑞译，商务印书馆 2003 年版。

　　③ 罗蒂在《哲学与自然之镜》中数度提及古德曼。具体见该书"索引"。

　　④ 纳尔逊·古德曼：《构造世界的多种方式》，姬志闯译，伯泉校，上海译文出版社 2008 年版，第 2 页。

范围以更为具体的历史性探究所"落实"。这位"法兰西的尼采"以其独辟蹊径的"历史考古学"和"谱系学"方式系统地揭示了包括"医学""监狱""性"从而（作为主体的）"人"本身是如何在近代西方文明发展进程中历史地生成的，他在这样做的同时也就宣布了其各自的有限性和可批判性，并且，福柯还着重揭示了这些暂时性话语之所以被神圣化背后的权力效应。

综上所述，当代哲学从后形而上学、后认识论、后现代的宏观立场到关于语言、真理、科学范式的各种微观具体分析，均可以由历史主义的视角获得统一的理解。因此，在结束这一部分之前，有必要从总体上对历史主义及其利弊作一总体审视。

与传统形而上学相比，历史主义是对前者所遗忘或掩饰的历史性处境的清醒反思与揭示。如果说此前哲学的科学主义、逻辑主义倾向是建立在思想与世界的当下纵向（vertical）垂直关联假设上的理论抽象，历史主义则是一种跳出当下的（horizontal）历史感，这让我们更容易还原出原本以为天经地义、永恒普遍的东西其实既非从来如此、亦非永远如此的历史真相。在此，反形而上学的意义类似中国文化史上切断人神关联的"绝地天通"，人间从而历史主义的维度由此显现。

历史主义同时还意味着正视世界在事实上的偶然性，拆解与普遍性相联系的必然性幻觉，这对于消除历史本身是否会在形而上学之后成为新的独断性"大叙述"提供了自我防护功能。既然历史地获得的承认并非必然性之所系，那么，它只是暂时胜出的而非"揆之百代而不废"的真理就是不言自明的了。历史主义对形而上学的批判由此不再如康德批判哲学那样只是某种"未来形而上学导论"，而是形而上学的终结者。

最后，安柯斯密特在反思科学理性时援引沃尔夫冈·威尔什（Wolfgang Welsch）提出的"贯通的理性"概念，揭示了其历史主义的品格。根据阿多诺（Adorno）、阿伦特以及后现代主义者对作为启蒙理性的科学理性或纯粹理性（康德）的分析，纯粹理性有其政治意涵，并且并非总是与自由主义联系在一起的。基于"科学理性的单向度性，它与单面思维的亲和性"，其强烈的排他性倾向包含"邪恶的潜能"。①与之相反，贯通的理性指的是穿越于理智活动的不同领域，对不同理性形式保持开放性和兼容性的思维，在安柯斯密特看来，在康德作为"第三批判"的《判断力批判》中，已然包含欲将此前分立的"纯粹理性"与"实践理性"两大批判加以综合的贯通性思想。不过，贯通理性最清晰和最实在的形式乃是历史理性，威尔士赋予贯通理性的辨析"同一""差异"及其"整合""转换"的功能长期以来"就是历史学家理解过去的意义时主要的理智手段"。②

作为历史性的理性，贯通理性不是纯粹理性式的先验形式，而是后验和实质性的理性，它不能从特定的经验内容中被剥离，是在与特定论题相结合时显示出来的，其尊重异质性的兼容性品格使之在伦理和政治上具有科学理性所缺乏的民主性。

在问题的另一面，应该如何理解历史主义与相对主义乃至虚无主义的关系？③首先应该厘清的当然是相对主义的具体含

---

① 安柯斯密特：《历史表现》，第9页。
② 安柯斯密特：《历史表现》，第10页。
③ 例如，伽达默尔就说，"历史主义的认识论顶峰就是相对主义，它导致的后果则是虚无主义"。伽达默尔：《精神科学中的真理》，见《真理与方法（诠释学Ⅱ）》，第45页。

意。如果不是对相对主义作绝对主义的理解，它当然不是关于"怎么都行"或一切无所分别的诡辩式言说（世界上真有这样的相对主义者吗？），这只不过是相对主义被反面"归谬"的漫画形象。在正确理解的意义上，相对主义所主张的是一切事物均是在特定语境中的存在，是相对于特定问题、对象或条件而成立的，其所质疑和反对的是仿佛存在一种处于遗世独立、无所依傍的绝对即无（所）对（应）状态的事物，就此而论，相对主义强调的是事物的有条件性及我们对之认识的具体性。准此，当我们历史主义地指出各自观点的相对性时，并不意味着否定其在一定条件下的合理性，罗蒂认识到，虽然形上真理现在只是暂时胜出的语言隐喻，但我们每日每时赖以生存的正是这些暂时固化为真理的隐喻。[①]形而上学的世界崩溃了，但世界仍然或者说更真实地存在，永恒的基础之不存并不意味着我们因此毫无立足之地。当然，代之以志得意满或无可奈何地循永恒不变的真理轨道前行，此际所要求于我们的思想与生活态度是更勇敢的"创造"（罗蒂）和更优雅的"游戏"（德里达）。

第三节　历史主义的社会历史维度

历史主义包含着几乎与历史一样复杂的层面，在作为学术思潮的维度上，对应于科学主义、理性主义等思潮，它表现为人文主义、浪漫主义乃至反基础主义，甚至具有后现代主义的意义，而在社会文化层面上，作为反自然法和启蒙理性的文化历史思

---

① David D. Roberts, *Nothing but History: Reconstruction and Extremity after Metaphysics*, p. 296.

潮，它一方面内含关于特定文化传统的温情怀旧意味，另一方面又包含抵抗普世价值的内容，这赋予了它超越单纯学术话题的现实意义，同时也使得对它的评价变得相当复杂。安东尼在出版于1963年的《历史主义》一书中说："历史主义问题——不仅牵涉理论价值，还有道德和政治价值——成为我们时代的一个重大难题，如果不是唯一的难题的话；而对它的研究则是对我们当代文明的良知的考察"。①基于历史主义的德国特性，本节关于历史主义现实政治、历史维度的探讨以德国为案例。

根据历史主义的原则，对任何观念或是制度都要将之放到其所缘起的历史背景下加以考察，这一原则当然也适用于历史主义观念本身。与别的民族的思想家一样，德国人对启蒙理性并非自始就格格不入的，反映到历史思考中，康德对普遍理性的信念从《世界公民观点之下的普遍历史观念》这个标题上就看得出来，黑格尔亦将"理性"视为支配全部人类历史的"客观精神"。不过，在他们的同时代人中，兰克、赫尔德、洪堡的思想中已经显露出明显的历史主义胚芽，最终如安东尼所说，"历史主义就是由德国思想所实现的与西方自然法传统的决裂"②。作为自然法观念及其近代体现启蒙理性的反拨，历史主义一般说来是与对具体性和独特性的强调联系在一起的，如梅尼克所说，"历史主义的核心是用个体化的观察来代替对历史人类力量的普遍化的观察"，③但同是这样一种观念在不同社会历史条件下在不同人那里

---

① 卡洛·安东尼：《历史主义》，第1—2页。

② 卡洛·安东尼：《历史主义》，第4页。

③ 弗里德里希·梅尼克：《历史主义的兴起》，陆月宏译，译林出版社2009年版，第2页。

却折射出迥然有异的社会政治观念。例如，在洪堡和赫尔德那里，关于文化独特性的理解并未妨碍他们世界主义的情怀，只是在法国大革命和拿破仑战争期间，原本学术和文化导向的民族性研究为日渐强烈的民族主义情绪所取代。"在从启蒙运动思想向历史主义的转变过程中，最重要的因素毫无疑问是 1795 年到 1815 年间的政治事件对德国知识分子的影响。"德国人对法国大革命的反应最初是欢迎的，但随后雅各宾派专政所带来的"红色恐怖"令德国知识分子和大众对大革命出现巨大失望，"导致了对自然法学说广泛的重新思考"。①探寻德国历史主义的产生和发展，普法关系是一个不可或缺的时代背景，从反对拿破仑入侵、争取民族独立的解放战争，一直到 1795 和 1807 年均以割地赔款告终的两度普法战争。1806 年惨败后，普鲁士首相卡尔·施泰因开始推行改革，在这一背景下，遂有德意志人对民族前途、道路的忧患意识与民族主义情感的高涨，从而令包括其历史思想在内的一切都带上浓厚的民族主义和国家主义的色彩。本来，在德国历史主义思想如特勒尔奇那里，对历史主义所包含的对基督教教义和文明原则和价值观的可能伤害保持相当的警惕，但在第一次世界大战战败之后的德国，历史主义通过梅尼克而转向一种超越任何普遍理性原则的民粹式教义，"德国历史主义摧毁的正是这种作为现代世界的人道主义和民主主义理想之基础的观念"即自然法原则，在他看来，这种曾经是西方文明北斗星的普遍理性原则"无非是个抽象、空洞而且虚伪的概念"，而摧毁它是"自

---

① 格奥尔格·G. 伊格尔斯：《德国的历史观》，第 47 页。

宗教改革以来德国思想取得的第二个伟大成就"。①

依照伊格尔斯的概括，这一时期德国历史观的改变集中表现在以下三个方面：其一，启蒙运动关于普适性道德与政治价值的信仰完全被打破，"现在德国受过教育者的观点都同意一切价值和权利都是有历史和民族根源的，外国制度不能被移植到德国土壤中"；其二，狭隘民族主义情绪的增长；其三，国家占有了一个非常不同的地位。赫尔德和洪堡都曾经视国家为"必要的恶"，但后来则开始将民族、人民和国家相提并论。费希特（J. G. Fichte）在1794年还说"一切政府的目的"是"使政府成为多余"，而8年之后，他不但赋予国家以广泛的经济功能，并且将国家提升为"德意志民族的道德与宗教的教育者"。②

关于文化及价值独特性的观念可以说是历史主义的题中应有之义，就德国的情况而言，它一是基于对近代欧洲文化和历史传统多样性事实的观察，另外，法国大革命的阴暗面的确亦在一定程度上令其所依恃的自由、人权价值蒙尘。就此而言，其立论可以说不无根据。此外，考虑到此论提出的历史背景是德国连续战败所引发的民族危机感，作为对这一危机的思想文化反应，亦可以说是其来有自，不难予以同情的理解。但是，在学理及政治上大是大非的层面上，由文化独特性事实直接推出"自由观是因民族而异的"，甚至德国的自由观因其建立在"更加真实的国家概念"之上而"优于西方的自由观"的观点，③则显系言过其实

---

① 卡洛·安东尼：《历史主义》，第6页。
② 格奥尔格·G. 伊格尔斯：《德国的历史观》，第47—49页。
③ 格奥尔格·G. 伊格尔斯：《德国的历史观》，第253页。

之论。有学者明确指出，这种"历史主义……其要旨在于指斥启蒙运动的理性和人道主义的观念。德国民族的认同是以截然有别于西方民主制的历史观来加以界定的"①。

　　一般而言，人类的价值取向与价值追求具有普遍共性其实是不言自明的，就最浅显的方面来说，生命对于所有人类来说显然是普遍价值所系。进而言之，自主性或者说自由亦属人性中普遍的价值追求，等等，这可以说就是自然法所坚持的超越种族、时间的"天经地义"的东西。当然，关于各种基本价值的排序，以及同一价值实现的具体形式，的确是存在着深刻的时代与民族差异的，但是这并不构成对价值普遍性的挑战，更不要说从根本上颠覆人类基本价值的合理性。同为历史主义者，意大利的克罗齐就持普遍性与个别性相统一的观点，为此，他批评兰克和视兰克为历史主义最高代表的梅尼克只见个别不见普遍只是"半截子的真理"。②对包括理性在内的普遍性价值的疑虑往往针对其所可能包含的唯我独尊的党同伐异效应，③然而，普遍价值并不必然是单数排他的，正确的东西往往并非唯一，从而与多样性之间并不存在不可调和的矛盾。但普遍价值并不因此而失去普遍意义，比如，在自由与平等的具体排序上也许有时是后者优先，但这并不是对自由价值普遍性的贬损。

　　① 格奥尔格·G. 伊格尔斯:《德国的历史观》，第 3 页。

　　② 彭刚:《精神、自由与历史——克罗齐历史哲学研究》，清华大学出版社 1999 年版，第 95 页。

　　③ 例如，福柯关于启蒙理性的批评在很大程度上就是因为他对各种"普遍性的大话语"及"那些综合的论述形式我总有些不信任"。详见周建漳:《现代性：局限与价值》，《厦门大学学报》2003 年第 4 期，第 73 页。

其次，在普遍与特殊或者说个别的关系上，并不存在先验的界限，一切价值本来都是历史地形成的，属于"地方粮票"(local)，其普遍性毋宁说乃是在文化接触与交流中最终形成的竞争优势，由此遂成为全球流通的"硬通货"。从发生与演化的角度来说，民主最初是一种地方性价值，但由于其内在的生命力，它正在成为普世价值。人权概念以及民主体制均非人类各文化圈同时存在着的广泛普遍的理论与实践，但在今天却可以说得到普遍的认同，以致出现所谓"民主没有敌人"的状况，即使是敌视民主的人也不敢公开站在民主的反面，而只能在无数的"但书"中对民主理念发难，或者在暗中阻挠其实现。就此而论，普遍与个别的实质其实是优势与劣势、合时宜与不合时宜之别。对于优势文明来说，个别的就是普遍的，但要记住，其所谓普世价值并非先天如此，而只是历史主义地胜出的东西。相反，弱势文明不论是以历史主义或其他什么理由否认与拒斥优势价值实属不智。"反者道之动"，也许，对于先发文明来说，动辄称普世价值确予人以胁迫之感，而在后发文明一方，慎言独特性则是更为诚恳实在的态度。

关于价值普遍性的另一辩难，是在并不正面否定普世价值的同时强调自身历史地形成的传统的不该抛弃或无可扬弃，这种说法骤然观之似相当通情达理，但实际上仍然经不起推敲。首先，传统的确不像一件外套可以说脱就脱，或者说任何价值的引进最后都会带上各自的民族特色，但正因如此，我们恰恰用不着对"失去自我"过分担忧。尤为重要的是，不可将民族性之类当作预设前提，事实上，这一点可以被当作区分以民族性为幌子排拒外来优秀文化价值还是真诚热爱民族传统，担心在学习别人的时候出现"邯郸学步"或"画虎不成反类犬"后果的试金石。顺便指出,"邯郸学步"所反对的对于他人的机械仿效诚然是一种提醒,自身条件与接受外来文明间的确存在张力关系,但这一切在吸收外来文化过程实际起步之前实际上是根本无法预判的,因此,它只能是在"学步"的过程中加以注意,而不应成为"止步"不前的禁令,那样的话不就成了"故步自封"了吗。

必须指出的是,关于传统的保守主义或民粹主义观念背后的历史观是不符合真正的历史主义精神的。这种观点假定,在一个民族或一种文化的过去轨迹与未来道路之间存在着宿命式的必然联系,曾经如此的将永远如此,不同民族于是就像是在不同轨道上跑的车,彼此之间只有平行或背道而驰的关系,永远不会有交会。而历史主义的真谛恰恰是肯定"未来不可写定"(the future is unwritten),曾经如此的必不永远如此,不同文化的因缘际会一定会对双方的发展轨迹产生各种各样的影响和改变,那些不合时宜的方面应该且终将被改变。

在上述理论分析的背景下反观德国此后历史发展的实际轨迹是发人深省的。今日德国在各个方面显然已成为人类文明大家庭的一员,她既在各方面仍然是她自己,又走在人类普世文明的康庄大道上,换言之,德国的现代性转型及其繁荣发展是在自由、民主的普遍原则下实现的。相反,其在 19、20 世纪人类文明史中所走的弯路尤其是两次世界大战与纳粹当国,则与历史主义旗号下背离自由民主普世价值的民粹主义有不可开脱的干系。作为 1938 年秋随家人一起逃离德国的犹太人,伊格尔斯"在成长为一名历史学家之后……越来越认识到,德国这一历史思想和历史研究的民族传统(指历史主义。——引者注)对于反民主思想难辞其咎"①。

　　根据伊格尔斯的观察，德国的自由主义者自 1848 年革命失败之后就"将他们的自由派原则屈服于民族主义情感和军事力量"②。例如，作为自由主义反对派成员的普菲茨尔就强调自由不能被理解为抽象的人类价值，"永远也不应该为了政治自由而随意牺牲民族独立"③。就这样，国家在拥有巨大权力的同时又被赋予超越个人伦理的至上道义性，那些自认是自由派的历史学家们却"坚持认为国家不应该通过外在的道德标准或是有关其公民的自由与幸福的功利主义标准加以判断"④，宁可让自己沉醉于国家利益最终与自由和道德是协调一致的幻想。在民族国家的时代里，民族的自我认同本身亦具有普遍性和正当性，不过，在德国传统中，缺乏一种将民族意志与普世价值相结合的意愿。例如，对于意大利民族主义者来说，"民族观念并不意味着对普遍人类观念的否定；相反，这种观念希望通过某个自由民族的历史性构建而完全实现人道主义。作为世界公民的情感依然在这些爱国者的心灵中跳动"⑤。这大概就是健全民族情感与狭隘民粹主义的差别吧。

　　尤其值得注意的是，作为德国历史主义有力鼓吹者的梅尼克，即使是在纳粹主义和两次世界大战的浩劫之后，他仍然相信，德国古典自由派的民族主义和个人福利服从更高的民族需要

---

① 格奥尔格·G. 伊格尔斯：《德国的历史观》，"中文版前言"，第 1 页。

② 格奥尔格·G. 伊格尔斯：《德国的历史观》，第 119 页。

③ 格奥尔格·G. 伊格尔斯：《德国的历史观》，第 127 页。

④ 格奥尔格·G. 伊格尔斯：《德国的历史观》，第 14 页。

⑤ 卡洛·安东尼：《历史主义》，第 5 页。

的历史主义观念整体而言并没有错。他在德国战败后写作的《德国的浩劫》对包括他在内所坚持的自外于人类文明普遍价值的历史主义观念的问题并无反思，而是强调其发生在德国历史上的偶然性，反而借布克哈特的话说什么"启蒙运动时代和法国革命的乐观幻想之中就有着大患的萌芽了"①。无怪伊格尔斯对他的批评几乎不假辞色，说他"尽管厌恶纳粹，但他在何种程度上能够同情希特勒时期德国的外交政策，这一点还是令人吃惊的"②。意大利学者安东尼亦谴责反对自然法的历史主义"让良知陷入沉默；它为暴力、压迫和屠杀辩解"③。伊氏本人明确指出，"我在基本观点上一直是世界主义的，深深服膺于启蒙运动人权和理性的价值观。正是此种信念促使我对'德国的历史观'进行批判性的审视"④。这应该也是今日德国学者的共识。走笔至此，不能不提起记得是马克思说过的"历史有时是惊人的相似"的话，相信并非笔者一人于历史主义的德国故事中生出似曾相识之感，唯愿这种相似就此止步才好。

历史主义在我们的考察中呈现出正反两面的不同形象，这是因为，事实上并不存在单义的历史主义，在其名下的其实是一组具有基本家族相似性的观念。当然，它们之所以被列在历史主义而非其他名目如科学主义或自然法之下，仍然有其可以辨认的大致边界，在此意义上，其是非利弊皆于此自身有其根据，只不过

---

① 梅尼克：《德国的浩劫》，何兆武译，生活·读书·新知三联书店2002年版，第2页。

② 格奥尔格·G.伊格尔斯：《德国的历史观》，第295页。

③ 卡洛·安东尼：《历史主义》，第12页。

④ 格奥尔格·G.伊格尔斯：《德国的历史观》，第7页。

不同的人在不同情况下出于不同目的对之作了不同的引申或发挥而已。因此，对于历史主义，我们很难给出一个单一的正面或负面判断，就此而言，以赛亚·伯林关于浪漫主义所说的话给我们以启发。他说："浪漫派既可能是进步的，也可能是反动的。……这就是为什么我们遭遇了革命的浪漫主义和反动的浪漫主义。这就是为什么无论人们怎样尝试都无法把浪漫主义划入任何特定的政治观点。"[①]他对浪漫主义总体上说是持赞赏态度的，但也不讳言它所潜在或显在的弊端，这大概就是实事求是的态度吧。对历史主义我们亦应作如是观。安柯斯密特说："历史主义是且将是我们的宿命，不论我们是否喜欢它。我们最好是尝试喜欢它，因为，只要我们顽固抗拒它，我们将既无法理解历史的本质和合理性，也无法理解历史著述在过去二百年里所经历的各种形变。"[②]

推荐阅读书目

❖ 弗里德里希·梅尼克的《历史主义的兴起》，格奥尔格·G. 伊格尔斯的《德国的历史观》和卡洛·安东尼的《历史主义》是已经翻成中文的关于"历史主义"的基本著作，前两本书在思想倾向和具体观点上有许多不同乃至对立，第三本书篇幅比前两本小得多。

❖ David D. Roberts, *Nothing but History: Reconstruction and Extremity after Metaphysics*. 其主题是从哲学上讨论历史主义的意义，对历史主义基本上持正面肯定的态度。

---

① 以赛亚·伯林：《浪漫主义的根源》，哈代编，吕梁等译，译林出版社 2008 年版，第 127 页。

② 安柯斯密特：《历史表现》，第 153 页。

第五章　历史解释及其他

作为分析历史哲学的标准话题，围绕亨普尔 1942 年 "普遍规律在史学中的作用" 一文所提出的覆盖律模式，历史解释成为延续数十载聚讼纷纭的学术论题。然而，在这一语境中，主要吸引人们注意力的是不同解释样式及其背后包含着的人文主义与科学主义之争，而对于解释概念本身以及解释的旨趣等相关问题的探讨则相对不足，这在一定程度上影响了问题讨论的广度和深度。因此，我们在聚焦解释模式的同时有必要在一个更广阔的视野下对历史解释问题做全面的审视。

第一节　"解释"与"理解"

"解释"（英文 explanation，德文 Erklären）并不是一个语义单纯的词，它至少包含 "说明" "阐释" 两层核心词义，分别指向 "事理" 与 "意义" 两个方面。事理解释通常属于因果解释，即以所欲解释的事为果求其所以然的原因。在此，对某一事情的解释意味着指出是什么引起了它，即给出关于 "为什么" 的问题的回答；意义阐释往往与文本相关，但当我们把生活或历史视为广义上的文本时，意义阐释亦进入历史。解释学就是关于意义及其理解、阐释的学术。意义阐释的要义不在因果阐明，而在部分—整体的关系，即将有待解释的片断放在一个恰当的上下文中获得的意义澄明。解释的两层含意是"解释"与"理解"之别的一个方面。在语用维度上，解释具有"使明白""澄清"或"消除误解"的功能，当澄清指向自我时，解释成为"辩解"，指向他者时则往往是"质问"。值得注意的是，有时我们会碰到某种仅仅从语言上给出的伪解释，著名的如以含有止疼成分来说鸦片为什么具有止疼效果，以"心坏"解释"坏事"，它貌似说出了些什么，实际上说的只是同语反复的套话。从语效的角度看，达成解释目的的途径各不相同：事实描述、理由陈述、逻辑推理或类比等经验与理性方式均可能令解释生效。

作为理论范畴，解释不像感觉、判断、推理那样是意义明确、单一的概念，而是至少集认识、语言过程及其结果等在内的综合性概念。在最广泛的意义上，解释与认识（理论）同义，马克思与"改造世界"对举的"解释世界"即为此意。具体言之，解释可以界定为对"是什么""为什么"，以及"如何""何时""何地"[1]之类问题的回答。

回答问题分别有"探究性"与"教导性"两种情况，前者是对世界未知秘密的揭晓，后者是已知答案前提下先知对后知的解答，在后一种情况下，英文中 elucidate 一词即为诸如阐明语法要点之类的"教导性解释"。有学者对"问题"的不同含义从英

---

[1] Constantine Sandis, "The Explanation of Action in History", in *Essays in Philosophy*, Vol. 7, Issue 2, 2009.

文"question""problem"的区别上加以辨析：前者是内在于语言的，所需要的是一个言辞上的回答，而后者则是语言之外现实境遇中的事态，它要求的是一个可行的解决方案。[①]这一区分与我们这里所说的解释的两种不同情况正好可以互相发明。同为解释，"发现的逻辑"与"说明的逻辑"有深刻的区别，依亨普尔的看法，不具有前瞻预测性的解释不是真正过硬的解释。

解释不仅具有语义上的非单一性，并且，其在不同学科中的地位亦不相同。自然科学可以说以解释为业，在微观层面上，科学表现为对各种自然现象发生原因、机理"就事论事"的实证性说明，同时，科学还在宏观层面上提供关于大规模自然过程如大气、生态系统的整体性说明，是为物理学、化学或天文学理论。严格意义上或者说通常被当作解释样本的应该是前者而非后者。科学解释是科学理论的主要目的。与关于世界的常识理解不同，"正是对系统的、可由事实证据支配的解释的渴求产生了科学"。[②]并且，科学研究本质上[③]止于事物之间因果关系的解释。作为科学成就的结晶，科学中的定理、规律、方程、公式，无非各种自然现象之谜的解释手段与答案。相反，支配人们从事或关注史学的动机泛言之亦可曰求知，但仔细说来却未必是强烈、单一的解题渴望，科学知识可以被概括为《十万个为什么？》，史学认识则未

---

① 参看关子尹：《语默无常：寻找定向中的哲学反思》，北京大学出版社 2009 年版，第 22 页。

② Ernest Nagel, *The Structure of Science: Problems in the Logic of Scientific Explanation*, Hackett Publishing Company, 1979, p. 4.

③ 科学作为关于世界的理论体系，当然还有将关于各种具体解释系统化、理论化的工作，但这最终仍然是服务于解释这一至上目的的。

必如此。如果说科学家的专业形象是"福尔摩斯式"的探案高手，史学家也许更类似于阅历丰富通晓异域风土"讲故事的人"，其故事中可能包含解释成分，但却并不以提供解释为满足，而是给予我们与日常认识不同的异趣经验，丰富、充实和改变我们关于世界的惯常理解。如果对科学与人文学说间的区别极而言之的话，我们对自然和社会现象有问题无兴趣，而对于包括史学在内的人文学说来说，关键倒不在于具体问题，但所关注的却是牵动我们情思的事情。安柯斯密特指出，历史著述在陈述、解释之上尚有文本"表现"的层次，后者才是史学的要旨所在。[①]就此而论，加利关于历史解释的见解值得注意。他指出，专门的解释性语句不但在历史叙述中只占很小的比重，并且居于辅助地位。通常我们只在理解难以跟上叙述时才寻求解释，在此，解释是类似于学术文本中注释之类的东西，[②]是叙述文本中不得不打上的学术补丁。也许有人要说，讲故事只是史学的童稚形象，现代史学应该成为且正在成为科学。对此我的看法是，用做科学的方法做史学，抽象言之肯定是可能的，问题是为什么人们一直没有这么做？关于科学与人文认知的各种不同人们所言甚多，而关键所在，是科学解释含有技术操控的内在物质力的维度，[③]科学对因果解释乃至普遍必然性的追求均应放在这一维度上寻求其内在解释，例如，没有普遍必然性，就没有工业化生产上的可控性及批量化和标准化。对于并不存在实践"倒逼"机制的人文学

---

① 安柯斯密特：《历史表现》，"中译本前言"，第31—31页。

② W. B. Gallie, "Historical Understanding", in *History and Theory*, Vol. 12.

③ 我认为，近代科学之为实验科学，不能仅仅以方法论上的突破视之，在实验与实用之间深刻的内在关联也许才是更为值得注意的。

科如史学,对科学的一味模仿是否有意义？传统是否只是落后而无内在理由？总之,科学和史学用维特根斯坦的话说分属不同语言游戏,这是我们思考史学的基本哲学立场。

在历史解释问题上,"理解"和"解释"的关系一直是重要话题,在近代之前,关于自然的认识往往带有拟人化的倾向,自然与人文学说之间并无明确的认识论壁垒。只是到了 17 世纪,自然科学在长足发展后抛弃了新亚里士多德主义关于自然事件的内在论解释,代之以外在因果实证性解释。①亦是在此背景下,维柯高举"新科学"之帜,为人文学说张目。自 1858 年德国史学理论家德罗伊曾据信首次提出,由此形成以理解和解释分别指涉人文与科学认识的方法论传统,为强调二者之间的这一区别,英文学术文献中理解一词往往直接使用德文本字 Verstehen。

从语义上说,理解和解释可以分别用以表示心理与语言之别,内在理解形诸语言是为解释。"意会"与"言传"于此还透露出二者间同化与异质的意味,对非我族类的东西,我们所能有的只能是基于外在观察的法则性因果解释,只有对于人类事物,我们方能获致同情的意义理解,而这又涉及相应的体验基础。另一方面,解释与理解有手段、目的之别:不理解时需要解释,理解了就不用解释了。在人文主义者看来,理解与解释有单一与复杂甚至低级和高级之别。狄尔泰认为,解释是一种单纯知性的操作,理解则是各种精神乃至人格力量结合的产物。②解释

---

① Karl-Otto Apel, *Understanding and Explanation: A Transcendental Pragmatic Perspective*, translated by Geogia Warnke, The MIT Press, 1984, p. 30.

② Karl-Otto Apel, *Understanding and Explanation: A Transcendental Pragmatic Perspective*, p. 3.

通常表现为按部就班的技术性过程，而理解则往往意味"豁然开朗""恍然大悟"式的直观领悟。另外，依照对科学与人文学说的理解，理解比解释更基本，依照解释学的观点，理解乃是人存在的基本方式。一个人可以终其一生不懂什么科学，但理解却是人类生活中每时每刻发生着的事情。正因如此，解释学强调"前理解"，但却不说"前解释"。与精致的科学解释相比，理解质朴地居于生活世界的基础性层面，它对于解释来说具有某种奠基性的意义，是构成一切更为复杂、精致的科学活动的基础。理解或许不具有解释的严格性、明晰性和逻辑化程度，但对人类来说，更具有切身性与贴切性。

在具体探讨历史解释问题之前，还有一个重要的概念问题须预作澄清。所谓"历史解释"究竟是在以下哪种意义上说的：A. 史学中出现的解释；B. 关于历史的解释；C. 具有历史特征的解释；D. 通过历史进行的解释？在史学中可能出现各种性质的解释包括物理、化学解释，不过，和出现在物理、化学论著中的解释不同，它们应该是以认识历史为目的的解释，从而 A 和 B 可以归并为一。与以历史为对象的解释相反，D 通过历史进行的解释则是以历史为手段，以其他事物如政治、伦理为目的的解释，例如，借助历史传统的追溯以解释现实生活中法治建设遇到的问题。至于 C 可以理解为最具有史学思维及方法特点的解释，比如通过叙事达成解释即可归为此类。总之，除了 D 类之外的解释均可以被看作是历史解释，在此，"历史解释"一词中作为定语的"历史"应该是在"对象"和"方法"两个维度上加以理解，前者应该说是不言自明的，而关于后者恰恰成为科学主义与人文主义争执的要点。

对于以亨普尔为代表①持方法论一元论立场的科学主义者来说，"并不存在所谓的'历史解释'，只有关于历史事件的解释"。②潜台词是，所有的解释在性质上都是一样的，并不存在独特的历史解释类型。根据内格尔在《科学的结构——科学解释的逻辑问题》中的分析，所有解释本质上③可以区分出普遍法则式解释、功能或目的论式解释、发生学的解释三种基本样式，亨氏所涉及的其实只是第一种样式的解释。反之，持人文主义立场者则强调，由于历史及史学的独特性，无论对历史解释作何种语义理解，历史解释均具有独特性。两种观点各逞其说，但有一点是共同的，就是彼此排他性的一元论解释观，而这恰恰是双方共同的问题所在。

解释除科学主义与人文主义的区别外，本身亦存在着类型等方面可供进一步细分的余地。首先，解释依其所涉及的范围可以区分出宏观解释与微观解释的不同。微观解释是关于具体人物、事件的个案性说明，这是不论覆盖律或理性解释流派在关于解释的分析中主要讨论的解释类型。在另一极端上，思辨历史哲学显

---

① "演绎—法则"或"覆盖律"解释模式是反映亨普尔所力主的同一解释模式不同侧面的异名。这一模式并非亨氏的独得之秘，波普尔、奥本海默（P. Oppenheim）（与亨氏合作）先后表达过同样的观点，所以，这一模式有时也被并称为"波普尔‐亨普尔‐奥本海默模式"。

② "Explanation" in Harry Ritter ed., *Dictionary of Concepts in History*, Greenwood Press, 1986, p. 147.

③ Ernest Nagel, *The Structure of Science: Problems in the Logic of Scientific Explanation*, pp. 23-28. 内氏列举的解释样式中还有一种是"或然性解释"，它在本质上属于普遍法则性（内氏称"演绎样式"）解释，可以视为是普遍法则解释的弱条件版本。

然属于在范围上最为宏大的某种解释模式,它不以一时一事为言说对象,却致力于给出关于整个历史的进程、样式及归宿的统一理论说明。与思辨历史哲学不同,有些关于历史的宏观解释不以人类历史的全部为基础,尤其是不涉及未来,但却试图提出某些关于历史发展或长期普遍存在的历史现象的整体一般解释如马克思的"阶级斗争"史观。[①]这种解释基本上都有自己一套相应的历史理论,并且,与微观事件或行为解释基本上是依据现成理论的应用型解释不同,这些解释往往自创或者移植理论,理论的给出与解释的达成是内在统一的。在这方面有许多例子,如早年雷海宗、顾颉刚"文化形态史观"与"层累地造成的中国古史观";当年金观涛凭借其关于系统论的理解提出的关于中国历史"超稳定结构"的概念,以之回答中国封建社会为什么持续时间长,始终没能完成向更高形态社会的历史转型问题;陈平提出"单一小农经济结构是我国长期动乱贫穷、闭关自守的病根",试图在深化马克思主义关于物质生产劳动方式对历史发展的基本制约的理论观点的基础上分析回答与金观涛相同的问题;晚近民间学者吴思基于某种社会生物学的生存竞争观点提出"血酬定律""潜规则"等一系列概念,对中国历史上官民关系中官家一极独大(官家主义),以及官场上说的话与实际通行的游戏规则两层皮等现象提出一揽子的解释方案。[②]总的说来,好的宏观解

---

① "阶级史观"与历史唯物主义基于社会结构分析得出的从原始社会到共产主义的一般历史思辨在本质上是相通的,只是后者在抽象程度、适用范围方面较前者更强。

② 金观涛、刘青峰:《兴盛与危机:论中国封建社会的超稳定结构》,湖南人民出版社 1984 年版;陈平:《陈平集》,黑龙江教育出版社 1988 年版;吴

释对我们关于历史的整体理解富有启示，其理论意义大于微观具体解释，而其弱点则是其学术价值往往（当然未必一律）与其宏观抽象化程度成反比，从而其最终是否能成为被学术界主流接受的理论共识的可能性有待检验。平心而论，吴思对其历史观在中国历史解释中似乎具有一以贯之的理论彻底性的信心[1]也许有过于自信之处，生活历史的实情，尤其是上千年的事情，未必那么容易被"一条鞭"式地搞定。

其次，解释一般而言都是从问题出发，但微观具体解释往往属于针对实际问题"求知解惑型"技术性说明，而宏观历史解释则具有"病理分析型"的论说特征，前者的得出过程与实际寻找答案的过程重合，解释者对答案容有直觉实无定见。而后者不但倾注了论者更多的激情，并且也许是先有定见或倾向后找理由与说法，二者出发点的不同对各自学术性的影响是一个有趣的观察点。

第二节　覆盖律解释模式

秉承分析哲学的家法，亨普尔关注的是解释成立的理性条件及其结构的逻辑分析，而非实际解释过程的描述。

解释在认识上可以说是在已知与欲知事项之间建立联系，在日常生活及科学领域中，这种联系通常指向因果关系。依照自休

思：《我想重新解释历史》，复旦大学出版社 2011 年版。

　　[1]　他认为自己以暴力及其得失计算为基础的血酬史观的理论地基可以一直"打到单细胞生物"并贯通中国社会。吴思：《我想重新解释历史》，第6—13 页。

谟以来的一般观念，"除了凭借经验定律，没有别的方法能使某些事件之间的因果联系得到科学的证实"[1]。因此，亨氏关于解释的基本理念，是通过将特定事件作为个例置于相关规律的覆盖之下达成解释。在 1942 年的文章中他明确说道："对现象的解释就在于将现象纳入普遍的经验规律之中。"[2]基于此，德雷称亨普尔的解释模式为"覆盖律"模式（Covering Law Model），英文缩写为 C-L Model。

从语言分析的角度看，构成解释的事实上是一组具有演绎关系的句子，其中包括：A. 被解释项：即关于特定事件的单称陈述（某辆汽车的水箱破裂；路易十四不得人心地死去）；B. 解释项：包括一个或一组给出导致被解释事件发生原因的单称陈述（冬夜气温、水箱积水；路易十四推行与此前枢机主教政策不同的政策），以及包含相关普遍规律的全称普遍陈述（水在结冰时总是体积膨胀）。

亨普尔的覆盖律解释模式，通常可以写为如下的形式[3]：

初始条件 1，2，……初始条件 k

规律 1，2，……规律 r

特定事件

---

① 亨普尔：《普遍规律在历史中的作用》，何兆武主编：《历史理论与史学理论——近现代西方史学著作选》，第 862 页脚注。

② 亨普尔：《普遍规律在历史中的作用》，何兆武主编：《历史理论与史学理论——近现代西方史学著作选》，第 871 页。

③ 在亨氏 1942 年关于历史解释的文章中其关于解释的基本观念已基本形成，不过，其"覆盖律解释模式"完整清晰的阐述则是在其 1948 年与奥本海默合作的文章中首次给出的。

在这一图式中，横线以上为解释项，横线以下为被解释项，解释项中的初始条件及被解释项这两个特殊陈述必须由蕴含因果必然性关系的普遍陈述联结起来，从而令解释项与被解释项之间满足类似于前提与结论之间逻辑上可推出的演绎关系。当然，普遍陈述本身应满足可被经验证实或推翻的条件。

合因果性（法则）与演绎性是该模式的两大基本特征，从这一角度出发，"覆盖律"模式亦称"演绎－法则"模式（Deductive-Nomological Model），简称 D-N 模式。演绎性为规律的普遍必然性所蕴含。例如，对于"汽车水箱在寒夜中破裂"这一现象，其解释涉及诸如"气温""水箱中有水"及"汽车停驶一段时间"等若干因素（初始条件），在上述条件下，水箱破裂的发生可以由"水在结冰状态下发生体积膨胀"这样一条物理定律给出说明。任何情况下，只要相关条件具备，则同样的事件必重复出现，这是不待验证即可由规律事前推知的，在此，演绎性意味着解释与预测的同构性。[1]换言之，在演绎必然性前提下，事后解释与事前预测的区别只具有时间意义而无逻辑区别。亨普尔曾坚持认为，除非一种解释具有预测效力，其作为真正解释的价值是值得怀疑的。[2]

亨氏解释观的大意基本如此，细致说来，关于规律的普遍性以及因果性与单纯规则归纳区别的严格论证涉及一系列技术上的细节，例如，"偶然普遍性"与"规律普遍性"之间由是否支

---

[1] 何兆武主编：《历史理论与史学理论——近现代西方史学著作选》，第863—864 页。

[2] 何兆武主编：《历史理论与史学理论——近现代西方史学著作选》，第864 页。

持"虚拟条件句"而来的本质区分，这里不一一展开。[1]

亨氏观点的优势在于构筑了一个高度形式化从而逻辑明快的解释模式，它满足人们关于解释的过硬科学性的想象。应该说，在科学尤其是经典物理学之类的学科中不难指出符合此一条件的标准解释实例，在这一意义上，可以说它给出了关于科学解释的某种理论图像，但它至多只是特例而非通则。总体说来，覆盖律解释模式并不成功，由于其内在的理论缺陷，它即使就科学解释而言亦面临诸多质疑，更不用说如亨氏及其同道所期许的成为"覆盖"历史解释的标准理论模式。诚如唐纳根所说的那样："与波普尔－亨普尔理论相关的触目事实是，我们在史学中看到的无数历史解释中几乎找不出一个与之相符的实例"。[2]

首先，并非所有科学解释原则上能满足亨氏模式如此强的普遍性与演绎性要求，内格尔中肯地指出，对所发生现象给出充要条件的解释，"甚至在自然科学最为发达的分支中，这种理想都难得实现"。[3]在量子力学背景下，很明显，自然规律有许多是统计规律，而非全称普遍规律。对此，赖希（George A. Reich）借助混沌理论给出的说明见解独特，颇具启发性。[4]所谓混沌即对

---

① Ernest Nagel, *The Structure of Science: Problems in the Logic of Scientific Explanation*, Chapter 4.

② Alan Donagan, "The Popper-Hempel Theory Reconsidered", in William H. Dray, *Philosophical Analysis and History*, Harper & Row Publishers, 1966, p. 142.

③ Ernest Nagel, *The Structure of Science: Problems in the Logic of Scientific Explanation*, p. 582.

④ George A. Reich, "Chaos, History, and Narrative", in *History and Theory*,

初始状态高度敏感的非线性系统,这类系统中初始状态的某些微小的扰动最后可能引发差异巨大的后果:今天傍晚巴黎树丛中一只蝴蝶翅膀的扇动可能改变下个月发生在北京的沙尘暴的方向("蝴蝶效应")。从这个角度上看,即便是在自然科学中,那些普遍规律其实也只是物质在宏观低速运动状态下的片断性质,基于此的覆盖律解释只是特例而非通则。

人类历史具有典型的混沌性质,在某些分岔点上,一间之差往往导致截然不同的结局,如古巴导弹危机中赫鲁晓夫的态度对事件的结局即美苏之间正面军事冲突的避免就是如此。混沌不意味着混乱无规则,但这一规则是非线性即非决定论的,并且,即便我们拥有关于某一混沌系统的规律,初始条件与被解释事件间的时间跨度越大,对初始条件认识的精确性就越高(历史中事件的时间跨度通常比自然科学领域中的来得大),而这一要求在历史中通常难以满足,因此,历史解释很难达到覆盖律模式的要求。事实上,在史学领域中,全称普遍规律几乎可以说不存在。唐纳根分析了三类通常被提出来作为历史解释中涉及规律的情况,即运用自然科学规律、普通常识及所谓社会科学规律的例子,第一类如波普尔举过的布鲁诺致死的原因是火刑的陈述中包含"火能烧死人"的规律,这一例子表面涉及历史事件,但显然不属于关于历史的陈述;在社会历史领域中的确存在诸如"绝对的权力绝对导致腐败""有压迫就会有反抗""得道多助,失道寡助"之类常识性的概括,但除了不具备可定量化的特征(压迫达到何等百分比的强度则必起反抗?)外,它们事实上都有反例(压迫并不必然导致反抗，也可能导致屈从），并不具有自然规律的普遍性和确定性，只不过是某种"常理"（truism）或常识（common sense），所谓社会规律大体均是如此。①沃尔什指出，"尽管二百年来在这个问题上有过很多论述，却还没有一个人在发现历史规律方面作出值得称誉的典范……孔德的社会发展三阶段法则，马克思关于经济因素在历史中的作用的规律，汤因比的'挑战与应战'模式"都不符合真正科学规律的要求。"这些规律，既可以说它们能够运用于任何地方，也可以说它们在任何地方都无法运用"。②古往今来，事实上我们"看到过许多创立历史'规律'的努力，但是，所有这些'规律'全都在历史事实的汹涌起伏的海洋中沉没了"③。

历史中严格普遍规律的阙如还可以从历史预测难见成功范例窥其一斑。黑格尔式宏观历史规律言说及其所包含的关于历史发展进程的预言因其大而无当早已成为笑柄，即使是在更具体的历史事件方面，例如关于苏联政权在 1989 年的垮台，不但所有战略分析家没有一人曾在事前作出有实质意义的预报，即便是在事后，对于存在了 70 多年的超级大国一朝倾覆的解释迄今还是人言人殊，莫衷一是。④历史中缺乏类似自然界物理、化学定律

① Alan Donagan, "Historical Explanation: The Popper-Hempel Theory Reconsidered", in *History and Theory*, Vol. IV, p. 15.

② 沃尔什：《历史中的"涵义"》，《现代西方历史哲学译文集》，张文杰等编译，上海译文出版社 1984 年版，第 218—219 页。

③ 菲利普·巴格比：《文化：历史的投影》，夏克等译，上海人民出版社 1987 年版，第 7 页。

④ John Elson, "Sorting Through the Runde: How Pundits and Scholars Are

那样严格规律有多方面的原因，体现人类自由意志的"个体选择假设"①在其中显然扮演了一个十分重要的角色，它使得任何言之凿凿的常理或经验概括每每因不可避免的反例而落空。例如，按照一个欧洲强国想在欧洲称霸就要扫除一切竞争对手的通例，我们可以用它来解释希特勒于 1941 年做出进攻前苏联的决定。但由此所能得出的只是"一个可以理解，但绝非必然的决定……讨厌的是，如果希特勒做出另一种决定，我们也可以找到其他的命题来解释"②。这种情况在社会历史领域中所在多有：尽管失败后徐图"东山再起"乃常理通例，但偏偏就有"不肯过江东"的反例（项羽）令之失效。所谓"有人连夜进京赶考，有人漏夜辞官回家"，"有的人受不了牙痛去拔牙，有的人害怕拔牙（之痛）而忍受（蛀）牙痛"，等等。在此，正如山迪斯（Constantine Sandis）所指出的那样，给出行为的合理性理由和给出与该行为相关的事件发生的因果性解释是有区别的两件事，③除了理由可能是事后的辩解而非事实上的行为动因之外，更重要的是，一个事情有理由发生不等于其必定发生，后者需满足因果必然性条件。因此，在人类行为的背景下，上述那些相反情况的发生都不乏可以理解的合理性，但却不具有齐一的规律性。如果依亨普尔

Interpreting the European Revolution That None of Them Predicted", *Times*, April 23, 1990.

① Alan Donagan, "The Popper-Hempel Theory Reconsidered", in William H. Dray, *Philosophical Analysis and History*, p. 149.

② 雷蒙·阿隆：《论治史》，冯学俊、吴泓渺译，生活·读书·新知三联书店 2003 年版，第 146—147 页。

③ Constantine Sandis, "The Explanation of Action in History".

所言，唯有满足解释与预测同构性解释才算得上是真正的解释，那我们也许只好同意唐纳根式的正话反说："如果覆盖律模式是正确的，那么，迄今为止没有一个历史学家曾经成功地提供过任何一个真正的历史解释。"[①]概括起来，历史中的各种事件往往"包括一些独一无二的要素或某种特异的要素。这种特异性意味着，这些要素不能被完全分析为构成先进单位那些事件和既存的那些力量的成分。也就是说，如果有人做了决定或选择或通常所说的做出了行动，而不仅仅是被动反应，那么就意味着他所做的决定或选择或按通常的说法，即行动，就是新的"[②]。由于规律解释"千篇一律"的本质，这在以大规模制造为背景的现代科技中容有其合理效用性，而在人文学科如史学中，这样的解释即便可能也因其在认知意义上的无趣乏味而不可欲（undesirable）和不可行。

其实，亨普尔本人于提出其覆盖律模式时也意识到实际的解释很少能够像理论上所要求的那么"面面俱到"，他承认，在历史中，大多数情况下所能给出的并不是完全的解释，而是某种他称之为"解释纲要"的东西，它需要由具体经验细节加以补充。尤其是面对众多的质疑与反对，[③]他最终放弃了严格的覆盖律解释

---

① Alan Donagan, "Historical Explanation: The Popper-Hempel Theory Reconsidered", in *History and Theory*, Vol. IV, No. 1, 1964, p. 14.

② 威廉·斯威特编：《历史哲学：一种再审视》，魏小巍、朱舫译，北京师范大学出版社 2008 年版，第 174—175 页。

③ 包括其同情者乃至支持者的疑虑，如 E. 内格尔也承认，覆盖律批评者认为对非个体集合事件的解释并不表现为这一模式的观点"无疑是正确的"。E. 内格尔：《科学的结构——科学说明的逻辑问题》，徐向东译，上海

要求，代之以"归纳—统计"模式（Inductive-Statistical Model）。这一模式与覆盖律模式不同的是，解释项中的普遍规律被代以概率趋近于 100% 的统计规律，因而，在归纳—统计解释中，解释项与被解释项间并非逻辑上的可演绎关系，但前者确实能为后者提供一定程度的归纳上的支持。亨氏试图以这样一种放松了条件的模式应对人们基于历史解释实践对他的解释观点的质疑。但是，以统计概率代替普遍必然规律固然可以规避后者所难以招架的反例，却在演绎性、预测性诸方面作出了全面的让步，此时剩下的几乎只是关于任何解释中总是涉及某种程度的普遍性前提这样一个平凡的理念，借此，他也许能堵住反对者的嘴巴，但究竟是否有违自己追求真正解释的严格性与科学性的初衷？连亨氏观点的同情者丹图也认为，亨氏模式的"演绎假说看来不得不被抛弃，而一旦我们这样做了，我们也就等于摒弃了亨普尔整个分析的基础，后者依我的概括乃是这一假说的逻辑结果"[1]。依德雷的说法，这样做恐怕"只是贪图便利，却放弃了原则"[2]。人们担心，"一旦我们以统计规律替代规律在覆盖律模式中位置，我们看起来就打开了闸门，各种各样很成问题的解释都将被算作科学的解释"[3]。

其次，可以构造出一些满足覆盖律形式要求的实例，但它们显然并非什么科学解释。萨尔蒙（W. Salmon）提出的"男人吃

译文出版社 2002 年版，第 685 页。

[1] Arthur Danto, *Analytical Philosophy of History*, p. 211.

[2] 威廉·德雷：《历史哲学》，第 13 页。

[3] Paul T. Durbin, *Dictionary of Concepts in the Philosophy of Science*, p. 99.

避孕药不受孕"反例一眼就能看出很荒唐，但它却可以由一个完全符合普遍性及演绎性要求的三段式推出。问题出在这样的所谓解释因缺乏"解释相关性"，从而其论证与论旨实际上是不相干的，但这恰恰是亨普尔理论没能解决的问题。在所谓解释与预测对称性上，也存在"旗杆及其影子"反例。旗杆与其投影长度存在可计算的数学关系即"函数规律"，但如果我们用后者作为对前者（之所以长 100 米）的解释则是非法的。[1]此外，对于解释中是否必须包括普遍必然性陈述人们也有不同的看法。例如，斯克利文指出，用"我伸手取烟碰翻墨水瓶"作为对"地毯上的污迹"的解释就丝毫不涉及普遍规律，它只是一次不小心打翻墨水瓶的偶然事件的结果。[2]引申来看，在涉及人的行为的历史领域中，大量事件均可以有类似的因果合理性解释，但却无须假定也无从论证相关必然规律的存在。如果说科学没法解释偶然，那么，在社会历史领域，偶然性普遍存在，并且无法被进一步还原为必然性。

覆盖律解释模式如今已成明日黄花，一方面，它在科学性追求方面陈义过高，不仅曲高和寡，在理想与现实之间本身亦"力不从心"。另一方面，它在眼界上过于偏狭，过分偏重于解释的科学性实即逻辑结构的论证，并以为可以将之简单推广到史学领域，但对史学解释及其复杂性却关注甚少。在纯学术考虑之上，其

---

[1]　关于这一问题的详细讨论，参见范·弗拉森：《科学的形象》，郑祥福译，上海译文出版社 2002 年版，第 129—132 页。

[2]　Michael Scrieven, "Explanation, Prediction, and Laws", in *Theories of Explanation* ed. by Joseph C. Pitt, Oxford University Press, 1988, p. 68. 实际上，这正是一个典型的叙述解释。

方法论一元论观念所透露出的某种君临天下的科学帝国主义倾向是其不成功的深层文化根源。亨氏模式自诞生之日起就陷入激烈的学术争论，人们于批评覆盖律模式的同时破立并举，提出了各自的竞争性历史解释模式，这正是我们下一节的主题。

第三节　历史解释的非科学主义模式

基于表述上整齐对应的考虑，围绕亨氏解释模式所形成的学术争论可以被方便地描述为不同解释模式之争。这样，以亨氏怀有"殖民化"雄心的科学一统解释观为一方，在立足史学实践的"本土化"一方我们可以大致列举出"连续系列模式"（奥克肖特[M. Oakeshott])、"合理解释模式"（德雷）、"重演解释模式"（柯林武德）、"综合性模式"（沃尔什）、"叙述解释模式"（丹图、加利等），以及马丁试图综合科学与人文两造的"重演和实践推断"模式等各种竞争性理论方案。非科学主义解释流派"各自为战"，彼此之间有错层也有交集，有共识亦有侧重，对这些纷繁的理论主张我们将不一一缕述，而是择其要点统一处理。

各种解释方案分歧的一个方面，可以概括为对"解释何以可能"的不同回答。亨普尔视普遍规律为达成解释的逻辑要件，如上所述，普遍规律在历史中非普遍存在，这直接导致其解释观的落空。作为规律解释的替代，"连续系列模式"的意思是，历史解释是通过在两个事件的空白处"填出"一系列相关事实实现的。就这涉及因果链条的建立而言，它难免要涉及某种普遍概括，从而与其所反对的亨氏模式并非毫无关系。但更为值得注意的是，它强调了解释与相关事实确立之间的相互关系，其所暗示的历史事件在时间中的"来龙去脉"的关系触及历史解释的某些本质特征，与"叙述的解释"互为呼应。另外，与科学解释强调"为什么"(know why) 不同，史学中的解释属于发生学的解释，一旦事情是"怎么样"(know how) 发生的弄清楚了，事情也就自然地得到了解释。举个例子，当我们在街头看到人群聚集而问知情者是"怎么回事"时，相关细节的给出很快就让我们明白了发生的是一场如此这般的"斗殴"或"交通事故"。

在另一维度上，亨普尔解释"见物不见人"的自然主义倾向与人文主义解释观存在内在冲突。秉承狄尔泰人类之事需要理解的精神，历史解释中不可或缺的"心灵"或"目的"维度得到凸显。按照柯林武德著名的"重演解释"观念，与科学家对自然现象基于外在因果归纳普遍性得出的法则解释不同，"历史的过程不是单纯事件的过程而是行动的过程，它有一个由思想的过程所构成的内在方面"，在这一意义上，"一切历史都是思想史"。[①]因此，历史学家对历史事件的解释是基于对历史当事人（广义）行为背后"思想"的内在理解实现的。法国哲学家阿隆在亨普尔举的汽车水箱破裂例子上加了某个心怀不满的修理工出于报复动机故意加入不含抗冻剂的水这一条件，表明这类事件仅从自然规律出发不参照行为者的思想动机无法得出全面真实的理解。关键在于，人类事物独具自然事物所没有的内在意义维度，沃尔什以"古生物学家"和"考古学家"各自"工作程序"的区别为例对此做出了恰当的阐述。前者只需进行物质层次的对象重建，而

---

① 柯林武德:《历史的观念（增补版）》，第 212 页。

后者则需进而揭示历史遗存所反映的人类思想与经验。[1]事实上，柯林武德对历史的思想、意义层面的关注与他本身作为考古学家的专业背景有直接的关系，考古学家工作的实质就是对远古出土文物包括其铭文的意义破解与释读。

对柯林武德的"重演解释"存在各种批评，一种观点认为，历史学家在自己思想中设身处地、将心比心地重演历史人物的思想似乎包含一种直觉论立场，是将自身建立在历史学家与历史行为者之间神秘心灵共鸣基础上的非理性过程。内格尔由此质疑，这似乎意味着，要理解希特勒你就得具有一颗希特勒的心，就像只有胖牧人才能养肥羊，这样的诘难尽管不失为机智，但却未必中肯。对于这种论调柯林武德们完全可以反唇相讥，精神病学家理解精神病的前提恰恰是他自己没有疯。柯氏在关于重演的论述中虑已及此，指出"它并不是消极屈服于别人心灵的魅力之下；它是积极的，因而也就是批判的思维的一种努力"[2]。总之，同情的理解与共鸣当然不需假设上述观点所暗示的心理置换，它所要求的无非是洞察入微的分析与设身处地的想象力，所谓"史家追叙真人实事，每须遥体人情，悬想事势，设身局中，潜心腔内，忖之度之，以揣以摩，庶几入情合理"[3]。柯林武德所说的行为内在精神层面包括"感觉"和"思想"，作为知觉、情感和欲望，人类在感觉方面"人同此心"且恒常不变，它让我们在"世事"方面有不假思索的"洞明"与亲切感。而思想主要是指心灵的反思

---

① 沃尔什:《历史哲学——导论》，第 52 页。

② 柯林武德:《历史的观念（增补版）》，第 244 页。

③ 钱锺书:《管锥编》第一册，中华书局 1979 年版，第 166 页。

和理性层面，这是解释时需要着力思考的主要东西。因此，柯林武德所谓的移情并非参悟不能通过证据和推理获得的理解的独门秘技，只是要求历史学家以一种设身处地的态度进入历史。柯林武德明确说道，"我们永远也不会知道"伊壁鸠鲁、尼采等历史人物的"感觉"或心情，"但是这些人思想过什么的证据，却在我们的手里；而且凭借解释那些证据而在我们自己的心灵中重新创造这些思想"。①在此，重演历史人物的思想本质上是基于实践慎思的理性演绎过程，具体说来，它包括历史行为者对其所处历史情境的理解（处境动机），其意图、目标，以及在当时情况下为达成目标所有选择的手段这一系列的理性考虑。以"恺撒于公元前 54 年率队由高卢入侵不列颠"这一事件的解释为例：其所面临的局面是，他当时刚刚完成对高卢的征服，对此充满敌意的不列颠部落的干预则是高卢地区动荡的根源。在此处境下，为确保高卢的安全，不列颠必须变成无害的是恺撒相当合理的动机。为此他手上可供选择的手段有外交斡旋、武力威慑或武装入侵。事实证明，他最后采取了武装入侵。在此，"处境动机""相关意向"及"完成的行为"之间如马丁所说有相互联系的三角关系。在更严密的论证层面上，马丁对行为者的"思想"加以扩展，将之进一步细化为包括七个环节或步骤的基本解释图式，认为一旦我们能够给出"行动者做 A 是因为（1—7）的陈述"②，原则上我们也就在逻辑上重演亦即解释了这一行为。在此，整个思

① 柯林武德：《历史的观念（增补版）》，第 292 页。
② 雷克斯·马丁：《历史解释：重演和实践推断》，第 76 页，另参见该书第 73—77 页。

想重演实质上是基于对人的行为的"理性选择"①假设的合理性"事理"分析与推断过程，在"事实"方面则由史料证据获得经验支持，由此构成关于历史的合理解释。这样的重演解释与其说是心理臆测，毋宁更具有某种行为理论的特征，在这一点上，德雷提出的"合理性解释"模式与"重演解释"是一脉相承的。不过，不能不看到，人的行为常常不是完全受理性支配的，在考虑历史人物如项羽（不肯过江东）、关羽（华容道放曹操）、希特勒（反犹主义种族灭绝）的行为时，心理、性格因素其实构成不可或缺的一环，在这一意义上，历史学家和精神分析学家一样，对反常乃至变态的行为同样可以做出合理的分析和解释，这里并不要求研究者与研究对象之间抽象同一性假设。此外，同样的处境、动机在不同人那里可能导出不同的行为选择。因此，历史解释通常只给出事件的必要条件而没法给出其充要条件，对于已然发生的历史事件，它所可以说的是，如果已知导致此一事件的条件中缺失某一条件，则此一事件不会发生，但无法断言任何时候只要具备这些条件则事件必定（如此）发生。换言之，历史解释属于可能性解释而非必然性解释。②必然之事可以预测，可能之事可以理解。此外，柯林武德的重演观点包含着关于人性相对统一性

---

① 西方经济理论中有以布坎南（James M. Buchanan）为代表的"理性选择理论"，以"经济人"假设为前提试图给出关于人类各种社会行为的一揽子分析，其关于企业家与政治家的行为均具有个体利益最大化动机支配下典型行为特征的分析鞭辟入里，发人深省。

② R. F. Atkinson, *Knowledge and Explanation in History: An Introduction to the Philosophy of History*, Macmillan Education Ltd., 1989, pp. 111-112.

的预设，但他并不主张超时空的同一人性观。①

需要指出的是，行为的思想层面不可简单理解为原因链条的加长，其中包含的目的维度已隐然透露出意义的层面，从根本上说，柯林武德所强调的历史行为的内在方面应该被进一步理解②为意义的层面，这才是历史与自然现象相区别的根本所在，同时，意义超越单纯的主观意念，具有客观可公度性。我们也许的确无法在心理学意义上"钻进别人的心里"，但却可能洞察其行为背后的合理意义。在此，柯氏解释观中潜在的思想萌芽与当代"解释人类学派"大师格尔兹（Clifford Geertz）的观念间存在着紧密的联系。和韦伯一样，格氏相信人是一种被悬挂在他自己所织就的意义之网上的动物，而文化就是这样一张意义之网。因此，"文化的分析不是一种探索规律的实验科学，而是一种探索意义的阐释性科学"③。意义的理解和阐释将我们带到更广阔背景上人类"生活形式"的文化层面，并且在不同民族与时代间是历经变化的，这一点，在我们面对陌生和异常文化现象时显得尤为突出。比如，当我们面对有些原始部落的人通过清洗小刀而不是伤口的办法疗伤时，离开特定的文化理解是没有办法重建其手段与目的间的合理联系的。这时候，有人容易自以为是地以嘲讽（愚昧）代替解释。其实，原始人的观念并非那么的不可理喻，"总的来说，他们知道清洗是有帮助的，污垢妨碍伤口的痊愈。他们

---

① 参看雷克斯·马丁：《历史解释：重演和实践推断》，第 21 页。

② 柯氏本人在多大程度上明确意识到甚而阐明了这一点，是一个有待回答的问题。

③ 格尔兹：《文化的解释》，纳日碧力戈等译，王铭铭校，上海人民出版社 1999 年版，第 5 页。

知道小刀如同原因，伤口如同结果；而且，他们也掌握了正确的原则，对原因的处理一般说来比症状的处理可能更有效"①。维特根斯坦也以虚构的例子讨论过行为解释中超越单纯因果的背景理解问题。②一旦进入"人的世界经验和生活实践"维度，解释学关于"理解怎样得以可能"③的理论之思显得尤为正当与中肯。

对柯林武德解释理论的另一常见批评，是认为它只适合于个体行为，不能用于不具心灵的大规模历史现象如制度变迁及经济、文化运动的解释。这一问题牵扯甚广，涉及历史理解中著名的方法论整体主义与个体主义之争。简而言之，此中关键之一仍然是如何理解心灵。正如我们已经看到的，从思想的角度理解柯氏所说的心灵，它如德雷所看到的其实不仅仅"局限在内心独白的范围里"，④而具有某种客观理性的性质。因此，柯氏理论未必与超个体的社会层面的理解相排斥。不过，个体与集体或者社会的关系对历史解释来说的确构成理论挑战，从狄尔泰"客观精神"概念的提出，到兰克、德罗伊曾所谓的历史的"力"，都是试图在个体与社会之间建立某种合理联系的努力，⑤柯林武德的理论显然没能给出关于这一问题的终极回答。

综观与亨普尔式科学主义解释模式对立的各种人文主义解

① 雷克斯·马丁：《历史解释：重演和实践推断》，第 87 页。

② 温奇：《社会科学的观念及其与哲学的关系》，张庆熊、张缨等译，上海人民出版社 2004 年版，第 124—125 页。

③ 伽达默尔：《真理与方法》上卷，第 6 页。

④ 威廉·德雷：《历史哲学》，第 25 页。

⑤ 伽达默尔：《真理与方法》上卷，第 225—312 页。

释观点，它们彼此之间存在着深刻的内在统一性，其差异所在毋宁说主要是历史解释不同侧面的呈现。首先，德雷的"理性解释"模式与柯林武德的"重演解释"之间不仅有思想史的传承关系，在撇清重演的直觉论色彩的情况下，后者同样属于理性解释的范畴。而其他各种解释观亦皆与理性解释观兼容无冲突。其次，"连续序列""综合性""叙述的"解释模式的共同特征，就是主张将所欲解释事项放在一个更大的时空框架内（而不是覆盖于普遍规律下）获得解释，与覆盖律观点强调普遍与个别的关系不同，这里涉及的是整体与部分的关系。当然，历史解释由于其内在的时间性维度，均可以被看作是发生学的解释类型。

对史学实践稍有了解的人都会想到，寓解释于叙事乃是历史学家基本的思想手段，怀特指出："史学家尤其想通过将一系列历史事件表现得具有叙事过程的形式和实质，以此对它们进行解释。"[1]丹图说，"一个故事就是关于在起源和结局之间变化如何发生的描述，依我说，也就是解释。"[2]"所谓叙述，通俗地说就是'讲故事'"(story-telling)[3]，即依时间顺序关于某一或一组事件的开头、中间、结尾"来龙去脉"的编排、描述，明克指出，"与将某一特定事件归类为某一规律的实例一样，我们可以通过将之置于某一叙事序列中获得对它的理解"[4]。当历史学家面对解释

---

① 海登·怀特：《元史学：十九世纪欧洲的历史想像》，"中译本前言"，第3页。

② Arthur Danto, *Analytical Philosophy of History*, p. 234.

③ 浦安迪：《中国叙事学》，北京大学出版社1996年版，第4页。

④ Richard T. Vann, "Turning Linguistic: History and Theory, 1960–1975", in F. R. Ankersmit, Hans Kellner eds., *A New Philosophy of History*, p. 48.

要求时，他往往本能地给出一个叙事。

"科学在起源时便与叙事发生冲突"[①]，而叙述与历史解释之间则有内在的关联。基于规律覆盖的演绎解释带有先验的特征，而叙事则内蕴"后见之明"的视角，它同时具备时间性和经验性两个内在维度。正如丹图所说，"叙述句子"其实是基于事后经验才可能作出的。即使是像"欧洲于 1618 年爆发了'三十年战争'"或"1919 年在北京发生了五四运动"这样的简单句子，在其发生的当下时间也是无法被说出的，谁事先知道当时发生的战争最后打了 30 年？五四运动作为中国现代史上重大事件的意义对当时参加者来说未必在其预期之中。进而，规律排斥偶然，而叙述却有时"无巧不成书"。科学解释的本质如亨普尔所说是逻辑论证，而历史解释在本质上是修辞的。逻辑所关心的是（必然性）推理及其真伪的判断，而修辞作为以说服人为目的的论辩艺术，以基于常理的可能性为论辩原则与根据。[②]这正与前述历史解释只言说事件的可能性而不担保其必然相对接。在古希腊修辞、逻辑及辩证法并列的传统中，叙述类属修辞而与抽象论理的逻辑话语相对待。在现代背景下，它与以人工符号语言及分析、论证为特征的科学论说方式亦形成对照。

撇开关于历史解释的不同理论范式之争，就历史解释实践而

---

① 利奥塔：《后现代状态》，车槿山译，生活·读书·新知三联书店 1997 年版，第 1 页。

② 关于"修辞学"这一我们实际上颇为陌生的西方文化产物，高辛勇《修辞学与文学阅读》（北京大学出版社 1997 年版）一书的有关论述是很好的参考读物，尤其是其中第一章"修辞与解构阅读"及附录一"西方古典修辞学"。

言,关于各种历史解释的优劣得失是否存在可能的判定标准？关于这一点,科学哲学家保罗·塔格德（Paul Thagard）给出了三个判据,即涵盖面（一个解释所涵盖的史料越多则越好）、简洁性（一个解释所需的附加性假定条件越少越佳）和相似度（一个解释与我们已知为真的解释相似度越高越好）。[1]

涵盖面涉及的是解释的普遍性,能够覆盖更多经验事实的解释显然具有更强的解释力。不过,当两种不同的解释对不同范围的史料给出竞争性的解说,涵盖性这一主要是量化的指标就失效了。"对竞争性解释的比较涉及的是确定何种证据与所要解释的事情相关性更大,而要确定这一点,单纯量的比较不足为据。"[2]简洁性的优点可以从反面来看,繁复的附加条件往往表明解释者所提出的解释理论不足以应付需要,拉卡托斯（Imre Lakatos）关于科学中"通过增加新颖的辅助假说"构建保护理论"硬核"不受冲击的"保护带"的观察说的就是类似的情况。[3]在新增假说伴随所说明的经验事实的增加的条件下,"保护带"的设置对避免轻易放弃本来有前途的理论假说是有益的,然而,在同等解释力下,简洁的解释优于附加各种假定条件的解释是明显的。最后,与已有成功解释的相似度较前两个标准而言是一个在理论上更弱的标准,虽然它有时对解释颇有帮助。例如,在考虑据称杰

----

[1] Thagard, "The Best Explanation", Adopted in Allan Megill, *Historical Knowledge, Historical Error: A Contemporary Guide to Practice*, p. 132.

[2] Allan Megill, *Historical Knowledge, Historical Error: A Contemporary Guide to Practice*, p. 132.

[3] 伊姆雷·拉卡托斯:《科学研究纲领方法论》,兰征译,上海译文出版社 1986 年版,第 68 页。

弗逊与其女奴黑明丝有染的历史事实时，参照当时其大量白人同胞在此类事例上已知的一般行为倾向对我们解释杰弗逊行为的可能性是有帮助的，因为，如果情况相反（男性白人对于与黑人女性发生性关系持相当排斥的态度），则杰弗逊与其女奴发生关系的可能性将大为降低。可是，即使我们知道白人与女黑奴发生性关系在当时并非罕见，这也不足以让我们据此认定杰弗逊亦然。

总体上看，"塔格德三判据"所给出的是比较解释优劣的可能参考性因素而非决定性指标。有鉴于此，麦吉尔指出，历史解释主要应该限于由果溯因，而很难进行由因到果的预测性解释。[①]与亨普尔的主张相比，麦氏的观点无疑是更谨慎也更明智的。

在关于历史解释科学主义与非科学主义的各种解释模式竞争性格局中，最终并未形成具有统一共识的解决方案。在大多数学者只是各抒己见的情况下，美国学者马丁"通过考虑每一个观点的积极成分，发现它们的价值，并在它们之间逐步发展出一种中间的立场"[②]的努力值得注意。他尝试以冯·赖特关于行为的手段与目的间联系的实践推断图式改造、扩展"重演解释"模式，并以"类属的适当断言"替代"覆盖律"模式关于普遍规律的假设，为处于其解释三角形每条边即"处境动机""相关意向"及"完成了的行为"间的联系提供逻辑支持。马丁关于历史解释的动机重演和实践推断图式的专著在论证上充分显示出分析哲学

[①] Allan Megill, *Historical Knowledge, Historical Error: A Contemporary Guide to Practice*, p. 135.

[②] 马丁：《历史解释：重演和实践推断》，第 278 页。

缜密细致的特征,同时对非科学主义的观点亦秉持同情的理解的立场。当然,马丁在历史解释问题上主要走的是一种技术型的路线,历史解释的问题在他这里基本被归结为行为哲学的分析,其与史家解释实践的关系是松散的,对历史解释的叙述本质亦缺乏深刻的理解。

这不是单单发生在他身上的孤立现象,而是关于历史解释的上述科学主义和人文主义正反双方共有的认识论哲学的狭隘性。柯林武德一系的解释学观点在批评亨普尔们解释模式的科学主义之弊时以不合史家实践相诘,但本身如安柯斯密特所说仍未脱出置身历史编纂之外的毛病,从而看起来分别像是应用逻辑或科学教科书的一章,或者行为哲学中的章节。事实上,只要看一看兰克、布克哈特这些历史学家的著作,其伟大之处并不在于他们对历史事实的描述或解释的准确性,而是他们所给出的关于过去富于想象力和洞察力的全景式整体阐释。①在此,历史解释超出单纯因果或手段/目的分析的宏观人文理解维度就进入我们的视野,意义阐释成为关注的焦点。

第四节　历史阐释

在笼统地被称为历史解释的语项下,除了关于"为什么"(know why)和"怎么样"(know how)的类型外,尚有关于"什么意思"(know what)的阐释(interpretation)的层面。前二者是同一平面上侧重因果或发生学解释的不同模式,而后者则属于不同的解释类型,其实质为意义阐释。卡西尔(Ernst Cassirer)

---

① 安柯斯密特:《历史与转义:隐喻的兴衰》,第65、66页。

敏锐地看到,历史学表面看来与自然科学一样亦面对作为物理经验的事件,但由于前者关注的是人类活动的领域,历史事实较之自然界的物理经验事实多一个符号的层次,除了历史文献之外,即使是作为物质遗存的历史遗迹亦包含单纯自然物所没有的文化纹理即意义(此所以为"文物"),从而是可能亦需要被阐释的。基于自然科学和史学对象的这一深刻差异,卡西尔建议以"解释"和"阐释"分别标示二者的性质。①

史学阐释首先发生在史料层面,史料包括地下文物和文献资料,前者往往是残缺和今日看来已十分陌生的东西,后者不但可能是片断的,更麻烦的是它往往是用今天已经不熟悉的语言记载的,这都需要有阐释的功夫,即考证、训诂及推理的运用。以"历史即史料"口号著称的傅斯年反对对史料加以历史阐释或解释,他明确提出,"我们反对疏通,我们只要把材料整理好,则事实自然显明了。一分材料出一分货,十分材料出十分货,没有材料便不出货"。②傅氏的意见在反对凭空杜撰方面容有其合理性,但整体上来说却不免失之偏颇。其一,史料本身不会说话;其二,如果有一分材料只能说一分话,则关于历史我们所能说的话就很有限了,阐释的力量恰恰在于在材料基础上合理推论,触类旁通,揭示出史料背后更多的秘密。

史料阐释的结果通常可以表达为陈述句,除此之外,历史阐

① 卡西勒:《历史哲学》,见何兆武主编:《历史理论与史学理论——近现代西方史学著作选》,第 593 页。此处中译分别用的是"说明"和"解释",二者显然是对 explanation 和 interpretation 的不同译法。

② 杜维运、黄进兴编:《中国史学史论文选集》,第 976 页。转引自王尔敏:《史学方法》,广西师范大学出版社 2005 年版,第 168 页。

释更重要的是在叙述文本层面上展开的，历史叙述通过"提供一种完形理解力，借此使得记叙文中所发生的每一事件构成有意义整体的组成部分"①达成阐释。当历史学家将某段历史描述为"文艺复兴""冷战"或"封建时代"并撰述相关著述时，他由此所给出的实际上是关于所描述对象的通盘定性阐释。在此，与通过因果的揭示或目的、意向的阐明获得对现象或行为的解释不同，历史阐释的理解要求是通过意义开显与澄明实现的。

较早注意到史学实践中阐释层次、明确提出"对历史解释的任何论述都应该给它一席地位"的是沃尔什。他指出，历史学家在"适当的概念"下"综合"各种事件，将之构成"有意义"的统一整体，是历史思维的重要方面。②安柯斯密特在沃尔什"综合性概念"（colligatory concepts）基础上进而提出"叙述实体"（narrative substance）概念，如果说，前者仍然主要是在认识论视野中谈论问题，后者则是语言哲学的范畴概念，意义的维度更为明晰，并且突出了语言对实在的赋义关系。在安氏看来，史学文本中习见的"文艺复兴史""冷战史"或"工业革命史"等名目所提示的是关于特定历史时期的意义阐释，以之为名的整个文本则是对它的叙述展开。在意义阐释而非实在透明再现的意义上，安柯斯密特强调，历史叙述所给出的乃是关于理解和界定某段历史的语言建议，形象地说，史学文本仿佛是"观景台"，其中所包含的陈述句是服务于整体史学阐释的"阶梯"，循级而

---

① 尼古拉·布宁、余纪元编著《西方哲学英汉对照辞典》"叙述"词项，人民出版社 2001 年版，第 651 页。

② 沃尔什：《历史哲学——导论》，第 57 页。

上，我们从相应的史学平台上获得一览历史风景的独特视角，所谓"冷战""文艺复兴"乃至"十年浩劫"，无一不是在历史叙述所建议和例示的特定观察角度和聚焦方式下历史现象"格式化"的产物。在此有必要指出的是，阐释与事实不是对立的，不过，与我们以为的不同，不存在孤立于阐释之外的先在事实，正如不存在不涉事实的阐释或与事实相违的正当阐释。古德曼说得好："谈论未结构化的内容或一个未被概念化的所与之物或一个没有属性的实体都是一种自欺。"[1]阐释与（相关）事实应该理解为是同时到场和成立的。

海登·怀特对"历史中的阐释"[2]给出了层次更为繁复的结构分析，这就是他在《元史学》中著名的关于史学文本"情节化模式""论证模式""意识形态样式"以及"喻义"的叙述修辞四重奏。其中由隐喻、提喻等组成的四种喻义手段与沃尔什的"综合概念"及安柯斯密特的"叙述实体"属于同一性质的范畴，它凝聚了历史学家关于特定历史的独特想象。情节化赋予史料以可以辨认的叙事形式，历史（事件、人物）由此展现为喜剧、悲剧、罗曼司或反讽（闹剧）等人们熟悉的故事类型，人们于认出它们的同时获得对它的理解。同时，情节安排还隐含着历史学家的情感态度和价值判断，我们在为之歌哭或扼腕叹息的同时暗中接受了历史学家由此为特定历史定下的阐释基调。"论证模式"是怀特叙述文本结构分析中最直接涉及历史学家"解释策略"的内

---

① Nelson Goodman, *Ways of World Making*, Hackett Publishing Company, 1978, p. 6.

② 海登·怀特：《后现代历史叙事学》，陈永国、张万娟译，中国社会科学出版社 2003 年版，第 63—101 页。

容,它指的是我们从历史学家关于其历史观点的论证中可以辨认的"形式论的""有机论""机械论"或"语境论的"解释范式。最后,历史叙述总是受到撰史者意识形态倾向的影响,呈现出从"无政府主义""保守""激进"到"自由主义"的意识形态色彩。上述怀特四个一组整齐划一的结构分析在文学、哲学理论方面皆有所本,他对之未必有像黑格尔对自己的辩证三段式那样的执着,不过,其不无刻板生硬之处其本人亦无可讳言。[①]对我们来说重要的是,根据怀特的理论,阐释何以可能的问题是通过叙述文本的结构分析来回答的,历史理解与阐释是上述四个方面的因素复杂综合的话语效果。

就均涉及理解而言,阐释与解释在广义上有家族相似性,但阐释与解释之间显然有整体、局部,宏观、微观乃至战略性和战术性之别。从语言上说,解释通常是在句段水平上呈现的,而阐释则在文本层次上完成。阐释以某段历史整体为对象,而解释则以具体历史事项为对象。我们关于历史的一般理解是在文本阐释层面上定调、成形的,而事件的具体细部解释在此意义上倒为其余事耳,二者在重要性上当然有战略与战术之别。另外,从逻辑上讲,由于意义先于真假,叙述(阐释)是较分析、论证(解释)在先的东西,包括文学、史学以及神话、宗教的各种叙述是人类最基本的意义开显形式(详见本书关于"历史叙述"的章节),正是在意义理解的文化土壤上,科学认知性的解释活动才成为可

[①] "《元史学》是西方人文科学中那个'结构主义'时代的著作,要是在今天,我就不会这么写了。"海登·怀特:《元史学》,"中译本前言",第1页。

能。①在源始与展开的意义上，阐释诚然不像解释那样精致，具有那么精确性与形式化的特征，但其质朴性同时意味着原始性和奠基性。当然，解释反过来对阐释同样也产生影响，二者之间存在交互作用。

解释与阐释在理论上处于不同层次，解释是单纯的认识论问题，而阐释则属于解释学的主题，因而触及语言性和本体性的维度。依照伽达默尔所继承的海德格尔的观点，"理解不属于主体的行为方式，而是此在本身的存在方式"②。也就是说，如果说科学解释活动只是一部分人（知识分子）在部分时间里与特定地点（实验室、书房）的特定行为的话，那么，理解则是整个人类生活世界中每日每时发生着的切身的事情（即便对世界的大量基本理解已成定式而不假思索）。在此，理解并非只是发生在脑中的纯粹理知过程，而是世界和人周旋所产生的全方位心灵体验，马克思所谓的"解释世界"（"哲学家"的解释实即"阐释"）与"改造世界"在本体层面上根本是一回事。

基于意义概念固有的意思（sense or meaning）和意义（significance）的双重维度，以上关于历史阐释的讨论所涉及的其实只是其前一层次的意义，事实上，历史研究和著述尚具有后一层面上重要性或价值评判的阐释维度（具体内容详见本书第九

---

① 即便是在具体解释活动中，意义的澄清往往亦为解释提示正确的思考方向。在刑事侦察中，警察关于犯罪类型如情杀、财杀、报复杀人的判断对侦察方向、嫌疑人范围的确定有重大意义，判断的正确与否，往往成为具体侦破突破的关键。在拙著《历史及其理解和解释》（社会科学文献出版社 2005 年版，第 171 页）中，笔者曾举了一个"试胆杀人"的离奇案例。

② 伽达默尔：《真理与方法》上卷，第 6 页。

章）。在前一层次上，历史理解与解释的中心是历史主体，尽管由于时代及语言等各种主客观因素的制约，将历史学家的理解与解释看作即是历史人物意向与行为的严格"重演"是大成问题的，但就前者依其定义最终仍是以形成关于后者的认识为目的而言，真实性或可信性乃是关于理解和解释的最高标准。诚如奥拉夫森所言："历史学家的责任是在一切可能的证据的基础上尽可能恰当地确定历史行为主体的意向与信念是什么。"①而对这里所说的历史阐释而言，其归宿与权威不再是历史行为主体，而是历史学家的后见之明，从而其标准不再是平实而是譬如深刻和老辣。如果将历史学家对历史的解说比拟为棋类的挂盘讲解，利用自己对相关历史的理解向外行解释历史当事人"着手"的动机和意味是一回事，进而能够分析出"棋手"行棋中的棋力不足之处以及"误算""漏算"，给出更合乎棋理的制胜参考图则属于历史阐释的范畴，依施莱尔马赫的名言，此即所谓"比作者理解他自己更好地理解作者"②。

讲棋者高于行棋者之处包括"旁观者清"，而历史学家与历史行为主体的区别，除了"事后诸葛亮"本身的有利地位之外，本质上是因为阐释经验的积累，尤其是新的相关理论的出现，从而让我们有可能③获得了认识上的"望远镜"和"显微镜"，从而见

---

① Frederick A. Olafson, *The Dialectic of Action: A Philosophical Interpretation of Hisroty and the Humanities*, The University of Chicago Press, 1979, p. 219.

② 伽达默尔：《真理与方法》上卷，第 248 页。

③ 至于实际上某种历史理论究竟是否达成阐释目标当然取决于该理论本身的真实生命力。

前人所不见，将无意识提升到意识层面上来。列宁称马克思的阶级分析方法为我们理解原本扑朔迷离的历史提供了一条清晰有力的线索所指即此，此外，如当代学者吴思试图以"血酬"和"潜规则"构造"重新解释历史"的理论，亦属此一范畴内的尝试。[①]

推荐阅读书目

❖ 亨普尔：《普遍规律在历史中的作用》，见何兆武主编：《历史理论与史学理论——近现代西方史学著作选》，商务印书馆1999年版。

❖ 欧内斯特·内格尔：《科学的结构——科学说明的逻辑问题》，徐向东译，上海译文出版社2002年版。是关于解释问题的名著，内格尔的基本思想倾向是科学主义的，其中第二、三、十四、十五章分别涉及科学解释与社会、历史解释问题。

❖ 柯林武德：《历史的观念（增补版）》，何兆武、张文杰、陈新译，北京大学出版社2010年版。涉及柯林武德著名的"重演解释"观念的主要集中在第五编第四节"作为过去经验之重演的历史学"，以及"增补部分"的"历史哲学讲稿"和"历史哲学纲要"中。此外，作为第二手文献，书前和书后杜森的"增补版导言"和何兆武的"评柯林武德的史学理论"可供参考。

❖ 威廉·德雷：《历史哲学》，王炜、尚新建译，生活·读书·新知三联书店1988年版。是本有深度的小书，第二章简要讨论了关于历史解释的各种观点，包括德雷自己的观点。

❖ 帕崔克·伽尔迪纳：《历史解释的性质》，江怡译，文津出版社2005年版。初版于1952年，是少数关于历史解释的专书之一，有一定参考价值。

❖ 雷克斯·马丁：《历史解释：重演和实践推断》，王晓红译，文津出版社2005年版。其试图提出能综合柯林武德的"重演"理论与分析哲学的行为解释理论的解释模式，学界评价较高。

---

① 引号内文字均为吴思相关著述标题中出现的"主题词"。

第六章　历史认识的客观性及其他

在关于历史的认识论探讨中,解释与客观性是并列的两大问题,并且,与解释问题相比,客观性问题更具有全局性的意义。关于客观性问题的一个重要背景是,客观性可以说是科学的"注册商标","职业历史学的核心是'客观性'的思想和理想。它是这项事业的基石,也是它继续存在的理由"。[①]然而,对以数理化为代表的自然科学而言,客观性并不构成真正的理论问题[②],在实际上以自然科学为对象的科学哲学中并无关于认识客观性的专门内容。相反,在人文学科如史学中,认识客观性的达成是一个始终引起严重关切的问题,在某种意义上,史学中甚至可以说存

---

① 彼得·诺维克:《那高尚的梦想:"客观性"问题与美国历史学界》,杨豫译,生活·读书·新知三联书店2009年版,第1页。

② 在宽泛的意义上,一般认识论中的怀疑论与不可知论观点也许可以认为包含着某种可能与认识客观性信念相反的思想倾向,但这样一种实质上属于本体性思辨的学说在实际上并不影响各门科学在经验实证层面(康德所谓"现象界"中)的客观性,其根本标志,就是它不妨碍科学上认识一致性的达成。换言之,所谓不可知论并不危及科学与史学乃至艺术间依客观性程度划定的界线,因此,对我来说,将科学当作认识客观性的标本是关于历史客观性分析既定的理论基点。

在某种程度的客观性危机。科学与史学在客观性方面的不同遭遇对于我们认识和分析这一问题具有重要的理论意义,它提示我们注意由二者的比较中探求导致此一差异的内在原因。

沃尔什曾将历史认识的客观性称为"批判的历史哲学中……最重要的而又是最棘手"[1]的问题。重要是因为它事关史学的学术地位的判断,而棘手之处在于,它同时又是牵扯、覆盖历史认识论方方面面的话题,具有牵一发而动全身的复杂性。这种复杂性首先表现在,作为一个重要的概念,客观性概念的实际内容难以把握,它包含着不同层次的不同含义,对这些区别习焉不察往往导致思考的混乱。这样,关于客观性概念的辨析乃先行性的工作。

第一节 "客观性"与历史认识的客观性问题

从词义上看,"客观性"一词在正反意义上与"客体""主体"有不解之缘,英文中,客观与客体同为一词 (object),相应的主体与主观亦然 (subject)。作为理论概念,客观性从本体论上说即客体性,在这一意义上,只有作为客体的物质实体才具有客观性,而一切思想、精神物则归诸"主体",带有先天的主观性。可是,客观性今天乃是一个认识论概念,在认识层面上,本体意义上同属主观(主体)的思想意识进而区分出认识上客观的或主观的不同层次,这就是我们通常所说的亦是这里所讨论的作为思想或认识的规定性的客观性。[2]

---

① 沃尔什:《历史哲学——导论》,第 93 页。

② R. F. Atkinson, *Knowledge and Explanation in History*, p. 71.

麻烦的是，"事实上，客观性不是一个单一的概念，而是一组不同概念，并且它们不能完全被归约为一个基本概念"。①比如"绝对的客观性""辩证的客观性""学科共识的客观性""程序的客观性"等等。②"客观性"在词义上有实义与描述义的区别，坐实而论，以"客观性"为（关于主体的）认识论概念本身暗含以客体为中心的理解，就此而论，客观性概念的实指义乃是对客体性的分有，认识之客观与否被认为依其与相应客观实在（对象）的正确（正确反映）或错误（幻相、歪曲）关系决定。这立即让我们想到关于真理著名的"符合论"观点。然而，"客观性"不但是实义词，它还是广义的描述词，可以用为描述认识正确性、合理性、可靠性、权威性乃至一致性、主体间性等一组概念的共名，在这一意义上，它与真理是同义词，并且同样具有罗蒂所说的"敬语"性质。依关于"客观性"的这一广义理解，实指的"客观性"实际上只是对认识真理性具有实在论倾向的一种界说。总之，客观性如沃尔什所说，"乃是在任何一种可以号称有科学资格的知识中所必定会有的特点之一"③，在本书中，认识的客观性主要是在广义上作为真理性或科学性的代名词来理解的。

在实在论的认识视野中，客观性与主观性互为反对概念，客观性即非主观性。由此引申出为了达成认识的客观性，必须尽量抵制和消除认识中各种主观因素的影响（"正心诚意"），从而达

---

① Allan Megill, *Historical Knowledge, Historical Error: A Contemporary Guide to Practice*, The University of Chicago Press, 2007, p. 112.

② Allan Megill, *Historical Knowledge, Historical Error: A Contemporary Guide to Practice*, p. 114.

③ 沃尔什：《历史哲学——导论》，第94—95页。

成价值中立的认识。相反，对认识中主观性因素难以消解的论证则往往是质疑认识客观性的基本思路。这可以说是关于"客观性"的"心理学定义"。应该说，对主观性因素的抵制虽说对正确认识不无助益，但却并不必然决定认识正确与否。更不用说在认识结果的层面上，主观（能动）性未必妨碍认识的客观性，甚至是实现后者的必要条件。

将认识客观性阐述为对认识客体的分有或反映在语言概念上显得顺理成章，尤其是与我们关于认识的直观相当吻合，但正是这种质朴的认识论理解，仔细推敲之下问题不少。

第一，关于认识客观性的这一观点实际上只是一种语词上的形式定义，和说真理就是与客观实在相一致的正确认识的说法如出一辙。类似说法和说好人就是做好事的人，鸦片之所以能止痛是因为其中含有止痛成分一样，对这种同义反复式的套套逻辑你在概念上似乎挑不出它的错，但知道它对增进我们关于客观性的实质性理解并无助益。它充其量不过是"在字面上解决问题"，却不能告诉我们究竟某一信念是否与实在相符。①

第二，符合论暗含着将认识与对象相比较的质朴观念。支持此一观念的实例似乎是"看，一只鸟"的陈述与循声望去所见结果的比对，或当读到"北京有个天安门"的句子时脑海中对相应经验感知的自动搜索。这种主客对应、比照的认识观念因其与上述直观经验的类比关系而对我们有很强的诱惑力，但我们在欢迎其经验明快性时往往忽视这一认知模式有效的范围乃至抽象性。这样一种主体与客体的吻合关系及其验证只适用于感性经验

---

① 罗蒂：《哲学与自然之镜》，第 248 页。

的层面，超出这一范围，这一看似自明的观念就会遭遇深刻的理论困难。当我们似乎自然不过地对整个认识的客观性作如是观时，实质上是将"看"这样一种外在视觉性经验想当然地当作"想"（认识）这样的内在思想过程的原型，[①]这就陷入了罗蒂所指视觉中心主义镜式隐喻的魔障。[②]事实上，我们对于客观事物的认识关系基本上并不具有视觉经验的观照特征，在认识中，作为主体的人所扮演的不是摄影师的角色，在关于事物本质与规律的理性探索中，我们的认识并不是也不可能是比照对象的拍摄，认识客观性难以通过主客间外在参照、符合关系达成与检验，依照普特南的理解，认识与对象间符合关系的观察须假设上帝式的超然视角（神目观，God's eye），[③]这恰恰与不可知论曲径通幽。[④]最有力揭穿上述认知观念失误的是这样一个简单的质疑：假如将认识之"知"坐实为视觉之"观"，那我们在认识中原则上居然可能出现错误岂非匪夷所思？

最后，所谓"符合"，也是看似明白其实说不清楚的事情。比

---

① 关于认识的视觉隐喻是如此深刻地嵌入到我们的思维中，以至我们在谈论思想认识时大量用到的语词如"观点""视角""看法"包括"认识"本身中都可觉察到"看"的视觉原型。在西方哲学中，至少在柏拉图那，他在谈论认识时就已用到"心灵的眼睛"这样的视觉性比喻。

② 参看罗蒂：《哲学与自然之镜》，尤其是第一编"我们的镜式本质"。

③ 普特南：《理性、真理与历史》，李小兵译，辽宁教育出版社 1988 年版，第 81 页。

④ 在关于不可知论的各种精致论证背后其实都存在着一个关于人类处境反身性的质朴想象，即设想超越人类之上的存在，就其现实原型论，这样一种想象不过是我们观察蚂蚁、井蛙时"反求诸己"的感受。例如，尼采就曾将人类在认识上的处境比为受限于自己所织之网的蜘蛛。

如，认识与对象的符合显然不是在同质性意义上说的。在意识对实在的模拟意义上，所模拟的是什么，是形式还是内容？是画像与模特的肖似关系，还是类似锤子和钉子或钥匙与锁的契合关系？从效用论的角度看，其实，认识显然不是对实在亦步亦趋的摹写，而是对实在有某种"切中"的关系，描述这种关系的恰当词语不应该是"符合"，而是"有效"。

在与符合论相反的思路上，认识客观性的可操作意义从而其"兑现价值"乃是实践（结果所反馈或曰验证了）的有效性。从发生学的角度看，同为主观性的东西，人的思想观念之所以进而区分出主观与客观或真与假的，最终乃基于其在人们据此进行的实践活动中的不同后果反馈。可以设想，最初令原始人类觉察和判定观念真假的必是其头脑中诸如"水中捉鱼""火中取栗"及"水中捞月"等各种想法付诸实施的不同结果，事实上，思想客观性的效用尺度始终是通行于科学研究的不二法门。观念在行为中的不同效用既是客观与主观区分的由来，同时也就是其判定标准，概括起来，第一，由于有效所以客观；第二，有效即客观（无效即主观）。用实用主义的话来说，认识客观性（真理）的"兑现价值"就是其在实践中的效用（有用）性，命题、观念"是"不"是"客观，端赖其在实践中"行"不"行"（得通）。[1]从根本上

---

① 有效即客观容易使人联想到詹姆斯的"有用即真理"，而真理一词在人们头脑中附加的神圣价值往往引发我们对詹氏理论的负面反应，就事论事的话，真理与有用的全等关系是不难证明的，有兴趣的读者可以参看笔者发表在《厦门大学学报》2002年第4期上的文章《实用主义真理观平议》。顺便指出，"有效即客观"完全可以替代"有用即真理"，且在语言上更为中性，可减少不必要的情感刺激。

说，自然科学之所以被认为具有无可置疑的客观性，抽象言之当然可以说是由于其与自然实在相吻合，但和这种无可核实的说法相反，真正为科学理论提供认识论担保的实质上还是其在实践（实验或转化为技术）上的有效性，在这一点上，实用主义以及马克思主义认识论的实践观的确是把问题说到了点子上。

　　符合论与效用论分别代表客观性的"实在论定义"和"方法论定义"，比较起来，效用观点的明快之处在于它不再在本体性概念层面考虑问题，相反，符合论观点则表现为明确的本体性追求，试图对认识的有效性（效用）提出进一步的本体论解释。符合论实质上认为，认识有效性的根据是其与客观实在的符合或不符合的关系。并且，这一事实上在后的解释在理论上恰恰要求逻辑在先性。不过，基于以上所讨论的原因，这一解释在逻辑上也许是成立的，但在实际上却是无以证实的。从效用论立场出发，认识的客观与否取决于可验证标准和手段的在场，由此可以对认识加以甄别，由之推不出主客观符合的进一步的本体性结论。在此，符合论或效用论分别代表着客观性问题上"实在论"与"实证论"的立场。事实上，认识切中对象的主客间性未必由于前者与后者的一致、符合而奏效在逻辑和直观上同样是可以想象的，好比刀正因与木头不同而可以砍木头。尽管关于认识客观性的符合论与效用论理解存在上述的众多分歧，但双方却有一个重要的共同性，即客观性在它们这里均是在主客间性意义上理解与界定的。

　　与我们关于历史认识客观性的讨论有直接关系而以往人们说得较少的是，以认识在行动中的有效性为根基的客观性命题同时具有思想的有效性，它在不同观点的争执中具有决疑止讼、是非立判的理性强制力：傻子才怀疑火是热的，也不会有人做"以卵击石"或"搬起石头砸自己的脚"的蠢事。

思想有效性蕴涵认识的一致性。由于以有效性为基准人们之间认识歧异的消除、一致性的达成成为可能，客观真实的认识通常具有殊途同归、一致同意的特征，后者遂成为思想客观性有无的重要表征与判据，从而在引申意义上成为客观性概念的又一规定性。对客观性此一意义的理解具有一定的普遍性，[①]例如，胡塞尔（"主体间性"）及罗蒂（"协同性"）均在一致性意义上讨论客观性问题。依罗氏的明确表述，在此，客观性作为"理论的一种性质"。"只不过表示了研究者之间一致性的存在或对一致性的期望而已。"[②]沃尔什则说，当我们称某些命题是客观的，意思是指"保证所有认真调查研究它们的人都能接受"[③]。相反，认识一致性的阙如，必定表明此际认识客观性的缺位。康德当年得出超验领域为认识禁区的不可知论结论，其重要的理由，就是认识在此陷入"二律背反"。遗憾的是，这正是历史认识的实况。阿特金森指出，历史认识客观性问题是"由历史学家的不一致性这一事实引发的关于客观性的疑虑"[④]。在历史领域中，人们在宏观历史描述与解释上众说纷纭、莫衷一是，乃普遍现象，与自然科学相比，史学中认识一致性的缺失是一个令人烦恼的实际

---

① 理查德·伯恩斯坦：《超越客观主义与相对主义》，郭小平译，光明日报出版社 1992 年版，第 64—66 页；约翰·齐曼：《元科学导论》，刘珺珺等译，湖南人民出版社 1988 年版，第 56、158—161 页。

② 罗蒂：《哲学与自然之镜》，第 295、293 页。

③ 沃尔什：《历史哲学——导论》，第 95 页。

④ R. F. Atkinson, *Knowledge and Explanation in History*, p. 88.

问题。

概括起来，对历史认识客观性的质疑通常来自两个方面，按照阿特金森的概括，它们分别为"逻辑的"和"实践的"问题[1]：前者是从特定客观性概念及史学特点出发对其所达成的认识是否具有真理性的纯理论性探讨；后者则是从史学实践中存在的认识一致性的阙如所引发的理性反思。前者在史学实践中并不构成实质性的认识问题，而后者则反映了史学实践中实际存在的认识困惑，亦是我们将着重考虑的重点。

第二节　关于历史认识客观性的理论性探讨

"客观性"诉求以及关于自身认识客观性的信念事实上是相当近代之事，其基本背景是近代自然科学的兴起与史学学科在教育体制中的职业化进程，前者为史家树立了学术标杆，后者在给史学家以学术地位的同时要求专业规范。在这一过程中，原本与文学"文史不分"的史学渐行渐远，其关于自身学术性的定位反映在理论上具有明显的与科学"求同"、与文学"存异"的路数。

人们对历史认识客观性的肯认，主要从史学家和史学研究与科学相似的意向及专业规范入手，概括起来，其要旨都是抑制主观性以达成客观性。认识上的主观性包括许多方面，如过强的主观意志往往容易导致以主观判断凌驾客观事实，正是针对这种倾向，兰克特别强调历史学家应力戒对过去轻下判断，谨守事实分际。[2] "让事实去为它们自己说话"，[1] 不以文害义，不为了生动

---

[1] R. F. Atkinson, *Knowledge and Explanation in History*, p. 72.

[2] "人们认为历史的任务是对过去作出判断，以便使前事不忘成为后事

性而损害严谨性，这是所有历史学家都应谨守的基本要求。在更深刻的层面上，主观性还表现为形上世界观与价值观念等的影响，这是更为根深蒂固难以克服甚至难以觉察的深层主观性。它不但会表现为例如"为尊者讳"之类的偏私，更可能借"爱国主义"之类的名目出现。理论上说，"历史学家不能牺牲历史的真相，即使为了爱国主义也不能这样做"，[②]但价值观及意识形态的影响是否可能乃至是否必须彻底摒除，客观主义者与质疑者乃至反对者之间始终存在争议。

值得指出的是，在历史研究是以历史本身为目的还是手段方面存在着主观性最深刻的根源。不论从事什么活动，"为了事情本身"意味着无私忘我，将那些与事情本身无关的成败利钝等主观考虑的干扰降至最低，伴随而来的必定是"客观""公正"。反之，出于事情本身之外的"实际动机"意味着事情本身降低为手段，那么，成败、效率更不用说各种功利考虑成为中心，这时，事情本身则往往成了牺牲品。因此，以历史为最终目的而从事历史研究，"客观""公正"乃其"题中应有之义"，而一个历史学家如果出于任何外在的目的（这与其目的是否正当无关）从事史学

之师，可是，我这本书却只打算做一件事——它只打算完全如实地说明事情的真相"。转引自张文杰等编译：《现代西方历史哲学译文集》，上海译文出版社1984年版，第260页，注1。

① 这分别是美国历史学家贝弗里奇和法国历史学家福斯太的原话和原意转述。张文杰等编译：《现代西方历史哲学译文集》，第234—235页。

② 彼得·诺维克：《那高尚的梦想："客观性"问题与美国历史学界》，第161页。

研究，"他就会因为他的'偏好'而不能'公正地'对待那项活动"。①

除"正心诚意"之外，和科学一样，史家研究从史料考证、运用有一套客观的学科规范，它需要经过严格的学术训练，要求学者倾注大量的时间与心力（"穿越大西洋以确定一个标点符号的准确性"）并且有一套鉴别真伪优劣的手段和规则，如"孤证不立"，"在可靠性方面物证优于文献证据"，"言必有据"，"有一分材料说一分话"，等等，这的确是主观性的屏障和客观性的堡垒。

但是，"正心诚意"的学术良知加上行之有年的学科规范对于史学认识客观性的达成虽然有一定的积极意义，它可以保证"当一个英国人把'泰晤士报'与'镜报'相对照时认为'泰晤士报'所具有的那种客观性"，②甚至像英国历史学家阿克顿勋爵（Lord Acton）在写给《剑桥近代史》撰稿人信上所说的："我们撰写的滑铁卢战役必须是一个让法国人、英国人、德国人和荷兰人等等都满意的滑铁卢战役，如果不去查阅作者的名单，谁也无法说出从伦敦大学的毕肖普辍笔之处接着写下去的究竟是费尔班还是加斯克、是利伯曼还是哈里森。"③然而，仅此并不能令史学达到例如自然科学那样的客观性水平，从而也未能消除人们对史学客观性的原则疑虑。

首先，在历史事实的确立方面，由于时间（时过境迁）与史

---

① M. C. 莱蒙：《历史哲学：思辨、分析及其当代走向》，毕芙蓉译，北京师范大学出版社 2009 年版，第 476、471 页。

② 威廉·德雷：《历史哲学》，第 80 页。

③ 转引自彼得·诺维克：《那高尚的梦想："客观性"问题与美国历史学界》，第 98 页。

学话语霸权等原因，留存下来的史实事实上具有相当大的随机性，它不仅在本质上是残缺不全的，更糟的是，它往往是片面的。尽管历史话语总是存在大大小小的缝隙，弱势一方的声音于此隐约可闻，但从根本上说，所谓历史是人民写的其实是夸大其词的说法。例如，在关于"十字军东征"的史料中，基督教方面的史料与伊斯兰方面的史料存在着严重的不平衡。1798 年爱尔兰起义的史料中，政府方面的档案有 10000 件，而起义者方面的材料则只有 100 件。①这里，我们触及客观性与全面性及绝对与相对的关系，这是潜存于认识客观性问题背后某种深刻的思想根源。

应该承认，在一定范围内客观性与全面性之间具有某种相关性，片面之实可以在整体上不实。但是，整体性不等于抽象的整全性，它是以具体对象本身为界限的。因此，尤其是在史实认识上，一般说来客观性与整全性是相对独立的，我们并不需要掌握历史中的所有事实才能达到对特定历史事实的客观认识，正像在科学上我们不必解决了所有问题才能解决某一问题，过分的全面性要求事实上属于求全责备。即使就某一特定对象论，如果在绝对意义上谈论关于它的全面把握也是办不到的。比尔德曾经认为，由于不可避免的史料缺失，我们无以达到关于过去的"完满知识"。丹图说，其实，在绝对的意义上，即便是对当下可观察的物体，谁又敢说能得出完满的认识呢？一个要完完全全逼真地画出一只苹果或一种风景的画家，画出来的必定不是画，在此，有

---

① Michael Stanford, *An Introduction to the Philosophy of History*, pp. 59-60.

所选择和省略不是缺点而是必要。毕氏在此显然是把培根关于纯粹经验观察的观点与柏拉图式追求上帝式的"神目观"的态度混融一体了。①

其次，怀疑论者质疑史学客观性所给出的一个重要理由，是"历史学家不可能排除个人的权衡"②。贝尔德宣称："历史学家无论怎样净化，仍然是人，是一个占据时间、空间、环境，具有兴趣、嗜好和教养的生物"，"任何自制都不会使安德鲁·怀特变成为雷德里克·特纳，或者使他们成为中性的镜子"。③沃尔什认为，在"造成历史学家之间意见不一致的因素"中，史家不同的理论观点与形上道德及哲学观念是难以消除的主体性因素。④这些主观因素据说影响到史家从原本残缺不全的历史记录中做出各取所需的选择，令其关于"伦理和美学方面的考虑"影响其关于事件的兴趣，等等。

历史学家个人主观偏好的存在及其对认识客观性的影响均无可置疑，不过，正如主观上的"正心诚意"不足以保证认识结果上的客观性，主观偏好对于认识客观性的影响亦不是决定性的，希图历史学家通过尽量贬抑主观性以达到所谓"太监式的客观性"不切实际，关键还在于"心理"与"逻辑"的区分。区分"心理的东西"与"逻辑的东西"这一首先由分析哲学先驱弗雷

① Arthur Danto, *Analytical Philosophy of History*, pp. 113-114.

② Carl Backer, "What Are Historical Facts?", in Hans Meyerhoff ed., *The Philosophy of History in Our Time*, p. 131.

③ 弗里兹·施德恩编：《历史种种》，世界出版公司1956年版，第324页；转引自威廉·德雷：《历史哲学》，第43—44页。

④ 沃尔什：《历史哲学——导论》，第五章第三节。

格 (G. Frege) 提出的理论主张的基本意义，是由传统考察认识心理与过程的认识论转向关注认识成果的经验与逻辑辩护的知识论趣向。莫顿·怀特、欧内斯特·内格尔及丹图等人将之移用到历史客观性的研究中，认为一种认识的"出处"与其"合法性"和"正当性"是应该且可能区分开来的两件事，准此，认识客观性的保障不在于主观性的彻底消解，而在于对认识结果客观性甄别手段的存在，只要存在关于认识客观性"检验与反驳"之类的经验实证机制，则个体的主观性不足以危害具有客观性认识的达成。这一思路与通过制度安排而不是寄希望于人的主观善意或修养达成政治清明有异曲同工之妙。基于这一认识，怀特指出："历史学家的好恶、偏见并不排除其……达致客观结论的可能性，就像一个医生将其病人由疾病中解脱出来的激情……并不排除其发现医学……真理的可能性。"巴斯德与牛顿虔诚的宗教信念并不影响他们关于抗生素与力学定律的发现。而怀疑论者由史家主观因素存在的心理事实径直推出否定历史客观性的逻辑结论则是犯了"历史哲学中典型的致命错误：混淆了历史解释的心理学和逻辑学"[①]。

在理论上对史学客观性提出原则性质疑的另一理由是相对主义。在反客观主义的意义上，历史相对主义强调一切认识均与其主体即人相关，从而"每个人"，依比尔德的说法，"都是他自己的历史学家"，其具体表现是，对任何一段历史，历史学家们总是得出一个以上的不同甚至对立的历史构图和历史解释、评

---

① Morton White, "Can History Be Objective?", in Meyerhoff ed., *The Philosophy of History in Our Time*, p. 199.

价，统一、标准答案的缺失对历史认识的确定性、可靠性从而客观性构成严重的挑战。

相对主义可以代表认识论光谱上从唯我论到视界主义的不同倾向，撇开其极端主观主义形态，就认识总是在一定视角下成立的而言，相对主义只不过提醒我们一个基本的事实，其与客观性不必然有本质上的冲突。沃尔什认为，"科学的结果在它们可以断言对任何一个从同样一组证据出发的观察者都是可以成立的那种意义上，被人认为是客观的"。而按照他所谓的"配景理论"（perspective theory），"历史学中的客观性就只有在一种弱化了的或者次要的意义上才是可能的"，[①]即只有在具有同样理论视角的史学家之间才能达成对认识结果具有主体间公共性的认可。曼海姆主张，可以在积极意义上将相对主义理解为"相关主义"（relationism），准此，"虽然所有的知识都是由观察而产生，但随着观察角度的增加，随着它们之间的相互协调，可以逐步地趋近客观性"[②]。且不论不同认识间外部的这种融合协调是否真的能实现，至少在某一视角内部的客观性得到了承认。其实，在库恩历史主义科学观的背景下，我们知道，即便在自然科学中，不同学术范式间亦存在着他所谓的"不可公度性"（immeasurability），就此而论，史学与科学间似不存在原则差异。

综上所述，围绕主观因素的存在及消除而展开的关于历史认识客观性正反两面的攻防似乎均有隔靴搔痒之嫌：怀疑主义者不

① 沃尔什：《历史哲学——导论》，第114页。
② 彼得·诺维克：《那高尚的梦想："客观性问题"与美国历史学界》，第218页。

能回答这些主观因素为何对自然科学似乎不起作用的问题，而以为自然科学研究中无主观价值因素介入的假设表面上似乎合理，实质上是站不住脚的；客观主义者以为可以通过主观因素的消除达致客观性的设想在理论上割裂了主客观辩证关系，其论述要成立，只能假定有"坏的主观性"和"好的主观性"，而二者之间的本质界线何在其实是说不清楚的。在实践上，他们也不能解释历史认识与科学认识之间在客观性方面实际存在的认识差异。其实，正如分析哲学家所正确揭示的那样，考虑认识客观性问题不能光盯着主观因素，心理主义的进路应代之以逻辑主义的思路。

上述两派观点迥异，心理主义却是为双方共有的基本思路，同时，他们还有一个共同的盲点，就是没有注意区分历史认识在微观事实层面与宏观构图和解释层面显示出来的客观性差异。事实上，历史学家之间在史实层面同样可以达到对所有人都成立的客观认识，因此，在史实层面上，历史认识的客观性原则上不成问题。问题是，一旦超出单一、具体史实进入历史叙述、解释及事件、人物评价等宏观认识层面，历史学家们在史实无争议前提下每每给出歧异的乃至大相径庭的历史构图和理论阐释，例如，关于美国南北战争起因，中国封建制的起点与资本主义萌芽问题，农民战争的意义和作用，对历史人物如拿破仑、曾国藩，历史事件如"太平天国起义""辛亥革命"的评价，均是中外历史研究中长期聚讼纷纭的话题。我们不能设想，历史学家的主观因素只在宏观认识层面才出现和有效，因此，关于历史认识客观性问题的分析须超越主客观对立的狭隘立场，在更深入的层面上分析和理解问题。

第三节　宏观历史认识的一致性问题的哲学分析

如果说在史实层面上历史认识的客观性乃不成问题的问题，那么，我们现在将要处理的则是史学实践中真正棘手的问题。关于历史客观性的任何言说都无法回避史学在史实无争议前提下竞争性宏观历史叙述及历史解释和评价上聚讼纷纭、莫衷一是的认识不一致现象。一般言之，科学研究中不同观点与解释是普遍存在于包括自然科学在内的一切学术领域的，但就发生在自然科学中的不同认识原则上总是可以得到解决而言，一致性并不构成理论上的原则性问题，因此，所谓认识一致性问题，准确地说，是指原则上难以消除的认识歧异。在史学中，认识不一致现象不但表现为宏观历史叙述与历史解释方面当下共时态的言人人殊，亦反映在史学认识代际间观点的不断变更所蕴含的思想分歧。这样一种话语的无政府状况对任何学科来说其消极影响都是不言而喻的，因此，关于如何防止其发生或在其已然发生的背景下如何消除之的考虑是再自然不过的了。不过，坦率地说，这样一些问题如果是可以解决的话，它在史学实践中就应该是已经解决或至少明白该如何解决的了，事实上，我们似乎并未看到除史料考证之外史学中哪一个认识分歧真正被解决了的，因此，其长期普遍的存在本身似乎就表明了关于认识不一致性问题不存在明确的解决方案。一定层次的问题只能在同一层次中寻求有效解决，在这样的问题上，哲学也不可能提出什么实践中没有出现的独特而高明的解决方法。再高明的哲学家也无法直接为其他行当的人支招。不过，这并不妨碍我们对历史中认识歧异的发生、实质及根源给出哲学性的分析。

在展开具体分析之前，有必要先理清一下分析的思路。将史学中认识不一致现象当作一个问题，它进一步实际包含两方面的问题，一是与认识分歧的产生相关的因素；二是其所以难以消除的症结。人们关于这一问题的种种讨论根本上都跑不出这个范围，而真正重要的问题显然不是前者而是后者。

在关于历史客观性的讨论中，选择问题往往成为分析的切入点。在历史叙述中，一个明显的事实是，史料方面事无巨细、照单全收的"实录"非但在技术上不可能，在认识上也是没有意义的。然而，围绕同一对象，哪些事实被视为相关、重要的史实纳入叙事，而哪些史实被当作非本质的枝节不予采用直接导致了不同的历史构图，在此，事情好像明克所形容的那样，"客观的佐料"被倒入"叙述的主观性汤锅"。进而言之，"选择不仅意味着确定研究或忽略这一或那一事实；它是事实建构、概念选择、安排复杂关系及将事件或时期放在某一视角中的特定方式"。[①]在这一意义上，海登·怀特关于叙述中喜剧或悲剧故事类型的确定及情节编排等均涉及选择问题。在此，不同史料乃至叙述角度的选择实际上就是直接导致不同历史构图与解释的直接因素。

选择显非史学独有的现象，"事实上，在科学中，关于事实或事实的某些方面的选择远比史学中更为明确、更为严格"，[②]在此，要害在于是否存在支配选择的统一方法论规则。莫顿·怀特试图论证支配史实选择的"因果重要性"准则，他认为，"使叙

① Raymond Aron, "Relativism in History", in Meyerhoff ed., *The Philosophy of History in Our Time*, p. 158.

② R. F. Atkinson, *Knowledge and Explanation in History*, p. 79.

述中的每项内容都有正当理由的东西是它的'因果力'"。①也就是说,决定某一史实在历史叙述中位置的是它在整个历史发展的因果链条中是否构成不可或缺的内在环节,准此,"莱克星顿"和"南昌"出现在美国独立战争史及中国内战史中的原因是在它们那场战争中打响了"第一枪",斐迪南大公留名历史则是因为他是引发"一战"导火索的人,等等。

　　"因果重要性"显然揭示了史家在叙述中史料取舍的某种标准,问题是"使事件值得注意的东西并不一定是它会引起其他事情的倾向",除了"因果力"这一"手段上的重要性"外,更有许多事实是基于对相关历史的"内在重要性"而被采用的。德雷举纳粹对犹太人的屠杀为例说明这一点。②的确,遇罗克和张志新的言行尽管未对"文革"进程产生任何实质性的影响,但任何关于那段民族痛史的记叙如果绕开他(她)们都是不公正的。但是,在历史选择上,"内在重要性"显然并非是"因果重要性"或任何其他选择标准的替代性单一准则,总之,历史选择如阿特金森所分析的那样,并不存在"一个绝对的基础",③换言之,关于选择本身缺乏统一的准则。

　　统一方法论准则的缺位不仅表现在历史叙述上,它同样表现在历史解释中。人们关于同一历史现象在同样史料基础上得出大相径庭的历史解释,而人们在历史解释上的分歧远远不是技术性的而是方向性的,即我们在关于历史解释章节中看到的解释理

---

① 威廉·德雷.《历史哲学》,第 65 页。

② 威廉·德雷:《历史哲学》,第 66 页。

③ R. F. Atkinson, "An Absolute Basis for Selection?", in *Knowledge and Explanation in History*, pp. 85-88.

念、解释模式的分歧，换言之，在历史领域中，关于某类现象的解释缺乏类似物理、化学乃至生物学中相关的普遍规律及统一计算公式，"算出"的结果自然人言人殊。在这一方面，德雷针对美国历史学家诺曼·格雷伯纳（Norman A. Grebner）《墨西哥战争：因果研究》一文所做的分析为我们理解这一点提供了一个很好的案例。为了解释这场发生于 1846 年的美国与墨西哥之间的战争，格雷伯纳提出了某些一般概括，如"无论何时，当强势一方与弱势方发生冲突时，前者给予后者的只有两种选择：战斗或投降，而后者给强势方的选择却有三种可能：在要求上做出让步、加剧危机或暂时搁置争端"。据此，格氏认为，战争爆发主要责任在作为强势一方的美国方面，当时美国总统波克（James Polk）的政治野心促成了这场战争。德雷指出，在格氏关于战争起因因果概括背后起作用的其实是伦理判断，他关于墨方"不得不战"的说法不是依规律得出的预测，而是出于道义责任的考虑。因为，既然墨方有一个以上的选择，如果持道德中立的观点的话，战争的爆发不是必然的。由此，德雷的结论是，在历史解释中，"规律"并非扮演哲学家（亨普尔等）所希望的角色，在常理式的一般概括与结论间并不具有严格的推论关系，相反，价值判断在因果解释中扮演着关键的角色。①

　　认识客观性分析中通常的思路是从认识主体主观因素方面寻求对问题的解释，其隐含的逻辑是主观性乃客观性之天敌。关

---

① William H. Dray, "Value Judgment and Causal Explanation in History", in Sidney Hook ed., *Philosophy, History and Social Action, Essays in Honor of Lewis Feuer*, Kluwer Academic Publishers, 1988, pp. 134-157.

于历史学家认识上的主观性，沃尔什关于"造成历史学家之间意见不一致的因素"的详细分析是十分典型的。在沃氏列举的"个人的偏好""集体的偏见""各种相互冲突的有关历史解说的理论"及"根本的哲学冲突"四类主观因素中，前两项被认为是非本质的，可以被史学家的行业自律所抑制和纠正，而后两类，尤其是包括在"哲学冲突"名下的"道德和形而上学信念"在他看来代表了"历史学家之间无可简约的不同观点"，是难以通过什么方法来消除的。①

历史学家持有各种不同的基本信念乃至其难以通过理性论辩等方法有效消除都是毋庸置疑的，但是，仅仅指出思维难以消除的主观性在某种意义上等于什么也没说，因为，这乃是人类一切认识领域共享的特征，用这样一个不具有区别度的事实不足以解释为人文历史学科所独具的现象。如果说在此也许还可以援引史学与自然科学在学科上的差异来解释，那么，更具有说服力的是，同在史学领域中，它不足以说明为何同样一个人，其道德与形上观念只在宏观历史认识包括解释层面发生作用，而在史实确认方面则失效了？其实，客观性在实际上并不像在概念中那样与主观性处于正相反对的关系，客观性亦不意味着排除一切主观因素的中立状态。②关键不是考虑在源头上堵住认识分歧的发生（这是不可能的），而是看是否能找到在不同认识间决疑止讼的客观逻辑或方法论程序，在此，上一节中提到的怀特等人关于"心

----

① 沃尔什：《历史哲学——导论》，第 99—108 页。

② Thomas L. Haskell, *Objectivity Is Not Neutrality Explanatory Schemes in History*, The John Hopkins University Press, 1998.

理"与"逻辑"区分的思路仍然是有效的。进而，对于历史认识来说，现在的问题是，在宏观历史叙述与解释方面，史学中是否存在着类似史实层面上考证那样的有效证明程序或手段（考证）？从史学认识在史实与宏观叙事及解释等方面迥然不同的表现出发，答案显然是否定的。至此，我们最终触及历史认识一致性问题真正的理论症结。

如本章第一节所分析，凡是在存在认识一致性的场合如各门科学，认识上主体间性的达成机制其实是由超出认识自身的主客间性决定的，认识一致性的实质是具有思想强制性的排他权威话语的存在。真理话语具有重要的认识论功能，在真理在场的情况下，认识歧异无以持存。在此，真理的内容"不是说服性的而是强制性的"[①]。而这最终又是由实践结果的强制性保证的，归根到底，实践上的有效性令具有排他性的唯一有效认识的决出成为可能。反观包括史学在内的人文学科，由于实证甄别机制和手段的缺失，认识歧异无以排除，具有导致认识一致性强制力的思想命题无以产生。

关于史学中理论的有效经验实证手段的缺失存在种种分析。社会实验有其不同于自然科学的独特道义问题或限制，这是不言而喻的。在单纯认识层面上，历史对象在空间尺度上常常不像自然事物那样具有明确的外延，对诸如"伯罗奔尼撒战争""维多利亚时代的英国"或"隋唐史"等名目所表示的整体、宏观对象我们并不具有整体性的感性经验直观，并且，它们也不可能被

---

① 汉娜·阿伦特：《真理与政治》，贺照田主编：《西方现代性的曲折与展开》，吉林人民出版社 2002 年版，第 313 页。

分解和简约为一组"原子事实"或数据，从而导致实证检验的困难；在时间维度上，历史研究对象当下的不在场亦对实证检验构成障碍。此外，社会历史现象往往难以被搬进实验室进行受控实验，"历史学家没有那么一个粒子加速器，不能把旧档案手稿里的文字灌入其中，让它们在封闭的环境里撞击从而检查意义的痕迹"①。不过，在最本质的意义上，这与史学作为与物质实践无关的非实践导向的学科特点有直接的关系。

从根本上说，一切自然科学最终都是实践指向的，其认识的严格性或是非判定的明快性是因为它最终以不依人的意志为转移的实践成败为唯一参照，而在人与自然关系上，迄今为止②人类在实践旨趣上基本可以说是"同仇敌忾"、枪口一致对外的。而在人文历史领域，由于客观价值本身（尔后才是主观价值观）的多元存在，为认识客观性或真实性检验所必需的参照唯一性条件难以满足，于是，史学于宏观叙述与解释层面往往缺乏是非对错的一目了然之明快答案，"同室操戈"之下就"是"论"是"，终令一"是"难求。就此而论，"盲人摸象"实在可以看作是关于人文学说认知处境的深刻隐喻。

"盲人摸象"直接表达的是盲人由于不能像明眼人一样全象在目，因而陷人各自关于"象是什么"各执一端的言说莫衷一是。然而，如果谁将"盲人"坐实为日常生活中的"瞎子"，那这个寓言的意义就未免太肤浅了。是的，对明眼人而言，各种分

---

① 乔伊斯·阿普尔比等：《历史的真相》，第236页。

② 当代环境因素的介入使得问题复杂起来，从长远来看，它未尝不可能"颠覆"人类在对待自然问题上"同仇敌忾"的价值同一性。

歧象说各得其所，整合为关于全象的统一言说。问题是，"盲人"意向的反面实质上是一双洞悉一切的法眼即普特南所谓上帝式的全知"神目"（God's eye），而就对世界的认识而言，我们从根本上说都是寓言中所隐喻的"盲人"，并不具有关于世界的整全直观。在此，一个真理在根本上的成立以所有真理为条件，从而呈现出解释学所谓整体与部分间的"解释学循环"的特征：我们对人文、历史之谜的求解是一个预设谜底、不断猜中和再次预设谜底，谜面与谜底辩证转化的无限推进过程。

那么，难道自然科学对自然界就具有全象在目的了然洞观吗？当然不是。相对于就"是"论"是"的各种象说，自然科学其实是就"用"言"是"的。仍以"象"为例：如果有个人用象腿拴了一匹马，那他就称象腿为"拴马桩"；类似的，象身可以是"挡风墙"或"防弹体"，象鼻可以是"洒水器"，等等。自然科学以实践为导向的认识本质上就是如此。

上述论述可以很方便地以"实践是检验真理的唯一标准"加以概括，但对于这一说法其实需要更细致的分析。关于实践检验，通常所理解的关键是超越主观认识的客观经验结果，所谓"事实胜于雄辩"。但是，事实证明什么其实并非通常想象的那么简单直观，实践欲判定认识，其所必须满足的逻辑前提是单一参照系或唯一相关条件的确立，通俗地说，真理总是关于什么的。以足球为例，这一竞技游戏得以展开的前提是以"进球数"为判定胜负的唯一参照系，准此，关于球队优劣的"真理"话语权威得以确立。在唯一参照系因种种原因未能确立的情况下，实践检验只是抽象的空话。比如，在"进球数"这一单一参照系不存在的情况下，关于球赛内容和球队水平理论上可以依譬如"技术动

作""控球时间""犯规次数""过人次数""奔跑速度""球迷支
持率"甚至"犯规技巧"等一系列（实际上未必比进球数更不相
干或重要的）事实来确定，其结果必然是莫衷一是，具有排他性
的权威结论难以确立。海登·怀特曾经说过，"科学阐释公然宣
称它只讨论事情的某些方面，如量的方面和可衡量的方面"，[1]数
学这一以数量或空间关系为单一参照的游戏在科学中的普遍运
用实际上就表明了这一点。由于人类在面对自然时"枪口一致对
外"的价值一元性，科学认识中参照唯一性的文化条件几乎是自
动满足的，因而它在理论视野中反而被忽略了。一旦我们进入社
会历史领域，由于价值及人们合理追求的多元性，类似的单一参
照条件难以成立，从而令社会公共领域中真理性认识的决出难以
实现。[2]按照托马斯·内格尔（Tomas Nagel）的说法，这是"由
价值的不完整性与决定的单一性之间的不一致所造成的问
题"[3]。因此，虽然说到认识，通常我们总爱说"实事求是"，然
而，所谓的"是"总是"是"于"一"，而"一是"最终以唯一
参照系的确立为前提。在单一参照不成立从而实践检验失效的前
提下，就"是"论"是"终致"莫衷一是"。必须指出的是，自
然科学参照唯一性的语言表现其实就是指称的高度明晰性和确
定性，然而，"如果我们回忆一下弗雷格关于意义和指称的区

① 海登·怀特：《后现代历史叙事学》，第 324 页。

② 笔者曾以美国政府 20 世纪 60 年代推出的"积极行动法案"(affirmative action) 为例详细讨论过这一问题。周建漳：《民主的意思：从社会认知的角度看》，《山东大学学报》2006 年第 3 期。

③ 托马斯·内格尔：《人的问题》，万以译，上海译文出版社 2000 年版，第138 页。

分，……这一成功是以意义为代价的"，^①即是以意义的单面和狭窄化为前提的。反之，追求"全象"的结果则是"众声喧哗"。二者相比并无根本的优劣可言。

总之，就认识一致性的达成而言，史学在宏观叙述与解释层面上众说纷纭，莫衷一是可以说是原则上难以消除的特征，假如我们以此为指标评判历史认识的客观性，则史学在认识客观性上处于较低的层次。借用库恩关于科学发展的概念，史学在认识一致性上的缺失可以解释为"范式"缺位。如果说自然科学中在知识发展前沿（所谓"科学革命"时期）上亦难免出现"失范"，史学的问题则是，在超出史料的层次上它似乎从来没有达成过统一的范式，甚至如沃尔什"配景理论"所主张的不同理论框架局部范式内的认识一致性也是成问题的。中国史研究中，人们在对唯物史观马首是瞻的前提下关于"封建社会分期"及"资本主义萌芽"这些标准的马克思主义史学问题数十年来聚讼纷纭，迄无定论就是明证。基于对史学认识实际状况的理解，极端的立场认为我们甚至"不能合理地提出有关历史客观性本身的一般问题"，^②证诸史学实践，这样一种实际上等于取消史学在学术中的位置的观点无疑是站不住脚的。而大多数希望为史学辩护的学者如沃尔什、德雷、阿隆、波普尔等则往往对历史认识持"相对客观性"的观点。^③如沃尔什所说，"历史学中的客观性就只有在一种弱化了的或者次要的意义上才是可能的"。^④"但是，说历史认识缺乏严

---

① 安柯斯密特：《历史表现》，第37页。

② 利科：《哲学主要趋向》，第247页。

③ R. F. Atkinson, *Knowledge and Explanation in History*, p. 83.

④ 沃尔什：《历史哲学——导论》，第114页。

格客观性并不等于说历史认识就是混乱和任意的。历史认识内部有其自己关于认识恰当性的学术标准。"[1]其实，以上关于认识客观性的分析暗中是以自然科学为"楷模"进行的，然而，自然科学本身在认识上其实并不具有天然或绝对的合理性，因此，史学等人文学科完全没有必要妄自菲薄。

第四节　历史认识的客观性与主体性

在讨论认识客观性时，我们还可以问这样一个问题，即客观性的意义何在？在消极意义上，认识一致性的缺乏令我们"莫衷一是"，明确答案的不在场不但让人心神不安，并且感到无所适从。但是，进一步的分析表明，认识不一致给我们带来的精神上的不适感的隐秘根源在我们的行为实践中。人类在认识一致性中所寻求的从根本上说是为实践行动所必需的确定性："三心二意"为任何行动之大忌，"一意孤行"则是任何行动发生的必要精神条件。在这一意义上，认识一致性的达成在实践中乃至具有直接实践指向的科学中具有至关重要的意义，例如，民主作为公共事务的决策程序，为了达成统一的实践意志不惜以"多数票决"为找出问题解决方案的社会认知手段，由于人类实践对观念的首要影响，一致性的缺失才使人产生本能的惶恐。然而，如果不能证明（当然不能！）付诸行动乃一切认识的最终目标，那么，一致性显然并非认识合理性的唯一判据。

客观性依维特根斯坦"语言游戏说"可以看作是为了满足特定认识需要而设定的游戏规则下的产物："客观性设置的目的是

---

[1] Nathan Rotenstreich, *Between Past and Present*, p. 47.

给现象一个单一的意义，从而令关于它们的命题成为单义的。"①
因此，科学中认识客观性判别的确定性并不是没有片面性的，仍
以以上举过的足球为例，以进球数哪怕是点球决胜负诚然令输赢
立判无可争议，但此际"胜负"与球队"优劣"的关系其实是相
当微弱和疏远的。除了进球外，控球时间和脚法等的确是足球中
具有实质意义的评价要素，与之相比，进球反倒真的未必能说明
多少问题。事实上，进球之所以在实际上成为判定胜负的标准，很
大程度上是由于操作上的简明性而未必由于最合乎球理。因
此，客观性在特定游戏框架内似乎具有无可争辩的正当性，但其
框架本身却是可以商议的。

　　伴随单一参照下认识一致性的是"赢者通吃"的局面，它假
定认识要么全对，要么全错，比如，科学中正确或错误总是以非
此即彼的截然面目出现的，对或错都是100%的，不论你花了多
少努力，在最终计算或实验结果面前全部归零。在此我们清楚地
看出自然科学认识中内含的不真实成分。在这一意义上，人文学
说在事实无争议前提下理论与观点的异态纷呈毋宁才是反映我
们的认识实况更本真的状态。海德格尔曾一再说过这样的话，数
学或物理学这样的所谓精确自然科学实质上"并不比历史学更严
格"，只不过它对所处理的问题做了"更狭窄"的处理罢了。②在
更深刻的层面上，真理在认知上的权威性蕴涵着政治上的强力逻

---

① Nathan Rotenstreich, *Between Past and Present*, p. 48.

② 海德格尔：《存在与时间》，第 188 页；海氏在现象学上的同道 Oskar
Becker 亦曾引述过类似的话。关于尹：《语默无常：寻求定向中的哲学反思》，第
6 页及注 2。有趣的是，在《存在与时间》中海氏拈出的是"数学"，而在此
他拈出的是"物理学"。

辑。基于对真理话语的语用学效用的洞察，福柯质问道，"我们为什么对真理如此迷恋？"原来这并不完全是"为了"真理本身，而是由于其所蕴含的党同伐异的权力效应。①

人文学科的一个共同特点，就是其与具体实践的疏离，史学或哲学命题既难以一一付诸经验实证，亦不可能转化为直接作用于现实的技术性手段。在失去自然科学式以"成事"为单一参照的背景下，人文学说只能单纯的"求是"为理论追求。然而，就"是"论"是"，唯整全、绝对之是才能避免莫衷一是，用怀特海（Whitehead）的话说，即获得"一个贯通的、逻辑的和必然的一般观念体系，根据这种一般观念，我们经验中的每一个成分都能获得解释"②。正如"盲人摸象"所例示的，只有全象在目，关于象的各种言说方能各得其所，祛疑止讼。具体到史学认识中，人们关于历史的各种宏观言说虽说均非"全象"从而留下可以争议的空间，但在均有史实根据这一点上它们各自并非捕风捉影之论，而是各有所执、各得其理。有趣的是，在自然科学中我们搁置整全真理以达到无可争议的认识确定性和一致性，就人文学说而言，就局部上看，我们总是缺乏确定真理，而在总体上却存在着关于整全真理的要求。人文认识中普遍存在着整体与部分间的解释学循环，包括认识一致性在内的知识合理性目标是在认识发展的循环往复中无穷趋近的。因此，在趋近这一目标的每一阶段

---

① 福柯：《权力的眼睛》，严锋译，上海人民出版社 1997 年版，第32、37页。

② 怀特海：《过程与实在》，格利芬、歇尔本合编，纽约自由出版社 1978年版，第 4 页。转引自郝大维、安乐哲：《汉哲学思维的文化探源》，施忠连译，江苏人民出版社 1999 年版，第 186 页。

上，史学应该说均具有其固有的客观性。

在非以直接实践为指向却以"教化"（德文：Bildung）为旨趣的人文学说方面，认识一致性并非思想合理性成立的绝对要件，在此，"是"与"一是"间并不存在必然逻辑联系，竞争性理论话语并不像逻辑抽象中那样必有一假或全假，"莫衷一是"与"一无是处"有原则的不同。在认识的目的并不直接与某一当下将要采取的行动相关的情况下，对一致性的强求事实上带有思想专制的特征，它在压抑我们思想的自由的同时削弱了我们思想的创造性。正是由于认识到这一点，后现代思想家才呼吁人们"提高我们本身对差异的敏感性，增强我们对不可通约的承受力"。因为，话语上定于一尊，以元叙事为一切叙事之合法性源泉达成共识"违背了语言游戏的异质性"①。而怀特亦认同安柯斯密特的观点，历史认识的目的是"对重要历史事件解释的增殖，而不是构建单一的解释的一致性。……假如历史编撰将服务于民主的而不是霸权主义的目标或目的，它能更好地服务于解释的多样性，而不是趋向于达成一致"②。

总而言之，史学在史实确认与记载方面除了因年代久远等因素不无缺憾之外，原则上享有与自然科学同等的客观性水平。但另一方面，史学在宏观叙述与阐释层次上集中表现为认识歧异相持不下的客观性软肋亦不容否认，因此，天真的客观主义亦是难以成立的。用利科的话说，"我们期待历史能具有某种客观性——

---

① 让-弗朗索瓦·利奥塔：《后现代状态——关于知识的报告》，第3—4页。

② Hayden White, "An Old Questions Raised Again: Is Historiography Art or Science?" *Rethinking History*, 4: 3 (2000), pp. 391-406.

一种适合于它自身的客观性"①。由于认识不一致性对于非实践
单一参照的学说来说既无可能亦无必要,因此,人文学说与自然
科学相比表现出来的特定意义上的客观性缺失并不足为前者
病。最后并且十分重要的是,对于人文学说来说,客观性与主体
性之间存在着独特的张力关系,这是我们在讨论历史认识客观性
问题时不可忽视的。

抽象地说,即使对于自然科学而言,主观能动性与认识客观
性之间亦存在着辩证关系,主观性并不必然妨碍甚至是达成认识
客观性的重要条件。但是,自然科学毕竟以客观性为目标,主观
性是为客观性服务的。然而,对于以人类主体为本位的人文学科
来说,客观与主观的关系正好是反过来的,不论在任何意义上的
认识客观性虽然仍然是不可或缺的,但却不再如其在自然科学中
那样具有唯一与至上的重要性,它在满足我们关于知识的"可信
性"要求的同时还须兼顾甚至更须照顾我们关于价值的"可欲
性"要求。

首先,一般关于客观性的理解总是将历史学家的主观性与其
政治、道德等价值观念片面对立起来,以所谓"价值中立"为客
观性的条件。自然科学的客观性也许可以排除人的生命关联,人
文学说则不是这样。其实,且不说价值观念对于历史学家来说是
否像一件外衣那样可以随时脱掉,这种观念无视人文历史实在本
身就是包含价值维度的,并且,"道德与政治价值属于客观的世

---

① Paul Ricoeur, "Objectivity and Subjectivity in History", in Charles A.
Kelbley ed., *History and Truth*, Northwest University Press, 1965, p. 21.

界而非主观世界"。^① "这种客观性乃是诉诸人的价值意向的客观性。……这种客观的普遍有效性意味着它必须能向每一颗心灵开启，必须满足每一个人对价值意向的内在意向，必须依靠其全部真实的力量深入到每个人的内心深处，使人在内心中切实感到它的亲切和确定"^②。安柯斯密特认为，伦理与政治价值"跟历史学家的主题"有"天然的亲缘性"，"这些价值在这一学科的过去导致了最好和最坏的东西。"^③在正面意义上，"价值在我们探求真理的艰难道路上可以说经常是有用甚至不可或缺的指南"，它"有时是历史真理宣示自身的方式"。^④当然，它有时也导致偏颇、固执和认识的扭曲。但我们用不着被史学中价值的在场吓跑，因为，"在审美成功标准与伦理、政治及认知正确标准的相互作用当中，美学是它最强有力的伙伴"^⑤。在安柯斯密特这里，所谓审美标准指的是历史表现的适恰性，这种适恰性并无确定的先验标准，它是在不同竞争性表现的比较中因其眼界、创造性、想象力以及与史实无实质冲突而胜出的那种表现。^⑥

其次，从认识态度与认识手段的角度看，由于人文领域内在的主体性维度，认识客观性一般所要求的认识主体与对象间拉开距离未必是理解人文现象的有效途径，相反，正如海德格尔所说的那样："一门科学的客观性首要地取决于它是否能把包含在它

---

① 安柯斯密特:《历史表现》，第 80 页。
② 刘小枫:《拯救与逍遥》，第 19 页。
③ 安柯斯密特:《历史表现》，第 103 页。
④ 安柯斯密特:《历史表现》，第 80 页。
⑤ 安柯斯密特:《历史表现》，第 63 页。
⑥ 安柯斯密特:《历史表现》，第 60—61 页。

课题中的存在都无所掩蔽地在其存在的源始性中迎面带向领会。"①在此，一定程度的主体性或主观体认反而有助于达到深入其内的认识。所谓"同情的理解"在自然科学中是行不通也不必要的，而在人文学科包括史学中却是与对象相契的基本手段。伽达默尔指出，"有生命之物不是那种我们可以从外头达到对其生命性理解的东西。把握生命的唯一方式其实在于我们内在于它"②。我们对与人有关事物的认识的深度要求我们对它一定程度的认同，即利科所谓"移情努力"及"先在的共鸣"。③史家受到与过去相遇的愿望的激励，带着他本人的人生阅历走向过去的人们，在此，奥古斯丁所说的信仰产生理解在一定意义上是成立的。当然，这并不是说放弃理性思考的权利，也"不是说历史学家与他所研究的人物有共同的信仰，如果这样的话，他所写的将很少可能是历史，而是辩护词或圣徒传"④。在此，信仰与无条件迷信的区别在于，前者不拒绝考验与修正，"对意想不到的东西的可欲性与接受，向他者的开放"有助于克服主观任意性。并且，对他人经验或观念的善意只是有助于认识的条件，而非直接的结论，在完成了的认识中不需要再有它的地位，我们不以之为认识正当性辩护的条件。也就是说，我们作为中国人的主体性在对中国的事情的认识上具有特定的思想优势，但是，在我们与外

---

① 海德格尔：《存在与时间》，第 464 页。

② 伽达默尔：《真理与方法》上卷，第 325 页。

③ Paul Ricoeur, "Objectivity and Subjectivity in History", in *History and Truth*, p. 28.

④ Paul Ricoeur, "Objectivity and Subjectivity in History", in *History and Truth*, p. 29.

国人就关于中国的认识的论辩中,指出我们是中国人来为自己的立场辩护则是无效的。对于历史学家来说,其主观性或主体性因素对于其研究工作有着比例如物理学家通常所说的发挥主观能动性更重要的意义。总之,纯客观的立场的确未必是适合于任何种类的理解的最佳方式,"在关于世界、生活及我们的某些事情方面,最大限度的客观性立场并不能导致恰当的理解"①。在此,"主观性不是监狱,而客观性也不是释放出狱。……主观性与客观性决不相互对立,而是相辅相成"②。离开价值导向将没有客观性。那些以为价值观念妨碍我们客观的人,就像康德所说的以为在真空中可以飞得更好的鸟一样。③

再次,从认识目的与认识结果上看,在超越单纯文献考证的本质层面上,史学乃是人"重申"其对于同一人类性归属的途径之一,是人类精神交往的一部分。由于历史的客体就是人类主体本身,"主体性倾向乃是历史客观性自身的维度",④因此,对于人文研究来说,有时主观性恰恰就是客观性。正如主观性并不必然是恶,客观性也并不具有无条件的正当性,在人文领域的研究中,那种"抹杀人的客观主义"在其"虚假客观性"外表下实即"坏的客观性"。⑤史学研究的分工使得一些人可以以考证为全部

① Michael Stanford, *An Introduction to the Philosophy of History*, p. 56.

② 保罗·利科:《法国史学对史学理论的贡献》,王健华译,上海社会科学院出版社1992年版,第46页。

③ Ágnes Heller, *A Theory of History*, p. 132.

④ Paul Ricoeur, "Objectivity and Subjectivity in History", in *History and Truth*, p. 31.

⑤ Paul Ricoeur, "Objectivity and Subjectivity in History", in *History and*

目标，但在究竟至极的意义上，全部史学绝不等于所谓的史料学。如果历史提供给我们的只是一堆依时间编了年的"货真价实"的事实，其中我们捕捉不到人类命运的轨迹与精神意义，这样的历史与某种动物的进化史有何区别？这样一种历史在其表面严正客观的面具下恰恰丧失了基本的真实性，就像一座富丽堂皇的神殿缺了祭祀的主神，更恰当地说，缺少人类生命气息的历史就像没了灵魂的行尸走肉或没有了呼吸的木乃伊，纵然是惟妙惟肖，依然是了无真义。当然，如果超出认识的范围，那么，作为人类的创造，即使是自然科学，在生活实践中最终亦是以主体为中心的，此际，认识客观性最终服务于人类实践的有效性。

就史学认识的客观性与主观性的关系，法国哲学家利科有精辟的总结。他指出，在史学中，我们期望历史研究具有一定的客观性，一种适合于它自身的客观性，同时，我们寻求与史学本身客观性严格匹配的主观性，进而，我们在此之上探寻更高层次的主体性。"我们希望历史成为人的历史，它能帮助受教于历史学家所写历史著作的读者获得更高层次的主体性——不仅仅是个体的主观性，而是人类的主体性。"[1]从纯粹哲学的高度上，这里要求我们摒弃胡塞尔及其引证者伽达默尔一致认为的"唯心论和实在论之间通常认识论争执的虚假性，而以主体性和客体性的内在协调代替这种争执作为主题"[2]。客观性与主观性及主体性的平衡，这应是史学作为实证与人文学说的题中应有之义。最后，在

Truth, p. 40.

[1] Paul Ricoeur, "Objectivity and Subjectivity in History", in *History and Truth*, p. 21.

[2] 伽达默尔：《真理与方法》上卷，第 320 页。

更广阔的视野中,我们关于认识客观性的讨论尽管是以史学为实指对象,但上述认识一致性所面临的问题并不具有特殊的历史性意味,相反,它对于人文学科如伦理学乃至哲学具有普遍意义,这从一个侧面反映了历史哲学在理论上的典型性与重要性。[①]

推荐阅读书目

❖ 沃尔什:《历史哲学导论》第五章,何兆武译,社会科学文献出版社 1991 年版。

❖ Hans Meyerhoff ed., *The Philosophy of History in Our Time*, Doubleday & Company, Inc., 1959. 这是一本相当不错的历史哲学文献选本,其中第二部分"克里奥——科学还是缪斯?"选了有关历史客观性的几篇重要论文。这本书的优点,一是"编者前言:历史与哲学"对西方历史哲学的来龙去脉以及所涉及的重要问题也即各部分的主题有高屋建瓴式的观照和提纲挈领的解说,二是各部分及各篇选文之间都有简要的介绍文字,颇利于读者对各位作者观点要义的把握。

❖ 保罗·利科:《历史与真理》,姜志辉译,上海译文出版社 2004 年版。其中《历史的客观性和主观性》一文对问题有较深刻的探讨。

❖ F. R. 安柯斯密特《历史表现》,周建漳译,北京大学出版社 2011 年版。第二章"褒扬主体性"对客观性与历史学家道德、政治信念的关系有独特而深刻的见解。

❖ 彼得·诺维克:《那高尚的梦想:"客观性问题"与美国历史学界》,杨豫译,生活·读书·新知三联书店 2009 年版。这是晚近涉及历史认识客观性问题名头很大的一本书,然而篇幅也够大,且重点和价值似乎倒更在"美国历史学界"20 世纪围绕客观性问题的学术史追溯,而不在对客观性问题集中的理论分析。不过,恰因如此,它带有更多的思想实感。

---

① 事实上,伽达默尔在其《真理与方法》第二部分关于"精神科学"理解中的"真理问题"的讨论正是以史学为样本的。

第七章　历史与语言

　　历史与认识的关系长久以来一直是历史哲学关注的焦点，今天看来奇怪的是，人们在关注认识的同时却长期忽视与认识可以说密不可分的语言。①其实，这恰恰印证了语言哲学本身的一个重要观点：离开特定的语词，特定的经验无以产生。就像当代语言哲学家塞尔（John Searle）对拉罗什福科（François de la Rochefoucauld）的肯定性援引："如果人们从来不曾读过爱情的字眼的话，就没有人会陷入情网。"②今天我们都知道，对于哲学来说，这个字眼象征性地出现在罗蒂 1967 年所编的一本文集的书名上，即《语言性转向》（The Linguistic Turn）。

　　学术关键词转换的背后是复杂的思想史过程，就哲学内部而言，今天回过头来看，转向语言一方面是哲学发展内在的逻辑需

---

　　① 例如，以其"描述词理论"享誉语言哲学的分析哲学先驱罗素本人曾经说过，一直到 20 世纪的第二个十年，他本人还将语言视为无须给予任何特殊关注即可简单应用的透明媒介。布莱恩·麦基编：《思想家：与十五位杰出哲学家的对话》，周穗明、翁寒松译，生活·读书·新知三联书店 1987 年版，第 262 页。

　　② 布莱恩·麦基编：《思想家：与十五位杰出哲学家的对话》，第 262 页。

要，正如古代哲学关于本体论的追问最终落脚在认识论上，认识论追问终将且果然触及语言；另一方面，新的逻辑即数理逻辑及语言学方面索绪尔（Ferdinand de Saussure）、乔姆斯基（A. N. Chomsky）等人新的理论进展共同为关于语言的哲学思考提供了新的理论手段和学术资源。陈嘉映援引阿尔斯顿（William P. Alston）的观点提出，面对各门科学与哲学分道扬镳且蓬勃发展的压力，哲学欲与之分庭抗礼，势必以"概念分析"为重新勘定自身疆域的界标，从而为语言性转向提供了最重要的动力。[①]总之，在内在动机及外缘条件的"里应外合"之下，一个新的学术思潮应运而生。但是，在更大的背景下，语言自觉或语言意识的觉醒自 20 世纪中叶以来成为从文学理论到哲学、人文思想各领域不约而同的跨学科精神现象，不由让人想起黑格尔曾经说过的"时代精神"。

我们看到，不同学科的人们出于不同的背景和兴趣最终都聚焦于语言，这的确反映了某种黑格尔所谓的"时代精神"。但我们同时不应忽视，把人们引向语言的路径及其意旨与实质其实是相当不同的。由弗雷格肇其端最终发展出来的分析哲学路向是出于哲学科学化的动机转向语言分析的，其前期主要关注点是找出日常句子语法背后所谓的"哲学语法"即内在语言逻辑，以此为哲学立法，令之走上思想明晰无歧义的康庄大道。在此，语言分析毋宁是哲学思考的新工具，只有在后期日常语言学派中，语言才真正成为哲学关注的主角，语言与实在关系等问题于是提到议

---

① 陈嘉映：《语言哲学》，北京大学出版社 2003 年版，第 16 页。

事日程上来。①

"语言"是个大字眼，在语言性转向的大背景之下，包含着各种不同的维度与思想进路。在历史哲学这边，对语言的兴趣恰恰出自强烈的人文主义情怀，对以兰克为代表的近代科学主义史学观的不满与反拨构成怀特史学思想的重要内在动机。因此，史学文本的诗学维度，史学与文学文本在修辞与叙事结构上的亲缘关系是探讨的重点，"文本""修辞"而非"句子""逻辑"成为关键词。怀特对历史的语言关注角度主要集中在史学文本的修辞学探究，其理论灵感亦主要来自文学理论基础而非语言哲学，此前结构主义语言学如罗兰·巴特的理论以及诺思罗普·弗莱（N. Frye）、福斯特（E. M. Forster）等的文学批评理论的发展对怀特关于史学话语的兴趣与分析有重要的启示。②作为历史哲学语言性转向的先驱，怀特之所以从文学理论而非语言哲学取径，根据安柯斯密特观点，是因为当代语言哲学仅仅关注语词和句子的"原子主义"倾向，"语言哲学并没有向历史哲学家提供有用的见解"，③无怪正如安柯斯密特的敏锐观察，怀特在"《元史学》里从未提及'语言性转向'"④。而在文学理论方面，关于文本结构

---

① 二者之间的差异可以用"语言学哲学"和"语言哲学"来标示。对此王路曾做过具体分析。（王路：《走进分析哲学》，生活·读书·新知三联书店1999年版，第一章"语言学哲学和语言哲学"部分）

② 其处女作《元史学》直接借鉴了弗莱等人的理论框架，该书虽未直接引证巴特，但他在一次访谈中对巴特对他的影响直言不讳。（多曼斯卡：《邂逅：后现代主义之后的历史哲学》，第35、38页）

③ 安柯斯密特：《历史与转义：隐喻的兴衰》，第5页。

④ 安柯斯密特：《历史与转义：隐喻的兴衰》，第5页。

的分析恰恰是其关注的重点,由此可以为史学文本的话语分析提供现成的借鉴。有鉴于此,安柯斯密特本人有志于从区别于语句的文本整体出发进行哲学式的语言思考,试图反过来由历史哲学出发"为语言哲学提供全新的起点"[①]。在此,关于历史叙述的修辞学或者说诗学分析(海登·怀特、罗兰·巴特、利科等)与关于史学文本的语言分析(安柯斯密特构成当代历史哲学两条显明的学术进路,就后者关于语言与存在关系的本体论思考而论,欧陆海德格尔及伽达默尔的语言哲学观点与之存在内在的逻辑呼应关系。怀特对历史话语的兴趣主要是关于文学与史学亲缘关系的比较与辩护而非语言与实在关系的哲学话题,[②]不过,最初由明克提及怀特亦曾注意但均未做全面深入展开的"故事与生活"关系的话题倒是从特定角度触及语言与存在关系的本体论问题。此外,当代历史哲学界十分注意且事实上与当代哲学发展接轨较多的是安柯斯密特,其核心观点即历史话语作为历史本身的替身的"历史表现"观,在此,其观点与欧陆现象学及解释学传统如海德格尔、伽达默尔等人的语言观倒是存在着相当的思想共鸣。

第一节　语言与存在

在"语言性转向"之前,人与世界的关系曾长期被理解和表述为单一的意识(思维、精神)与存在(物质、实在)的关系,因此,logos 通常被解读为"理性",其源始的"言说"维度反而长

---

① 安柯斯密特:《历史与转义:隐喻的兴衰》,第 4 页。
② 安柯斯密特:《历史与转义:隐喻的兴衰》,第 63—73 页。

期隐而不显。转向语言为我们关于世界及其与人的关系的理解敞开了新的可能性和提供了新的条件,但这并不单单是将意识换成语言这样的"城头变换大王旗"式的变换所可以为功的。

依照传统的思路,存在与意识从根本上说是主从关系,前者对后者的逻辑在先的本体论优位性由其时间在先的因果性提供担保,后者的意义是反映前者,即便这种反映有所谓机械与能动之分,但最终判定反映价值的仍然是其"如影随形"的程度。将这里所说的"意识"代换成"语言"我们大致就能得出逻辑实证主义、罗素及早期维特根斯坦的基本语言观,在此,"反映"成了"指称"。

指称观念的心理原型是命名,世界先有一物,后有其名,然后我们就可以把某物放进语言中"方便地"使用——谈论、交流、命令、承诺,等等。表面上看起来相当合乎常识的这种简明观念实际上并非语言的真正实情,最简单的诘问是,"狼"的所指是哪条狼?真实世界里的哪有不带颜色和不在某种状态中的狼?此外,正如奎因所指出的,当人指着一个东西如一只兔子发出"gavagai"之类声音时,所指的到底是"兔子"还是"短尾"甚至"多白呀"或"跑得真快",实际上是不存在简单的指称确定性的。当然,指称所表示的概念使得我们可以谈论任何具体的那种吃羊的生物个体,但这是在语言系统中,在句子和语境中成立的,"仅仅靠指称不能建立语词和对象的联系"[1]。另外,即便在语词水平上指称论是成立的,我们也不能据此推出关于语言与存

---

[1] 陈嘉映:《语言哲学》,北京大学出版社2003年版,第394页。陈著在知识与观点两方面都是笔者关于语言的哲学讨论的基本凭借之一。

在关系的一般结论，因为，语言在语词之外尚有句子尤其是文本的层面，后者正是历史哲学"有话要说"的地方。

指称论不仅在具体语言分析之下露出学术破绽，其所包含着的关于语言及其与存在关系的一般理解同样是成问题的。作为反映论的语言版，它预设了主客间的二元分立，以及重质料轻形式的"名实观"，这些在非指称的语言观中都或是被摒弃，或是成为攻击的目标。非指称的语言观有出自不同理论背景的不同版本，举其要者，有现象学解释学一脉作为"存在之所居"的海德格尔式语言观，塞尔等关于人类经验的语言"成象说"，还有古德曼主张的语言作为"世界构造方式"的观点。它们共同具有语言与存在从根本上不可分的内在本体论看法，从而以一种非日用工具性的观点看待语言在人类世界中所具有的实质重要性。对于这样一些观点，有时可以看到语言建构论这样的提法，为避免建构说字面上的语言唯心论之嫌和更加准确地反映语言对存在的构成性意义，也许可以将它们概括描述为"意构论"。

语言指称论对我们不假思索的常识性理解特有的亲和性是它如此流行的根本原因。在日常生活的直觉里，词与物确乎是现成一一对应且名依物立，我们通常也的确是用语言指物、说事。除了前述指称论的各种不恰当之外，我们"日用而不知"的是，凡此种种涉及的其实是在现成"语言"框架内的"言语"活动，在此是不容易看清语言本身的真相的。"语言"与"言语"是从现代语言学创始人索绪尔开始就着意区分的两回事，无独有偶，海德格尔亦强调"道说"（Sagen）与"言说"（Sprach）的区分对我们从哲学上理解语言的重要性。假如让老子来说，正所谓"道可道，非常道"了。尤其值得拈出一说的是，在日常生活中，"说事"其实只是"做事"的一部分（包括奥斯汀所谓的"以言行事"），在这一层次上，我们关于语言的实际生活理解足敷日用且并不存在实质性的分歧，换言之，语言观上指称论或建构论的分歧在日常生活层次上并不具有实践意义。语言与存在关系真正成为理论上有意义问题的地方是我们著书立说包括吟诗这样单纯"以言（文）为事"的活动，海德格尔曾经称之为"纯粹所说"。[①]举凡史学话语真理性，以及史学与文学两种"叙"事文本的虚实真伪之辩，都是指称论和非指称论或反指称论的用兵之地。

在 logos 或"道说"层次上理解问题，世界（而非地球）是与语言同时到场的，这一点，《圣经·创世纪》极富启示。依《圣经》所说，上帝在创造世界的第一天中首先创造了光（"上帝说，光！就有了光。"[②]），然后依次有"万物生焉"。有趣的是，上帝作为"造物主"，其实不是在物质意义上创造世界的（如果是这样，上帝应该造的是作为宇宙之砖的各种"基本粒子"和推动宇宙运转的宇宙法则如"万有引力"），也就是说，上帝不是以科学家或建筑师而是以语言学家的方式行事，在此，所谓的"光"隐喻"语言"，在语言的光照之下，原本混沌幽暗的大块鸿蒙方呈现轮廓，大地、天空乃至万物在其中"成其所是"。用老子《道德经》一开始的话说，不就是所谓"无名，天地之始，有名，万物之母"吗？"天地之始"乃极言形上界域而非时间概念，在当

① 海德格尔：《语言》，见孙周兴选编：《海德格尔选集》（下），上海三联书店1996年版，第986页。

② 此处文字与通行"和合本"有异，据冯象：《创世纪：传说与译注》（修订本），生活·读书·新知三联书店2012年版，第5页。

下世界上，文人首先是诗人包括"讲故事的人"①都是语言的真正道说者，这种在世俗意义上"言不及义（用）"的无（效）益言说恰恰具有开启生活世界新的存在维度的探索意义，海德格尔晚年的哲学之思之所以每与诗结缘于此有深意存焉。

在源始的语言而非日常言语的维度上，我们不应"贸然把'名称'理解为单纯的标记"（这只是在语言源始命义系统前提下的具体言语操作），而应该视为事物的源始命（定）义。因为，"唯有词语才让一物作为它所是的物呈现出来，并因此让它到场"②。在此，"道说绝不是事后追加在现象者之上的语言表达，毋宁说，一切显耀、显象、一切销黯，都依栖于起着显示作用指示作用的道说"③。正如诗人所说，"词语破碎处，无物存在"④。反过来说，即海德格尔的名言，"语言是存在的家"。在这个意义上，哲学家、数学家以及文学家应该被视为不同世界的建设者和居民。

在形上层面上语言与存在同构的观念中丝毫不存在任何唯心主义的影子，因为，它并不是说语词创造事物或现实，正像

---

① 本雅明：《讲故事的人》，《写作与救赎——本雅明文选》，李茂增、苏仲乐译，东方出版中心 2009 年版。

② 海德格尔：《语言的本质》，见孙周兴选编：《海德格尔选集》（下），第 1066、1071 页。

③ Heidegger, *Unterwegs zur Sprache*, s. 257. 转引自徐友渔、周国平、陈嘉映、尚杰：《语言与哲学：当代英美与德法传统比较研究》，生活·读书·新知三联书店 1996 年版，第 152 页。

④ 海德格尔：《语言的本质》，见孙周兴选编：《海德格尔选集》（下），第 1065 页。

"光"并非其所澄明之物的质料,语言中的"100 元"当然不等于实际的货币。然而,事情的另一面是,现实从根本上说恰恰是且只能是在语言中聚焦成形的,索绪尔关于能指与所指关系的"任意性原则"告诉我们,"在语词之外并没有一个已经切分好了的现实"①等着人去指认("称名忆旧容"),恰恰是在语言中现实获得界定与划分(如上帝将"天地分开"的创世隐喻)。当代语言哲学家塞尔说:"世界是按照我们划分它的方式而划分的,而我们把事物划分开的主要方式是语言"。②关于事物的划分,没有一种先验的逻辑可循,"每种语言都以特有的、'任意的'方式把世界分成不同的概念和范畴",③因此,按照古德曼的看法,依照语言在"组合与分解""强调""排序""删减和补充""变形"诸方面的不同,存在着语言"构造世界的多种方式"。④的确,中医的"肝胆心肺"与西医里可明确定位的器官就不完全是一回事;今天我们以为自然而然的"东西南北"四方因为与"五行"对应的关系在古代中国实际还有一个"中",为了对应它,"春夏秋冬"之外另列出一个"仲夏"。在这一意义上,生活在不同语言系统中的人仿佛生活在不同世界中。因此,我们是在语言概念的参与下经验世界的,离开特定的语词,特定的经验无以产生,就像塞尔对拉罗什福科的肯定性援引:"如果人们从来不曾读过爱情的字

① 陈嘉映:《语言哲学》,第 77 页。
② 布莱恩·麦基编:《思想家:与十五位杰出哲学家的对话》,第 267 页。
③ 卡勒:《索绪尔》,张景智译,中国社会科学出版社 1989 年版,第 25 页。转引自陈嘉映:《语言哲学》,第 391 页。
④ 纳尔逊·古德曼:《构造世界的多种方式》,第一章第四节。

眼的话，就没有人会陷入情网。"①在语词概念层面上，语言是人类经验的结晶，它令世界以特有的样式呈现。在句子层面上，"语句就是事物的逻辑形式"，②物体、形式、行为、关系等与语言中的名词、动词、连词及语法上的主谓宾定状补同构互释。因此，作为人类，我们从来都不是在一个已然分类明晰的世界中用语词给这些现成的东西贴上指称标签，反之，世界本身是在我们语言的参与下才成其为如此这般的存在的，只不过，浸淫在已然完形的语言中，作为人类个体的在非反思的常识态度下对此往往习焉不察。

妨碍我们正确理解语言与存在的本体论关系的深层症结是某种未经言明的质料实在论或伽达默尔所说的"实体形而上学"观点③，在这种看似质朴的语言观背后，我们甚至可以察觉到一只依科技、经济式目光掂量万物的"单向度"的物欲之眼。依照这种观点，一切实在均等于构成它的有形物质元素，却忽略了现实存在无形实有、不可或缺的意义维度。实际上，一个事物"是"什么并不仅由其物质构成所决定，还取决于甚至更取决于其意义规定，例如，钞票的物质构成是"纸"，其意义则是"币"；建筑不等于钢筋混凝土，它在本质上是一种空间结构，而这是由设计符号（语言）赋予它的特有意义形式。质言之，一旦我们把握存在的意义维度，并且在意义层面上理解语言，我们就不能不像古德曼一样承认，"我们可以有脱离世界的语词，但是却不可能

---

① 布莱恩·麦基编：《思想家：与十五位杰出哲学家的对话》，第262页。
② 陈嘉映：《语言哲学》，第395页。
③ 伽达默尔《真理与方法》，洪汉鼎译，商务印书馆2007年版，第652页。

有脱离语词或其他符号的世界"①。

存在于语言中获得意义规定从而"是其所是"，但这当然不是哪个人张口就来的事，这不仅因为语言是人类公共、历史的产物，更重要的是，语言虽渗透一切但却不等于一切，它本身受到实在的引导与约束，从而现实世界中事物的分类及关系并非由语言单独任意形塑，在例如自然品类事物像是杨树、柳树、松树、橡树的划分中，它们的分界几乎可以说是由经验现实强加给语言的，因此，世界各语系语言中对此所做的区分大同小异。②从根本上说，语言之所以重要是因为它是人类生活经验的结晶，而经验又是在世界中而非头脑里生成的。正如不能离开语言谈世界和经验，也不能离开世界和经验谈语言，语言、经验与实在毋宁如基督教关于上帝的观念所喻示的那样是"三位一体"的。③

语言与存在的相互渗透关系与伽达默尔解释学的"效果历史"观点彼此相通。按照这一观点，一方面，历史总是被体认和被言述的效果性存在；另一方面，关于历史的体认及言述本身就是历史中客观发生的事实，且它还会通过对知史者行为的影响而对历史发展本身产生效果。这在根本上，是由于历史存在作为人类行为的结果与我们作为有历史及关注历史者之间的内在同一性。语言与包括历史在内的存在的关系不仅体现在命名、分类之类的概念层面上，更发生在文本层面上，具体说，发生在历史叙

---

① 纳尔逊·古德曼：《构造世界的多种方式》，第 7 页。

② 有趣的是，松、竹、梅、兰除自然品类外尚有文化品位的不同，这表明语言是包含多个层级的复杂系统。

③ 伽达默尔：《语言与逻各斯》，《真理与方法》，洪汉鼎译，商务印书馆 2007 年版，第 546—564 页。

述中，这将在下一章中加以阐述。

第二节　史学文本与历史表现

关于语言赋予存在以意义的上述观点为我们理解历史话语与历史存在的关系奠定了本体论基础，安柯斯密特在《叙述的逻辑》及《历史表现》等一系列论著中系统提出和论证的历史表现观可以看作是此类观念在史学分析中的进一步深入与展开。在此须提请注意的是，语言哲学一般都是在语词（主词、谓词及摹状词）和句子（肯定句、疑问句、命令句乃至丹图所谓的"叙述句子"）水平上处理语言问题，这种安柯斯密特所说的"原子主义"[1]倾向不禁让人想起自然科学处理自然现象的实验室研究，而在历史哲学中，关于语言的探讨则是在文本（叙述）层面上展开的，后者实际上更接近生活世界中语言的实况，同时亦更凸显出语言非指称性的一面。另外，由于历史本身在实体意义上的不在场性，语言对存在的本体性意构关系毋宁说在史学文本中表现得更为典型与明显。

关于史学与历史关系的传统观点是罗蒂所谓的镜式反映观，在这种观点下，认识论视野与科学目光二位一体：在认识论视野中，语言无独立地位，它只是运载意识的透明工具；而在科学眼光中，一切知识——规律、公式——都表达为全称命题，其自然语言形式为主谓陈述句。[2]依照这样的想法，史学仿佛顺理

---

① 安柯斯密特：《历史与转义：隐喻的兴衰》，韩震译，文津出版社2005年版，第3页。

② 科学无文本，正如科学符号非真正意义上的语言。

成章地只是各种记录（指称）史实的句子的集合，这无论是从史学内容上的阐释层面还是语言上超越句子集合的文本层面上看都是过于狭隘的。

和自然科学关于物理、化学或生物现象的描述相似，史学中亦包含相应的知识性语句。在自然科学中，关于自然现象的解释是根据相关因素间的因果联系（规律）给出的，其符号表达则为类似电脑程序那样的具有逻辑关系的句子串。与之不同的是，关于历史现象的史学解释如我们在"历史解释"一章中阐明的那样并不具有自然科学式的纯逻辑演绎特征，而且，史学作为人文话语，独具自然科学所没有的意义阐释（interpretation）维度，因此，史学文本在逻辑上并非其中所包含着的单一描述句的"合取"集合，从而历史编纂（即历史学家的文本）决不能完全还原为历史研究的结果（即关于历史事态的单一命题）。①

历史阐释涉及"立意"与"剪裁"。②当我们拿起《意大利文艺复兴时期的文化》或一本关于"美苏冷战"的历史著作时，往往忽略了它们所言说的并"不是客观的被给予物"，③"文艺复兴"及"冷战"在历史叙述"立项"之前并不是如山川树石那样具有天然边界与轮廓的自然存在物，而是凝结历史学家关于特定历史现象意义阐释（"立意"）的语言产物，它建议我们可以以这样的角度和焦距令特定历史存在"成像"，为此甚至需要造出新

---

① 安柯斯密特：《历史与转义：隐喻的兴衰》，第2—5页。

② 怀特从情节编排、论证模式、意识形态蕴涵及喻义手段等各个方面对历史叙述文本的结构分析涉及的也是史学阐释的语言维度，我们将在"历史叙述"一章中专门讨论，此处从略。

③ 安柯斯密特：《历史表现》，第29页。

的词句：这是一种不动枪炮的敌我状态，那么，根据枪炮作为不同于刀剑等冷兵器的"热"这个义素的反面，再揉之以"战"，于是就有冷战一说。不难明白，正是在史学文本中，原本混沌无形的历史获得了我们熟悉的形状——今天我们对它们是如此熟悉，以至于忘记了在有人提议（并最终被接受）如此这般看待它们之前，并不存在诸如"文艺复兴"或"冷战"这样意义的历史存在。无独有偶，怀特对此亦发表过相同的意见。他指出，"文艺复兴""封建主义""第三等级"这些东西"早在任何特定史学家对它们感兴趣之前就存在了。但是，相信某个实体曾经存在是一回事，而将它们构成为一种特定类型的知识的可能对象完全是另一回事"①。这其实就是中国古代哲人庄子所谓"道行之而成，物谓之而然"（《庄子·齐物论》）。在此，坚执关于这样的历史对象究竟是"源于实在还是心灵的决断"这样的唯物唯心之分正如安柯斯密特所说"跟问在人们使用'美国'这一专名之前美国是否存在是同样无用和误导性的"②。

"立意"从另一方面说意味着"剪裁"，历史本质上是无尽的绵延之流，当某些事件被突出出来成为历史舞台的前景，同时必定有另一些事物隐入背景，而这种状况的产生当然与什么客观必然性无关，而是史家识见的结果，其中，想象力乃是至关重要的因素。打个比方，这有点像在周遭事物中看出特定景物（"童子拜观音"，或是"猴子观海"）的能力，看出某物（see as that）表面上似乎是一种"辨认"，而实质上更是想象。

---

① 海登·怀特：《元史学》，"中译本前言"，第 5 页。
② 安柯斯密特：《历史表现》，第 30 页。

从语义分析的角度看，首要的是注意到文本的超语句性质：尽管历史叙述显眼地包含指陈各种历史事实的陈述句，但叙述文本在整体上超越其所包含的单个陈述的总和，彼此在逻辑上具有截然有别的语义性质。在例如"这只猫是黑色的"这样的陈述句中，主词（猫）指称对象，谓词（黑色的）则将属性归属于（是）它，可是，对譬如一个关于法国大革命的文本而言，指称和属性事实上是联为一体，以至于要清楚区分出"不描述法国大革命而只纯粹指称它的那些要素和不指称法国大革命而描绘它的某些特征的那些要素"是不可能的，[①]这就像在一幅黑猫的图像（而不是句子）中指称与谓述是同时和统一发生的，我们并不是分别看到一只猫和属于它的颜色。按照安柯斯密特的看法（或灵感），文本不是透明物，它在语言逻辑上倒是与绘画有相似之处。[②]

在超越句子的文本层面上，语言与实在间的关系是"系统地"不确定的。在历史叙述比如一本《拿破仑传》中，其中某些句子如"拿破仑 1769 年生于科西嘉岛"中的"拿破仑"作为专名指的就是那个生活在 1769 到 1821 年间的有血有肉的法国人，但书名中的"拿破仑"则更多的是史学概念，其意义由整个文本叙述的语言建构而成，并受制于历史学家组成的语言共同体，在此，关于"他"的叙述不是指涉特定对象的"言说"（speaking），而是"关于言说的言说"（speaking about

---

① 安柯斯密特：《历史与转义：隐喻的兴衰》，第 5 页。
② 安柯斯密特：《历史与转义：隐喻的兴衰》，第 5 页。

speaking)。①援引奎因"语义上升"的概念，安柯斯密特指出，叙述文本中的句子同时受到"经验强制"与"语言强制"的双重约束。②在经验与语言的张力中，由于后者，历史叙述不是对过去的单纯指称或模仿，由于前者，它又是与实在有关的（being about）。③

关于历史叙述中特定实在内容与语言设定的关系，图克给出了一个典型的实例。他注意到，历史学家之间对"印刷术"发明权究竟是属于中国还是欧洲（古腾堡）的不同解释与其说是针对同一对象的竞争性意见，不如说是基于对"印刷术的发明"语义理解和假定上的分歧。例如，有人将"印刷术"理解为"技术和概念发展的一种过程"，有人强调，"印刷术的发明"与"民族教育及文化形式"的关联，还有人侧重从功能方面理解印刷术的本质，从而将其发明限定为"通过机械复制的方法来取代笔的某种手段"的创造。④在不同的概念下，可以找出关于印刷术发明权的不同史实证据。总之，历史学家所提出的几个"互相反驳彼此解释印刷术发明的论据……因为他们采取了自己对'印刷术的发明'有用法而没有留意到其他历史学家用它来意指不同的事物"⑤，因此，他们所进行的是理论上无效的争论。类似的情况还可以在"工业革命"的例子中看到。⑥

---

① 安柯斯密特：《历史表现》，第 39 页。

② 安柯斯密特：《历史表现》，第 28 页。

③ 安柯斯密特：《历史表现》，第 27 页。

④ 图克：《我们关于过去的知识：史学哲学》，第 211—212 页。

⑤ 图克：《我们关于过去的知识：史学哲学》，第 212 页。

⑥ 图克：《我们关于过去的知识：史学哲学》，第 218—219 页。

安柯斯密特关于叙述文本的正面主张，是建议将之理解为某种"叙述实体"。叙述实体在性质上相当于去除实在论蕴涵后沃尔什的"总括性概念"(colligatory concepts)，它提供"关于"过去具有整体连贯性的概观。在语言层面上，叙述实体是历史叙述主题的概括或隐喻，它好像圆心，整个叙述文本的所有句子都是围绕着它建构、展开的。历史叙述在语言上是不透明的，性质上是非知识性的，它可以说是关于如何看待特定过去的某种示范性建议。就此而言，它好比是"观景台"，其中所包含的各单个陈述仿佛是我们由之拾级而上的"台阶"，循此而上，我们所获得的是一个远远超过台阶本身所在范围远眺过去的立足点与崭新视野。在安柯斯密特看来，史学文本根本的语义功能并不是传递关于过去的知识——那是史料汇编，而是构造我们关于过去的认知，就像库恩所谓科学中的"范式"。范式不是知识本身，但却表达了如何有效理解和解释物理实在的规范性建议。[①]

在通常关于语言之为反映现实的透明工具的传统观念中，语言所具有的只是某种认识论性质，这正是安柯斯密特所反对的，在他关于历史文本的观点中，语言呈现出明显的非认识论特征而具有某种本体论性质，这集中体现为他关于史学文本的历史表现观。

"表现"(representation) 是个大有讲究的概念，它原本是美学和文学理论中的范畴，其常规含意通常表示为"再现""表象"之类的意思。在这一意义上无异于认识论上的"反映"概念。不过，在包括贡布里希、古德曼、丹图以及伽达默尔等人的理论语境中，他

---

① 安柯斯密特：《历史与转义：隐喻的兴衰》，第 109 页。

们发掘在语源上更为接近表现这个词的本来意思的另一层面的意义，从而拈出一个截然不同的范畴。根据威廉斯（Raymond Williams）《关键词》的相关条目，representation 是在 presentation（呈现、出场）之后于 14 世纪产生的英语词汇，其基本语义为"使在场"及"代表"等。安柯斯密特说："'表现'的词根可以让我们接近其本体论属性：我们通过展示某一不在场者的替代物令其'再度呈现'（re-presentation）。"[1]同理，"因为过去过去了从而不再存在，我们需要有它的表现者。我们拥有史学学科就是为了让自己有关于过去的表现，它将作为实在然而不再的过去的文本替代物"[2]。根据他的观点，历史作为过去在当下现实中本身是不在场的，其得以到场的存在方式是历史叙述。作为历史实在的语言"表现"，史学文本乃过去实在的"现身"之处，过去了的历史以叙述为其不二"替身"。当然，语言与实体殊类而与意义有关，其令不在场者重新到场应该在意义而非质料层面上理解，比喻地说，叙述之为表现不是过去的肉身"还阳"而是精神性的"还魂"。

与"再现"或"表象"不同，"表现"不依附于所表现的存在，二者在本体论上的地位是对称的。表现是被表现者的存在方式，表现实即被表现物之"本尊"即真身，离开前者并无后者。伽达默尔在《真理与方法》上卷关于"艺术作品的本体论"的论述中提出，"艺术作品的存在方式就是表现"[3]，就像音乐必须奏

① 安柯斯密特：《历史表现》，第 11 页。
② 安柯斯密特：《历史表现》，第 52 页。
③ 伽达默尔：《真理与方法》上卷，第 179 页。

响，节日活动仅仅由于它被庆祝而存在。又像在代议民主制（representative democracy）中，人民实际上是不在场的，代表其在场的是议员（representative）。安柯斯密特认为，对于过去历史这样的幽灵般的存在而言，历史叙述之为其替代性表现尤为恰当和显著。总之，从表现的观点看，历史中语言与存在的关系用海德格尔的话说，就是"语言是存在的家"，语言之外，存在流离失（其）所（在）。

和在日常生活中一样，人们主张某一观点或为之辩护的明言理由与其之所以持有此类观点的原因或者说动机通常不是一回事。在传统指称论语言观背后，我们可以觉察出某种"求是焦虑"：假如语言不依某一超语言的外部基准截断是非真假，那我们如何避免陷入关于同一事物的不同言说莫衷一是？有趣的是，对于安柯斯密特这样的叙述主义者来说，传统观点所焦虑的"一个历史学家所说或所想的社会历史实在和其他历史学家看待它的观点之间，存在着系统的不一致"①，本是史学中常见的事实，因此，如果正视现实的话，我们要做的不是在理论上徒劳地试图为之寻找所谓的出路——方法论上的出路不是哲学家的事，并且，这样的出路如果有的话，历史学家们早就找到了——恰恰是坦然接受关于这一现象唯一合乎逻辑的解释：历史叙述在整体上并不是"指称"过去的语言之镜。与此相联系，符合论的真理此际亦非焦点所在。安柯斯密特明确说，"宣称关于历史著述的所有理论问题最终都可以被重述为关于真理的问题的史学理论是残缺无用的，就跟声称为了判断博物馆中我们所欣赏的表

---

① 安柯斯密特：《历史与转义：隐喻的兴衰》，第102页。

现现实的绘画作品的优点,摄影式的准确性是我们所需要的一切的美学理论一样"①。但是,关于过去本身的叙述语言的自主性丝毫不意味着任意性,使关于过去的一个表现比其他表现更好的标准应是"公正对待实际历史事实与特定的语言学要求的结合"②:一方面,史实陈述上的真实性对于历史叙述仍然构成基本的约束,在此,"有关过去的事实可以是有利于或不利于叙述的解释",③更重要的是,决定历史叙述优劣的是它是否提供给我们最广阔和最独特的历史视野,在这一方面,"最好的历史表现是最具独创性、离惯常习见者最远的表现,是看上去最不像是真的——然而却不可能根据现存历史证据加以驳斥的那一个表现"④。必须强调的是,上述这些关于历史表现优劣的要求并不是我们可以据此独立对某一历史叙述作出外在判定的先验准则,如果我们关于某段历史手头只有一种版本的解释的话,原则上我们对其优劣是没有把握的,只有在不同的文本的比较中优劣才得以分辨。因此,和在科学中人们追求更大的精确性不同,在历史表现中,值得我们高度评价的不是表现的"完善"而是其"增殖",不是观点的"收敛"为一,而是各种可能观点的"爆炸"和"更为斑斓多姿的表现"。⑤

从表现的观点看,历史与艺术曲径通幽,事实上,安柯斯密特拈出表现作为史学文本的规定性,其意就是"提议从美学的观

---

① 安柯斯密特:《历史表现》,第 45 页。

② 安柯斯密特:《历史表现》,第 17 页。

③ 安柯斯密特:《历史与转义:隐喻的兴衰》,第 45 页。

④ 安柯斯密特:《历史表现》,第 17 页。

⑤ 安柯斯密特:《历史表现》,第 14 页。

点看历史编纂"。①这一乍看起来惊世骇俗的观点其实并不像表面看来那么离谱，在否定意义上，它服务于对指称论所蕴涵的认知主义语言观的彻底扬弃，而在肯定意义上，安柯斯密特关于历史表现的许多论述都可以从艺术——如绘画——中获取灵感和印证，包括叙述语言的非指称性、不透明性，以及关于表现合宜性的考虑所带有的明显的美学特征，等等。尤其是如果我们同意古德曼的观点，艺术与科学的区别并不简单地完全等同于真假之分，它们是我们理解和构造世界不同然而平等的方式，②这将消除我们在理解史学与美学关系时不必要的疑虑。

由安柯斯密特系统阐述的视史学文本为过去历史的存在表现的观点具有相当的理论复杂性，在观点论证方面，语言指称论的软肋是其理论破立的立足点，语言哲学的分析路数及已有观点如反经验主义的"语义上升"论为其提供了重要的理论示范与支援。在精神气质上，历史表现观具有当代学术先锋派或者说后现代主义的明显特征，它不仰赖真理，偏好多元性甚于确定性，以及平视和打通科学、艺术的宽广胸襟与气派，在在体现出浓厚的当代文化精神。与具体观点论证相比，上述思想倾向也许更具有决定性，因而可以成为我们理解其思想观点的重要背景。

作为探索性的语言哲学观点的提出者，安柯斯密特历史表现的语言观并非无懈可击，这在理论上仍然留下了值得进一步探讨的空间乃至有待解决的问题。比如，句子与文本、研究与叙述层面的区分是安氏所有观点的出发点，文本固然不可视为句子的堆

---

① 安柯斯密特：《历史与转义：隐喻的兴衰》，第132页。

② 纳尔逊·古德曼：《构造世界的多种方式》。

集，但句子与文本到底是什么样的逻辑语义关系，恐怕还需作更
细致深入的阐述；在研究与叙述，历史认识与历史理解或洞见的
获得之间强调后者固然有拨乱反正之功，但是否也有"矫枉过
正"之嫌？也是可以商榷的。关键在于，安柯斯密特包括伽达默
尔等在内的语言哲学有一个共同的本质，即在本体层次上讨论问
题，一旦将语言与存在在意义层面上打通，表现直接成为存在的
本体论替身，认识论语境下指称及真理问题于此当然失效。问题
是，即使是在人文主义性质的文本语境中，史学家、文学家乃至
艺术家所使用的与日常生活中我们所使用的本质上是同一套语
言，[1]因此，我们所使用语言的源始意义创制的"表现性"使用
与日常说事、办事的"指称性"使用是没法截然划分的，用安柯
斯密特的话说，在史学语言中，"我们并非总是确定自己的信念
究竟源于'经验的强制'——在此经验实在证明是来源——或源
于'语言的强制'"[2]。正因如此，安柯斯密特说起语言表现时总
是涉及"表现""被表现的实在"及"表现中的被表现者"三重
关系，[3]对经验实在的"准指涉"与语言实在的"表现性"同时
并存，而这种缠绕关系同时存在于句子和文本的层面上，从而并

① 当然，"以言为事"的人文言说和"以言为用"的日常语用不但有基
本的"文白之分"，并且在语式、风格等许多方面，人文文本的创作者总是刻
意不断实验与日常语言拉开距离的途径，但说到底，这种语言创新的"意构
性"语言使用毕竟是在日常语用的基础上展开的，从而所使用的乃是同一种
语言。

② 安柯斯密特：《历史表现》，第32页。

③ F. R. Ankersmit, *Meaning, Truth and Reference in Historical Representation*, p. 128.

非将"指称"归于句子，表现归于"文本"就可以解决问题。

第三节 史学文本的诗性修辞分析

上述两节直接涉及语言与存在具体说就是历史的本体性意义关系，海登·怀特的工作更多可以视作是语言内部的事情，即直接从史学文本本身入手进行修辞学的诗性结构分析，语言与存在的关系退隐为背景。因此，如果说安柯斯密特们的工作是"元语言"的，海登·怀特的理论诚然是"元史学"的，却非元语言性的。以海登·怀特为代表的叙述主义语言性转向的出发点是史学文本维度的重新发现，考虑到中西都曾有过的漫长的"文史不分"的传统，我们不能不对近代以来史学职业化即科学化过程中所发生的"语言的自我遗忘"感到惊讶。

但凡关注史学文本维度的人都不忘强调研究与写作的区别，怀特如此，安柯斯密特也是这样。因为，与研究对应的语言形式通常不是文本，而是语词和语句，在自然科学中，就是用人工语言表示的公式、方程等。科学本质上是非文本化的，文本与人文学说则有直接关系，所谓文科，就是"文章"之学。科学以研究结果为终点，而包括史学在内的人文学说则另有文本撰述的写作（做文章）层次。在科学主义潮流下，英美语言哲学意义上的语言其实是语词和句子水平的东西，史学自身的文本维度亦障而不显。

研究与写作的划分在本质上与科学与史学的区分重合。怀特明确表示，关注史学文本"诗性"或"修辞性"本身就是对史学"科学性"潮流的反拨。事实上，"在我们自身的时代中，专业史学家没能使历史研究成为一门科学,这表明那种理想是不可能实现的"[1]。其内在理由是,"修辞性语言"是"用来为不再能感知到的对象创造出意象,赋予它们某种'实在'的氛围,并以这种方式使它们易于受特定史学家为分析它们而选择的解释和阐释技巧的影响"。[2]从语言上说,"只要史学家继续使用基于日常经验的言说和写作,他们对于过去现象的表现以及对这些表现所做的思考就仍然会是'文学性的',即'诗性的'和'修辞性'的,其方式完全不同于任何公认的明显是'科学的'话语"[3]。不过,对于史学文本的这一维度不应该肤浅地理解为"文饰、修饰或美感增补意义上的'风格',而是被看作某种语言运用的习惯性模式"[4]。而在语言运用模式的层面上,叙述在本质上与其说是"逻辑性"的,不如说首要的是"比喻性"的,是"以凝练、换位、象征和修正这样的诗学技巧为基础的"话语形式。[5]在这一意义上,史学叙述与文学叙述材料层面上纪实与纪虚的区别并不具有第一位的重要性,彼此在叙述结构层面上的可比性与类同性清晰可见。

依怀特的观点,史学作品不仅具有认知层面,同时还包括审美和道德的层面。具体说,史学文本在内容上融叙事、论述于一体,前者主要表现为情节化的叙事,后者则涉及专门的理论化论证,以及在总体上如众所周知总是渗透和反映特定的价值观念的

---

① 海登·怀特:《元史学》,"中译本前言",第5页。

② 海登·怀特:《元史学》,"中译本前言",第3页。

③ 海登·怀特:《元史学》,"中译本前言",第1页。

④ 海登·怀特:《元史学》,"中译本前言",第5页。

⑤ 海登·怀特:《元史学》,"中译本前言",第2页。

影响。这三个方面的结合决定了史学文本的特定风格。更重要的是，在它们之下还有一个更深层次的喻义结构，它决定了历史著述的基调和解释策略，赋予各个作品内部以连贯性和一致性。综合上述四个方面的因素，怀特在《元史学》中给出史学文本的四种"阐释策略"，每一种策略层面又分别包含四种可能样式，于是有下面这个著名的图示：

"情节化模式"	"论证模式"	"意识形态蕴涵模式"	"喻义模式"
浪漫式的	形式论的	无政府主义的	隐喻的
悲剧式的	机械论的	激进主义的	转喻的
喜剧式的	有机论的	保守主义的	提喻的
反讽式的	情境论的	自由主义的	讽喻的

怀特关于上述四重结构的分析在理论上均有所本，"情节结构""论证模式""意识形态蕴涵"和"喻义模式"及其分类分别取材于加拿大文学理论家诺斯罗普·弗莱《批评的剖析》、美国哲学家斯蒂芬·佩珀《世界的构想》、德国社会学家曼海姆《意识形态与乌托邦》的相关分析范畴，隐喻等四种喻义形式则为修辞学范畴。并且他认为，在19世纪史学家兰克、米什莱、布克哈特、托克维尔和历史理论家黑格尔、马克思、尼采、克罗齐的著作中，上述模式可以获得实际的印证。[1]形式上如此规整的分类不免让人联想到黑格尔哲学著名的三段式，对此怀特本人也不无意识，[2]不过，对于我们来说重要的是它所包含的理论思考和带给

---

[1] 整本《元史学》本质上无非是关于上述模式的论述和印证。
[2] 海登·怀特：《元史学》，第9页。

我们的启示。

怀特列举的史学文本的四重维度，后两种毋宁说是渗透弥漫在文本实体上的因素，包括论证在史学中也未必在文本上具有可分辨的单独存在，它们最终都融会和体现在情节化的叙述中，因此，史学文本落到实处乃叙事文本，"讲故事"构成史学本质化的言说方式，而对于历史著作的读者来说，对故事类型的"识别"和故事内容的认识在整体上决定着他对特定历史的意义理解。

怀特视史学文本为非科学话语包括事实和理论两方面的理由。在事实层面上，他正确地观察到史学叙述与文学叙述在文本结构上的相似性，例如，不论是历史叙事还是文学的虚构叙事，故事的可能类型大致就是弗莱所说的那几种情节，喻义方式也是如此。理论上，他强调，在文本诸模式之间，选择何种事件情节化方式或喻义手段"并没有任何决定论的因素"，不论是事实还是语言本身"都没有提供任何标准，以区别'恰当的'（或者字面的）和'不恰当的'（或修辞的）语言用法"①。"绝大多数历史事件都可以有多种不同的编码方式，结果就有关于历史事件的不同解释，赋予它们以不同的意义。比方说，米什莱在其关于法国革命的历史巨著中视为浪漫主义的超验戏剧的东西，在其同时代人托克维尔的笔下却成了反讽悲剧。"②换言之，历史事实的文本化是以更具文学喻义性而非逻辑性的方式实现的。怀特认为，史学文本之所以如此的一个原因，是因为历史实体已然不在，它们

①　海登·怀特：《元史学》，"中译本前言"，第4页。
②　海登·怀特：《后现代历史叙事学》，第177页。

不能"被直接的（受控）观察所证实或证伪"，只能被想象地"构成"，而"这些想象过程与'文学'的共同之处要远甚于与任何科学的共同之处"。[①]

以史为文不可回避的一个问题，就是如何理解史学的真实性（诉求）及其与文学文本的关系。怀特并不否认，在取材与追求上，史学与文学间求实与虚构的明确区别，但是，就史学文本不是史实自然堆积而成，而是一种人为的语言学或话语的构造而言，史学文本具有虚构性。在此，他所谓的虚构"fictio"，在拉丁语词源意义上指的是"某种人工制成的或制作的东西"，并不必然等于虚假。因此，"虚不必假，实未必真"。[②]比如，法律上所谓的"法人"就其为非自然实在而言亦为一种虚构，但这却并无碍其意义上的真实性。[③]在此，怀特是在史学并非历史实在的语言"拓片"的意义上称史学为"文学虚构文本"[④]的，用他自己的话说，"就叙事为实在强加了那种只有在故事中遭遇的意义的形式与内容而言，将实在叙事化就是一种虚构化"。[⑤]因此，对史学文本虚构性维度的揭示并不对史学本身造成实质性的伤害："如果历史学家认识到他们叙事中的虚构成分，这并不等于把历史编纂学贬低到意识形态或宣传的地位上。事实上，这种认

[①]　海登·怀特：《元史学》，"中译本前言"，第6、7页。

[②]　虚实与真假是相关而不相同的两件事，有兴趣者可参周建漳：《虚实与真假之间：由史学与文学的关系说起》，《学术研究》2009年第3期。

[③]　海登·怀特：《元史学》，"中译本前言"，第7—8页。

[④]　海登·怀特：《作为文学虚构的历史文本》，转引自张京媛主编：《新历史主义与文学批评》，北京大学出版社1993年版。

[⑤]　海登·怀特：《元史学》，"中译本前言"，第8页。

识可以帮助历史学家避免自己成为意识形态先决条件的俘虏。"①

在消极意义上,"历史的叙述运载着一定的虚构,只要它所描述的是一个已经泯灭的真实,一个必须使之具有形态的踪迹"②。而在积极意义上,"虚构是阐释、整体意义、心理分析、大规模模式的表达手段,所有由原始事件到恒常知识的智性补充,从事实丛林到真理的过渡均经由虚构促成"③。因此,怀特说,将历史与虚构技术联系在一起"并不影响历史编纂学本身的知识。只有当我们把文学当作丝毫"不教诲我们任何关于现实的事情,才会因将历史和想象相连结而损害历史"④。利科也认为,"历史文本无论是怎么样的虚构,仍不失为是对现实的再现"⑤。

怀特对史学文本诗性修辞维度的揭示将以往被忽视的语言的存在,这无疑推进了我们关于史学的认识深度,同时也为我们理解史学与科学及文学的关系开拓了崭新的理论空间。其中怀特基本没有落笔的科学语言其实是很值得深入研究的问题,比如,科学,至少是数理化这样的严格精确科学是否具有文本性(为

① 海登·怀特:《作为文学虚构的历史文本》,转引自张京媛主编:《新历史主义与文学批评》,第 178 页。

② 蒙甘:《从文本到行动——保尔·利科传》,刘自强译,北京大学出版社 1999 年版,第 111、132 页。

③ Nancy F. Partner, "Historicity in an Age of Reality-Fictions", in F. R. Ankersmit, Hans Kellner eds., *A New Philosophy of History*, pp. 27-28.

④ 张京媛主编:《新历史主义与文学批评》,第 178 页。

⑤ 利科:《解释学与人文科学》,陶远华等译,河北人民出版社 1987 年版,第 303 页。

什么以科学为样本的英美语言哲学均言不及文本），甚至人工符
号是否算得上真正的语言，这也许是探测科学与人文学说本质区
别一个有价值的方向。怀特的开创性工作主要是有理有据地揭示
和论证了史学与文学在文本结构上的统一性，而关于文学文本与
实在的关系需要更深入的剖析，更重要的是，对于史学和文学为
何具有这样的一致性，除了发生学上的历史原因，我们需要理论
上的本质说明，在这方面，怀特的工作也许可以说是"乏善可
陈"。如果能够从维特根斯坦"语言游戏"的角度进一步对科学、
人文话语做统一的处理，不但将深化我们对人文与科学本质的认
识，也将拓展我们关于语言与存在关系的本体论理解。

　　怀特的理论对传统史学观是一个巨大的冲击，因此，其遇到
理论上的巨大反弹也是可以理解的。[①]人们对怀特的观点的反应
在一定程度上是不同理论立场所致，对此，即使我们不以观点的
新旧论是非——这显然是对怀特有利的说法，至少可以"道不同
不相为谋"视之。在我看来，怀特关于史学话语非科学性论证有
待补强的地方是，他关于情节编排独立于历史实在的任意性的论
点即使可以成立，也仍然需要有更具说服力的说明与论证。比
如，人们对怀特最尖锐的质疑，就是面对像纳粹大屠杀这样惨绝
人寰的历史事件，除了悲剧之外是否还可能有别的情节编排的可
能性？换言之，在承认语言相对独立性的前提下，实在对整体文
本的约束关系及其机制应该得到应有的重视。

---

① Richard T. Vann, "The Reception of Hayden White", *History and Theory*, Vol. 37, 1998.

推荐阅读书目

❖　海登·怀特:《后现代历史叙事学》,陈永国、张万娟译,中国社会科学出版社 2003 年版。集中了怀特关于史学文本话语分析的主要文章。而安柯斯密特的《历史表现》(周建漳译,北京大学出版社 2011 年版) 涉及关于史学文本的哲学语义分析,与怀特的观点有互成掎角之势。安氏的另一本书《历史与转义:隐喻的兴衰》(韩震译,文津出版社 2005 年版) 亦反映其特定的语言哲学观点。

❖　汉斯·凯纳尔:《语言与历史表现:把故事说圆》,韩震、吴玉军译,北京出版社 2010 年版。汉斯·凯纳尔是怀特的弟子,该书对语言修辞于史学的关系有结合史学实践的独立理论探讨。

❖　纳尔逊·古德曼:《构造世界的多种方式》,姬志闯译,伯泉校,上海译文出版社 2008 年版。历史哲学之外,该书对语言与存在的关系的论述允称细致而深刻。

第八章　历史叙述

　　叙述成为历史哲学的标准话题是分析的历史哲学之后以怀特为代表的叙述主义语言性转向的产物，一旦理论重心由认识论转向语言，叙述作为史学文本的基本样式首先成为理论关注的焦点。

　　广义地说，叙述问题即语言文本问题，但文本除叙述的之外尚有其他如分析的、论说的等形式，因此，从叙述的角度切入，其所涉及的问题有其独特性：其一，面对比如法国年鉴学派在理论和实践上对叙述作为史学文本本质特征的质疑，叙述与史学写作的关系有待论证。其二，叙述与实在，从而史学叙述与文学叙述的关系，这个问题是历史叙述探讨中的热闹话题，在理论上亦有十分深刻的内涵。其三，在更基本的层面上，如何超越单纯的文类视野，将叙述放在与科学分析与论证式语言游戏不同的人类基本语言游戏方式的高度上理解其意义。当然，首先是对"叙述"的概念界定。

第一节　史学文本的叙述性品格

　　叙述一词英文为 narrative，其词源可以追溯到梵文和拉丁文，其原始词义为"由通晓相关事实的人所说的故事"，而故事在最广泛的意义上是指关于"时间链条中的行为的述说"。叙述在西方是从 17 世纪开始与"过去"联系在一起的[①]，同时兼指特定语言"行为"（叙）与其"结果"（事），在后一意义上，叙述亦称叙事。英文中另有一与 narrative 同源的同义词 narration，相比而言，前者"文体"或"文类"的意味稍强，但二者无本质上的概念区别。

关于叙述的研究在西方可以一直追溯到柏拉图和亚里士多德，它首先是作为文学理论中的文体分类概念发展起来，关于它的研究在当代已成为一个专门的学科：叙述学（Narratology），英国剑桥大学出版社于 2002 年和 2007 年连续推出《剑桥叙述学导论》(H. Porter Abbott, *The Cambridge Introduction to Narrative*, 2002) 和《剑桥叙述学指南》(David Herman ed., *The Cambridge Companion to Narrative*, 2007)，并且，叙述作为概念工具在过去 20 年间已经从人文学科中的叙述转向扩展，遍地开花，政治学、科学、法律、医学乃至认知科学都有所谓的叙述学转向。[②]然而，关于叙述的严格定义却仍然阙如，因为，叙述从句法、语义或语用的角度看均无法给出准确的形式化界定。[③]不过，这并不妨碍我们勾勒出叙述最本质的特征，这对于我们的主题来说就足够

① "Narrative" item in Harry Ritter ed., *Dictionary of Concepts in History*, Greenwood Press, 1986, p. 279.

② Marie-Laure Ryan, "Toward a Definition of Narrative", in David Herman ed., *The Cambridge Companion to Narrative*, 2007, p. 22.

③ Marie-Laure Ryan, "Toward a Definition of Narrative", in David Herman ed., *The Cambridge Companion to Narrative*, 2007, pp. 24-26.

了。在最根本的意义上，叙述可以简要地被概括为讲故事，有当代叙述学者指出叙述的两个要件：故事和故事的讲述者。[1]后者主要是区别于戏剧的直接模拟展示，强调叙述是间接讲述：戏剧用言辞和事物来表演原来的言辞和事物，而叙述则将一切都转换为语言。叙述与故事乃一体两面的共在关系，故事是叙述所述之事，而叙述则是说故事。另外，与叙述相对的不同话语形式通常认为有描述、说明和论证。

故事是关于所发生事情或某一过程"来龙去脉"的述说，形式上不仅散文，诗歌、影像、动作、雕塑都可能构成叙述。叙述一般认为包括情节、人物、观点、意义四要素。再短的故事都具有至少一个基本情节，即由开端、中间、结尾构成的一个完整语言结构，如"约翰很高兴，后来他遇见了皮特，结果他不高兴了"。[2]在这一点上，历史叙述区别于大事年表或编年史之类的"断烂朝报"。通过情节设计、人物描写与观点的掌握，叙述者构造了一个有意义的语言结构，传达出他所希望表达的意义乃至他也没有意识到的寓意。根据情节、人物属作者发明或发现，叙述文本被分为虚构与纪实两类，小说与历史分别是二者的典型代表。

叙述意思的方方面面于此似乎已明白表达，但是，如果不提及其中最关键的时间维度，则我们对叙述的理解仍然言不及义。时间之于叙述正如灵魂之于肉体。叙述与例如逻辑论证的根本不同之处，就是其内在的时间维度。直白看来，叙述描述的具

---

[1]　Robert Scholes, Robert Kellogg, *The Nature of Narrative*, Oxford University Press, 1966, p. 4.

[2]　"Minimal Story", in Gerald Prince, *A Dictionary of Narrative*, University of Nebraska Press, 1987.

有明确时间界限（通常总是发生在过去某一时间中）的事件，而事件又是在或长或短的时间跨度中展开的。但这还只是"在时间中"，叙述内在的时间性在于，看来平直简单的叙述语句总是预设了一个更大的时间框架，这就是丹图所谓的"叙述句子"。"叙述句子给出关于事件的描述，……这些描述参照了在时间上晚于其所描述的事件的后来事件，从而在认知上对于现场观察者来说是不可及的。"①比如，如果不是处于"后见之明"的有利时间位置上，那些被称为"起源""转折""先驱"的字眼是没有意义的，"三十年战争""第一次世界大战"及"五四运动"也都无以命名从而无以成立。谁在 1618 年能预知这将是一场延续了 30 年之久的战争？或是 1919 年北京的学生为抗议当局签订"二十一条"的游行活动，以及随后发生的火烧赵家楼事件，最终成了中国近代史上的著名的五四运动？正是基于时间性维度的有无，我们不会有"叙述的化学"②或物理学，却有文学叙述或史学叙述。注意，即便在文学这一文类中，内在时间性亦非一切文体的共有特征。"抒情诗直接描绘静态的人生本质，但较少涉及时间演变的过程。……唯有叙事文展示的是一个延绵不断的经验流中的人生本质。"③

除时间性维度之外，叙述与科学话语的不同之处还在于，前者使用日常生活语言而后者依赖单义可定量的人工符号。这一点与即便是经济学、社会学之类的社会科学亦明显不同，虽说后者

---

① 阿瑟·丹图：《叙述与认识》，第 xii 页。

② Michael Stanford, *An Introduction to the Philosophy of History*, Blackwell Publishers, 1998, p. 217.

③ 浦安迪：《中国叙事学》，北京大学出版社 1996 年版，第 7 页。

倒未必使用人工符号。由此可以分析出叙述与分析和论证之间抽象与具体、分析与综合、理论与经验、逻辑与修辞从而必然与或然等一系列的区别。总之，故事性，时间性及日常语言构成叙述的本质规定，而叙述与时间的关系则是它与历史之间关键的契合点。

叙述与史学的联系就事实而言触目皆是，它甚至已经进入到我们日常语言的层次，"叙述""历史"共享"故事"的含意。放眼古今中外，大量史乘在文本上无疑属于叙述作品，不过，实事求是地说，的确亦有非叙事性的历史作品，如布克哈特《意大利文艺复兴时期的文化》、赫伊津哈《中世纪的秋天》。它们对历史事件的处理与其说是"历时态"的，不如说是"共时态"的，并且，它们对特定历史的全景展示只见"中段"而没有"开头"和"结尾"。尤其是晚近以来，在史学社会科学化思潮之下，出现了自觉以问题分析为导向的社会科学样式的历史著述，像是法国年鉴学派早期代表人物布罗代尔的《地中海与腓力二世时代的地中海世界》，为区分二者，专业文献中通常把二者分别称之为"问题史"和"故事史"或"叙事史"。早期年鉴派不但是"问题史"的实践者，并且在理论上明确对叙述史提出挑战。布氏公开宣称"不喜欢叙述"，认为"叙述是幼稚和虚妄的"。① 出于类似的史学社会科学化背景，分析哲学阵营中有些人如曼德尔鲍姆以"研究"与"表述"的二分为基础否认叙述与史学的内在关联，认为以叙事手法表达关于历史的解释乃属偶然，史学家混同于说故事的人是

---

① Ewa Domanska, *Encounters: Philosophy of History after Postmodernism*, University of Virginia Press, 1998, p. 22.

"肤浅的"。①在曼氏看来，尽管在有些情况下，史学的目的是构造一个依事件发展链条展开的叙述，但这并不是历史探究的最佳方式。因为，史家在此只是确立事实上发生了什么，而不是在进行一种揭示未知事实联系的工作，而后者恰恰是史学之要务。②此外值得一提的是，在质疑叙述的声音中不难分辨出某种科学主义的傲慢腔调。特伽塔（F. J. Teggart）说，采用叙述将使史家"与获得任何科学结果的可能性绝缘"。因此，他建议历史学家们不再尝试叙述故事，而转为以科学的方式解释特定事件。③依此，则历史之具有叙述性仅仅证明历史尚未上升到其他科学的理性水平，还停留在某种有待超越的前科学状态。如果我们相信关于先进、保守的某种简单判断的话，二者之间明显的时代先后特征也许会被持否认史学叙述性的人视为某种对自己有利的暗示。但问题当然远不是这么简单，例如，如何解释史学内部晚近向传统叙事史的复兴？

尽管存在着不同意见，但对于历史与叙述的内在关联，大多数历史学家及历史理论家还是持肯定或承认的态度，如果我们拉一张赞成历史与叙述不可分割关系的学者的名单，其长度当大大超过反对派。对大多数理论家和一般读者来说，屈维廉关于"史

---

① "Narrative" item in Harry Ritter ed., *Dictionary of Concepts in History*, p. 282.

② Maurice Mandelbaum, "A Note on History as Narrative", in *History and Theory*, Vol. VI, p. 414.

③ Haskell Fain, "History as Science", in *History and Theory*, Vol. IX, p. 154.

学艺术始终是叙事，这是历史的基石"①的论断符合人们长期以来关于史学的基本直观。大多数理论家仍然相信，"叙述不单单只是历史学家的技艺中偶然的风格元素，而是史学事业不可或缺的本质特征"②。纵观人们关于史学与叙述关系的辩护，其基本策略无非两条：一是对叙述概念作理论上的处理，以使之能说明或容纳表面上非叙述的史学文本；二是正面论证史学与叙述间本质性的关联。以下我们循此分别加以阐述。

年鉴派对叙述史的反感在很大程度上与他们对传统史学偏重政治史与事件史的不满直接相关。在布罗代尔等看来，政治、军事上那些乍看之下耸动听闻的短时段事件放在历史的长期过程上来审视，其对历史发展的真正影响微乎其微，是最肤浅的历史，真正对历史有深远影响的反而是长时段上地理、经济因素的作用（由此我们不难一窥马克思唯物史观的特有思想魅力），这在一定意义上对于传统史学的确有拨乱反正之功。但是，矫枉须防过正，年鉴派中一些人由传统史学偏向的校正发展到根本否定史学叙述是令人遗憾的。一方面，由于对传统史学偏重上层建筑的宏大叙述的不满而反对历史叙述不远迁怒之嫌，从理论上说是对叙述作了过于狭隘的理解。同为法国学者的利科就指出，历史的长时段中仍然包含着不可抹去的时间因素③，在看似不以人物

---

① Alex Callinicos, *Theories and Narratives, Reflections on the Philosophy of History*, Polity Press, 1995, p. 45.

②"Narrative" item in Harry Ritter ed., *Dictionary of Concepts in History*, p. 281.

③ "再长的时段也不应该掩盖时间的存在。因此，强调长时段不应当变成否定时间。"见利科：《法国史学对史学理论的贡献》，第 42 页。

为中心的"地中海世界"中，作为集体主角的地中海的衰落是布氏成名作的"准情节"，其结局则是书中所描述的两大政治利维坦冲突的完结及历史重心由地中海向大西洋与北欧的转移。[①]安柯斯密特主张在叙述与故事之间做一定的切割，并非只有《大卫·科波菲尔》式的故事才是叙述的典型形态。他认为，叙述的本质在于语言性[②]而非故事性。[③]

麦吉尔针对布罗代尔《地中海与腓力二世时代的地中海世界》给出了他自己的分析。首先，他指出，布氏贬抑叙述史所标举的问题史口号在是书中并未具体落实，全书并没有提出一个总的问题，细部上的一些问题在书中占比亦不大。进而，他援引凯纳尔关于该书汪洋恣肆漫无边际的文体风格属于所谓梅尼普式讽刺（Menippean Satire）的分析，[④]指出这在弗莱的文艺理论概念中实属一种"松散的叙述"。[⑤]最后，他从理论上区分了叙述中所包含的"事件"和"存在"层面，情节中心的叙述侧重的是前者，而像《地中海》这样的著作则恰恰是对作为事件之上作为背景的地理环境等"角色"的描述，在文本中，分析与解释只是

---

① Paul Ricoeur, *Time and Narrative*, Vol. I, pp. 210-215.

② 具体说，就是他所说的语言作为"叙述实体"的表现性使用，详见本书第六章第三节。

③ F. R. Ankersmit, *Narrative Logic: A Semantic Analysis of the Historian's Language*, Martinus Nijhoff, 1983, p. 12.

④ 汉斯·凯尔纳:《语言和历史描写——曲解故事》，韩震、吴玉军译，大象出版社 2010 年版，第七章。

⑤ Allan Megill, *Historical Knowledge, Historical Error: A Contemporary Guide to Practice*, p. 94.

织物的针脚，作品本身是一幅巨大的叙述品。①总之，在放宽了的眼界下，布罗代尔等人新的史学实践证明的不是他们反叙述的理论观点，而是叙述对于史学的内在性。

在同一取向上，怀特亦提出了他关于叙述更具包容性的解释。在他发表于《克里奥》上的"历史叙述的结构"一文中，他从整体文本而非单线事件链条的角度出发反击了视例如布克哈特的《意大利文艺复兴的文化》为非叙述史本身的肤浅性。他指出，布氏对意大利文艺复兴的描述的居于"中段"其实是以读者了解其头尾为前提条件的。更重要的是，假定叙述必定有明确的编年顺序，且给出开始、中段、结束全须全尾的陈述本身是一种过于狭隘的叙述观念，反映了论者对 20 世纪 60 年代以来文学理论界叙述理论进展的无知。实际上，不同的主题、动机和气质产生不同的叙述形式，兰克式的匀称故事涉及线性变化，托克维尔笔下未完成的故事着重处理的是稳定性与延续性，等等。②

关于叙述的广义概念阐释容易有"自说自话"之嫌，未必对反对者有太多的说服力，并且在论辩上是防御性的，更重要的是对利科所说的"历史具有不可削弱的叙述性质的论点"③给出正面的论证。

反叙述主义者把历史研究的"着重点从特殊变为一般，从事件变为均一性，从叙事变为分析的这种想法"是值得忧虑的："对

① Allan Megill, *Historical Knowledge, Historical Error: A Contemporary Guide to Practice*, pp. 94-96.

②"Narrative" item in Harry Ritter ed., *Dictionary of Concepts in History*, pp. 282-283, 284.

③ 利科：《解释学与人文科学》，第 286 页。

结构的兴趣能取代叙事的方面吗？战争、协定、边界划分会在社会力量长期效果面前消失，但是真能够把在政治舞台上上演的戏剧归结为由可重复成分组成的一个复合方程式吗？……能使社会现实和基础结构成为历史的实体吗？或者换句话说，是否能够用系统分析取代叙事描述作为一种进行逻辑推论和实际实行的研究方案呢？"①斯丹福指出："历史叙述容当与时俱进，以各种方式改进自己，但从根本上说，最终没有什么比叙述更好的方式能再现时间进程中人类行为及其相互作用的复杂图案，同时仍能给予其中所涉及的意义以充分的价值。"②

关于史学文本内在的叙述性，海登·怀特在其《元史学》前言中有一段提纲挈领的经典性表述，他说："史学是具有叙述性散文话语形式的语言构造。史学（以及历史哲学）兼有特定数量的'数据'，'解释'这些数据的理论概念，以及将数据在过去时间中发生了的事件序列作为画卷加以再现的叙述结构。此外，我坚持认为，史学具有某种深层的结构性内容，这一内容一般而言是诗性的，具体言之是语言性的，它作为前批判地被接受了的范式决定'历史'的解释应该是怎么样的。"③借鉴语言学与文学批评理论，怀特指出，史学在语言上和文学一样，本质上无非运用隐喻、转喻、提喻、反喻四种修辞手法进行语言编码，而在叙述风格上，则表现为悲剧、喜剧、传奇、反讽四种基本故事类型，这些在在都显示出历史的叙述性文本特征。

----

① 利科主编：《哲学主要趋向》，第 243 页。

② Michael Stanford, *An Introduction to Philosophy of History*, p. 151.

③ Hayden White, *Metahistory*, The Johns Hopkins University Press, 1973, p. ix.

从叙述话语与其"终极指涉"关系的角度，利科阐述了史学与叙述间内在不可分割的联系。利科认为，叙述文本不仅仅是构成它的各单个语句所直接表达有关事件时间顺序及因果关系的信息内容，它在总体上同时还包含着一个由"情节布局"等手段造成的象征性结构，在这一层次上，其所指涉的不是具体事件，而是"时间性"和"历史性"，后者除非在叙述模式中是无法被揭示与表达的。因此，正是在历史自身的时间性意义上叙述与历史的内在关联呈现出来。①反之，正如利科所指出的，"假如史学切断与我们追踪故事的基本能力的所有联系……它就将……不再是历史的了"②。

按照叙述主义者亦是笔者在此所持的观点，叙述并非历史的表面装饰性特点，相反，"叙述是历史编纂的本质而非偶然的特点"③。历史学家们在研究一系列复杂的事件过程时就开始观察其可能构成的故事类型，尔后再以故事模式展开叙事，而读者达成对特定历史叙述理解的关键，则是逐渐辨认、识别出其中所包含的某种类型的故事。在此，叙述不是一种简单从而可以替换的表面语言形式，而是与历史本身在本质上唯一相匹配从而不可分割地联系在一起的话语方式即认知方式，正是为了强调这一点，海登·怀特的一本文集《形式的内容：叙述话语与历史的表象》(*The Content of the Form: Narrative Discourse and His-*

---

① 海登·怀特：《后现代历史叙事学》，第 154—156 页。

② Paul Ricoeur, *Narrative and Time*, Vol 1, p. 91. Quoted from Michael Stanford, *An Introduction to Philosophy of History*, p. 151.

③ Lionel Gossman, *Between History and Literature*, Harvard University Press, 1990, p. 292.

torical Representation）才如此命名。因此，对于叙述我们不可简单地依其字面直接意义视作仅仅发生在认识完成之后的表达环节，它首先是我们将纷繁复杂的历史现象处理、整合成有条理、有意义的形式的语言模式，而当代语言哲学的重要理论贡献就是揭示了语言的深处其实就是思想。我们在生活世界中达成理解的基本手段本质上是一种故事性思维，面对社会生活中纷繁复杂乃至前所未遇的事态，我们在认识上将之条理化从而消化的基本途径就是找出其中的故事，我们向别人传达对此的理解的方式则是讲故事。如果不是以故事性视角看世界，我们就不会找到故事，而如果不是在头脑中建构起了故事，我们又如何讲？反过来说，我们可以通过故事叙述表达意义，别人能够听懂我们的故事，也正是因为我们的思维中特定故事性理解框架的存在。在此，认识和表达都统一在这样一种故事性即叙述性思维方式中，这就是我们在此所讨论的叙述乃认识与表达的统一。

文史学科具体、个别性叙述话语与科学因果普遍性逻辑话语的区别有其本体性的理由，简单说来，前者针对的是一次性"时间性"现象，历史与小说给出的都是关于事件发生过程（what and how it happened）的具体描述即故事，而不像科学话语给出关于万物间普遍因果联系的分析与解释。而后者处理的则是同质齐一性的"空间性"现象，对于前者，我们把握它们的唯一可能方式是纵向历史性描述，在此，事件是基于其在某一叙事链条中的地位而被定位和被理解的。反之，对于重复出现的恒常事态，我们就能在任一横剖面上整理、概括出其中存在的普遍规则，从而如亨普尔所说的，通过将具体现象置于普遍规律的"覆盖"下获得对它的解释。因此，历史与故事间的关联毋宁具有某种内在必然性。诚如克罗齐所言，"没有叙述则没有历史"。①

正如前文曾论及的那样，历史在根基处如海德格尔所说乃"时间性"的存在，而当其"到时"为不同朝代、不同国度的具体史实，在历史研究者的视域中历史往往落实为某一特定"过去"。因此，并非凡是与"古"有关的研究即为史学，只有在时间性视野下关于历史流变及其因果的发生学追溯才属于真正史学的范畴：正如关于古莲发芽的研究是植物学的工作而非历史工作，只有关于莲的物种进化的研究才具有历史意味。准此，史学的"终端产品"总是呈现为某种叙事，而仅仅与过去某一点、某一事发生关系的研究则可能并不是做历史而是例如社会科学研究，或者如考古、史料考证等只是在可为史学提供材料的意义上与历史有关。②

总之，上升到历史本体与史学本质话语的高度，"历史知识具有叙述的结构，这在认识论上确定了它作为人类文化特定领域的独特本质。叙述的逻辑乃历史意识的基本要素，即便是在前语言或超语言的视觉认知层面上亦是如此"③。叙述作为史学集思维与表达于一体的本质特征，构成史学与自然或社会科学语言游戏规则的本质区别。必须指出的是，我们这样说只是一种学术上的概念划定，并不具有任何价值评判的意味，也不意味着拒斥关

---

① Hayden White, *The Content of the Form, Narrative Discourse and Historical Representation*, The Johns Hopkins University Press, 1987, p. 28.

② 这只是指出事实，而不含褒贬，因为，不能证明在人类与过去打交道的精神方式中惟史学方式最有意义或有最高级的意义。

③ Ewa Domanska, *Encounters: Philosophy of History after Postmodernism*, p. 140.

于历史对象的社会科学探索。当然，如果这一论证是可以接受
的，那么，它也许附带地可以说明这样一个问题，即并非所有实
然的如学科建制之类的存在与其应然的逻辑都那么若合符节。对
于那些非叙述的研究，最终我们想说的只是，这也许不属于史的
范畴，因而，其存在并不构成对历史的叙述性本质的威胁。

第二节　历史与故事

文本与叙述的关系涉及史学语言内在的时间性及日常语言
性品格，本节则从客观存在角度切入史学文本（故事性叙述）与
历史实在本身的关系，探讨故事究竟是内在于历史本身还是纯属
史学文本的语言构造。

1970 年明克在《作为理解模式的史学与小说》一文中提
出，"故事不是被经历的而是被说出来的"（Story is not lived, but
told）[①]。这是我们今天在当代西方历史哲学专业文献中较早看到
的关于生活—历史[②]与故事关系的明确（否定）论述，在这一问
题上，海登·怀特、安柯斯密特等均与明克"同调"，[③]他们是历

---

① Louis Mink, "History and Fiction as Modes of Comprehension", in Brian
Fay, Philip Pomper, Richard T. Vann eds., *History and Theory: Contemporary
Readings*, p. 135.

② 在本体论上，人类生活及其历史是同质的存在，在不涉及二者当下与
过去视野区别的特定情况下，对它们可以做等量齐观的处理。

③ Noel Carroll, "Interpretation, History, and Narrative", in Brian Fay,
Philip Pomper, Richard T. Vann eds., *History and Theory: Contemporary Read-
ings*, p. 37. 从时间上说显然是明克所言在先，但怀特在用几乎与明氏语式相
同的话表达同样观点时并未加注引证，所以难以确认。Carroll 在文章中称是

史故事性否定方的主要发言人，其观点具有代表性。生活—历史世界之是否具有本然故事性结构直接说来是一个属于历史本体论的话题，但人们对这一问题的谈论更多似乎是出于对史学文本的认识论或修辞学反思，[①]这是我们在讨论这一问题时必须将之考虑在内的。此外，关于这一话题的思考和谈论不仅局限于历史哲学专业领域内，在萨特、麦金太尔及安贝托·艾柯和其他许多人的著述中都可以找到与这一问题直接相关的思考与言说，其中萨特的观点甚至早在1930年代的《恶心》一书中即已成形。众多理论家对这一问题"歧途同归"的兴趣从一个侧面反映了它的理论魅力与价值，同时亦表明了问题的复杂性。

　　和几乎所有哲学问题一样，人们围绕历史是否是故事的不同观点不但涉及实质性的思想分歧，亦牵涉因概念、论域的不同导致的思想混乱，所以，概念与论题的澄清是必不可少的首要论述步骤。

　　本节论题所包含的"历史"和"故事"作为自然语言概念正好都具有相互联系但区别明确的主客观双层含义。幸好中文中我们恰好有"史学"一词可以用以指代历史作为文本的主观义，因此，本节论题乃专指客观历史存在本身的故事性。"故事"依今

"he (White) shares with Louis Mink"。顺便指出，此文作者的一本文集的中译（诺埃尔·卡罗尔：《超越美学》，李媛媛译，商务印书馆2006年版）收有这篇文章，译者将之译为"不谋而合"，似稍有"过译"之嫌。

　　① 例如，明克与怀特分别是在论述"作为理解模式的历史与小说"（*History and Theory: Contemporary Readings*, pp. 121-137）与"作为文学成品的历史文本"（海登·怀特：《后现代历史叙事学》，第169—193页）时论及生活的非故事性的。

义为"叙事性文学作品"(《辞海》),然究其本义,它恰恰应训
为"过去的事情"(故者,古也;事者,事实、事情),与历史(英
文 the past)正好同义,我们在今日仍通行于现代汉语中大量的
"故旧""故人""故交""故居""故乡""故国"乃至"故纸"等
词汇的语言成分和构词法中仍可一窥"故事"之本义。英文(及
法、德等西文中)"History"一词(均)含故事义,日常语言中
西人往往乐于将之拆字为 his story。故事(story)和叙事(story
telling)有不可分割的联系:叙事是故事的动词化语言事件,而
故事则为叙述的名词性结果。"故事"作为叙事文本的今义在认
识论上落脚为纪实与虚构之分,通常认为文学故事为虚,史学记
述为实。在语言文本或修辞层面,故事指的是叙述性语言构造,基
本的时间顺序、可辨别的开头、中间与结尾,可理解的情节及贯
穿性的意义线索等是故事的基本构成要素。与此相联系,当我们
在本体存在的意义上言说故事时,则指的是与故事文本相对应的
结构或存在样态。准此,本节所关注的是客观历史是否具有小说、
戏剧、神话以及史学叙述文本所表现出来的上述故事性形式特征
与结构。

对故事的通常理解往往暗中取法于文学作品,当怀特[①]质问
"世界真的以精致故事的形式向感知呈现了自身吗?这些故事有
中心主题,严格意义上的开端、中段与结局,以及令我们在每一
开端中瞥见其'结局'的融贯性"[②]时,他心中浮现的显然是故

---

① 怀特(White)在英文里是很常见的姓,当代历史哲学界有两个怀特,一
个是莫顿·怀特(Morton White,1917—2016),另一个便是海登·怀特
(Hayden White,1928—2018)。以下所称怀特,均指后者。

② Hayden White, *The Content of the Form: Narrative Discourse and His-*

事的文学形象。文学故事尤其是 19 世纪现实主义文学作品中故事的戏剧化"巧构"①（无巧不成书）与生活和历史在有机化乃至理想化程度上存在明显的反差。作为有机整体，小说、戏剧的每一局部细节都丝丝入扣地指向和服从于整体，用罗兰·巴特的话说，话语中是没有"噪音"即没有冗余的。就像记得是契诃夫说的，戏剧第一幕墙上如果挂了一支枪，在终场前它必须打响。小说世界中一切都是有其必要性与合理性的，就像在上帝那里一切都有解释且果报分明。这一切当然令人猜疑现实生活是否像小说世界？然而，文学故事并非故事的唯一样式，以之为标准考虑历史存在的故事性是导致误解的基本原因之一。事实上，即便文学界中人亦早已意识到那种充满戏剧性的故事类型过于明确的条理性恰恰不具有现实的合理性，②因此，20 世纪文学作品除侦探、武侠类外基本摒弃了 19 世纪的"巧构性"，例如，为了更贴近生活的原生态，意大利电影导演安东尼奥尼的影片中各种无关人物、情节的纷然杂陈，在开始似乎别有意味的出场人物尔后却完全消失在观众的视野中，令欲知"后事"的观众期待落空。总之，如果说文学作品所表达出来的是强故事性，那么，客观历史所具有的则是弱条件的故事性。

---

torical Representation, The Johns Hopkins University Press, 1987, p. 24.

① 赵毅衡：《当说者被说的时候——比较叙述学导论》，中国人民大学出版社 1998 年版，第 175 页。在笔者所见的同类论著中，赵著是真正能够深入问题堂奥且具有自己较为系统见解的研究性著述，值得向对叙述学问题感兴趣的读者推荐。

② 张爱玲早就说过："历史如果过于注重艺术上的完整性，便成为小说了。"张爱玲：《烬余录》，见来凤仪编：《张爱玲散文全编》，第 48 页。

在概念层次上,历史之是否为故事的问题不但涉及对故事涵义的清晰理解,还牵涉到对历史的具体界定。此前历史哲学对"历史的意义"与"历史中的意义"的细致区分对我们理解历史的故事性是富有启发的,同样,说历史作为一种存在本身自具故事性结构在语义上既可能指整个历史(整个)是(一个)故事 (the story of history),亦可以指历史中有各种故事 (stories in history)。在此,文学故事对历史故事理解的影响再次表现出来。文学叙述作品往往构成封闭独立的文本世界(而史学文本则是具有相互参照的互文性的),如"大观园"就像是一个将一切囊括其中的"小世界",由此造成整个生活世界不多不少就是这样一个完整统一故事的印象,而现实生活或历史如福柯和萨特们所揭示显然不能被完全装进任何一个故事框架内,相反,综观现实生活世界,其中充满断裂、冗余等从故事的有机角度看不谐和的因素。从存在形态上说,人类历史从整体上说在时间荒野中诚然漫无际涯、无首无尾,但其中诸般事项则未必如此。进而,历史中的各个时代与各种事件亦在相互依存中成立,不存在先验的开端事件或结局事件,但这并不意味着在现实世界中不存在经验上可确认的因果以及首尾、始终关系。在历史中有(各种)故事的意义上肯认历史是真实的故事应是我们的论题所在。正如关于历史整体意义的思辨一样,视历史本身不多不少正好是一个故事或一套故事亦只有在奥古斯丁式历史神义论的假设下才有可能。[①]因此,本节关于历史故事性的主张是在历史中的故事而非整个历史的故事的思辨意义上立论的,换言之,我们主张的是历史中有真实的故

---

① 卡尔·洛维特:《世界历史与救赎历史:历史哲学的神学前提》。

事。必须指出，说历史具有故事性不等于说历史只是故事而绝无非故事性的成分，相反，否定历史故事性的主张严格说来则必须证明历史并不具有丝毫故事成分，史学之为故事完全出于文学性手法在史学文本中的运用。①

　　关于历史故事性最后一个需要加以厘清的问题是其存在层次或范围。法国年鉴学派强调对历史长时段社会科学研究的重要性，并由此拒斥传统叙事史。他们的观念与实践揭示了历史存在的尺度问题，以及在宏大时空尺度上历史存在样态的变化，但由此否定事件层面上史学叙述的地位则失之偏颇。按照我们的理解，历史的故事性主要体现在历史人物与事件的经验尺度上。顺便指出，在话语的层面上，故事叙述一个十分重要的特性，就是其以自然语言对经验平面上所发生的事情的历时性描述与科学在人工符号中对世界的抽象共时性把握的根本区别，故事是经验世界的事情，除了历史与自然分别为人类世界与非人世界的区别之外，这一点对于说明自然界本质上为什么没故事应是一个重要的理由。

　　总括以上论述，我们在此所欲辩护的是这样一种本体论立场，生活与历史在经验层面及局部范围内潜在地具有特定的时间性及情节性样式，在与文学故事有别的弱意义上，故事是人类历史中的客观现实，这正是我们借文学与史学获得对生活—历史意义理解的根本理由。以下我们将会看到，对历史故事性的一些否

_____

　　① 这似乎就是怀特等人的意思，例如怀特对罗兰·巴特质疑历史叙述的同情称引："以上这种叙述难道真的不同于我们在史诗、小说和戏剧中所发现的那种虚构的叙述吗？"怀特：《当代历史理论中叙事问题》，《形式的内容：叙事话语与历史再现》，董立河译，文津出版社 2005 年版，第 50 页。

定意见或疑虑可以由此廓清预先排除。

传统史学由亚里士多德到近代兰克、柯林武德的主流观念认历史为我们所经历但未经叙述的故事（untold story or lived story），而史学叙述则是其语言表现形态（told story），二者有如叙述学所谓"底本"与"述本"的关系，叙述是对生活、历史的"模仿"。然而，这样一种直观信念在当代历史哲学内外被当作不求甚解的天真观念遭到质疑：明克、怀特、汉斯·凯纳尔以及安柯斯密特、罗兰·巴特等基于文本（而非语言分析哲学陈述句子）的修辞、符号学反思基础上的文本建构主义立场提出史学叙事无底本的主张，萨特、福柯直接基于对生活—历史的形上本体思辨和后现代思维解构历史的故事性。在理论光谱的另一端，保罗·利科、卡尔、帕特尼、卡罗尔（Noel Carroll）及诺曼（Andrew P. Norman）洛伦茨（Chris Lorenz）等学者针对怀特观点的直陈反驳，他们分别从经验的时间结构、人类生活实践内在的情节性、叙述与生活的互动等角度试图对生活—历史的故事性进行论证；此外，我们在例如保罗·利科、阿瑟·丹图乃至历史哲学圈子之外像麦金太尔、理查德·卡尼（Richard Kearney）、安贝托·艾柯、克利斯蒂安·斯密（Christian Smith）等人的论著中可以辨认出关于历史故事性的或隐或显的肯定理解。以上所列举的名单当然并非完备，但它已足以提供一个关于这一论题有价值的主题线索。

明克与怀特质疑历史故事性共同的纲领性提法，是故事是被讲述的而非在现实生活中实际经历的。理由是，明克说："生活本身是没有开始、中段或结束的"，这些都只存在于"我们事后向自己讲述的故事中"。"只有在回溯性的故事中才有未完成的愿望，错误执行了的计划，决定性的战役与观念的萌芽"①。怀特亦认为，"我们不会'生活'在故事中，尽管我们事后以故事的形式来讲述我们生活的意义"②。这里所涉及的第一层意思，是现实本身没有绝对的起点和终点，任何事情之前或之后都存在更前和更后的事情。进而，由首尾规定了的故事情节在现实中也是不存在的。我们从生活没有开始与结束的说法中可以察觉到以生活整体为对象的绝对化的形上思辨气息，而这是我们在第一节中已经予以排除的。现实或历史当然不像书本上的故事可以被妥帖安置在第一页和最后一页之间，但这只不过表明了生活中各种事情的相互缠结，并不表明其间不具有各个事件相对分别的界限与及其始末。

上述言论中比较深刻和值得注意的，是关于生活—历史内含的"当下进行时态"及"过去或完成时态"不同时间基点上两种存在形相变换的洞察，伴随而来并与之相重叠的则是"当事人"与"叙事者"间不同认知视角的转换。

同一历史在当下与事后不同时间基点上呈现出的本体论差异可以分别标示为历史Ⅰ与历史Ⅱ。③历史Ⅰ属于本然生成中的动态存在，它面向一个开放性的未来，从而具有可能性的品格。历

---

① Louis Mink, "History and Fiction as Modes of Comprehension", in Brian Fay, Philip Pomper, Richard T. Vann eds., *History and Theory: Contemporary Readings*, p. 135.

② 海登·怀特：《话语的喻说》，转引自张京媛主编：《新历史主义与文学批评》，第169页。

③ 这是笔者曾经给出的概念描述，详细论述请参拙著《历史及其理解和解释》，第一章第二节。

史Ⅱ则是定型实然存在，此际，此前历史发展的多种可能性已经隐没在最终唯一实现了的现实性之中。与本节论题直接相关的是，在历史Ⅰ中故事尚未结束，只有在历史Ⅱ的层面上故事才存在和可以被讲述。正是基于对此的认识，怀特才说经历的故事的说法是矛盾的。

故事的结尾总是在将来，分析历史哲学家丹图通过他所谓的"叙述句子"对此做出了清晰的语言分析。叙述句子在字面上描述的是一在先的事件，而其成立则参照了在时间上晚于其所描述事件的后来事件。例如，只有在1930年代以后的时间点上中国人才能有意义地说出"中国出了个毛泽东"，尽管严格说来其"本事"发生在1893年。在当下处境中即使是"理想编年者"也不具有叙述者的时间视点。①并且，事件发生的方向与对事件的叙述是从完全相反的方向开始，在当下历史中（historical present）中我们总是面向着未来，而故事虽然表面上也是顺着说的，可实际上则是"张果老倒骑驴"式地由后说前的，齐克果（Søren Kierkegaard）所谓"向前活，往后说"（we live forward and narrative backward）。在叙述中我们是"被故事的结尾紧紧咬住"的。②

上述观点对不同时间基点上事情本身暗中的本体论转换及其与叙述之间微妙关系的观察本身是深刻的，但由此得出"或者活着，或者叙述"③的截然二分则未免言之过甚。就每一当下言之，事件诚然总是居于未完成的时间之流中，对于事情的当事人

① 阿瑟·丹图：《叙述与认识》，第179、187页。
② 萨特《厌恶及其他》，郑永慧译，上海译文出版社1986年版，第74页。
③ 萨特：《厌恶及其他》，第72页。

来说，故事永远在形塑中。但是，人之为人的能动性所在，就是我们在每一当下事实上总是具有前瞻性和后顾性视野的，舒茨（Alfred Schutz）指出，人类行为从时间上说具有"准回视"的性质即"将来完成时"的超越性整体前瞻视野，[1]在当下现在形成诸如"我们正在创造历史"这样的体认。当局者诚然未必都是诸葛亮，更不具有事后诸葛亮的优越性，但这并不妨碍我们总是在努力扮演诸葛亮，其实，诸葛亮本身无非是寄托人类对未来更有效预见的文化符号。况且，退一步讲，就算对生活我们可以采取这种极端的瞬间当下进行时的理解，[2]对于历史我们却恰恰无权这么做，因为，历史之为历史恰恰立足于过去时或现在完成时的存在，"历史出场每当历史不再"[3]。从叙述的角度看，史学与文学本质上均蕴涵"事后诸葛亮"式的全景视角。因此，上述论点丝毫无损历史之为故事的可能性。因此，"经历"故事与"说"故事间的时间间隙最终说明的只是认知上的差异而非存在上的差别。当事人对一些东西不如尘埃落定后故事讲述者那样了然于心，但这只说明其可能不知，却不能证明其所经历的不是故事。借玉谿生诗言之，虽然唯在"追忆"中人方觉"此情可待"，当事者"当时"处在"惘然"不觉中，但这并不能改变"此情可待"的客观存在。否定生活—历史故事性的人心中现实生活的当事者与叙述者截然对立的图像根本上忽略了在生活与历史实践中"我们

---

① Brian Fay, Philip Pomper, Richard T. Vann eds., *History and Theory: Contemporary Readings*, p. 144.

② 事实上当然不能，丹图对这种关于时间的"瞬间的怀疑论"观点有深刻的反驳，参见阿瑟·丹图：《叙述与认识》，第五章。

③ 详见周建漳：《历史及其理解和解释》，第52页。

其实总是努力占有一个类似故事作者的地位"[①]。

由当事者"经历的故事"与旁观者所"叙述的故事"可能引发的一个有趣问题,就是最终历史的故事究竟是"谁"的故事?当事者本身有时也许并不关心故事,就像一棵树其实并不作"栋梁"或"家具"之想,又或者当事者意向中的可能故事与实际的情节发展有出入甚至在走向上相背离,这都是很普遍的情况。由于我们总是置身于时间之中,过去不但在存在意义上不再"在场",即便是在语词中也很难将其在真正意义上召唤"到场"(被召唤到场的是历史的表现即替身,详见本书第七章第三节),这就好像成年后的我们对于少年之事的记忆实际上不复是少年人眼中的物事,而是隔着时间距离成年之我的"重构"。[②]其实,我们之所以对过去有兴趣,恰恰是以"往事不再"为前提的。"思乡"总是"离乡"时的事,正是过往与今昔的间距成就了历史和讲述历史的冲动,一旦"昨日重现",昨日即成今日,从而无须亦无从"追忆"。因此,故事不可避免地具有"后来性",这应该就是克罗齐说"一切历史都是现代史"的意思。不过,如果考虑到现在与过去、将来其实是相互缭绕、打成一片的,则伽达默尔所谓"视域融合"也许是更为妥当的说法。拘泥于纸上、生活中,你的或我的这样的思路,不妨说是主客二分之类的二元对立思路在历史叙述问题上的表现。

---

① David Carr, "Narrative and the Real World: An Argument for Continuity", in Brian Fay, Philip Pomper, Richard T. Vann eds., *History and Theory: Contemporary Readings*, p. 145.

② 伽达默尔:《真理与方法》上卷,第一部分最后一小节"作为诠释学任务的重构和综合"。

对历史故事性的否定逻辑地蕴涵关于历史存在只是时间之流中无头绪、无结构的一片混沌的看法，事实亦是如此。在怀特等人看来，历史实在是一片混沌状态，它只是"巨大的无意义事实、事态与事件的堆积"，[①]其对应的文本形态就是年代纪或编年史，它仅仅是一种按照事情发生的顺序直接记录下来的记事，并没有"一个结构"或"意义秩序"。[②]援引现象学的理解，人们对此提出反驳说，世界即使是在我们的被动经验中"已经是被结构了的"，[③]任何经验事件如"一阵疼"都不是瞬间生灭之事，而是具有时间性"厚度"，具有开头、中间和结尾这样的结构。卡尔在其专著《时间、叙述与历史》中从"人类经验与行为的时间性结构""时间性与叙述结构"到"时间性与历史性"，条分缕析地论证了故事性叙述因素首先植根于人类个体和社会历史行为本身的结构中。在此，叙述并不仅限于话语行为，它在本质上乃是我们在任一当下均牵扯过去、现在及未来的时间性经验，是我们形成关于事件、人生的整体框架和开头、中间、结尾的起承转合的"理解"与"筹划"的实践感知与能力，[④]因此，"无论我们的'生

---

① F. R. Ankersmit, *Narrative Logic: A Semantic Analysis of the Historian's Language*, p. 83.

② Hayden White, *The Content of the Form, Narrative Discourse and Historical Representation*, p. 5.

③ Andrew P. Norman, "Telling It Like It Was: Historical Narratives on Their Own Terms", in Brian Fay, Philip Pomper, Richard T. Vann eds., *History and Theory: Contemporary Readings*, p. 156.

④ David Carr, *Time, Narrative, and History*, Indiana University Press, 1986, Chapter I, II, IV.

活'会是什么，它都不可能是孤立事件无结构的排列"。①基于对故事叙述与人类经验时间性品格间"并非偶然的联系"的理解，法国现象学及历史哲学家利科在其巨著《时间与叙述》第一卷中详细论证了"经验的准叙述性质"。②我认为，关于历史实在的这样一种看法的背后归根到底还是那种文学式的强故事观作祟。在此，并非偶然的是，小说家张爱玲就说过"现实这样东西是没有系统的"这样的话，她将此比喻为"像七八个话匣子同时开唱"，"打成一片混沌"。她并且将史学与小说相比较，主张史学不应像艺术家那样追求叙事的"完整性"。③有趣的是，钱锺书在他的小说《围城》中借人物之口在表达关于现实的看法时使用了同样的"收音机喻"：世界的情形好比一个有不同频道的电台，如果我们在收音机上平移旋钮，则听到的是东一个台西一个台支离破碎、莫名其妙的各种片段，但他进一步说道，如果你选定某一台节目听下去，在它的"上下文"中"就了解它的意义"了。④可以补充的是一点，一般说来固然不存在由各个频道内容有机构成的总内容，可是有时我们在两个频道间甚至亦可以听到具有连贯性的内容。因此，摒弃关于故事的文学性理解及历史之为整全故事的观点，主张历史内部无故事即无客观脉络可寻，无可以理解的意义是不成立的。

---

① David Carr, "Narrative and the Real World: An Argument for Continuity", in Brian Fay, Philip Pomper and Richard T. Vann eds., *History and Theory: Contemporary Readings*, p. 141.

② Paul Ricoeur, *Time and Narrative*, Vol. I, p. 74.

③ 张爱玲：《烬余录》，见来凤仪编：《张爱玲散文全编》，第 48 页。

④ 钱锺书：《围城》，人民文学出版社 1980 年版，第 309 页。

关于生活、历史内在故事性最根本亦最有力的论证莫过于叙述与生活的互动关系，这构成对割裂历史与故事（叙事）的根本反驳。直白地说，人类不仅在语言上是故事的讲述者与听众，更是自己生活—历史故事的创作者，并且，语言中的故事对现实生活—历史故事的形塑有着深刻的作用。正是在这一意义上，针对明克、怀特故事是被叙述而不是被经历的说法，麦金太尔针锋相对地说："故事在它被说出以前就存在（Stories are lived before they are told）。"①

人类在观念与实践两个维度上都是具有超越性的存在，就前者而言，我们具有超越当下时空"将自己所经历的事件作为今后被述说的故事的一部分来看待"②的历史眼光，即海德格尔所谓"先行到死"的存在理解。正如帕特纳富于教益地提出的那样，人类的历史感与故事感是一致的。③在实践层面上，人至少在有意义地生存的层面上"其实总是努力占据一个类似故事作者那样的位置"，④或如麦金太尔所说的那样："人在他的虚构中，也在他的行为和实践中，本质上都是一个说故事的动物。"⑤归根到底，讲

---

① 麦金太尔：《德性之后》，龚群、戴扬毅等译，中国社会科学出版社1995年版，第266页。

② 阿瑟·丹图：《叙述与认识》，第418页。

③ Nancy F. Partner, "Making Up Lost Time: Writing on the Writing of History", in Brian Fay, Philip Pomper, Richard T. Vann eds., *History and Theory: Contemporary Readings*, p. 68.

④ David Carr, "Narrative and the Real World: An Argument for Continuity", in Brian Fay, Philip Pomper, Richard T. Vann eds., *History and Theory: Contemporary Readings*, p. 145.

⑤ 麦金太尔：《德性之后》，第272页。

故事、听故事的人和行为者是同一个人。在此，行为的目的指向使之具有未来参照的性质，目的成为生活实践故事的预设结尾，由此出发，特定行为或事件具有类似故事的完形整体轮廓。参照目的，手段被选择，步骤被筹划，当下周遭事物作为有关与无关的构成前景或进入背景，和叙述对情节的组织一样，原本也许浑然一片的生活亦围绕特定实践行动被整合起来，逐步具有了情节梗概和故事的轮廓。

对于叙述与生活历史实践的相互交织关系，卡尔概括道："故事因其被经历而被述说，并且按所述说的那样被经历。"[①]或按利科的透彻论述："如果说事实上人类行为能够被叙述，那是因为，……行为本身总是已经被符号所中介了的。"[②]根据他在其名著《时间与叙述》中关于叙述的"三重模拟"说，故事分别存在于人类行为、语言叙述及读者理解三个层次上，从时间有关系上看，三者分别构成前叙述的行为"预演"（prefiguration）、（在语言文本中）的叙述"成形"（regulation）及读者在理解中的"重演"（refiguration），是为模拟Ⅰ、模拟Ⅱ和模拟Ⅲ。其中尤其模拟Ⅲ乃是联结理解与行为的关键，叙述所呈示的故事不仅在读者心中留下印迹，最终它总是直接或间接地在读者日后的生活实践中被直接或间接、机械或创造性地模仿和再现，在此，文本叙述与行为叙述相互关联，最终这三重模拟实际构成话语与行为之间的循环链条，模拟Ⅰ与模拟Ⅲ首尾相接，共同以模拟Ⅱ为彼此的中

---

① David Carr, "Narrative and the Real World: An Argument for Continuity", in Brian Fay, Philip Pomper, Richard T. Vann eds., *History and Theory: Contemporary Readings*, p. 145.

② Paul Ricoeur, *Time and Narrative*, Vol. I, p. 57.

介。①熟悉伽达默尔解释学"效果历史"概念的人不难看出，利科所强调叙述的文本与行为二者的关系用伽达默尔的话说，就是"在这种关系中同时存在着历史的实在以及历史理解的实在。……理解按其本性乃是一种效果历史事件"。②海德格尔爱说人是能追问存在意义的"此在"，理解是此在的存在方式。在本节的论域中，人对生命与历史的理解无非是在故事中的理解。并且，"创造历史与叙述历史之间你中有我，我中有你"，③故事历史④与历史故事相互塑造，"故事依其被经历的那样被叙述，并像它被叙述的那样被经历"，⑤《春秋》是纸上的历史，历史是展开的春秋。意大利学者艾柯在其1994年的一本书中以14世纪以来与圣殿骑士有关的故事为例对"小说塑造生活的机制"作了有趣的阐释。⑥顺便指出，生活与艺术也是相互模仿的，原本是师法造化的画描绘江山进而产生江山如画的理解。

当然，现实中一个人或一个民族的故事不是依任何"作者"的意愿一义地写定，这是文本中故事与现实故事的区别所在，但这对历史的故事性并不构成根本威胁，不同行为在特定时空及事项

---

① Paul Ricoeur, *Time and Narrative*, Vol. I, Chapter 3.

② 伽达默尔：《真理与方法》上卷，第384—385页。

③ 利科：《解释学与人文科学》，第231页。

④ 此为动宾结构，意指历史被做成故事。

⑤ David Carr, "Narrative and the Real World: An Argument for Continuity", in Brian Fay, Philip Pomper, Richard T. Vann eds., *History and Theory: Contemporary Readings*, p. 145.

⑥ 安贝托·艾柯：《悠游小说林》，俞冰夏译，生活·读书·新知三联书店2005年版，第六章。

下交织呈现出相互关联的客观"情节"是很正常的，就像语言并不是某个仓颉而是众人的"创作"，但最终却呈现为有条理的系统。此外，生活实践中本来要进这个屋却身不由己推开了另一扇门，或者"此情可待成追忆，只是当时已惘然"之类的际遇可谓所在多有，这分明是生活与历史中真实发生的悲喜剧。

从根本上说，正是因为生活与叙述的辩证关系，由于人行为者与叙述者的双重身份，生活和历史被内在地赋予了故事性的结构，而文学和史学叙事才成为我们得以理解生活与历史的精神方式。历史非故事论者总爱说的故事结构是由叙述者外加于混沌世界的语言构造，如果要这样说的话，这首先是因为人作为行动者在生活历史实践中首先将秩序与意义（故事）加诸世界。与怀特同为叙述主义阵营中人，利科对历史故事性的正面肯定值得重视。他坚持经验的准叙述性质与生活的"潜在故事"性，其根本结论是，现实的未经言说的故事是文本故事的根基（anchorage points），对故事的言说、阅读与理解只不过是那些未经言说的故事的延续。[1]

关于历史故事性正反方观点的直接论辩大致如上，但是，怀特以及安柯斯密特主张历史非故事论理由背后的直接原因或理论动机是他们对于历史叙述所持的反实在论的文本建构主义观点，前者对于后者来说实际上是其史学叙述虚构性观点逻辑的要求的支撑点，因为，假如历史是故事，那在理论上对后一立场将有釜底抽薪式的效果。

众所周知，以怀特为代表的叙述主义历史哲学的基本洞见是

---

[1] Paul Ricoeur, *Time and Narrative*, Vol. I, p. 75.

对史学的语言文本与修辞学审视，他关于史学叙事在超出单一语句的文本层面与文学文本分享虚拟叙事手段的见解现已广为人知，其要点可以简要概括如下：

其一，史学叙述在文本构成上可以辨认出与文学叙述异曲同工的话语模式、编排方式等叙述手法，无非都是将事件编排为传奇、喜剧、悲剧或闹剧等诸种情节类型，使用隐喻、提喻、转喻、反讽等喻义手段。在他看来，历史事件本身并不直接呈现为故事，更不具有例如内在悲剧、喜剧或闹剧的结构，将事件处理成任何一种故事类型在"事实"或"逻辑"上均无根据，[①]这只是史家加诸散乱历史事件的人为释义手段，它在本质上可以被看作是"文学虚拟物"（Literary Artifact）。[②]一旦读者识别出史学文本内含的故事类型，他就获得了对所讲故事意义的理解。

其二，历史叙述的虚构性还表现在选择性上，同一历史事件如法国大革命既可以被编码为悲剧，亦可能找到可信的史料以同样的合理性被赋予喜剧的性质，并且，同样一个事件在不同的史学叙事中可以充当不同的情节要素，具有不同的意义："国王的死在三个不同的故事中，或许是开头、结局，抑或只是过渡性事件。"[③]换言之，语言的不一致性暗示相应实在对象的缺失。

基于上述认识，怀特将史学与文学叙述等量齐观，认为"所有故事都是虚构"[④]。在此，其暗中当作前提的是文学叙事的非

---

① 海登·怀特：《后现代历史叙事学》，第 155 页。

② 怀特一篇文章的标题即直称"作为文学产物的历史文本"（The His-torical Text as Literary Artifact）。

③ Hayden White, *Metahistory*, p. 7.

④ 海登·怀特：《后现代历史叙事学》，第 302 页。

真实性，可是，这一前提本身是否无懈可击？文学在虚拟外貌下涉及"关于事实的普遍类型的再现"意义上的真，[1]可以视为某种"虚构的真迹"。[2]艾柯说得好，"小说世界是现实世界的寄生虫"，[3]所有最大胆的文学创作总是以现实为底子。史学与文学间虚与实的界限其实并不如我们可能想象的那么泾渭分明。即在文学内部，由神话、童话到小说、历史小说乃至纪实文学之间就可以划分出不同的真实性等级或现实主义程度，这对我们理解文学与真实的关系当不无启示。不过，应该看到的是，在怀特的用法上，虚构的意思与虚假尚有一间之隔，[4]是侧重在人为创制的意义上说的，因此，跟巴特认为"历史叙述正在消亡"[5]的消极看法不同，他认为这并不"贬低我们赋予史学的知识地位"。[6]但他确实认为，史学故事在根本上乃人造文本构造而非脱胎于客观实在，由此否认故事在历史实在中的客观存在。在这一点上，他关于客观实在性的理解的确表现出人们所诟病的"类似于狭隘经验主义"的倾向。[7]

---

[1] Robert Scholes, Robert Kellogg, *The Nature of Narrative*, Oxford University Press, 1975, p. 187.

[2] 张鹤：《虚构的真迹》，人民文学出版社 2006 年版。

[3] 安贝托·艾柯：《悠游小说林》，第 88 页。

[4] 英文中"fiction"和"artifact"固有虚构之义，但其本义是人为创制，由于唯人为之事可以为伪，进而含有虚假的意思，因此，其与"向壁虚构"尚有一间之隔。

[5] 巴特：《历史的话语》，张文杰等编译：《现代西方历史哲学译文集》，上海译文出版社 1984 年版，第 95 页。

[6] 海登·怀特：《后现代历史叙事学》，第 191 页。

[7] Noel Carroll, "Interpretation, History, and Narrative", in Brian Fay,

怀特包括他的同道之所以质疑故事的实在性，是因为假如承认生活、历史自身内在的故事性，则史学文本显得就只是"依样画葫芦"式地将实事搬到纸上，那他在《元史学》中所着意强调的史学文本各种修辞手段的运用就面临架空。其实，这样的顾虑是不必要的。这一问题从根本上说涉及的仍然是语言与存在的根本关系，在此无法展开详细的论证分析（详见本书第六章第一节）。我们只要指出以下这一点就足够了，就是，我们所说的历史存在的故事性，指的是历史存在本身内在的时间性以及情节性轮廓，在此，故事性毕竟不等于实际的故事形态，后者有赖语言手段的使用，当然，故事实在性的保证在于，它在本质上是基于故事性而成立的。所以，承认历史存在的故事性并不推翻怀特关于史学文本语言手段分析的意义。进而言之，语言与存在的关系并非二元分立，而是彼此相互渗透、互为条件的。在此，怀特的反实在论观念的确有"封闭经验主义"之嫌。如果承认"我们通往事实的途径本质上以语言为媒介"，那么，"在现实中没有什么相应于叙事形式"就不构成怀疑历史叙述实在性的理由。因为严格说来本来没有什么语言上的表述与事实中的东西是一回事。[1]

正如人们注意到的那样，怀特等人所谓史学故事文本乃是文学性叙述结构加诸历史事件做成的观点与康德关于知性范畴加诸感性经验材料做成知识具有明显相似之处。[2]而我们知道，继

Philip Pomper, Richard T. Vann eds., *History and Theory: Contemporary Readings*, p. 145.

[1] 斯威特编：《历史哲学：一种再审视》，第273—274页。

[2] 参看安柯斯密特：《历史与转义：隐喻的兴衰》，韩震译，文津出版社2005年版，第12页。

承休谟关于因果关系非客观实在性质的论证,康德亦不认为知性十二范畴为自然界所固有,但却无碍具有普遍必然性与经验有效性知识的成立。正如有人所说的,"在康德的理论中,想象力对知觉起作用,但是我对我的房子的知觉绝不是虚构的"[1]。不过,科学知识所及乃现象世界,关于世界本体(物自身)是怎样的则付之阙如了。依照这样的思路,我们也许可以对怀特的观点做这样的推想,由于故事与叙述话语结构的内在关联,我们无法将之推及历史实在本身。这样,既于其否定历史故事性的基本论点无碍,又能为史学叙述及其认识论地位留一步地。不过,如果在康德式本体论的意义上看待历史故事性问题,不可知论是无可避免的后果。因此,我们倾向于丹图所主张的斯特劳森"描述的形而上学"立场,肯定我们描述和谈论世界(叙述)的方式与世界的存在方式(故事)之间的一致性或连续性:"对我们思考和言说世界的方式的哲学分析最终成了对世界的一般阐述,……产生出描述的形而上学。"由此,"叙述例示了我们表现世界的一种基本方式,关于开始与结束、转折点、危机与高潮的语言与这一表现方式纠结得是如此紧密,以至我们关于自己生活的图像必定深刻地是叙述性的。"[2]

至于对同一事件叙述的不一致性或多样性,其所表示的与其说是"底本"不存,不如看作"底本"多重性的表现。丹图讨论

---

[1] Noel Carroll, Interpretation, "History, and Narrative", In Brian Fay, Philip Pomper, Richard T. Vann eds., *History and Theory: Contemporary Readings*, p. 46.

[2] 阿瑟·丹图:《叙述与认识》,"前言"第 1 页,"莫宁赛版导言"第 5 页。

过像"搞法国革命"这样的事项动词（project verb）所涵盖的多重现实。①作为法国史上与 1789 年这一时间段相关的"事项动词"，"搞法国大革命"当然不是对于那一时期内所有法国人都为真，即便对那些参与到法国大革命中的人，亦非每时每刻为真，比如，在"搞革命"的同时还可能在"搞对象"。②因此，"文革"是民族之浩劫与对特定背景中的孩子来说是"阳光灿烂的日子"其实是并行不悖的。所有这些只不过表明了真实的故事与纸上故事在复杂性程度上的区别，表明了人类生活世界的多面相性即多故事性，却不能作为其非故事性的论据。因此，为了反抗关于叙述的非实在论观点，我们"应该坚持史实是故事化的，但是这并不是说只能有一个故事可讲。至于"为什么不同的真故事不能结合成一个叙事，这与它们的不相容性毫无关系，而与什么时候适合于讲讲故事这一经验主义原因有关"③。用古德曼的话来说，这只不过是"构造世界的不同方式"，④而构造世界的不同语言符号方式与世界本身的多样性是同时成立的。

第三节　历史叙述与文学叙述

史学与文学在文本意义上说同为叙述，依照某种人所共知的

---

① 阿瑟·丹图：《叙述与认识》，第 202—208 页。

② 在阿瑟·丹图的《叙述与认识》第八章"叙述句"中，他在"事项动词"项下对事实描述的多种可能性有清晰明快的论述。

③ 斯威特编：《历史哲学：一种再审视》，第 282 页。

④ Nelson Goodman, *Ways of Worldmaking*, Hackett Publishing Company, 1978.

常识，史学叙述与神话、寓言乃至小说等文学性叙事文本间有一条由纪实和虚构标示的明确界限。史学中人物、事件需满足新闻报道几个所谓 W 的要素，其人、其事均有名有姓，有时间、地点可考，与相关证据保持一致。而文学叙事即便涉及实际事件、人物及场景，文学家并无义务"据实直书"，没有提出证明的负担，相反，虚构乃他们的特权和看家本领。因此，不论是《三国演义》《战争与和平》还是《九三年》或《巴黎圣母院》，本质上无非《天方夜谭》。

在当代语境中，历史与故事的界限常常可以由科学／文学、认识／审美范畴作出"斩钉截铁"式的划分，于是，称历史学家的著作为故事一定会被看成是对其学术性的质疑。事实上，史学与文学并非自始就壁垒分明，相反，文史不分在历史上乃中外通例。中国直到宋代欧阳修所撰《新唐书·艺文志》才将小说由"史部"中分出，西方则大约是在新古典主义后期即 1660—1740 年间文史才开始分家。[①]《荷马》亦诗亦史，中国传统中，小说最初出自历史，《史记》既为史学之巨著，亦是文学之经典（鲁迅所谓"史家之绝唱，无韵之离骚"）。正因如此，今天我们在《史记》《左传》及希罗多德的《历史》，修昔底德的《伯罗奔尼撒战记》及恺撒《高卢战记》等中西史书中大量看到涉及人物心理、言论（私房话或演讲）及密谋等几乎是毫无掩饰的虚拟叙事。《史记·项羽本纪》中描写刘邦和项羽见到秦始皇威风凛凛的出巡场面，一个说："大丈夫当如此也。"另一个说："彼可

[①] Lionel Gessman, *Between History and Literature,* Harvard University Press, 1900, p. 229.

取而代也!"假如用今天考据学家的纯客观标准,这样一段既无目击证人更不用说录音材料的"想当然"与"莫须有"的描述到底是历史还是小说?的确,从文本的可读性考虑出发,史家往往在自己的叙事中运用许多文学家惯用的手法,如生动的细节,包括人物富有感染力的言行,轶闻趣事,异国情调等,笛卡尔说:"甚至最忠实的史书,如果它们没有改变或提高事物的价值,以使它们更让人爱读,那它们至少差不多总是略去了相对说低级而不值得注意的事情。"①

当然,运用"踵事增华"式文学手法取悦读者可以看作是史学发展初期学科意识不成熟的产物,近代以来,这样一种做法不再为史学行规所容,所以,想要以之说明历史与故事的内在逻辑关系不再有说服力。然而,仅仅在文饰方面考虑叙述的故事层面是比较肤浅的,因为,以上所列举的历史中所存在的虚构性事例并非史学文本的本质特征,因此,纪实与虚构叙述文本的界限并不因此而变得模糊起来,其分辨在实践中毫无困难。从理论上加以概括,通常关于文史虚实区分的观点只是表明,在与具体事实相应的"原子命题"的水平上,史学与文学在"参照方面"上存在着足够清晰的指实与虚构的区别,然而,叙述不止于字句,在文本或话语的层次上,问题呈现出与我们在单一语句层次所看到的不同的复杂性,安柯斯密特设想,完全可能写一部根据真人日记中的实录构成的历史小说。②事实上,稍有经验的人都知道,一

① 参看巴格比:《文化:历史的投影》,第51—53页。

② F. R. Ankersmit, *Narrative Logic: A Semantic Analysis of the Historian's Language*, p. 23.

个完全由真实"原子事实"编排而成的叙述在整体上完全可以是"真实的谎言"。以怀特、利科及安柯斯密特等为代表的叙述主义观点推陈出新之处，正是将理论焦点从单一语句（原子命题）的"字斟句酌"转移到史学文本（语言游戏）的结构分析，由此揭示"历史叙述与虚构叙述的结构统一性"[①]，提醒我们注意历史与故事之间超出某种一清二白界限之外并不单纯的复杂关系，在新的思想层次上将叙述文本与实在关系的不同层面，从而虚构与真实的关系等哲学性问题提到了理论思考的议事日程上来。

叙述主义历史分析的理论策略，是以文学叙事文本（小说、戏剧）为参照论证史学叙述的相似性，怀特指出，"不管我们把世界看成是真实的还是想象的，解释世界的方式都是一样的"[②]。具体说，这涉及叙述话语的语言特性、故事性情节安排等方面，其主要理论灵感和学术资源则来自语言学及文学理论中的叙述学。长期以来，语言在人们心目中的形象可以比作"幽灵"，它没有自己独立的存在，只是存在透明的副本。在当代思想"语言性转向"的背景下，语言的自主性和不透明性凸显出来，人们认为，语言实质上是这个世界上一种其重要性绝不亚于任何其他东西的事物，在某种意义上，甚至可以说世界本身就是语言（"语言是存在的家园。"——海德格尔）。因此，语言不是我们借以透视（look through）实在的镜像，它本身成为被关注（look at）之物。依安柯斯密特的比喻，历史学家的语言不应被视

---

① 利科：《解释学与人文科学》，第 286 页。

② 海登·怀特：《作为文学虚构的历史文本》，转引自张京媛主编：《新历史主义与文学批评》，第 178 页。

作透明的"玻璃镇纸",而是"通过它所提示的有利位置来考察过去"的"观景楼"。①

在关于语言的存在意识的觉醒的宏观背景下,叙述话语之成为理论关注的焦点是顺理成章之事。巴特从"历史中的话语"出发,对叙述所包含的语言创造成分给出了论证,例如,史学中叙述时间与原本事件发生时间之间的不对称性,"同样的页数覆盖着历史时间的很不同的行程。在马基亚维里的《佛罗伦萨史》中,同一文字容量(一章)可以包括20年或几个世纪"②。此外,史学文本通过"对讲述者的存在的任何提示的缺如"制造话语的"客观性"效果实质上亦是"一种特殊形式的虚构"。③基于上述理由,他问道,"把虚构的和历史的叙述加以对比时,我们是否总是有道理的呢?"④

关于叙述文本指实与喻义双重性的揭示是新历史哲学语言观的重要思想共识与理论利器,安柯斯密特称之为"阐述/构图",怀特的用语是"字义层/意义层",而在利科那里,相应的界线划在"语义学"与"符号象征""直接所指""终极意指"之

① 参考安柯斯密特:《当代盎格鲁－撒克逊历史哲学的二难抉择》,《当代西方史学思想的困惑》,中国社会科学出版社1991年版,第99—101页。安氏这样一种可以称为语言本体论的观念比他所批评的前此对语言的无意识也许面临更多的理论困难。

② 罗兰·巴特:《历史的话语》,参看张文杰等编译:《现代西方历史哲学译文集》,上海译文出版社1984年版,第84页。

③ 罗兰·巴特:《历史的话语》,参看张文杰等编译:《现代西方历史哲学译文集》,第87页。

④ 罗兰·巴特:《历史的话语》,参看张文杰等编译:《现代西方历史哲学译文集》,第82页。

间。①历史话语在不同比例上包含指事的直接"字义层"和处于其下方或背后喻示内在意义的间接的"象征层"两个维度。前者是我们在叙述中直接看到的由事件构成的链条,后者暗含在具体语言的隐喻用法及叙述文本作为"扩展了的隐喻"处理、整合经验的"编码"方式中,"根据它,情节由散乱的事件中构造出有意义的整体"。②由于它暗合于我们日用而不知的经验与话语模式,它往往不易为我们所觉察,怀特专门以抽自历史学家泰勒《德国历史教程:1815 年以来德国发展概论》的一段话为样本对此做了细致的分析。③

关于比喻在历史中的运用,一位技术史专家表现了敏锐的理论洞察力:"历史学家们长久以来都依靠比喻来阐释过去,他们特别偏爱生物比喻:出生、成长、发育、成熟、健康、疾病、衰老和死亡。在过去近一个世纪,那些专攻科技史的学者们惯于运用一种强有力的比喻——革命——来解释他们的研究领域里发生的一切。"④历史研究者也发现,"我们对历史的全部知识都可归结为几个隐喻,几个艺术形象",其中著名的如"戏剧"隐喻,"河

---

① F. R. Ankersmit, *Narrative Logic: A Semantic Analysis of the Historian's Language*, p. 210;海登·怀特:《历史主义、历史与修辞想象》,转引自张京媛主编:《新历史主义与文学批评》,第 186 页;Paul Ricoeur, *Time and Narrative*, Vol. I, pp. 56-57.

② Hayden White, *The Content of the Form: Narrative Discourse and Historical Representation*, p. 51.

③ Hayden White, *The Content of the Form: Narrative Discourse and Historical Representation*, pp. 187-194.

④ 乔治·巴萨拉著:《技术发展简史》,周光发译,复旦大学出版社 1988 年版,第 5 页。

流"隐喻，等等。①借助维柯以来修辞学的研究，怀特认为，在历史叙述中亦可以辨认出隐喻、转喻、提喻与讽喻四种喻格，"在不具备自己形容研究对象的正规术语系统（具有正规术语的学科有物理和化学，等等）的研究领域中，例如在历史研究中，比喻性话语模式统治了所研究的数据的基本模式。表面上看起来是领域中研究对象本身固有的关系模式……只是这些历史学家用来在写作之前梳理事件的语言方案的投射。"②在此，历史叙事实际上是语言的解码与重新编码的操作过程，在这一过程中，表面看来，事件的元素并未改变（这保证了语句层面上话语的真实性），但故事及历史的意义却大为不同。

与怀特不同，利科关于叙述的兴趣是在存在论深度上与时间这一形上论题紧密联系在一起的，其为安柯斯密特称为历史哲学中里程碑式权威著作的三卷本巨著《时间与叙述》。在利科看来，叙述文本表层经验直指内容的背后其终极意指乃是时间，③所谓言述某事，意指其他，不论是史学还是文学叙述，本质上无非都是某种时间的寓言，他的著作在一定意义上就是为了回答困惑奥古斯丁的悖论，即时间在能被我们经验或语言捕捉的每一当下都是现在，而它在本质上却不在任一当下，而是由过去—现在—未来构成的绵延，时间不可能被直接言说而不包含矛盾。利科指

---

① S.A.艾克什穆特：《历史与文学："异化地带"？》，《书写历史》第一辑，上海三联书店2003年版。

② 海登·怀特：《历史主义、历史与修辞想象》，见张京媛主编：《新历史主义与文学批评》，第175页。

③ Hayden White, *The Content of the Form: Narrative Discourse and Historical Representation*, p. 174.

出，虚构作品其实以其自身的方式同样指涉世界，只不过，与直接陈述句不同，文学叙述对世界是"一种隐喻性的指涉"。[①]时间无以被纯概念式地把握，叙述乃是历法时间转换为人类历史时间的基本媒介，"叙述代表着时间的这样的层面，在叙述中，结局与起点相连，在差异中构成统一"。[②]在同为人类时间经验隐喻表达的意义上，指事层面上史学与文学叙述纪实与虚构的界限在终极意指层面上不复存在。在此，利科与怀特的观点表现出某种微妙的区别，在关于史学与文学文本相似性的比较中，利氏似乎更乐于揭示史学与文学在一定意义上的同真，而怀氏则倾向于强调史学与文学叙述特定意义上的共假。这一差异是我们深入了解这两位理论同道思想倾向的基本线索。

除了上述叙述语言隐喻、象征意义外，洞悉历史叙述故事特征最有利的观察角度是其"整体布局"及"情节编排"上的文学性操作手法，由此我们可以看出"历史叙述与虚构叙述的结构统一性"。[③]

在最基本的形上层面上，叙述的时间性操作揭示了其人为构造的特征。叙述话语在原本无边的经验之流中"截断众流"，将之纳入由首尾两点时间坐标固定下来的语言框架中，使之成为某种有开端、中段与结局的全须全尾的叙事结构，这本身乃是"基于诗性建构"的产物。[④]在整个叙述中，最重要的是结局，"终点

---

① Paul Ricoeur, *Time and Narrative*, Vol. I, p. 80.

② Hayden White, *The Content of the Form: Narrative Discourse and Historical Representation*, p. 52.

③ 保罗·利科：《解释学与人文科学》，第 286 页。

④ Paul Ricoeur, *Time and Narrative*, Vol. I, p. 38.

是故事由之被视为整体的那个点"，叙事链条整个因果线索与意
义均在此收敛为一点。在此，起点亦是在终点的观照下设定而非
自然呈现的。"通过在起点看到终点与在终点看到起点"，①时间
被倒转，直陈叙事层面上过去、现在、未来的直线开放性时间序
列被"重构"为首尾相连的环形闭合时间，"在时间中"经由"历
史性"而成为过去、现在与未来统一的"时间性"，②这让人想起
黑格尔所说的"否定之否定"的辩证螺旋运动。叙述中的时间变
形是为了满足叙事主题的同一性及其内在意义要求，在这一点
上，无论是史学叙事还是文学叙事，其叙述材料的性质容有不
同，而叙述手法则"异曲同工"。叙述形式并非无关大局的外在
修饰性成分，依照怀特的说法，这是富于内容的形式（the content
of the form）。

叙述虚构性的形上根源可由其时间结构洞悉，更为其文学性
结构特征所透露。依照通常人们的看法，历史学家"发现"故事，而
小说家则"发明"故事。现在看来，就叙述的构成论，史家故事
与文学家一样并非摹写而是创作（发明）。③正如卡西尔对歌德将
他的自传题名"诗与真"寓意的揭示："他的意思并不是说，他
在关于他的生活的故事中已经插进了想象的或虚构的成分。歌德
想发现和描述的乃是关于他的生活的真，但是这种真只有靠着给
予他生活中的各种孤立而分散的事实以一个诗的，亦即符号的形
态才有可能被发现。"④

① Paul Ricoeur, *Time and Narrative*, Vol. I, p. 67.

② Paul Ricoeur, *Time and Narrative*, Vol. I, p. 79.

③ Hayden White, *Metahistory*, pp. 6-7.

④ 卡西尔：《人论》，第 66 页。转引自王成军：《纪实与纪虚——中西

借助弗莱的名著《批评的剖析》中关于故事分类的"传奇、悲剧、喜剧、反讽"范畴，怀特对 19 世纪四位伟大历史学家的著作进行分析，指出在米什莱、兰克、托克维尔和布克哈克的历史著述中,这四种故事类型得到了一一对应的体现。在怀特看来,问题不只是史学与文学在叙述风格上的对称性，更重要的是，上述叙述模式与史实之间并不存在本然的对应关系，某一史实被"套上了特别的美学外形"或"把一种戏剧性统一赋予他们记录的事件"[①]在很大程度上[②]出于史家的自由裁量："同样的历史系列可以是悲剧性的或喜剧性故事的成分⋯⋯关键问题是多数历史片断可以用许多不同的方法来编织故事，以便提供关于事件的不同解释和赋予事件不同的意义。"同一个法国大革命，在米什莱和托克维尔笔下分别成了罗曼司（Romance）与悲剧，而这并非他们中哪一位掌握了更扎实的史料，或分别讲述的是法国大革命的不同方面的故事，"他们两位历史学家只不过是在现有的事实中采取了不同的叙事观点罢了"[③]。作为一个"叙述的反实在论者"，关于同一历史不同类型故事的事实在怀特这被视为质疑历

叙事文学研究》, 百花洲文艺出版社 2003 年版, 第 10 页。

[①] 浦安迪:《中国叙事学》, 第 59 页; 巴格比:《文化: 历史的投影》, 第 53 页。

[②] 怀特并不主张历史叙述中故事情节类型的选择是完全任意的, 他承认, 肯尼迪的故事肯定不适合于编码为一出喜剧, 但他同时认为, 这种编排的可能性不是唯一的, 肯尼迪的一生除了悲剧性之外, 同时可以被述说为传奇、悲剧或讽喻。海登·怀特:《作为文学虚构的历史文本》, 张京媛主编:《新历史主义与文学批评》, 第 164 页。

[③] 海登·怀特:《作为文学虚构的历史文本》, 转引自张京媛主编:《新历史主义与文学批评》, 第 168 页。

史存在故事性的论据，根据斯威特的分析，在这背后隐含着的是以为关于这个世界只能有一个真的理论的经验主义一元论观点，从而只要发现存在着一个以上的故事，就意味着它们一个也不会是真的。[1]然而，在斯威特看来，不同的故事诚然反映了讲故事者不同的主体旨趣与和语言选择，一句话，意味着主体视角的存在，但是，"这并不意味着这些描述的真理性依赖于我的视角而不依赖于世界之真实所在，也不意味着这些描述没有抓住世界中事件之间的真正因果关系或其他状态"[2]。"只要故事所描述的事情确实发生了，而且是因为故事中所提及的原因而发生的，那么这些故事就为真。"[3]在此，关键是关于实在的多元性观念。在此有必要指出的是，史学叙述的文学维度与其说是出于出现一个以上的故事版本的因袭，不如看作是不由自主之暗合。通常情况下，如果对一个历史学家说他的书是故事仿佛就暗示着对其著作可信度的较低评价。相反，说小说'信实如史'，倒是被认为是对小说的最高夸奖。[4]但是，"当一个历史学家的规划达到一种全面综合性时，他的规划就在形式上变成了神话，因此接近结构上的诗歌"[5]。因为，正如加拿大学者帕特尼所指出的，"历史的意义依赖于小说的意义而不是相反，因为后者分析地看是在

---

[1]　威廉·斯威特：《历史哲学：一种再审视》，第282页。

[2]　威廉·斯威特：《历史哲学：一种再审视》，第280页。

[3]　威廉·斯威特：《历史哲学：一种再审视》，第282页。

[4]　赵毅衡：《当说者被说的时候——比较叙述学导论》，第210页。

[5]　海登·怀特：《作为文学虚构的历史文本》，转引自张京媛主编：《新历史主义与文学批评》，第161页。

先——更大的范畴"①。

最后,有必要再次强调,"历史的写作并不是外在于历史认识与构造的,它不是一种第二层次的操作,只是产生于交流的修辞方面。它构成历史理解的模式。历史内在地就是编史(histo-rio-graphy)"。②内在时间性及故事类型、情节编排首先是我们借以辨认、思考历史故事的认识要素与理解框架,我们在史书里所接触到的叙事渗透到我们的思想范式中,让我们学会将看到的事件系列看作悲剧、喜剧或闹剧,并因而成为我们表达历史的可能手段。在更深刻的意义上,叙述甚至与我们的生活是一致的。

综上所述,叙述主义者们主要是从超出单个句子的文本结构特征上揭示史学叙述的文学性即虚构性,概括起来,可以说结构就是虚构。有趣的是,这样一种从理论上几乎可以说是全新的观点早在多年前即被中国文学家领悟到了。周作人在其发表于1945年的文集《立春以前》中引述废名的话说:"我以前写小说,现在则不喜欢写小说。因为小说一方面也要真实,——真实乃亲切,一方面又要结构,结构便近于一个骗局,在这上面费了心思,文章乃更难得亲切了。"③周氏本人在引述废名的那同一篇文章中也表示,对依一定章法弄出来的"有结构有波澜……仿佛是安排下好的西洋景来等着我们去做呆鸟"的小说不耐烦看。记得亦曾读过有作家说起挚友逝去感情上无法接受为文悼之的通常作法,理由也是知道文章一写就虚,反而有亵渎友情之感。或

---

① Nancy F. Partner, "History in an Age of Reality-Fictions", in F. R. Ank-ersmit, Hans Kellner eds., *A New Philosophy of History*, p. 33.

② Paul Ricoeur, *Time and Narrative*, Vol. I, p. 161.

③ 周作人:《立春以前》,河北教育出版社 2002 年版,第 72 页。

曰，这里所说的毕竟是文学，但如果我们注意到他们关注的恰恰是真实性而非艺术性问题，则此中意义是大堪玩味的。

那么，历史叙述和文学叙述除了在句子层面上——而这恰恰被认为是文本中较不重要的层面——之外就全无区别吗？进而，历史叙述与文学叙述与实在的关系是一样的还是有区别的，或者说，史学文本与文学文本一样真或一样假吗？

分析怀特等人论证史学之为文学虚构文本的方向，其主要论证策略是拈出二者在故事编排及修辞手法上的一些相似处，这对拘泥于文、史界限的质朴观念来说诚然有"一语惊醒梦中人"之效，但却并不足以动摇文、史分属不同语言游戏的根本性质。

首先，在超出单一文本的文本间层次上，历史叙述存在明确的互文性，通俗地说，历史学家们说的是同一件事情，文献上的互引是学术常规，而文学文本固然在深层观念及艺术技巧上亦存在或隐或显的相互关系，但林黛玉或宋江、简爱只是某一本书中的人物，质言之，文学文本一书一世界，而史学文本则共有一个世界，尽管其对世界的表现各有侧重和不同。

其次，历史叙述逻辑地隐含着时间上的片断性和空间上的局部性，它合理地预设了更大时空下整体历史世界的存在，而文学叙述则表现为一封闭自足的逻辑空间。"在这个意义上讲，历史叙事与现实世界的关系是一种时空关系上相互关联、一脉相承的'转喻'关系。"而文学叙事无论其内容多么空虚，其与现实世界的关系是平行的"隐喻"关系。例如，历史著作《三国志》与历史文学《三国志平话》对同样史实的不同普及剪裁处理就很典型。出于文本有机完整性的需要，后者在开端和结尾加上了在时空和史实上与三国史事相隔甚远了无关涉的内容，从而把三国故事与三国之前的历史分割开来,令之成为具有内在因果报应意味的独立故事。①

再次,文学与史学文本所建构的世界均不完整,都存在"断点",然而,文学虚构的作者可以自由变更断点的数目、范围以及功能,他的选择是由审美和语义因素决定的。历史世界中的断点则属于认识范畴,且可随认识的进展而弥补。②

历史叙述和文学叙述与实在的关系或者说它们的真假是一个更为复杂的问题。首先要指出的是,以绝对的真为标准将一切等量齐观是不合理的态度。和一切语言一样,历史叙述不能保证全真或纯真,但在它与文学叙述之间仍然存在原则的区别。这就像没有人像柏拉图所说的"美"的理念那么美,但美的人和丑的人原则上③仍然界限分明。就此而言,历史叙述较之文学叙述有明显的纪实与虚构之分,从根本上说,只有历史叙述才与真假有关,文学叙述首先关心的并非真假。

然而,在更广阔的视野下,文、史叙述不可简单以真假视之,中文中的虚、实倒是更为切近的范畴。④虚、实的确往往与假、真连用,但本质上虚不必假,实未必得其神或得其正。虚实与中

---

① 高小康:《中国古代叙事观念与意识形态》,北京大学出版社 2005 年版,第 17 页。

② 卢波米尔·道勒齐尔:《虚构叙事与历史叙事:迎接后现代主义的挑战》,戴卫·赫尔曼主编:《新叙事学》,马海良译,北京大学出版社 1999 年版,第 186—190 页。

③ 说原则上是因为,在二者之间的临界点上界限变得模糊。

④ 周建漳:《虚实与真假之间:由史学与文学的关系说起》,《学术研究》2009 年第 3 期。

国传统中的阴阳观念颇有可以相互发明之处，二者其实是事物存在阴阳互补、相反相成的两个方面，后者是显在的，前者是潜在的，但显在的都曾经是潜在的，潜在的可以成为显在的，在西方哲学的概念中，与此类似的是可能性（潜能）与现实性范畴。我们说文学叙述之事为虚，指的是其所描述的事项（指称）的非指实性，但这种未可指实并不必然等于不实，当代文学作品为免事端每每强调"如有雷同纯属巧合"，可见即便是在实指的意义上虚实合一也并不稀奇。更重要的是，真正的文学作品在是建立在生活逻辑的合理性基础上的，从而可以有"事赝理真"的效果。西人谓文学作品每以"花园"与"蟾蜍"的真假为喻，钱锺书引摩尔（Marianne Moore）"虚幻的花园里有真实的癞蛤蟆"时以"虚幻的癞蛤蟆处在真实的花园里"对举，①如果以"花园"指逻辑形式，蟾蜍指具体事项，那么，文学作品具有逻辑意义上本质的真，应该说是"真实的花园里有虚构的癞蛤蟆"。反之，麦考莱说得对，"一部每个细节都真实的历史，从整体上看未必是真实的"②。

①　钱锺书：《一节历史掌故、一个宗教审议、一篇小说》,《钱锺书散文》,浙江文艺出版社 1997, 第 306—307 页。事实上，这两种说法都有，例如，盖伊在其书中引用了毕肖普的一句话：他们将想像的蟾蜍放到真实的花园里头，即使这只蟾蜍看起来像真的一样。可惜的是，不管那只蟾蜍如何的栩栩如生，如何能跳能叫，但它毕竟不属于这个花园。这只蟾蜍带有太多作者的色彩，它是那个时代花园众多蟾蜍中的一只，却是最为独特的一只。它的真实是一种文学的真实，并非历史的真实。阿兰·盅尔：《叙事与文化：人类自我创造历程的原初角色》,王治河主编：《全球化与后现代性》,广西师范大学出版社 2003 年版。

②　麦考莱：《论历史》,转引自何兆武主编：《历史理论与史学理论——

文学叙述虚而不假,正如事之实亦未必等于理之真。文学如亚里士多德所说,描述的虽非实然之事,却必须为(普遍)可然之事,我们对文学作品情节真实性所能提出的正当问题不是是否实有其事(这事是否发生了),而是事情可能像书中所写的这样吗?文学基于生活的合理可能性的叙事,其对事件与人物的描写甚至可以与实际生活中的人与事"不谋而合"(这种对号入座之事不止在一个作家身上发生过),在此,虚与真完全重合。因此,文学作品依赖于现实生活的程度远比表面上看起来深,诚如意大利学者安贝托·艾柯所言,"小说世界是现实世界的寄生虫"[①]。法国作家龚古尔兄弟更说,"历史是已发生的小说,小说是可能发生而未发生的历史"。[②]就此而论,文学本质上虚而不假。总之,从意义和本质真实的角度看,虚不必假,实未必。就此而论,"小说家编造谎言以便陈述真实"并非大言不惭之论,"小说包含大量的被溶解了的真理,多于以反映一切真理为目的的(历史)卷册",[③]萨克雷的说法的确值得我们深长思之,谨举一例,索尔仁尼琴关于前苏联迫害政治犯的"劳改集中营"的小说虚拟的地名"古拉格群岛"今天已成为和真实的"克格勃"一样的历史名词。正因如此,怀特于指出史学的文本虚构维度时并未否定其认识价值,强调只有当我们把文学看作丝毫"不教诲我们任何关于现实

近现代西方史学著作选》,第 274 页。

① 安贝托·艾柯:《悠游小说林》,第 88 页。

② 陆建德:《破碎思想体系的残编》,北京大学出版社 2001 年版,第 183 页。

③ 萨克雷:《英国 18 世纪幽默作家》,转引自吴宓:《文学与人生》,清华大学出版社 1993 年版,第 46 页。

的事情，才会因将历史和想象相联结而损害历史"①。他怀疑"真的有人认真地相信神话或文学作品不指涉世界，讲述关于世界的真理，提供关于世界的有益认知？"②进而言之，怀特认为，历史解说的真假其实只限于前叙述的较低层次，一旦由档案和编年进入叙述，真就不再是所关注之事，重要的问题是"历史话语如何产生其所特有的认识效果"，给出"更合理、更融贯、更有说服力的故事"。③文学不惮务虚，其原因之一是借此获得对生活本质的虚灵把握与表达。在这一点上，历史小说很能说明问题。本义上的历史小说其根本兴趣在历史而不在文学，历史兴趣出之以文学形式，无非是借此摆脱历史事实的严格束缚，畅快表达作者关于历史的理解和理念。三国之为史有陈寿《三国志》，罗贯中作《三国演义》，即不满足于拘泥三国史事，希望通过小说家笔法能凸显与（推）演（三国史事之意）义。其所以以"演义"名之，其理据是《孟子·离娄章句下》论孔子作《春秋》所说的话，"其事则齐桓、晋文，其文则史，孔子曰：'其义则丘窃取之矣。'"当代美国著名作家诺曼·梅勒获普利策奖的小说《夜幕下的大军》以新闻（新新闻主义）报道手法描述1967年10月美国发生的进军五角大楼的反越战游行这一历史事件，其副标题即为"作为小说的历史，作为历史的小说"，基于这类小说的非虚构性，人们

---

① 海登·怀特：《作为文学虚构的历史文本》，转引自张京媛主编：《新历史主义与文学批评》，第178页。

② David D. Roberts, *Nothing but History: Reconstruction and Extremity after Metaphysics*, p. 258.

③ David D. Roberts, *Nothing but History: Reconstruction and Extremity after Metaphysics*, p. 258.

把它归于非虚构小说（nonfiction novel）。

在事情的另一面，对于史学本身中甚至是不可避免地包含某些虚构性的因素我们也应当有清醒的认识，这主要体现在历史认识中想象力的运用。柯林武德早就看到了这一点，认为主要是由于史料方面的缺失，史家在还原历史画面时往往要凭借某种"建构性的想象力"做出合理的推论。[①]钱锺书说得更为透彻："史家追叙真人实事，每须遥体人情，悬想事势，设身局中，潜心腔内，忖之度之，以揣以摩，庶几入情合理。……作史者据往迹、按陈编而补阙申隐。"[②]除了以想象弥补史料阙失造成的历史空白外，《韩非子·解老》所谓"得死象之骨，案其图以想其生也"提示了历史想象的更深一层的含意，即跳出刻板运用史料对历史的"形似"描摹，达到对历史的"神似"把握。当然，这样的史学功夫非大家不办，陈寅恪先生正是具有如此器识的史学大师。

陈先生在（各种外国古代）语言、史料掌握方面惊人的广度与深度及史学考据功力久为人所共仰，但与其史识相比，这些还只是"器"而非"道"。他晚年所著《柳如是别传》，在方法上"捐弃故技……不同于乾嘉考据之旧规"，[③]充分运用历史想象力，通过明亡之后钱益谦与柳如是的进退出处重建一段明清兴亡的故事。按照余英时先生的说法，书中"河东君（即柳氏）嘉定

---

① 柯林武德:《历史的观念（增补版）》，第五编第二节"历史的想象"。

② 钱锺书:《管锥编》第一册，中华书局 1979 年版，第 166 页。

③ 陆键东:《陈寅恪的最后二十年》，生活·读书·新知三联书店 1995年版，第 213 页所引《敦煌语言文字研究通讯》1988 年第一期《忆陈寅恪先生》一文，转引自余英时:《陈寅恪晚年诗文释证》，东大图书公司 2008年版，第 367 页。

之游"等重要关目在最关键的地方"都不是全由考证建立起来的
历史事实",而是"想象力驾御考证"的结果。[①]当然,这并不是
凭空想象,而是建立在对自身生命体验、对人性、人情和事理的
深刻理解基础上,尤其是要受相关历史实在的制约,不能与已知
证据相冲突。但是,正如余先生所说,考据可以搭起楼宇的架
子,却没法重建屋中各色人等活生生的生命情状,没法还原一个
有血有泪的人间世,而后者恰恰就是陈先生《别传》之为明清
社会巨变中"士人"(知识分子)"心史"而非"相斫书"的精义
之所在,[②]当然,正如娜塔莉·泽蒙·戴维斯在其名作《马丁·
盖尔归来》中所做的那样,历史学家在合乎逻辑与事理地大胆设
想历史人物的"心思"的同时有责任在自己基于推想与思辨写作
的地方交代清楚,例如,在书中我们随处可以读到这样的语句:这
事"可能发生了";人们在如此情况下"一定是"或"理应""可
能"做出这样的反应;她"也许"是出于这样或那样的理由接受
了那个假的盖尔;等等。[③]这样做尊重了读者的"知情权"和独
立思考的权利,而不是让他(她)糊里糊涂地被作者牵着鼻子
走,乃史家职业修养之所在。法国当代哲学家福柯的思想与其历
史思考的内在关联为众所周知,他关于自己的历史著述的夫子自
道可谓与陈先生的史学实践有异代同心之妙:"我清楚地知道,我
所写的所有东西不是别的,就是虚构。但我的意思并不是说真理

---

① 余英时:《陈寅恪晚年诗文释证》,第 373 页。

② 余英时:《陈寅恪晚年诗文释证》,第 370—371 页。

③ Allan Megill, *Historical Knowledge, Historical Error*, The University of
Chicago Press, 2007, p. 1.

在此缺席。"①

在虚构与实在的关系上，利科的观点独树一帜，他跳出单纯就语言谈语言的套路，在语言及其应用即实践的关系上处理问题。在这样的视野下，"虚构是'有效的叙述'，它不仅是关于人类行为的叙述，也是影响人类行为的叙述。换句话说，虚构的工作使世界改观。我们说故事可以'感动'我们并不是徒劳的"②。换言之，人们不仅用语言，而且也用行动书写历史，从而一种叙述是虚还是实并不唯一地由其对实在的认识论反映关系决定，根本上还取决于它是否对人类生活实践构成实际的影响，从而最终在实践中由原本富有想象力的叙事变成板上钉钉的实事。因此，在对历史的叙述中，虚构扮演特殊的认识论角色，概括起来，这就是"通过发明来发现"③。说到"应用"，不能不提到伽达默尔与此相关的解释学观点。他同样意识到，我们关于历史的理解和阐释作为相应历史本身的效果同样隶属于且参与这一历史本身的塑造，就像哈雷彗星的尾巴乃是彗星本身的一部分。在这一意义上，"历史的认识就是历史本身"，④所谓"解释世界"与"改造世界"本质上并无对立。

① Michel Foucault, *Power/Knowledge: Selected Interviews and Other Writings, 1972-1977*, p. 193.

② 凯文杰·范胡泽：《保罗·利科哲学中的圣经叙事》，杨慧译，中国人民大学出版社 2012 年版，第 121 页。

③ 凯文杰·范胡泽：《保罗·利科哲学中的圣经叙事》，第 121 页。

④ 伽达默尔：《真理与方法》上卷，第 270 页。

第四节　叙述与意义的生成与理解

讲故事是遍及人类各民族最古老和最基本的文化事实，罗兰·巴特说："叙述存在于所有时代、地域和社会；它与人类历史同时出现……事实上，像生活一样，它从来就在那里，超越国界、历史和文化。"[①]依"有井水处有柳（永）词"的说法，有篝火处即有"讲故事的人"，"一天结束前，这一天里所发生的大多数事情会被人讲述"。[②]历史故事乃是人类各种故事中的一个类型。对于叙事这样一种遍及各个文明一切时空的话语行为，不可简单以工余消遣等闲视之，正如原始人画在光线昏暗洞穴中的狩猎场面其意义不在艺术，尽管今天看来它不乏艺术性。在各种故事"闲话""小说"的外表之下蕴含着深刻的文化意义，长者或巫师以及各色人等在大树下、篝火旁向人们讲述的故事饱含并传递出我们关于周遭世界和自身生活的意义理解：它们涉及关于世界起源和人类从何而来的神话；关于过去的伟大英雄、关于灾难的克服与未来前景的寓言。他们叙述关于善恶的斗争和淘气孩子的遭遇……通过这些多含猜测与虚构的故事，我们的祖先给出关于世界富有意义的解说，这个世界在他们眼中是那么的神秘与危险。[③]

---

① Roland Barthes, "An Introduction to the Structural Analysis of Narrative", *New Literary History*, Vol. 6, No. 2, 1975.

② 约翰·伯格：《讲故事的人》，翁海贞译，广西师范大学出版社 2009 年版，第 32 页。

③ Christian Smith, *Moral, Believing Animals*, Oxford University Press,

对于故事的听众来说，"意义预期"是聆听行为重要的精神期待，而这常常是在故事的结局中揭晓的。《红楼梦》第五十四回中，王熙凤给大家讲了一个一大家子正月十五过节赏灯的事，在历数了从祖婆婆到灰孙子如何"团团坐了一屋子"，热闹非常等一大套之后，最后以"吃了一夜酒，就散了"作结。后来呢？"第二天是十六，节过完了"，没有什么后来。王熙凤在这把听故事的人捉弄了一把。这故事表面上像是讲完了，可是由于没讲出故事的主题，让人觉得不像个故事。可见，"讲故事并不是把一件事的过程讲完就算数，人们在期待着故事中所蕴含的意义显现"。①意义先于真假，在赋予世事以意义的层面上，故事出于虚拟或实事倒真的没那么重要。

"赋义"是人类最基本的文化、精神行为，它意味着"将现象的经验置入我们的世界；将求知的转变成已知，晦暗的转为明显的"。②我们给世界赋义的方式是多种多样的，分类、类比、因果链条等等。在此，科学与史学构成两种不同的基本类型，作为人文性话语的基本形式，叙述应该在与科学话语的逻辑分析语式的比较视野中加以定位。"科学在起源时便与叙事发生冲突"③，在语言游戏的层面上，如果说自然科学的话语特征为平面静态的分析和论证，对于史学来说，处于相应位置的则是纵向时间性叙述，依阿特金森的看法，故事之于历史正如理论之于经验科学的

2003, p. 63.

① 高小康：《中国古代叙事观念与意识形态》，第8页。

② Ágnes Heller, *A Theory of History*, p. 65.

③ 利奥塔：《后现代状态》，第1页。

关系。^①与分析、论证相比，叙述乃是人类最原始的认知方式，它是神话、寓言、童话、小说、戏曲、新闻、历史乃至街谈巷议共有的话语模式，而最原始的最终也就是最基本的。如果说，科学话语中自然、社会的数理化、规则化是人类掌握纷繁复杂的对象世界的精神方式，在叙述这一最为古老的话语方式中，时间性叙事包括历史叙述则是人类在一逝不返的时间性进程中确立自我、建构意义的文化方式（story-telling/sense-making）。叙述不但整理世界，同时它也整合我们关于世界的理解方式。需要强调的是，在近代以来科学昌明的背景下，故事也许不再以传统口述方式在篝火旁、大树下或谷堆旁边流传，但现代人以文字、影像媒介、历史或其他方式仍然是故事的讲述者和倾听者。归根到底，"和我们的先人毫无二致，我们是这样的一种生物，正是通过将自己置身于某个我们听和说的更大的叙事及元叙事中，我们才能从根本上理解世界是什么，我们是谁以及我们应该如何生活。这些叙事建构对我们来说是真实和有意义的东西"^②。

意义是一个甚为复杂且尚未得到全面研究^③的范畴，它常常与意思（meaning）——如一个语句、一种文本的含意——有

---

① R. F. Atkinson, *Knowledge and Explanation in History*, p. 123.

② Christian Smith, *Moral, Believing Animals*, p. 64.

③ 在现代西方哲学中几乎唯一受到关注的是语言的意义，例如，就笔者手头所有的 *The Cambridge Dictionary of Philosophy* 而论，"meaning"词项所占篇幅达 6 页之多，但其内容则全是讨论语言或符号意思的。布宁与余纪元所编《西方哲学英汉对照辞典》虽分别列出"句子的意义"与"生活的意义"两个词项，但在"意义"总项下其界定仍是"在一个表达式中所表达，说到或提及的东西"。

关，但也与价值、目的（significance）发生关系。由此就有所谓
"句子的意义"与"行为的意义"及"存在的意义"的区别。在
此，我们看到，意义实质上具有认知性与价值性两层涵义，其共
同点在于，意义总是导致理解的东西（what makes sense）。在空
间性结构中，杂多现象中重复出现的同一性是理解发生的关键
（科学），而在时间的一维进程中，本质上一次性出现的东西之成
为能被理解的东西首先应构成一完整的意义单元，从叙述上
说，这样的意义单元就是所谓具有开头、中段乃至结尾的一个故
事（历史）。人生之所以缺乏意义，就在于它在终极本体层次
上——而非在历法时间意义上——是"无头无尾"的，生命的起
点与终点本身并不构成逻辑上内在呼应的整体，即通常所谓"生
死皆不由己"。生命中的许多事情在有目的的意思上是有意义
的，但生命本身的目的从而意义何在？生命的意义最终只能由人
类在自身生活中成立，然而，如果如海德格尔所说每日"沉沦"于
"烦忙"中随波逐流，则生命呈现为琐细破碎之态，意义无以彰
显。而在"前行至死"的超越中，生命得以作为一个整体被把握，从
而令本真意义的成立成为可能。在故事中，开头蕴含着结尾，意
义由之生成。正如帕特尼所说，"叙述与整齐故事与人生意义有
关。我们首先和最终的安慰，我们对漫漫无尽时间之流的抵抗在
于将自己的生命看作一个故事的隐秘坚持"[1]。诚所谓意义存在
于一统一单元中，其中各个事件的意义是在一种部分与整体的关
系中成立与呈现的。例如，语词要在语句中获得其具体的意义，而

---

[1] Brian Fay, Philip Pomper, Richard T. Vann eds., *History and Theory: Contemporary Readings*, p. 71.

语言系统则是最终确定每一语言成分意义的东西。而在时间性的维度上,这一部分与整体的关系事实上就是过去与未来间的相互映照的纵向联系,而历史叙述所具有的正是在时间流程中给出这一联系的话语功能。

在《时间与叙述》中,利科指出,叙述具有化异质性为统一的功能,"叙述中的情节将多元和散乱的事件'拢在一起',整合为一个完整周延的故事。"①在确立同一性方面,叙述与隐喻有异曲同工之妙。②进而,正如丹图所指出的,"我们通过参照事件所隶属的某个更大的时间性结构而将该事件认作是有'意义'的"。③历史事件的意义未必如当事人所意指与预计,却往往是根据后续事态的发展定位的。作为"事后诸葛亮",一个历史学家可以这样说,《拉摩的侄儿》的作者生于 1715 年,可是,想想看,在 1715 年狄德罗出生时谁又能说这个话呢?④今天人们知道欧洲各国间在 17 世纪初曾有过一场"30 年战争",可在战争爆发的 1618 年,谁知道这将会是一场正好延续了 30 年的战争呢?"五四运动"的参与者未必了解自己当天行动的历史意义,甚至也无法预知这一行动将如何被命名。"只有对于以后的那些时代的人来说,他们那处于这种历史脉络之中的所作所为具有的意义,才会变成具体可见的东西。"⑤因此,一切关于某一事件"深

① Paul Ricouer, *Time and Narrative*, Vol. I, Preface, p. x.

② Paul Ricouer, *Time and Narrative*, Vol. I, Preface, p. ix.

③ Arthur Danto, *Analytical Philosophy of History*, p. 8.

④ Arthur Danto, *Analytical Philosophy of History*, pp. 11-12.

⑤ 狄尔泰:《历史中的意义》,艾彦、逸飞译,中国城市出版社 2002 年版,第 142 页。

远历史意义"的当下说法其实都是没法保证的。于此我们又一次看到，历史的确不单单是过去。在意义的层面上，历史在后世旁观者亦即关注、研究者本位的立场上正如克罗齐所说"一切历史都是当代史"，而对于历史的当事人来说，则可以说"一切历史都是将来史"。

从叙述的角度看，狄尔泰所谓历史的意义在"历史的脉络中"[①]确定等于说故事的意思是在上下文得到确认的，在此，故事的结尾（closure）有着至关重要的意义。[②]哪怕是再简短的故事都必定有一个结局，它使故事闭合为完整的结构，没有结尾的故事不但是不完整的，甚至根本就不成立。在认知上，结尾有着澄清此前故事的各种曲折与晦暗不明之处的思想功效，正像在侦探小说的结尾中谜底被解开，故事的结局有一种赋予此前事态以内在意义，从而让我们获得对故事的理解的功能，而在价值层面上，结局在未来时是理想，在完成时成为目的，它为我们昭示此前一系列事态发展的隐秘意味。"通常正是目的确定了'意义'的内涵。一切并非天然地是其所是，而是由上帝或人所意愿和创造出来的事物，其意义都是由其所为或者目的来规定的。"[③]在目的论的视野中，血泪凝为理想，苦难玉成英雄。[④]事件的结局通常

---

① 狄尔泰：《历史中的意义》，第 14、25、49 页。

② 弗兰克·克默德：《结尾的意义——虚构理论研究》，刘建华译，辽宁教育出版社 2000 年版。

③ 卡尔·洛维特：《世界历史与救赎历史：历史哲学的神学前提》，第 9 页。

④ "亲爱的爸爸妈妈，请你们不要悲伤。当革命开出鲜艳的花朵后，你们可以骄傲地说，我的小辉儿也用鲜血灌溉了这株鲜花。"小说《在大革命

在历史当事人的存在维度之外（将来）而在历史叙述者的把握之中（过去），从这一角度看，历史的故事往往由不在场的旁观者来写且一代代不断改写有其必然性的一面。

"说历史有意义就是说人类的故事从开头到结尾显示出连续性与统一性。"①对于具体时空中的历史故事而言，其意义由历史研究的后视视角得到澄明，在此，历史在史学视野中无非是迄今为止结束了的"整个过去"(the whole past) 的故事。然而，在人类"整个历史"(the whole of history) ②的终极层面上，历史并未完结，其结局不是相对于某一具体时间点的将来事件，而是历史终点意义上的绝对将来。对此，我们何以获得"不在此山中"的超越视角，人类历史大叙事的结局从而意义何以确定？于此我们进入了历史的形上视野。如果说具体历史的意义是"历史中的意义"(meaning in the history)，那么，后一层面上历史的意义则意味着"历史本身的意义"(meaning of the history)。③在这一层面上，我们注意到，意义由此前我们所讨论的主要是导致理解的认知层面转入价值层面。在此，历史的意义即人类存在的意义。而在意识形态层面上，历史话语一方面往往成为为政治提供合法性辩护的话语方式，另一方面，述说一种不同于官方正统的历史故

的洪流中》（朱道南、于炳坤著，上海人民出版社 1977 年版，第 136 页）中人物刘辉的这番话具有典型的代表意义。

① The "Introduction" to *The Philosophy of History in Our Time,* edited by H. Meyerhoff, Doubleday & Company, Inc., 1959, p. 7.

② Arthur Danto, *Analytical Philosophy of History*, pp. 3-4.

③ Arthur Danto, *Analytical Philosophy of History*, p. 13.

事成为下层民众伸张正义的精神武器。[1]

正如洛维特在其名著《世界历史和救赎历史——历史哲学的神学前提》一书中指出的，"历史哲学的事实及其对一种终极意义的追问，乃是起源于对一种救赎史的终极目的的末世论信仰"[2]。也就是说，关于历史的总体叙事总是依某种终极目的定位的。在西方思想史上，关于历史的大叙事雏形可以在《圣经》中找到："第一章是《创世记》，最后一章是《启示录》。这是一种天衣无缝的理想结构，尾与首，中间与尾首的关系都十分和谐。"[3]而奥古斯丁的《上帝之城》以"末世论"（Eschatology）为终极视野，以"救赎"为中心线索，给出了历史哲学的第一个正式的神学文本。启蒙以来宗教在西方思想失去了先前的中心地位，但是，从维柯到斯宾格勒，各种关于历史的宏观哲学叙事事实上给出的是结构上十分类似的故事，如"神的时代—英雄时代—人的时代"（维柯）；"平等—奴役—平等"（卢梭）；"主客未分化的原始状态—主客分裂—主客复归统一"（黑格尔《精神现象学》）；"原始社会—阶级社会—无阶级的共产主义社会"（马克思）；"原始的野蛮状态——文明——新的野蛮"（斯宾格勒），它们都讲述了一个关于历史过去—现在—未来的发展演变的故事。并且，在这些故事中，叙述者所处的位置都是作为其三段式历史模型第二阶段的现在，而叙述的终点总是某种预设的目的论

---

① 例如，张承志的《心灵史》（花城出版社 1991 年版）就是后者的一个样本。

② 卡尔·洛维特：《世界历史和救赎历史——历史哲学的神学前提》，李秋零、田薇译，生活·读书·新知三联书店 2002 年版，第 8 页。

③ 弗兰克·克默德：《结尾的意义——虚构理论研究》，第 6 页。

未来，在过去与未来间往往具有内在的呼应关系。诚如克默德所言："我们处于历史的中间，所以我们要寻找恰当的时间，寻找和谐的开头、中间和结尾。"[①]在此，作为未来的结尾其实都是描述者为了构筑一个完整叙事先行到场的理论预设。[②]其内容则是出自对其所处现实的理解和批判出发反推的理想状态。进而，为了论证此一终点的内在合理性，寻找经验支持，又由此一理想终点反求其历史根源，设定特定的历史起点。只是由于人们对现实的不同理解和判断，遂有不同的终点和起点，关于同一历史形成各自有据但彼此间判然有别的大叙事。熟悉黑格尔哲学的读者不难发现，由此构建的历史图式都或隐或显地具有某种"否定之否定"三段式的特征。其肯定、否定与否定之否定三阶段与过去、现在和未来的对应关系显示了其故事性，而终点对起点的辩证回复确保了发展的内在统一性和意义性，这由三段式环绕中轴的螺旋性圆圈隐喻中得到暗示。在此，所谓终点的意义全在于"令故事周延"（getting the story crooked）。

关于历史发展目的之类的"终极信仰一定是在一种虚构之中"[③]。但这并不意味着人类必须放弃关于自身整个历史的宏观理解的努力。由于历史的未完成性及我们作为历史中的存在难以获得一个超越的整全历史视野，因此，在任一时代关于历史总体趋向及其意义的实际论断在严格意义上说总是缺乏根据从而难以成立的。如果像例如奥古斯丁似的将历史理解成是依照上帝已

---

① 弗兰克·克默德：《结尾的意义——虚构理论研究》，第 55 页。

② "为了获得确定历史的意义所必需的所有各种材料，人们也许不得不等待历史的终结。"狄尔泰：《历史中的意义》，第 59 页。

③ 弗兰克·克默德：《结尾的意义——虚构理论研究》，第 34 页。

经写就的剧本机械搬演，那陷入的就是某种"目的论"的教条。然而，换一个视角，如果我们抛弃关于历史总体意义指实性论断的空想，则关于历史发展方向及其终极意义的规范性信念不但是人类挥之不去的理想，亦未尝不具有特定的理论与实践意义。在正确理解的意义上，历史的意义事实上是随着狄尔泰所谓此前的发展不断被纳入一个更为广阔的脉络中逐渐呈现从而逐步确证的。这里存在着一个可以称为"后目的论"的结构。伽达默尔指出："历史的本体论结构本身虽然没有目的，但却是目的论的。……历史联系的要素事实上被一种无意识的目的论所规定。"①在上帝不存在的前提下，历史的先验目的是无以证明的，但是，虽说不存在预先决定历史进展的力量，当我们从事后或终点上看，此前发展不但各有其独特的意义，并且在总体上也是有意义的，就仿佛有某种合目的性在支配着它，这种情形我们在并无"园丁"的自然界的有机和谐中也可以体会到，达尔文进化论的"自然选择"学说则为此提供了一个科学的解释。在这个意义上，历史是存在整体意义的，当然，其内容只有在历史的终点上才能被我们获知，而这在现实中是永远无法满足的条件。正如伽达默尔指出的那样："整体这一概念本身应当理解为只是相对的。应在历史或流传物中去理解的意义整体从来都不是指历史整体的意义。"②然而，基于丹图所说的理由，"对于过去的完全说明预设了对未来的全面把握。因此，除非对历史达到一种宏观哲

---

① 伽达默尔：《真理与方法》上卷，第263页。
② 伽达默尔：《真理与方法》上卷，第12页。

学式的把握，一个人不可能获得完整的历史认识"①。我们在面
对人类历史时类似"盲人摸象"境遇中对"全象"的预设，它不
但是必然的，而且是必要的。关于历史意义的这一建构与揭示具
有解释学所谓整体与部分间"解释学循环"的特征，也就是说，我
们对历史之谜的求解是一个预设谜底、不断猜中和再次预设谜
底，谜面与谜底辩证转化的无限推进过程。在此，重要的不是是
否允许历史想象，而是充分意识到我们关于历史终极意义的任何
猜测的内在不确定性，从而将之视为康德所说的"范导性"原
理，既不将有助于历史意义生成与理解的思想手段坐实为口含天
宪的"构成性"历史预言，亦不封闭于某一历史故事及其意义的
猜测而妄自尊大，党同伐异。两种不同的理解与态度事实上正是
区别历史神学与历史哲学的关键所在。

上述关于历史叙述与意义建构关系的讨论主要涉及认知层
面的问题，在价值层面上，历史的意义蕴涵较前者来得简洁明了
得多。历史之为意义建构的基本方式，最终是由于它为人类这样
一种本体上有限的存在提供了某种合理的精神寄托方式。人类存
在"无头无尾"的时间性特征令人生的意义无所依托，然而，个
人存在的有限性在人类历史的生生不息中不断地被超越，在超越
有限的意义上，人类由其历史性中证明了其永恒无限性，从而为
人类不甘有限的灵魂提供了安身立命之所。如果说，子孙万代，瓜
瓞绵绵是人类对自身存在意义追求的本能生物学或基因表达，历
史则是人类同一意义追求的文化表达。

最后，对于叙述性话语与意义建构的内在关系，可以将之放

---

① Arthur Danto, *Analytical Philosophy of History*, p. 17.

到与科学话语的对比上加以考虑。人是理性（推理）的动物曾是我们关于人的理解的主导性范式，但现在人们愈益认识到，与此同时，人乃是甚至更是言说（故事）的动物。①长期以来，由于对人的科学理性的强调，语言之为"logos"（逻格斯）即"分析""论理"的维度压制乃至遮蔽了其固有的"Mythos"（秘索思）即"故事""传说"的另一面。事实上，秘索思不但在逻辑上构成话语不可或缺的维度，即从时间上看，亦是西方古希腊思想中较逻格斯更早出现的语言和思想形态。②具体说，荷马的文体就是秘索思，而逻格斯则是哲人典型的言述方式。

从话语方式的角度看，科学以理性抽象、分析与论证为基本特征，其发达形态为人工符号语言。反之，叙述是人类基本的常态自然语言，在认识上具有经验综合性特征。在二者关系上，"叙事无论从认识论还是本体论上都比逻辑或理论推理更为原始"。③叙述较之科学的分析、论证是更为基础性的话语方式，尽管后者在逻辑与精确性方面胜过前者。在特定的局部上，的确存在着由原始叙述向科学话语的转换，如在达尔文学说中，早先"自然史"转化为"生物学"。在此背景下，叙述话语往往被看作是低

---

① Walter R. Fisher, "Narration as a Human Communication Paradigm: The Case of Public Moral Argument", in *Readings in Rhetorical Criticism*, Carl R. Burgchardt ed., Strata Publishing, Inc., 1995, pp. 272, 277.

② 陈中梅：《神圣的荷马》，北京大学出版社 2008 年版；《论诗》，北京大学出版社 2008 年版；叶秀山：《从 Mythos 到 Logos》，《叶秀山学术文化随笔》，中国青年出版社 1999 年版。

③ 阿兰·盖尔：《叙事与文化：人类自我创造历程的原初角色》，王治河主编：《全球化与后现代性》，广西师范大学出版社 2003 年版，第 207 页。

级、粗糙的。然而，这其实本身已然是科学主义话语系统的产物。就事情本身而论，叙事性话语包括神话、传说、童话、历史等与科学话语在经验层面上看分别代表卡西尔所谓"表达性感知"与"事物性感知"，[①]前者是人生在世最直接、最切近的感受和表达方式，而后者实即第二位的外在对象化的抽象产物。在科学"当时得令"之下前者之被轻视和压抑从根本上是扭曲和不合理的。从总体和根本上说，叙述是人类话语永恒的基质。"叙述将我们经验到的事实整合在一个融贯的语言形式中，并且，正是在叙述中我们的抽象法则、原理和概念获得它们全部的合理性。"[②]依怀特的看法："叙述远不止是人类赋予经验以意义的各种符号形式的一种，叙述乃'元符码'（meta-code）。在其普遍性的基础上我们关于共同拥有的世界的信息可以在跨文化间被传递。……叙述能力的缺失或拒绝叙述表明意义自身的缺失或对意义的拒绝。"[③]康德将因果性之类科学话语的主导范畴作为人类思想的基本成分，却往往忽略了历史性这一更为基本的理解层面。事实上，康德所说的无论是作为感性直观形式的时间和空间，还是因果、可能、偶然、必然等十二个知性范畴，历史地看均非先天的，亦非科学思维所独有，而是包含在人类日常理解包括叙述中的，是在人类生活实践中逐渐形成的。叙述（其重要原始形式是神话、寓言）不但在时间上先于科学，在逻辑上亦是人类把握世界更为基本的精神方式：科学精于计算，而叙事则先于计

---

① 恩斯特·卡西尔：《人文科学的逻辑》，第二章。

② Carl R. Burgchardt ed., *Readings in Rhetorical Criticism*, p. 274.

③ Carl R. Burgchardt ed., *Readings in Rhetorical Criticism*, p. 279.

算，决定着我们计算的旨趣与方向；科学的精致、严格是以其片断、单薄为代价的，在宏观总体性层次上，我们关于世界的宏观、整全理解，则是在经验综合性叙述中给出的。简言之，叙述话语给出的是世界观，"世界就是语言地组织起来的经验与之相关的整体"①。而科学话语则是在一定世界观背景上分门别类观世界的产物。

在人文维度上，我们的世界观实质上即历史观。我们每个人，也包括科学家对于自然与生活世界理解的最基本思维框架正是包括历史叙事在内的各种朴素叙事。从"自从盘古开天地，三皇五帝到如今"到"雪山草地"，从"牛顿的苹果""布鲁诺的火刑柱"到"达尔文的猴子"，在此，包括科学话语亦被整合到叙述中，构成我们的世界观的组成部分。各种故事不但构成我们关于世界的特定阐释的宏观背景，并且实际影响着我们的命运和理想。"一个有意义的生活就是一个追求融贯的故事的生活。"②在此，故事不仅是被讲述的，并且是被经历（在现实中搬演）的，我们每个人乃至每个民族在生活实践中有意无意地均在实际上将自己置入自己熟知的大小叙事的情节中，正如我们将历史置于其中以获得理解。所谓"甘洒热血写春秋"反映的正是这样一种成为某一生命或历史故事主人公的意识。而我们在小说、戏剧中所经历的其实是一种模拟的生活。故事作为意义的载体，叙述断裂处，生活不复可能，弗洛伊德精神分析学对人的心理疾患的研究

① 伽达默尔：《真理与方法》下卷，第 572 页。

② Hayden White, *The Content of the Form: Narrative Discourse and Historical Representation*, p. 173.

充分印证了这一点。将苏格拉底"未经审视的生活不值得一活"的说法用于叙述与生活的关系，利科说，"故事令生物学意义上的生存变成人类生活"。①诚所谓"饮食可使我们维生，而故事可使我们不枉此生"②。

通过对自然和社会现象定量分析的基础上"做成方程或公式"而获得宰制的力量，通过将生活世界中的事情"做成故事"而获得意义的澄明，在此，各种叙事话语，不论是神话、文学还是历史叙述在根本上其实真是相通的。虚构的故事与真实的读者在真实的时间中相遇，读者对故事的理解是参照自身的经验进行的，他（她）们在虚构中获取的是真实的意义。失去力量，我们的生存与繁荣将受到威胁，而迷失意义，我们的文明将陷入危机。在这一意义上，叙述合法性基础的动摇对于人类来说显非吉兆，当然，这未必要由后现代主义负责。有必要补充说明的是，后现代主义对叙述的质疑如利奥塔所说针对的乃是以一元、普遍性为特征的所谓"宏大叙事"或"元叙事"，其要害主要不在意义赋予，而在于意义的垄断和僵化，在于意义的一极独大包含的对非主流意义、不同意义党同伐异的危险。尼采、福柯对"开始"与"起源"严加甄别，对历史中"偶然性"和"断裂"的强调，都是出于这样的考虑。福柯说："历史没有'意义'，但这并不意味着它是荒谬和不连贯的。相反，它是可以理解的。"③显然，引号

① Paul Ricoeur, "Life in Quest of Narrative", in David Wood ed., *On Paul Ricoeur, Narrative and Interpretation*, Routledge, 1991, pp. 22-34.

② 理查德·卡尼：《故事离真实有多远》，王广州译，广西师范大学出版社 2007 年版，第 12 页。

③ Michel Foucault, *Power/Knowledge: Selected Interviews and Other Writ-*

中的"意义"是大写的，所谓不荒谬与可以理解，显然是意义的同义词。怀特对史学叙述中文学手法的拆解，以及安柯斯密特对"经验"的强调，其思想轨迹与此是一脉相承的。在这一意义上，都可以被纳入后现代主义的范围。

推荐阅读书目

以下五种大致涵盖了历史哲学方面关于历史叙述不同观点的主要文献。

◇ David Herman ed., *The Cambridge Companion to Narrative*, Cambridge University Press, 2007. 关于叙述问题较新的权威读本。

◇ 赵毅衡：《当说者被说的时候——比较叙述学导论》，中国人民大学出版社 1998 年版。在笔者所见的同类中文论著中，赵著是真正能够深入问题堂奥且具有自己较为系统见解的研究性著述，值得向对叙述学问题感兴趣的读者推荐。

◇ Brian Fay, Philip Pomper and R. T. Vann eds., *History and Theory: Contemporary Readings*, Blackwell Publishers, 1998. 编选了有关历史叙述的一些经典论文。

◇ 海登·怀特：《后现代历史叙事学》，陈永国、张万娟译，中国社会科学出版社 2003 年版；《形式的内容》，董立河译，文津出版社 2005 年版。这两本书反映了怀特关于历史叙述的非实在论观点。安柯斯密特：《历史与转义：隐喻的兴衰》，韩震译，文津出版社 2005 年版。其"导论"及第一章"叙述主义历史哲学的六个主题"。David Carr, *Time, Narrative and History*, Indiana University Press, 1991. 是历史叙述实在论代表人物的专著。

◇ Paul Ricoeur, *Time and Narrative*, translated by K. McLaughlin and D. Pellauer, The University of Chicago Press, 1983, 1984, 1985. 全书三大卷，是关于叙述问题的理论专著，其中第二卷有中译本（《虚构叙事中的时间塑形》，王文融译，生活·读书·新知三联书店 2003 年版）。

---

ings, 1972-1977, pp. 113-114.

第九章 历史评价问题

评价在思维形式上属于判断,涉及关于事物肯定或否定的看法。"夫史,非独纪历代之事,盖欲昭往昔之盛衰。鉴君臣之善恶,载政事之得失,观人才之吉凶,知邦家之休戚,以至寒暑灾祥、褒贬予夺,无一而不笔之者,有义存焉。"[①]与事实的陈述不同,评价往往包含是非善恶的褒贬,代表某种价值取向,从而具有较强的主体色彩。历史评价亦称历史判断 (judgment in history),是历史学家于记述、解释之外另一习见的话语方式,类似《史记》中的"太史公曰",《左传》中的"君子曰"等"论""赞""评"的文字就是历史评价的样式。不过,史书中的评价有时并不出之直接明确的语句,而是所谓"寓论断于叙事之中",以微言大义的曲折方式暗含于历史记叙中。对事情做出判断是我们面对事实时近乎本能的反映,但与事实的澄清(记述与解释)不同,关于历史事实(事件、历史人物言行)的评价性言说(是非优劣之判断)是历史话语中相对独立的部分。如果把历

[①] 庸愚子:《三国志通俗演义序》,转引自王先霈、张方:《徘徊在诗与历史之间——论小说的文体特征》,长江文艺出版社 1987 年版,第 21 页。

史叙述比作纪录片，则评价大致相当于"话外音"。评价话语的缺位通常对历史话语的完整性并无决定性的影响，它在历史话语中所占的分量一般不大，史家往往亦避免直接涉足评价性言说。

本章关于历史评价的讨论大致涉及以下几个方面：第一，历史评价的类型及其关系；第二，历史评价的逻辑前提；第三，历史评价中道德评价的对象和道德评价的必要性；第四，历史评价的若干范畴；最后，当历史评价上升到以全部历史为对象的整全层面，则"历史进步"问题实质上即宏观历史评价问题。[①]

第一节　历史评价的类型

如果说史学家在历史真相的追求方面所做的是类似于刑事侦查的工作（见本书第三章第二节），那么，历史评价中的史家扮演的则是法官或陪审团的角色。从记录历史的角度看，史学叙事仿佛是新闻纪录片，而评价话语则好比是影片中的旁白画外音。唐代史学家刘知几在其史论撰著《史通通释》中专门设"论赞"一节，对各种史书的评价引导语一一概括："《春秋左氏传》每有发论，假君子以称之。二传云公羊子、谷梁子，《史记》云太史公。既而班固曰赞，荀悦曰论，《东观》曰序，谢承曰诠，陈寿曰评……其名万殊，其义一揆。"[②]当然，有的时候史家对历史事件或人物的评价未必以如此直白的方式出现，它可能是"寓论

---

① 现代历史哲学家中至少阿特金森是这样看的。R. F. Atkinson, *Knowledge and Explanation in History*, Chapter VI.

② 邹贤俊、罗福惠、郑敬高编：《中国古代史学理论——要录》，湖北人民出版社 1990 年版，第 140 页。

断于叙事之中"，就像影片中用镜头的调度说话，可以收"不著
一字，尽得风流"之效。历史记述与解释涉及的是事实问题与因
果问题，评价涉及的则是价值问题。在价值问题上人们最为敏感
的恐怕就是道德神经，即以善恶为坐标的价值判断，但事实上，价
值判断除道德外尚有非道德的层面，包括技术性、历史意义性与
整体性评价等诸多方面。①本节将对历史评价的这些不同类型做
分门别类的说明，并对它们各自在史学中的地位加以分析。

　　历史评价中两大基本类型为事功评价与道德评价，它们分别
代表历史中人与事的评判的技术性与伦理性视角。评价的技术性
考虑以成功或效率为基本价值参照，涉及历史上的人物行为如治
国、安邦、建制及历史事件如战争、革命、改良等的成败优劣评
价，本书将之界定为"事功评价"。而历史评价的道德视角以道
德上的善恶为价值取向，涉及关于人、事是非善恶的评判，相对
于"事功评价"，我们不妨将之定义为"道义评价"。在二者关系
上，前者可以概括为关于事情干得是否好的判断（do the things
right），而后者考虑的是干的是否是好事（do the right things）。在
此，事功与道义评价采取的是"成败"与"英雄"两种截然不同
的思想取向，前者以"成败"为"英雄"的意义，而在道义的层
面上，其逻辑则显然不是"以成败论英雄"。

　　事功评价是在弄清事实的前提下对特定历史条件下人物抉
择、行为成败利钝的效果分析。假定将历史视为棋局，其客观进
程记载在棋谱（史实）中，而关于历史的技术性评价类似于对棋
手每一着棋优劣的挂盘讲解，或者说更像事后复盘分析，这种分

----

① Atkinson, *Kowledge and Explanation in History*, p. 188.

析与评论对于帮助我们更好地观棋（历史）显然具有相当的重要性。从宏观方面说，这种分析大致涉及政治、行政、军事、经济、文化等社会生活的基本面，其评价根据是人物、事件的成功及其后续效应，而对此做出恰如其分的评价需要有相关方面的知识准备和理论素养，因而是存在特定的专业壁垒的。在静态上，历史事功评价与我们对现实生活中相应的评价无本质的区别，并不具有独特的史学及历史性特征。然而，在动态层面上，由于论史者"事后诸葛亮"的有利认知地位，许多令历史当事人"当局者迷"的事情在后续历史效应的呈现中显示出"旁观者清"的可能。但是，凡事皆有两面，"事后诸葛"与"自以为是"一纸之薄，并且，在行动者与评说者之间还存在着可以表达为"知易行难"的不对称性，对这一点的习焉不察往往导致"站着说话不腰疼"的错误。在这一方面，一定程度的历史感或曰历史主义的思维方式乃历史评价所必需。

事功与道德的相悖似乎是世间常有之事：一个雄才大略的政治家、军事家可能恰恰是一个奸雄；"鞠躬尽瘁"者也许是"为虎作伥"；忧国忧民、锐意革新之人在特定的政治生态中可能乃至必定在政治角力中落败，成为"失败的英雄"；个人修养颇高的君子与杀人如麻的刽子手集于一人之身；忠于爱情的君主可能是误国的昏君。如果我们在价值上将事功与德性均记为"好"，前者为功利性的"好"而后者则为道德性的"好"，则事功与道义的背离可以表达为不同的"好"的冲突，这种情况显然给历史评价带来一定的困惑。一是当两种不同层次的价值集于一人之身、一事之中且存在冲突时，我们是否可能对此人此事给出某种综合性的统一评价？如果答案是否定的，那么，我们应当以何种价值为评价的基本准则，即是采取事功至上还是道德优先的立场？

首先，对于道义我们应该注意到其中"私德"与"公德"的区分。一个私德无玷的人可能在关系民族、人民的重大问题上大节有亏，暴君也许是慈父，而私人感情中的负心人可能无负于国。出于求真纪实之需，对历史人物的私德问题不是不可以记载和评价，但这显非历史评价的本义。历史评价不是个人操行评语，它属于公共评价系统的一部分，因此，在历史的天平上，只有涉及社会公共领域——包括处理政治、军事、文化等方面——事务的相应德性，如其人是以"天下为公""体国恤民"还是"以天下奉一人""我死了之后管它洪水滔天"，是"言必信，行必果"还是"政治斗争无诚实可言"等才属于道德评价的范畴。对于历史人物来说，我们既不应由其在私人关系中表现出来的德性为其在历史中的善的根据，也不会因个人道德方面的原因抹煞其在历史中应有的道德地位。

进而，在公德意义上，道义与事功同属公共评价范畴，因此，在历史评价中均有其地位。在"功德圆满"即道义与事功得兼的情况下或反过来"德亏功败"的一致情况下，评价自然不成问题，但对于所谓功、德分裂——德亏功成、德成功亏——的现象应如何认识？

在能干但干的不是好事即"奸而雄"的情况下，问题似乎还比较简单，这样的人和事在总体历史评价上应该得到的是否定性的评价，换言之，在此可以认为有一种道德优先的原则。因为，所谓事功可以有正效应与负效应之分。在非道义的情况下，所谓的事功必为有损公共利益的性质。例如，一个政治手腕高明的奸雄，其雄必不表现为治国安邦的雄才大略，而不过是有利于个体和小团体利益的"本事",否则其奸无以落实。对于这样的强人的判断其实就像对于高明的小偷,其社会效益完全是负面的,其手段越高效果越坏。因而,我们在道德评价上对之持批判立场不仅出乎道义,并且关乎事功。

然而,当事功与道义的分离表现在好事干得不好即"善却殆"的情况下,道德优先是否仍然有效?在我看来,答案应该是肯定的。

因为,第一,这是逻辑上一致的需要。我们不能在一种情况下持这种立场,而在另一种情况下持另一种立场;第二,在道德上为恶的情况下,事功的社会效益绝对是一个负值,而在满足公德的背景下,其事功上的失败最后得到的至多只会是零值的社会效应,二者的区别所在是我们对好事没干好在总体上仍可持谨慎肯定态度的一个依据。换一个角度,我们似乎可以这样说,道德影响事功(的正负值),而事功则无碍道德(的善恶)。当然,道德优先不等于说不计事功,在道德为正的前提下,我们对功与德的不一致可以采取"就事论事、分而治之"的态度,即不因道义而诿过,亦不以成败论英雄。举例明之,对于"戊戌变法"中的光绪帝和"出师未捷身先死"的诸葛武侯,我们对其历史评价均应作如是观。甚至对于在公义上与刘邦相比彼此并无明确善恶的项羽,历史上人们亦多抱以同情。

道义与事功视角是历史评价的基本类型,在纵向时间轴上,历史评价还包含普遍性与历史性的不同视角,即对历史事件及人物的评价究竟是应该放在当时的时代和观念背景中还是放到一个后视的更广阔乃至整全背景下考虑其是非功过,这种类型的历史评价可以视为道义与事功评价的亚型。

在事功层面上，我们称之为历史性意义评价的根据之一，是事物间短期效应与长期效应的差异性。在短期上看，某种行为可能在方向上既合乎公共利益，其客观效果也不错，但其长期效果则恰好相反。这在理论上可以概括为实践的即时效果与总体效果（实践总和）的分歧，从纯粹认识的角度，我们没有理由停留于古人的层次，有权利把问题放在更宽阔的时空视域中审视，不过，在是非评价上，我们对于处在一定条件下始料不及的后果不应苛求于古人。

在道德层面上，关于人的行为与事件的当下评价与后世评价可能出现分歧，甚至不同时代对同一事情可能得出截然相反的评价，如"义不食周粟"的伯夷、叔齐历代被认为是有气节的道德君子，而在历史进化的谱系中，因周之代商为革命，他们行为的道德性似乎就蒙上了阴影。[①]这在历史人物包括孔子的评价上是一个具有普遍意义的问题。另外，关于历代农民造反及"清官"到底是"好得很"还是"糟得很"判然有别的评判亦属此例。在历史性评价中，问题的关键实质上是一个老问题，即究竟应是依当下历史情景下对于历史当事人有效的判断尺度还是采取评价者自己所处时代的标准的古今之辩。我们的看法是，依照历史主义的观点，前者而不是后者应该是我们进行历史评价的基本参照。

首先，依后世评价标准对前代人事进行评价，往往出现是非善恶逆转的情况。例如，某些起自底层草莽揭竿而起的造反在当时看属破坏性行为，其动机也许就是"打家劫舍"，对此冠之以

---

① 李桂海：《现代人与历史的现代解释》，湖北人民出版社 1989 年版，第 327 页。

农民革命的美名不但有"张冠李戴"之嫌，而且在根本上有失公正。再举一个例子，长城今天已成为我们民族某种正面的象征，但我们不能仅仅因此就直接对历代修长城举动作出评价。秦皇修长城的目的不是为中华民族树立象征，更不会想到其旅游价值，对修长城的评价应放到其作为军事工程的效用上去考虑。对这样一种行为结果依其后来呈现的价值作正面历史评价将导致历史与现实的错位，这和我们站在不同时代的高度对历史作鸟瞰式观照是两回事。我们如果不希望自己今天的行为被后代以我们完全不可能意识到的对照加以评判，我们就不应该将我们今天的标准强加于古人，不论是溢美也好贬低也罢。这里，历史主义原则同时也是现实主义原则，如果不依具体事件当下普适标准进行评价，那就会对我们在现实生活中的是非善恶评价的意义及可靠性无所适从。

关于人物的道德评价中一个棘手的问题，就是如何处理功与过，早岁与晚节的折中权衡问题。在此，关键在于对评价的原则立场的认识。

一般而论，对于不同时段上人物的功过分而论之是最符合实事求是精神的，所谓赏罚分明。对人物在历史中所起的好作用和坏作用，可以"以功过相互抵消的方法，得出功大于过或过大于功的评价"①。这和例如节约三元钱，用去一元则净余二元似乎是一样的。但是，仔细分析就会发现，这样一种看似公允的斤斤计较在对正义还是邪恶的大是大非面前是无效的。

上述正负数计算式观点的背后是一种功利的立场。从纯功利

---

① 李桂海：《现代人与历史的现代解释》，第 330—334 页。

的观点出发，功过是可以依其数值相互换算的，然而，在善与恶之间却不能做交易。例如，在救三个人和杀一无辜者之间功过是不能相抵的，法律上对罪行的惩罚即不以行为人曾经有过的善行为转移。之所以如此的理由之一，是某些价值如生命是如此宝贵且原则上无可补偿的。更广泛地说，即便在不涉及生命的其他正面价值方面，社会总是不怕其多，而对于恶，我们又总是不嫌其少。因此，在道德上是存在着基本底线的，它具体表现为以恶为基准的"一票否决"原则。换言之，世界上没有什么道德的储蓄银行，可以供人以曾经做过的哪怕成倍善事填补道义上的严重亏空。依照这一标准，一个一生做了两件事的人，其后来所做的哪一件事如被证明是恶的，则对其一生的评价就很难是正面的。这就是通常所谓"盖棺论定"的道理。换言之，晚节即人物最后的表现在其一生评价中应该是更关键的。顺便指出，我们耳熟能详的据信始出自毛泽东对斯大林评价的"三七开"的说法依此是难以成立的。

关于道义的绝对立场事实上也是符合我们的生活直感的，正如有人所指出的，所谓坏人，并不是指他没做过一件好事，也不是在他生平所做的一切事中，坏事的比例超过了好事，而是指他做出了违犯道德底线的事。否则天下就差不多没有还能称得上坏人的人了。毋庸讳言，在这一道德直觉背后的是人们在实践中分清敌友的正当要求，它一方面代表着正义，另一方面，亦可能发生偏执，因此，必须慎之又慎。此外，道德评价并非人物评价的唯一标准，在非道德的层面上，关于人物的评价还是以就事论事为妥，不必给出黑白分明的答案。事实上世界上大多数的人和事都不是黑白分明的。

当历史性意义评价上升到总体性层面时，关于历史的整体性评价如历史是进步的还是退步或循环的哲学思辨就摆在我们面前，对此我们将在本章最后一节专门加以讨论。

第二节　历史评价的逻辑前提

所谓历史评价的逻辑前提，即令评价活动成立（可能且合理）的理论条件。它一般不进入评价者的直接视野，但却构成评价的深层思想基础。

评价在其直接性上是对被评价对象施加价值评判，我们对于某一历史时代、事件、人物功过是非的评价是以特定价值取向及价值倾向为依据的，价值观念的差异可以导致对同一事实"好得很"与"糟得很"截然不同的评价。但是，在更深刻的基础上，历史评价在价值观念的下面尚依赖更为深刻的思想条件，即本体层面上关于世界的可能性预设。评价暗含比较，优劣、善恶均在比较中存在。比较预设"多"而非"一"，由此我们触及评价、比较成立的前提，即人的不同选择的可能性。正如以赛亚·柏林正确指出的那样："如果决定论的假设是正确的并能充分说明现实世界的话，那么，很清楚，通常所理解的人的责任这个概念就再不能应用于任何现实的事态。"[1]在"自古华山一条道"的宿命中，人的任何行为均无所谓优劣、善恶，正是在"条条大路通罗马"的背景下，不同道路的选择才有了优劣善恶之别。选择的本体基础是可能性空间，它反映在人身上即自由。

---

[1] 柏林：《决定论、相对主义和历史的判断》，张文杰等编译：《现代西方历史哲学译文集》，上海译文出版社 1984 年版，第 196 页。

　　对某一历史运动、历史事件及历史人物社会活动成败善恶进行评价，不论评价者是否意识到这一点，其内在逻辑前提必是与既定事实不同的可能选择的存在。在技术性评价层面，我们对"贞观之治""戊戌变法"或"明治维新"的成败利钝评价的实质，是对其实现了特定条件下最佳或次佳历史可能性或错失良机，未能达成可能历史使命的判断，以"应然"与"实然"的差距为依据。在此，历史评价涉及历史想象和假设。"历史不容假设"几乎是人人耳熟能详的老生常谈，在事实不容更改与抹杀的意义上，事实与假设是不相容的，这和对弈时"落子无悔"是一样的道理，此所以"一失足"可以成"千古恨"。但是，基于由当下进行时态（历史Ⅰ）到过去时或完成时（历史Ⅱ）的转换中历史本身多样的可能性收敛为唯一现实性的本体思考（本书第二章第二节），已然事实与本然历史不能直接画等号，因此，在关于历史的理性思考中，关于历史发展本来不同可能性的理解恰恰是不可或缺的，正是由于有多种可能性的存在，我们对特定事实及其行为者的（事功或道义）评价才获得其正当性。[①]想象与假设多少带有猜测的成分，这增加了历史评价主观任意性的危险，但这并不构成根本的问题，因为，这里所说的假设不是指虚拟，而是对未曾成为现实的可能性的揭示，其与对实然事实的承认在历史思考中其实是阴阳互补的。反之，如果在研史中缺乏想象力的维度，纯粹以已然事实为范围，在表面上坚持客观性的同时往往陷入"成王败寇"的僵化逻辑。

　　就历史的道德评价而论，评价与选择的客观可能性的关系即

---

　　① 周建漳：《历史与假设》，《史学理论研究》1994年第3期。

伦理学上早经论证的自由意志为道德责任基础的观点，反过来，为自己行为辩护者常用的逻辑则是"事出无奈"，即否认其他行为抉择可能性的现实存在。假设人不过是某一 X 手中的牵线木偶，不论此 X 是神还是基因，则人所做的一切均不存在道德责任，从而不在善恶评价的范畴中。法律上对某种精神疾患者免除法律责任的做法正是基于同样的考虑。从自由意志的角度我们可以论证为什么我们不以自然事物为道德评价的对象。从实践的角度看，很容易认为，这是因为跟它们讲道德没有用，是"对牛弹琴"。其实，更根本的理由则是，自然物作为"在者"总是"是其所是"，对于它们来说，基于不同可能性基础的自由选择是不存在的，在"狗改不了吃屎"或"老鼠生儿打地洞"的必然逻辑面前，善恶评价是荒谬的。

在形上层面谈人选择的可能性是正确的，但应该防止关于它的抽象绝对化谈论。按照萨特的观点，人在存在上的基本规定性就是自由，在任何情况下人都存在选择的可能性，同时也应该勇于做出选择，承担由此引起的道德责任。但是，正如卢梭说过的，人生而自由，但却无往不在枷锁之中。尽管二者所论自由有形上哲学命题与形下生活观点之别，但在本质上说，人的自由及选择是有限度的，本体上的自由落到实践中有时就说不通了，在这方面，美国小说《苏菲的选择》就是好例：波兰犹太人苏菲在纳粹集中营的入口处为争取不让自己的一双儿女排入将被当即送入毒气室的死亡之列，置女性尊严、自身性命等一切考虑于不顾与纳粹军官周旋，最后，纳粹军官"恩准"她将其中一个孩子留在暂时不至立死的身边青壮年行列中，于是，摆在她面前的是这样的困境，要么两个孩子都将按照规则被送入死亡之列，要么由她自己做出"选择"，将生的希望留给一个孩子，将另一孩子亲手送入死亡行列。诚然，这是一个相当极端的例子，但其揭示的道德思考的原则是普遍有效的，即选择事实上是有限度的。绝对地说，即使是"要钱还是要命"仍然是某种选择，而实质上在这里根本不存在真正意义上的选择，这样的所谓选择在哲学上属于"抽象可能性"的范畴。关键在于，真正的选择通常应是在两种成本或代价大致相当的方案间个体的自主决策，某种合理计算是具体选择不可忽略的因素。我们在关于道德评价前提条件的探讨中不厌其烦地强调对选择可能性作具体分析的必要性，其意义在于给出道德评价的恰当限度。在这里，这种限度主要是针对道德作为社会规范与评价系统而言的，在这一层面上，道德评价大致应以一般人所能达到的水平为基准，社会不应对公民提出诸如崇高这样的过高伦理要求。①而在个体良知层面上，道德的标杆可以是止于至善，但是，这也仍然取决于个体的自主抉择。道德思考与评价上对通常道德中实际包含着的个体性与社会规范不同维度的习焉不察，往往是导致过于严苛道德观的思想根源。②

---

① 那么，这是不是说如果我们（通常在道德思维中我们实际上总是将自己当作一般人的代表）自己预计做不到的事就不能在道德上提出意见？如果是这样的话，不勇敢的人就没有权利谈见义勇为，进一步推论，没有证明自己的勇敢的人也不能说了。依基督教的观念，人是有限的，但道德的根基在上帝那里，似乎强调了在人的局限性之上的道德维度，从而提出超人道德主张的正当性。不过，至少在人与人之间个体关系上，己所不能，毋苛求于人应该是公正的。

② 周建漳：《"善"的两个维度：存在境界与礼俗要求》，《哲学研究》

在技术与道德评价之外,历史性意义评价的主要参照系是宏观历史趋势、规律和目的等方面,如依时代性质判定孔子思想的性质包括政治属性和阶级属性,在历史发展规律的语境中考虑农民造反行动的功过,等等。就这类评价的逻辑前提论,它涉及历史规律、目的是否存在乃至能否得到验证的问题,而非前文所说的选择的可能性。准此,如果宏观层面上历史发展并不存在意义评价所预设的总体必然性或目的性[1],那么,以之为参照的评价势必要落空。退而言之,即便历史发展的必然规律或内在目的是客观存在的,以之为历史评价的标准仍然是成问题的。其一,这样一种规律通常是在后溯视野中呈现的,对于历史的当事者而言,它可能完全在同时代人的视野之外。在认识上,用旁观者"事后诸葛亮"的标准去要求前人显然是一种非历史的观点。其二,再退一步讲,即便历史发展的必由之路是可知且已知的,在历史统一发展目标与历史发展每一阶段上人们具体生活目标之间仍存在着可能的价值冲突。作为德国反抗黑格尔关于历史的虚幻哲学思辨的主将,兰克认识到,历史并不具有一种哲学系统的统一性,相反,"一切时期和一切历史现象在上帝面前都具有同样的权利"[2]。也就是说,历史阶段、事件或人物有其自身内在的价

2002 年第 6 期。

① 关于历史总体目的与意义的问题是一个十分复杂的问题,在本章最后一节关于"历史进步"问题的讨论中对此将有所涉及。在这一问题上笔者认同伽达默尔的看法,认为"并没有一种先天可认识的必然性支配着历史。但是,历史联系的结构却是一种目的论的结构"。伽达默尔:《真理与方法》上卷,第 262 页。

② 伽达默尔:《真理与方法》上卷,第 264、272 页。

值和意义，其意义与价值并不仰赖其与某种终极性目标的关系，而是依其自身内在价值被评判。在纯粹认识层面上，我们不能拒绝站在更高的视野上理解过去的事情，我们或许可以也应该比柏拉图更理解柏拉图。但如果我们在评价上以后人的标准要求前人则是不公正的。这一观点的实践意义，是防止以未来理想或终极理想的名义对当下现实生活价值的侵害，经历了这几十年风风雨雨的中国人民对此应是有着深切感受的。

历史评价逻辑前提的探讨既属哲学思考的本分，亦可以为实际历史评价提供某种原则性的参考，即我们在考虑关于事情的无论认知性研判或道德评判的时候，应该注意不同于已然事态的其他可能性是否存在，以免陷入蹈空之论或苛求。

第三节　关于史学中道德评价的必要性、复杂性及其他

按照普遍的史学观念，史实记载和解释被视为历史学家的天职，但是，对于历史进行道德评价的必要性、可能性乃至可欲性，则存在不同见解。

在史学实践中，史家对历史人物、事件做道德判断本为常例，但是，自近代史学学科化以来，情况有所不同。比如德国史学巨子兰克对史家在事实之外有所主张表示不屑。他在其《拉丁和条顿民族史》一书的序言中语带嘲讽地说："历史指定给本书的任务是：评判过去，教导现在，以利于未来。可是本书并不敢期望完成这样崇高的任务。它的目的只不过如其所是地写出实

情而已。"①类似这样的声音在西方史学家中不乏其人，比如，巴特菲尔德、克拉克（Geogre Clark）及卡尔等都持这样的观点。概括他们的观点，要么认为道德判断乃与史家职责无关的无益之举，史家的专业训练不足以应付道德判断的"微妙"之处，主张史家应将道德判断的任务交给法学家、哲学家、神学家或心理学家去管；要么认为考虑道德评价有碍史学达成客观历史理解；卡尔甚至主张对历史上的恶行应加以挞伐，但认为不应谴责个人；等等。②

上述这些观点一方面固然反映了道德评价的复杂性，一方面则反映了人们思想的混乱，欲以之否定历史中道德评价的必要性和可行性是站不住脚的。

首先，认为道德评价可以交给历史学家以外的人去做从根本上说言不及义，因为，关键不是道德评价由谁做，而是要不要做和可不可以做。此外，认为历史学家之外的人更有资格来做亦无充分道理，只要关于历史的道德评价是正当可行的，那就人人得而为之，历史学家更义不容辞。

其次，道德评价与客观理解并不必然是冲突的。强烈的道德义愤事实上有时是有可能影响史家清醒的事理判断，但道德义愤与道德判断本来就是有区别的，前者是面对事情时的当下直接反应，而后者则是探究终点上得出的结论，因此，道德立场与史家的专业立场在逻辑上完全是可以相容的。

---

① 转引自乔治·皮博迪·古奇:《十九世纪历史学与历史学家》上卷，耿淡如译，商务印书馆1997年版，第178页。

② Adrian Oldfield, "Moral Judgements in History", *History and Theory*, Vol. 20, No.3, 1981, pp. 263-267.

更重要的是，历史作为人事，道德因素本身构成其吉凶成败内在因果根据，"把道德意义作为事件发展的逻辑根据"是中国历史叙事的基本模式之一。[①]例如，《左传》名篇"曹刿论战"以"小大之狱，虽不能察，必以情"为"可以一战"的依据，且为实战结果所印证，就是其中的一个例子。当然，道德因素只是历史因果中的一个方面而非全部，但其存在即构成历史道德评价的本体依据。

我国清代学者袁枚曾提出过这样的观点："作史者只须据事直书，而其人之善恶自见，以己意为奸臣、逆臣，原可不必。"[②]在他的话里包含关于历史中道德褒贬一个有意思的观察，即一般说来典型的善恶分辨似乎并不构成认识上的难题，它不像关于事实的研究与解释上存在着专家与外行的显著差别，此外，由于道德判断所具有的日常生活性从而其准情酌理的性质，在道德问题上历史学家对普通人来说基本上并不具有专业优势。顺便说一句，除了注意特定历史背景的影响外，对历史中人和事的道德判断原则上与日常生活中的道德判断亦无本质不同，也就是说，并不存在独特的历史道德判断。然而，认真说来，道德思考毕竟不只是典型善恶忠奸脸谱化的定性或褒贬，在涉及诸如功利与道义、人物早期与晚期、动机与效果关系这样一些精微之处，本身涉及复杂的伦理学问题，其间是非善恶并非一目了然，要得出准情酌理的价值判断，我们往往面临道德困境。

---

① 高小康：《中国古代叙事观念与意识形态》，第31页。

② 袁枚：《随园随笔》第四卷，第1页。转引自汪荣祖：《史传通说》，第21页。

此外，道德评价的必要性不止具有认知层面，将之诉诸言词的语用①效果恰恰是道德话语要义所在。试想安徒生童话《皇帝的新衣》中那个指出国王什么也没穿的小孩，其形象的正面意义显然不在于其洞悉事实——谁没看出来呢？——的眼力，而在"童言"之无忌的真挚，这正是童话以一个孩子为主人公的用意。就历史事件或人物的道德评价而论，其所针对的是古人，其用意则具有现实性。孔子作春秋褒贬古人，目的则是令今人（"乱臣贼子"）惧。我们评价古人，因为我们知道并希望后人公平对待我们。

关于史学中道德评价必要及可欲性的疑虑尚涉及它对再现历史事实的可能影响，前引袁枚那段话的后半句其实亦包含此种考虑。剑桥著名史家巴特菲尔德认为，对人事施以道德判断在本质上与史学无关，且与科学治史之义相悖，在实践上有碍于史事的理解。在巴氏看来，史家应成为但问事实，不断是非的"侦探"，而不该做傲慢的"法官"。②李凯尔特于强调史学异于科学之处在于包含价值维度时竭力撇清这不是主张史学应该对人物和事情进行道德褒贬，他说："假如有人把我们的观点理解成似乎我们把作出褒扬的或者贬低的价值判断当成了历史科学的任务，因之也就把历史当成了一门进行评价的科学的话，那么这乃是全部误解中顶顶糟糕的误解。"③其关于史学行道德判断的否定

① 道德话语具有奥斯汀"语用学"观点中所谓施事话语（performative utterance）的典型特征。

② 参看汪荣祖：《史传通说》，第25、26页。

③ 何兆武主编：《历史理论与史学理论——近现代西方史学著作选》，第473页。

观点不言而喻。

在逻辑层面上，弄清事实与对事实作道德评判之间，前者的确具有优先性，并且，前者的达成（即使在伦理学中亦）独立于后者，而后者则需建立在前者基础上。但由此却推不出后者与史学认识无关的结论。并且，在实际认识与话语实践中，二者往往相互缠绕。

首先，以为史学只需对事实做客观的叙述而不宜有主观的评价犯了柏林所谓"混淆人文与自然研究的错误"。对于不包含内在价值向度的自然物体，我们没有必要诉之以道德评判，而对涉及人类这一价值主体的研究来说，装作价值是不存在的并非客观性的体现，而是在根本上就缺乏客观性，并且在道德上也是站不住的。因为，正如在日常生活中一样，作为人类活动的场域与产物，历史中本身包含着道德的问题，例如，以冷冰冰的"科学语言"对诸如纳粹大屠杀这样惨绝人寰事件作不动声色的纯客观报道可能被认为是对纳粹的同情，在道德上没有中间路线可走，对大是大非问题的不置可否本身就代表了一种立场，它在某种意义上就是恶的同谋。事实上，不需要多么复杂的论证即可知道，认为我们对于像秦始皇、希特勒之类祸国殃民之徒不该加以道德谴责是不可思议的。

其次，由于我们的日常语言本身内蕴的价值维度，在包括史学在内的人文学说中，试图以纯粹价值中立的语言说话，哪怕是报道事实都是很难做到的。在话语实践中，并不存在事实记述对评价的绝对在先性或独立性，它们往往是不可分割地缠绕在一起的。对于二战中犹太人的死亡，我们该怎么说，是"处决"还是"谋杀""屠杀"？我们总不能说他（她）们就那样简单地被

"灭"了。孔子以一字之褒贬寓微言大义的"春秋笔法"事实上早已揭示了语言内蕴着的价值向度。从这样一些简单的例子中不难看出，正如阿特金森所说的那样，"在关于人类事务的讨论中，一种连贯持续的价值中立用语是根本不存在的，绝对的价值中立将使得对历史对象的认识涉入成为不可能"[1]。

再次，道德评价在人事中本身就具有天然的合理性与正当性，史学也不例外。如果我们希望未来的历史学家对我们今天发生的事情有一个道德立场，在道义上为正义的一方讨回公道，那么，我们就有责任对前人履行同样的道德义务。[2]在当下现实中，"力"常常比"理"强，而在长远历史发展中，这一逻辑正好是反过来的。历史评价如我们在第三章关于"史学的功用与价值"的讨论中曾指出的那样起着平衡权势与正义的作用，历史评价在此事实上是代际公正的重要组成部分，这正是我们在面对不义或道义时道德本能的深刻社会、文化本质。总之，基于对象、语言及社会定位等理由，史学如阿特金森所说"不可能是纯粹事实性和价值中立或价值无涉的"[3]。

对历史的道德评价的必要性本身并不存在有实质意义的争议，在这个问题上，引发人们疑虑的往往是史家以道德评判为己任对史学求实目标可能产生负面冲击，"有碍史事真相之理解"。布洛赫指出，"长期以来，史学家就像阎王殿里的判官，对已死的人物任情褒贬"。并且，"由于习惯于判决，也使人们对解

[1] R. F. Atkinson, *Knowledge and Explanation in History*, p. 191.

[2] Ágnes Heller, *A Theory of History*, p. 121.

[3] R. F. Atkinson, *Knowledge and Explanation in History*, p. 189.

释推动兴趣"。并且在他看来，"褒贬路德要比研究路德的思想容易得多"。①总之，对历史中的道德评价他持质疑态度。在此，历史中道德评价的可欲性是问题的关键之所在。

应该看到，传统史学的确存在"道德超载"的现象，例如，不分青红皂白地将道德作为历史理解的核心原则，将事情的休咎成败一概归之于道德因素，诸如"正义必胜""得道多助，失道寡助"之类的想法就是这样的例子。事实上，战争中正义固然可能通过影响人心向背而对战争结局产生某些影响，但它事实上远不及双方实力尤其是军事力量的优劣对战争胜负有决定性的影响。又如中国史学中孔子"作春秋而乱臣贼子惧"就有"利用史实的选择和描述来表明历史学家对价值系统的主观判断"的一面，②西方史学中亦不乏费雪尔（David Hackett Fischer）所讥弹的"借往事以逞一己之私见，直如纵犬于假日之原"的情况。③造成这些现象背后的社会根源是政治、道德等非学术的考虑对史学自身学术要求的僭越。在近代自然科学凯歌前进背景下，史学领域中像兰克这样追求史学严正学术性的新一代专业史学家对此有一定程度的抵制亦为正常的反应。不过，在理论的逻辑上，这些都不足以构成拒斥史学评价包括价值判断的有效理由，只要我们不能证明，凡道德评价出现之外，历史认识的客观公正性就必然受到歪曲，就没有理由由于事实上史学道德评价可能被滥用而"因噎废食"。

---

① 马克·布洛赫：《历史学家的技艺》，第 102 页。

② 布鲁斯·炊格尔：《时间与传统》，蒋祖棣、刘英译，张光直序，生活·读书·新知三联书店 1991 年版，第 4 页。

③ 汪荣祖：《史传通说》，第 25 页。

当然,历史评价的必要性与史学家在著作中直接进行评价有着细微的差别。按照解释学的观点,文本是在作者与读者的合作下完成的,因此,历史评价可能由历史著作的读者在阅读环节上进行。事实上,即便是在史家直接进行评价的情况下,读者根据自己的观念及对不同史著评价的比较、对照仍然会形成自己的判断,从而参与到历史评价中。值得注意的是,在史料掌握与考证等方面史家与历史著作普通读者间是存在认知不平等的,而在历史评价主要是道德评价方面,则史家与有一定教育程度的外行间并无实质性水平差别,这为读者环节上历史评价的可行性与合理性提供了思想保障。与此相关的是,从道德评价的语用"效率"上看,历史著作中道德言辞过多过滥的出现有时作用正好适得其反,这方面,兰克的例子很有说服力。在谈到那个贪财好货,残酷镇压一切进步力量的教皇亚历山大六世之死时他只是简洁地写道:"他死了,成了遗臭万年的人物。"而"正因为他很少发表论断,所以他的论断就更有力量"。①

关于历史事件与人物的道德评价的必要性和可欲性可以说属于学界共识,②但是,和在日常生活中一样,道德评价是人人欲为,但却未必人人意见一致之事,这反映了道德评价的复杂性。

道德评价复杂性之所在,涉及各种因素。比如历史人物的动机往往难以确定,这使得我们的评价失去重要的参照;又如由道德面前无完人,道德标准有时代性引发的相对主义考虑;再如涉

---

① 乔治·皮博迪·古奇《十九世纪历史学与历史学家》上卷,第179页。

② "皇家历史学会充分了解在伦理议题上人们日益增长的关注。"Jonathan Gorman, *Historical Judgement*, Acumen Publishing Limited, 2007, p. 203.

及道德与利益、理论与实际乃至绝对主义与相对主义复杂关系的权衡，往往让有些我们认为板上钉钉般确凿为"恶"甚至为"罪"的事情变得"情有可原"甚至"理所当然"。关于这些问题显然不存在截然分明的答案，在此我们只能就其主要方面做出某些原则性分析。在涉及社会历史领域的是非功过评判上，基本分歧大致可以区分为两类情况，一是道德价值与其他价值、包括不同伦理价值取向间的内部冲突，比如道义论与功利主义的著名分歧，其本质乃道德绝对主义与相对主义之争；二是非极端化情况下具体道德责任（对错、功过乃至轻重）的不同斟酌，比如"求全责备"或"原则全失"之类的偏颇。

与历史有关的道德考虑属于公德范畴，其主要范围和内容涉及政治与道德的关系。就这一方面而论，"道义"与"功利""手段"与"目的"往往成为历史人物评价的基本争议点。而按照道义论的自由主义政治伦理，每个个体都拥有基于正义的不可侵犯的价值，"这种不可侵犯性即使是以社会整体利益之名也不能逾越"[1]。道义论视道德本身具有内在不可替代的价值，功利主义则视道德为功利的函数和手段，就纯理论而言，二者各有其合理的立足点，这里无法展开来说。在此可以指出的是，凡是以小、大为辩的道德理由如欲成立，论者的"自我涉入"即俗所谓"以身作则"是一个重要的判据。进而言之，即使是有人自愿为大局做出牺牲，那也要以当事人的意志自由为前提，他者——不论是个体还是群体——并无将牺牲强加于人的道德权利。当然，这并

---

[1] 约翰·罗尔斯：《正义论》，何怀宏、何包钢、廖申白译，中国社会科学出版社 1988 年版，第 1 页。

不意味着在任何存在道义与功利冲突的地方,道义均具有无条件的优先性(如果是这样,问题就简单多了),但是,就道德底线如"人命关天"而言,道德原则理应优先于任何其他考虑。

"手段"与"目的"也是如此。一方面,手段是为目的服务的,因而是可替代从而非绝对的,比如,只要能达到某一目的地,可以采用各种交通工具,这里不涉及任何道德上的问题。但是,目的超越手段是有限制的,当涉及人的时候,虽然未必绝对一律不道德,但在道德上却具有高度敏感性,例如,以人为医学实验对象就是这样,在此,手段的卑鄙不可能由所谓高尚目的获得"正名",正因如此,康德才有"人是目的"的提法。手段—目的的特例涉及当下—未来的维度,其逻辑是,为了未来可以牺牲当下(为手段)。这里除了同样涉及一个"谁"的当下与未来即代际平等关系之外,还有一个实践风险问题。牺牲一时赢得未来诚然合理,但我们在这样想的时候要记住,当下的付出是确凿的成本,而未来的收益则未必如预期所示。"舍不得孩子套不了狼",诚然,且不论舍孩子套狼本身在道德上是否可欲,纯功利地说,舍了孩子就一定套得了狼吗?"舍了孩子引来更多的狼甚至是狮子"怎么办?所以,寄希望于未来从认知上说未必都是明智的。经验告诉我们,所谓未来不光是美好理想,也有可能是乌托邦,最坏的情况下直接就是"画饼"。

以功利等各种名义为低道德标准乃至否弃道德辩护在本质上是一种道德相对主义的观点,这种观点的一个典型表现,就是在道德问题上的"讨价还价",比如所谓道德评价的"几几开"的说法。按照这种说法,道德上的恶与善似乎可以通存通兑,今日之恶可以因昨日之善而获得宽宥。这种说法貌似公平、辩证,实质上则不啻是对道德价值的蔑视乃至消解。道德上有一重要的人格完整性原则，它要求我们注意事与人的区别：一个人一辈子做很多事。对具体的事而言，我们可以评价说哪些是好事，哪些是坏事；我们也可以开出一列清单，看一看在他所做的各种事中，好事占几成，坏事占几成。但对人的评价则不同。对人的评价涉及一条道德底线。这条底线决定了我们对此人的整体评价。所谓坏人，并不是指在他生平所做的一切事中，一件好事也没有，也不应该是坏事的比例超过了好事，而是指他做出了违犯道德底线的事，否则天下就差不多没有还能称得上坏人的人了。因为，在不触及根本善恶底线的层面上，一个人过去的作为对于我们判断他今日的行为诚然是会有影响的，但在涉及道德是非或对错的原则层面上，尤其是对历史人物评价上，这种道德上讨价还价的说法从轻里说是糊涂，从重里说是没天良。正因如此，英国保守党政论家塞西尔（Hugh Cecil）认为，不存在道德上的储蓄银行，否则，救人两命者不是就可以杀人一命而在道德存单上仍然是正数吗，这是多么荒谬的想法。当有人以某人也做过一些甚至很好的事为他的恶行辩护时，我们要反问的是，难道你见过永远做坏事的人吗？如果只有一件好事也没干过才算坏人，那世界上哪里有坏人？那好人也太容易当了。"不食子"就算是美德也掩盖不了"虎毒"。事实上，历史上的暴君差不多都是既做过些好事又做过大坏事，而且，大暴君之所以能做下大坏事有时恰恰是因为他们曾经做过好事，从而积累起了足够的资源和威望去做出别人做不到的大坏事。但坏事尤其是触碰到基本道德原则底线如"滥杀无辜"这样的事情，一旦做了就要被钉在历史的耻辱柱上，永无宽贷。道德的严正之处就在于"一票否决"，原则不能交易，只有这样，才能杜绝任何借口和乡愿，维护道德正义。对过去的罪恶辩解，就是对未来的罪恶纵容。除非我们坚持这样一种标准，造成这样一种舆论，让人们都知道，有些事是万万做不得的。一旦做了，不管你以前或以后还做过多少好事，你都永远洗刷不了历史罪人的耻辱，否则，我们便无异于认可了这种罪行的合法性，并为以后此类罪行的再次发生提供了危险的榜样。值得一提的是，善恶诚然不能简单相抵，但其间顺序大有讲究。我们说的道德价值不能储蓄说的是先善后恶的不可赦，反之，后善虽不能抹杀前恶，但却有救赎罪恶的意义。其间区别在于善恶的发展趋向不同，由恶入善显示向善的趋势，"浪子回头"值得鼓励。总之，历史中的道德判断既涉及伦理学基本理论问题，亦需要基于常识的慎思明辨。

在关于历史的道德论述中，还有一种所谓"恶是历史发展的推动力量"的说法，在不假思索和别有用心的人那里，这话和"无毒不丈夫"一样为恶行找到了某种合法的说辞，而这不论在事实上还是价值倾向上都是不成立的。

尽管"恶动力说"最初的思想萌芽至少可以追溯到马基雅维利的某些思想，但其较为明确的出处应该是恩格斯的下面一段话："在黑格尔那里，恶是历史发展的动力的表现形式。这里有双重意思，一方面，每一种新的进步都必然表现为对某一神圣事物的亵渎，另一方面，自从阶级对立产生以来，正是人的恶劣的情欲——贪欲和权势欲成了历史发展的杠杆，关于这方面，例如封建制度的和资产阶级制度的历史就是一个独一无二的持续不断的证明。"①很明显，在所谓"亵渎神圣"意义上的"恶"其实

---

① 恩格斯：《路德维希·费尔巴哈和德国古典哲学的终结》,《马克思恩

是反讽,而对作为"历史发展杠杆"的私欲,亦不可简单视为恶,这涉及对个人利益的正确理解,在这方面,亚当·斯密的见解是较为健全的。这不但是因为如斯密所言,自利由"看不见的手"即正常市场秩序的中介可以导出公益后果,并且因为自利动机在根基上就与以损人为特征的利己主义不同,在道德价值上是中性的。因此,尽管我们在一切恶行背后几乎都可以发现私欲,然而与此同时不应忘记,名利动机同样是众善之门。因此,由此并不能引申出严格意义上"恶"为进步动力的命题。

　　流俗"恶动力"观念的辩证之处在于,它包含着关于人类活动包括历史活动"非意向后果"的理解,因此,有时即便是从自私(恶)的动机出发,亦可能"歪打正着",导致"坏事变好事"的结果,比如常常被举的有两个例子,一是马克思曾说过的近代西方对东方社会如印度的殖民统治客观上改变了其落后状态,将新兴进步的东西带进后者,从而带动社会进步;二是黑格尔所称战争的积极意义:"这好比风的吹动防止湖水腐臭一样;持续的平静会使湖水发生相反的结果,正如持续的甚或永久的和平会使民族堕落。"[1]这两个例子共同之处是揭示了事物的复杂性,一个行动所产生的不但有其行为者的意向结果,还包含非意向结果乃至复杂的附带后果,其中可能就有意想之外的某些好处。在认识这类问题时,分清事实层面与价值层面是避免混乱的必要之举。在上述情况下,坏事与好事间也许存在事实上的因果关联,但它并

格斯选集》第四卷,第 237 页。

　　[1] 黑格尔:《法哲学原理》,范扬、张企泰译,商务印书馆 2011 年版,第 416 页。

不隐含好坏之间价值维度的改变，"歪打正着"是应该区分的两件事，前者是价值判断，后者是事实评价，我们不能因"歪打"而否认"正着"，更不能因"正着"而无视"歪打"，也就是说，我们不会因为坏事毕竟带来了好结果而视其为值得感谢的（好事）。事实（功利）与价值（道义）维度的界分对于我们理解"恶动力说"具有普遍的原则意义，我们在有条件地承认在特定意义上坏事可能也有（带来）好的（结果）一面的同时绝不意味着在道德上对恶妥协，即不把"恶动力说"视为对恶的承认乃至默许可以为恶的命题。就像"人不为己，天诛地灭"作为事实陈述和道德主张意义是不同的，前者揭示的是人生天地间，无利不立的生存事实，如果将之作为道德主张，则暗含自利是至高准则，鼓励一切以自利为轴心的意味，这显然是偏颇甚至邪恶的。

具体到上述两个例子，关于"殖民"的价值判断较"战争"远为复杂。就黑格尔所称战争在荡涤民族暮气方面的作用而论，战争并不是唯一具有此种功效的事物，更重要的是，一般说来，以战争破暮气显系弊大于利，本身并无何正面道义价值可言，以战争有消除和平环境下产生的某些弊端为由赞美战争，几乎就像因截肢正好去了香港脚或省了买鞋钱一样荒谬和不可理喻。相信事实上也不会有人为了这样的所谓好处而投入战争。

"殖民"的复杂性在于牵涉到更多的因素，未可骤然断之。一方面，殖民者与被殖民者之间肯定存在不平等的剥削与压迫关系，从而在一定程度上加剧了后者的苦难，这在道义上显然属于负面因素；另一方面，殖民总是发生在强弱民族之间，发达民族对弱小民族的殖民同时不可避免地会把先进的制度、观念、技术等带入殖民地，因此，长远来看，这对殖民地社会和经济发展起到了相当的推动作用,具有一定的历史进步性。在某种意义上,被动殖民和(向发达国家和地区)主动移民有相似之处,前者在某种意义上可以视为反向移民。说到这,有一种观念需要澄清,就是将外来统治无条件视为恶,其理由大致是"非我族类",必然祸害我辈。其实,统治问题的关键还真不在族别之类因素,正因如此,《共产党宣言》才有"工人没有祖国"之说。

即便在历史长程上殖民地在社会发展和人民生活方面和未被殖民的本国其他地区相比愈益显示出一定优势,但我们不应忘记,殖民早期被殖民者所受苦难往往高于收益,仔细分析起来,长期的利好结果是以短期被剥夺为代价的。此外,从动机来说,殖民者本身显然主要以本身利益而非以被殖民者福祉为念,加之殖民本质上是通过不平等条约等各种手段强加在弱小民族之上的,因此,其道德价值即便是考虑到上述实质利好结果的情况下亦不可作过高的估计,不过,其理由并非"非我族类"。总之,由于上述历史的道德评价的复杂性,尤其是考虑到这可能被人当作"无毒不丈夫"的借口,"恶是推动历史前进的力量"之类的提法最好少用。

历史中道德评价的复杂性还表现为分寸的把握,原则上我们都同意对人与事的评价应该恰如其分,勿枉勿纵,问题是,因为并不存在明确的标准,实际上我们往往难以确定何为苛求何为放纵,以致对同一人物及其行为,可能出现见仁见智、宽严不一的倾向,彼此在对方眼中不免或是被认为是求全责备,或被视为曲为之辩。从爱之深责之切的角度出发,我们不难想到存在更好的可能性,甚至可以实际举出更高的道德楷模。而主张对历史人物应做更宽容理解者则乐于强调人无完人,在特定条件下他已经比别人做得好得多了，饭要一口口吃，不可能一步到位，等等。责其不足者进而可能强调其缺乏足够的善良意志，而主张宽容者则倾向于以客观条件制约为之辩护。总之，在此不存在简单的方法程序统一判定不同倾向的是非曲直，需要我们就不同个案具体事物具体分析。从长远的观点看，我们应该可以期待大多数人的共识。

按照麦金太尔的观点，道德判断的功能包括表达我们的道德义愤或其他强烈的道德情感，表达道德命令或警告，给出建议，许可或表达个人所信奉的道德原则，等等。[①]这里所针对的似乎主要是个体，而历史的道德判断其实更重要的也许是针对制度而非个体，当然，制度与个体尤其是手握权柄者有十分直接的关系。如果将目光更多地转向制度而非个人，则道德义愤也许就不再显得那么突出。

如上所述，历史评价在史学中诚然应有其一席之地，但将之放到史学实践的总体框架中来考虑，应该说，史学最基本的学术属性毕竟是一门经验事实性的探究，而不是伦理学的一个分支，不是通过史料进行道德教育的工具。基于道德维度在人类生活世界的普遍存在，史学无法回避道德评价，因此，没有理由将之完全排除在史学之外，[②]不过，并非一切问题都有道德维度，需要做出道德评价。此外，史学作为一门独立学科，其自律要求不允许将伦理置于中心的位置，在这方面，阿克顿欲以道德评价为

---

① Adrian Oldfield, *Moral Judgements in History*, p. 272.

② R. F. Atkinson, *Knowledge and Explanation in History*, pp. 198, 199, 206.

史学的中心任务应该说代表的是他本人的一己之见,并且,其见解本质上属于一种比较古老的观点。因此,我们在强调道德视角在史学中的必要存在的同时,也应该承认其在史学领域中的次要性或边缘性,以免误导实践,出现本末倒置、喧宾夺主的情况。当然,在正确处理事实探求与价值评价的基础上,我们希望史学在满足我们的认知需求的同时能兼顾我们作为人类成员基本的正义感。

第四节　历史评价的对象层次

历史评价的对象在一般意义上泛指历史,但具体分析之下,则其对象是一个值得探讨的问题。例如,就道德评价而论,它是否可以施之于超个体的群体、社会?在方法论"个体主义"与"整体主义"理论争论的背景下,关于群体的评价是否最终可以归约到个体层次上,均有加以讨论的必要。

关于道德评价对于人类个体的适用性应是无可争议的,道德上将善恶正误归之于人意味着道德责任的归宿,而这进一步与人的行为动机相联系。无主观故意即无动机的行为,不论其后果给他人、社会带来怎样的祸福均不进入道德的视野,这已成为伦理学的常识。然而,我们以集合名词所指称的集体或社会没有动机,至少不是在人有动机同样的意义上有它自己的动机,而在道德判断中,动机却是至关重要的因素。虽然不表现为行为的纯粹动机未必是道德现象的充分条件,但动机却构成了道德评判"无之必不然"的必要条件,在原则上不存在动机的地方如自然界是没有道德可言的,生物学意义上的人类成员当其丧失精神能力时其行为亦无道德乃至法律属性。

自然固然不可言动机，但是，对于由人所组成的社会，情况就复杂一些。在特定社会动员状态下，领导者的动机可能以某种方式占据大众的头脑，在"统一意志、统一行动"的情况下，社会仿佛获得了某种动机，但是，这只不过是特定情况下放大了的个体动机。在社会科学研究中长期存在着所谓方法论个体主义与整体主义之争，前者认为，只有个体才是最终和独立的真正实体，而社会整体或结构仅仅是来自于其个体的组合，因此，社会行为、社会整体现象必须被还原到个体层面才可以得到根本的解释。相反，整体主义则持与个体主义对立的反还原论主张，认为社会本身就是独立完整的存在，有其超出其组成个体之上的总体特性或规律，必须在整体水平上被思考和理解。①与本节讨论有关的是，至少在一些情况下，社会现象的确可以且应该被归约到个体层面得到解释，例如在经济学中，基于关于个体行为的"经济人"假定，自由市场经济的活力、其对于计划经济在资源配置上的有效性皆可以得到明晰的解释。②这样，对社会的道德评价最终仍然与个体有关，群体是由于其与个体的关系而在引申的意义上成为"人"并在法律和道德上按人那样被对待的，对团体责任的追究最终其实仍是落在个体身上的。正如阿特金森所说，只有当集体责任可归约为构成它的成员的责任，集体的责任才成为

---

① 布宁、余纪元编著:《西方哲学英汉对照辞典》，"方法论个体主义"及"方法论集体主义"词条。

② 参看周建漳:《"道德人"——计划经济行为主体的制度假设分析》，《中国社会科学季刊》(香港)，1997年夏季卷。

可能。① 由此可见，以历史人物的个人动机说明历史现象诚然是简单化的，但其中却包含着对个体与群体、社会关系的某种合理的直观。

在个体主义理论逻辑奏效之处，我们对社会现象的道德评价可以由其个体基础加以解释。但是，社会现象是否均可能通过归约的程序在个体层面得到解释，这正是整体主义质疑个体主义的地方。如果说微观经济学背后是方法论个体主义的假设的话，那么，宏观经济学恰恰为整体主义提供了理论支持，例如，各种经济周期现象据认为就无法用个体行为及其算术加和加以说明。像生产关系这样的社会结构也无法还原为任何个人动机或行为的产物。就关于历史的道德评价而论，如果说我们对自然也许有抱怨，却从来无谴责，但面对宏观社会层面上群体行为及其历史后果，我们在事实上通常诉诸道德。从法律上看，团体、组织被视为"法人"，具有法律责任。所有这些说明了什么？笔者认为，人们对社会现象、人们社会行为的道德反应主要是基于其成因及后果对我们的利害关系确定的。就成因而论，社会制度、社会规范的病态乃至缺失最终是特定"法人"作为或不作为的产物，因此，虽然其伦理评价的行为主体不像在个体情况下那么明确，但其与特定人物如政客、官员之间的最终关联逻辑上是明确无误的，可以理解为人祸，因此，我们对天灾只有科学态度没有道德立场，而对社会性灾难则不仅要客观研究其成因，亦有权表达合理的道德愤怒。在结果的层面上，自然现象显然也对我们有利或

---

① R. F. Atkinson, *Knowledge and Explanation in History*, p. 200.

有害的影响，但由于它本身①的非人为性，我们对之通常不必亦
不会产生道德反应，而社会毕竟由人组成，由于社会间接地具有
某种道德属性。我们对体制及普遍社会现象的道德谴责或赞扬不
但在道德上是有的放矢，即在效果上亦因可能反过来影响相关
"法人"的行为从而最终在实践上是有用的，从而我们对之做出
道德上的反应不但是真实的而且甚至可以说也是正确的。不
过，无论如何，道德原本是与有自主行为能力的自然人个体直接
相关的，由其行为动机及其后果的善恶而决定的。在超个体层面
上，我们对社会的道德要求与谴责归根结底仍然会落实到特定相
关责任人。当然，由于社会制度与现象复杂的成因乃至历史因
素，某种社会制度或现象的产生也许并非任何人主观故意的直接
结果，在这种情况下，由于动机这一道德要件的缺失，或者说导
致形成特定社会状况的行为因果链条极其复杂，此际我们的道德
评价容易产生对象模糊，这种情况最典型的例子是作为结构性社
会现象的官员贪腐。在贪腐官员个体层面上，道德责任固然是清
晰的，但在制度层面上，的确腐败现象本身并非任何制度设计的
有意结果。然而，结构性而非个别性的腐败现象毕竟与特定的制
度安排脱不开干系，其中众所周知的就是权力监督机制的缺
位，而后者又与政治权力的垄断有不可分割的关系，至此，我们
看到，在复杂的因果链条的某一处，终归要有某种体制因素要为
腐败负责，而后者显然并非无心之果，而是包含特定用意的制度

---

① 事实上天灾与人祸往往有不可分割的关系，如现代社会条件下大规模
饥荒的发生肯定与政府政策如"大跃进"之类有关，甚至地震、洪涝这样的
自然灾害亦与蓄水大坝等人为因素有关。但在理论抽象的层面上，我们可以
将天灾与人祸区分开来考虑。

安排的结果，而这就是我们道德义愤的合理对象，成为我们对特定社会制度提出道德要求以及区分不同制度道义性的正当理由。

与历史评价的对象层次相关的是，在此所针对的应该是公德而非私德，虽然必须承认，二者之间存在着某种内在关联，如私德方面的缺陷如心胸狭隘在公共领域中往往会表现为妒贤嫉能，私欲过重者在重大历史选择关口难以以国家、民族大义为重。不过，即便如此，我们在此所关注的仍然是公德之恶而非私德之亏。公德与私德从概念上说是指分别表现在私人与公共领域的德行状况，由于所涉及领域等的不同，私德与公德两歧是经常发生的，比如，慈父与暴君集于一身并不罕见，细行不检者在大节上却忠贞不渝，就像汉高祖不能齐家，但在治国方面却为明君。总之，私德与公德间并无必然联系，因此，我们在评价历史人物时应严守二者分际，尤其值得注意的是，不以私德为历史人物道德评价的说辞或辩护。

第五节　历史进步问题

关于人类历史整体上是否呈现为愈益进步或退步的总趋势的问题属于价值判断的范畴，历史学家常常对历史中人和事的事功或道义作出具体的历史评价，以历史整体为对象的思考及评价则往往属于历史哲学或史学理论的论题。在广义上，这仍然属于历史评价的范围。

从哲学上探讨问题，首先要从概念的界定入手。什么是进步？历史在定义上就是变异，但单纯的变化、增长乃至发展都不等于进步，要点是，"进步明显地是一个价值概念"。[1]因此，历史进步是在时间箭头上进一步加上目标指向的发展变化。在逻辑上，关于历史进步事实上包括三种可能，即人类在历史进程中愈益趋向理想完美（进步）还是日趋堕落（退步），在这两者之外还存在第三种可能性，即人类社会在历史中并不存在实质性的绝对前进或倒退，而是处于得失互见，祸福相依的恒常状态（循环）。依康德在《重提这个问题：人类是在不断朝着改善前进吗？》一文中的概括，这三种观点分别代表"恐怖主义""幸福主义"和"阿布德拉主义"。[2]进步论的观点代表近代西方自启蒙运动以来较为盛行的关于人类前景的乐观主义看法，举其要者，杜尔阁（Anne Robert Jacques Turgot）、孔多塞（Antoine Condorcet）以及圣西门、孔德、康德、黑格尔包括马克思可以说都是明确的历史进步论者，前二者的著作《论人类理性的持续进步》(1750)、《人类精神进步史表纲要》(1794) 在书名上就表明了其立场。关于普遍进步(或退步)的观念乃是现代性的产物。[3]在经验基础上，它是人们对有史以来这一最为深刻社会变迁的正面反映，而 1859 年达尔文发表于《物种起源》一书中天才的进化论观点则为历史进步提供了直接的观念支持。在现代社会中，"现代"与"进步"几乎是同义词，因而，一般民众心目中大致都有一幅未经反思却并不含糊的历史进步图表。有趣的是，关于历史退步的观点

① 冯·赖特：《进步的神话》，见氏著《知识之树》，陈波编选，生活·读书·新知三联书店 2003 年版，第 63 页。

② 康德：《康德历史哲学论文集》，李明辉译，台湾联经出版社 2002 年版，第 235 页。

③ Ágnes Heller, *A Theory of History*, p. 299.

似乎往往在古代社会有一定的地盘，①我们在孔子尤其是老子的思想中可以明确看到认为人类社会今不如昔的观点。在现代背景下，对历史总体意义及进步的质疑，对人类历史前景的悲观看法在则知识分子中有更多的市场，斯宾格勒《西方的没落》大概是其中最广为人知的一部著作。在胡塞尔关于当代"欧洲科学的危机"的论断和海德格尔关于"存在的遗忘"的疾呼中，我们亦不难嗅到一股对文明状态如果说不是完全悲观，至少也是忧心忡忡的气息。在关于进步的理解上，本雅明借克利的《新天使》一画描绘的关于"历史天使"的著名隐喻尤为值得注意。克利的画中是一个"观看着的天使，好像他打算从他凝神注视的什么东西上离开……这就是人们所画的历史的天使。""他的脸对着过去，在一连串事件呈现在我们面前的地方，他看到的只是一场灾难，残骸碎片摞着残骸碎片，抛在他的面前。天使想停下来，唤醒死去的人，把已经撞得粉碎的世界粘到一起。但是一阵狂风正从天堂吹来；……这阵狂风不可抗拒地把他刮向他背对着的未来，而他前面的废墟向上越堆越高。我们称为进步的就是这场风暴。"②在这里，进步在历史中留给人的只是废墟，天使属意于过去，但却身不由己地被天堂吹来的进步之风裹挟着背身倒向未来，从而进步即倒退。对进步的嘲讽与人在此中的百般无奈跃然纸上。因此，卡西尔认为，"与其随便天真地满足于对进步的信仰，哲学不单要问这假想中的所谓'进步'的目的是否可以达

① R. F. Atkinson, *Knowledge and Explanation in History*, p. 210.

② 本雅明：《论历史哲学》，孙冰编：《本雅明：作品与画像》，文汇出版社1999年版，第141—142页。

到，而且必须询问此一信仰是否值得去追求"①。

关于历史进步、退步或原地踏步的看法均可以举出有利于自己观点的证据，进步论者最爱举的就是科技文明可测度的成果及其给社会带来的经济繁荣、给我们生活带来的各种便利，然而，与此同时我们不应忘记，"人类为了要征服自然世界而发明的科学技术结果倒戈指向于人类。科技不单构成人类存在的日益严重的自我疏离，而且终于造成人类存在之自我丧失……从这一观点看来，科技文明的每一种完满成就都是而且都将会如假包换地是一份诡诈不祥的礼物"。②而且，科技进步的结果无非让战争结果更惨烈，想想广岛、奥斯维辛集中营和古拉格群岛这些发生在 20世纪的非人道残忍现象，如果历史是进步的，这些又如何解释？看来，如果将思维局限在某种历史"功过格"式的经验模式中，则人类历史永远在所谓"历史主义与伦理主义的二律背反中悲苦前行而无以逃避"③似不失为平实的说法。从理论思考的角度看，关于历史进步问题重要的不是各说各话地列举不同事实，而是对在此背后的思想观念与思想方法加以分析，对这些观念与方法的揭示和梳理如果说未必就足以在这个问题上得出确定的结论，但至少有助于澄清问题，消除思想混乱。

上述关于历史评价不同观点共同具有的总体性特征是一目了然的，然而，关于历史的任何总体判断都必须直面知识与价值两方面的困难。

---

① 恩斯特·卡西尔：《人文科学的逻辑》，第 44 页。

② 恩斯特·卡西尔：《人文科学的逻辑》，第 44 页。

③ 李泽厚：《世纪新梦》，安徽文艺出版社 1998 年版，第 55 页。

　　在知识上，历史作为总体在严格意义上对任一时代的任何人来说都是不存在的，因为历史并未终结。在价值方面，历史进步抑或退步从来不是一个简单的事实问题，而是包含某种价值取向的思想判断。在此，历史进步以时间为背景，依某一价值参照如人类状况、精神发展、历史目的乃至终极理想定位。但是，正如维特根斯坦所指出的，世界的总体意义必定在世界之外，历史的总体意义亦然，而这样的意义势必是人类这样一种始终在时间和历史中的生物所无从确知即无以证实或证伪的。"选择某种关于进步的指标并以之为标尺在不同文明中测度总体进步意味着为我们置身的绝对地位辩护，这种地位实质上乃上帝的位置。这样，我们将自己置于历史之外，尽管我们无权这么做，因为我们就是历史。这一点对于退步及永恒循环同样正确。"[1]作为此种观点的支持者，阿特金森认为，在超出具体时空的整体历史规模上历史评价必定遭遇大量问题，从而"关于历史进步或退步的整体想法不过是乐观主义或悲观主义间的主观选择"[2]。

　　在历史总体的严格意义上，上述观点是值得重视的。但是，由评价的总体性引出的问题也许并不如他们可能以为的那样严重。因为，这一问题似乎可以通过在对迄今为止人类全部过去的归纳的基础上进一步地合理推论加以处理，也就是说，历史总体可以通过既往全部历史所表现出来的基本趋势的合理外推间接获知。在此，历史总体被替换为迄今为止人类的全部过去（过去总体），如果说我们从迄今为止的人类历史发展中看出了例如上

[1] Ágnes Heller, *A Theory of History*, p. 300.

[2] R. F. Atkinson, *Knowledge and Explanation in History*, p. 218.

帝的神意或某种理性计划的迹象,那么,我们不必等到最后审判到来才觉悟。事实上,不论是否被意识到,人们关于历史的整体性评价正是也只能是如此得出的。现在,关键是我们凭什么对迄今为止的人类历史的发展做出判断? 换言之,进步或退步的判定有无标准,标准是什么?

在一般意义上,人类历史进程或人类在历史进程中不断趋于进步似乎是不证自明的,从远古走到今天,人类的精神世界与社会组织较过去远为繁复、精致与发达,人类在精神与物质力量乃至生活水平上与哪怕是与几十年前相比均有着显著的差别,借用奥运的口号,我们在各方面难道不正是"更快、更高、更强"了吗? 支撑这一观点的其实是某种关于文明的累积性意向,即人类文明就像是登山,一代代人总是在前人已有的基础上更上层楼,于是,进步就在其中。在此,柯林武德提出了一个测度进步很有意思的标准:如果人类在某一方面"有所得而并没有任何相应的所失,那么就存在着进步。但如果有任何所失的话,那么得失相权衡的问题就是无法解决的"[1]。依此标准加以分析,在他看来,在科学、哲学和宗教中,进步至少在原则上是可能的,至于进步"是否在实际上已经出现",在他看来"则是历史思想所要回答的问题"[2]。反之,在艺术、道德及人类幸福等方面,柯氏对进步持相当怀疑乃至断然否定的态度。并且认为,"按照这个定义,要问任何一个历史时期作为一个整体而言是不是表明了自

---

① 柯林武德:《历史的观念(增补版)》,第 373 页。

② 柯林武德:《历史的观念(增补版)》,第 377 页。

己超越其前人的进步，这种提问就是废话了"①。

柯林武德关于进步的分析有两点值得注意，一是他以文明的"得"或"失"为判断进步的标准；二是他对进步采取分而论之的立场，这同时意味着我们无法在总体上谈论进步问题。

在得失计较上，柯氏强调"得"是纯粹的，即不能包含"失"，因为在得与失之间难以作出比较，权衡出一个综合的结论，尤其当得常常以失为条件。这里其实包含着他对于得失较为深刻的某种洞察（在以下的分析中我们将涉及得失难以权衡这一问题）。但是，总的说来，所谓得和失缺乏严格的规定，其内涵不够清晰。在我看来，离开对人的根本理解，不以人类某种基本价值为参照，进步其实是说不清楚的。

至于进步的局部确定，持这种观点的不止柯林武德一人，阿特金森对历史进步的分析亦循此理路。②放眼人类事务的不同领域，我们的确看到可以其发展的不平衡性，例如，在科学以及技术方面我们确乎可以看到认识步步为营的增长，包括科学问题的确定解决，许多过去的问题被科学发展远远抛在身后。在这些领域中，古老的东西或古人除了在不数典忘祖的礼貌意义外没有实质性的地位，就从一个侧面反映了这一点。反之，在艺术和哲学上我们似乎从未真正解决过什么问题，因而，谁能说今天的东西就比过去的强？谁能不尊重老子、柏拉图、达·芬奇和罗丹？谁学书法可以不从古帖临起且不是终生都要与之为伍？然而，深入分析上述论述就会发现，在进步问题上，上述不同领域的区别所

---

① 柯林武德:《历史的观念（增补版）》，第 373—374 页。

② R. F. Atkinson, *Knowledge and Explanation in History*, pp. 210-217.

在,其实只是发展的可判定性或易判定性,尚未触及进步本身。在科学与例如哲学乃至人性方面,我们在前者中可以明确看到某种姑且说是上升的轨迹,而在后者中是否存在上升则难以确定。然而,再重复一遍,发展的可判定性并不等于进步。真正意义上的进步不只是发展,它是一定目标参照下的正向发展或加上正向价值箭头的发展。在此,所谓进步的局部不平衡性其实是在某种横向比较的意义上成立的局部易判定性,从而只具有相对性的意义。而离开某种纵向绝对的价值目标并以此为定向坐标,所谓得失其实是无从说起的。在非价值的尺度上,我们也许可以说某一事物的愈益复杂、丰富乃至高级、完善,但我们是否真的知道这是一种进步即这意味着更好? 打个比方,当我们不知道要去到何方,我们固然知道已不停地走了不少路,但却不能说更接近某一处。焉知我们不是迷失在林中? 依照这一思路,包括科学中是否存在真正的进步亦属可疑。在当代科学哲学家波普尔看来,科学理论的发展不是一个在不断证实基础上的累积性过程,而是一个在不断证否中演变的状态;尤其是按照另一位科学哲学家库恩的观点,科学史上所发生的"科学革命"不过是不同范式间的非理性更替,在这种进展中并不存在对所谓客观实在的不断趋近。

一旦聚焦于价值维度,人类在历史中的进步更显出扑朔迷离的面相。就历史事实论,我们固然看到人类自身能力的增强,然而,力量的增强是双刃剑,我们在握有事实上已足以消除一切形式的贫困的力量的同时,亦拥有着足以摧毁人类自身、将地球毁灭数次的核武器。如果说以启蒙为标志的现代性思潮曾对历史进步深具信心,那么,在经历了从广岛"蘑菇云"、纳粹"奥斯维辛"到"古拉格群岛"和柬埔寨接二连三的大屠杀,人类关于历史进步的乐观主义信念于数个世纪风风雨雨之后早已锈迹斑斑，今日西方风头正劲的后现代主义在一定程度上即代表了人们在惨痛历史经验之后的"启蒙梦醒"。人类在精神文明（道德、人性等）与物质文明方面可辨认的发展未必存在着同步性；即使是物质技术方面的进展是否让人类比如说更幸福、更有尊严或更自由，均为不可知之数。

根据澳籍华裔福利经济学家黄有光的观点，在伴随经济增长而来的富裕状态中，人类幸福指数未必有显著的增长。[①]因为幸福在很大程度上是一个相对的概念。打个比方，当别人还没有小汽车时，拥有小汽车可以让人有幸福感，而当大多数人都拥有小车时，只有"宝马""奔驰"能让人继续保持幸福感。进而，幸福可能系于游艇、私人飞机……总之，和一切其他消费品一样，幸福也是具有边际效应的。经济增长带来的普遍福利在快乐方面会因水涨船高而被抵消。就个体自身而言，幸福一方面永无满足之时，郑钧的歌里唱道："幸福总是可望不可及／我什么时候才能够满意／能够得到你？"另一方面，不同的人不同时期不同内容的幸福之间是不可比的，正如我们在把窝窝头给饥肠难耐的乞丐带来的满足，和把燕窝、鱼翅给百万富翁带来的满足间无可比较。可以证明，不但幸福，自由、尊严等大致亦如此。总之，幸福，不论是以快乐还是以其他为内容，其唯一可判定的意义也许是特定不幸的消除，问题是借用托尔斯泰的话说，不同时代不同的人各有各的不幸。如果说古代人更多受制于物质匮乏所带来的

---

① 黄有光：《经济增长能否增加快乐？》，载氏著《经济与快乐》，东北财经大学出版社 2000 年版，第 85—96 页。

饥馑之苦，现代人于衣食无虞之际却备受食品安全以及由营养过剩带来的"富贵病"之苦，在交通便利的同时更为繁忙，感受到更多的孤独和冷漠等层出不穷的痛苦，永远无法达到所谓"万般齐备的极乐"。极具指标意义和讽刺意味的是，从来没有一个时代在精神病和自杀率方面达到现代社会的水平。正因如此，现代人于满足种种古人所不能满足的欲望的同时是否更幸福是一个不可解的问题。综上所述，我们的全部讨论也许可以被概括为：可判定的未必是有意义（价值）的，而有意义的则其进步与否无可判定。

与相对性相关，在某种绝对价值背景下，即使局部可判定的历史进步在终极意义上亦可能失重。比如，即使在道德、社会等方面可以观察到人类文明程度的提高，可是，无论如何这种改进终是有限的，人类永远不能成为天使，人间永无成为天堂之日。相对而言，人类在抗御疾病方面似乎存在着明显的进展，多少过去的不治之症今天已经有了特效药或根治方法，然而，从全局上看，医学水平的发展与新的不治之症的产生间似乎存在着同步性，不治之症永远有，永远有人甚至有相同比例的人成为它的牺牲品，区别只是肺结核与肺癌名目不同的花样翻新。或曰，人类平均寿命的增长总是不争的事实，这应该可以被记为正向的发展。然而，若就人终有一死而论，则人寿的相对增长亦无绝对意义。并且，单纯活得长本身未必就等于更有价值。总之，关于意义或价值的绝对性预设实际上正是循环论背后基本的思想逻辑，在日常的层面上，这种思考有过于极端之嫌，但在终极意义上，这样一种理路亦未必毫无道理。各种宗教作为终极关怀的信仰体系均与关于终极价值的追求有关，而循环论则是非宗教背景下涉及价值的形上层面的思考，至少在这一点上，它有其固有的思想价值。

令历史进步难以确定的另一原因，就是我们在各个方面的所得与所失不但难以比较，并且可能相互依存，这样的例子俯拾皆是。现代经济体系在给人带来前所未有便利的同时增加了我们的生活压力，降低了许多传统生活用品的内在品质（快餐炸鸡和真正的农家鸡怎么能比！）；政治方面，当民主成为现实，其作为专制对立面在道义上所具有的无条件的善被人与人之间利益博弈的游戏规则所替代，多数决定不合理的一面遂凸显出来；艺术方面，电视等媒体的出现在令文化成为商品的同时大大败坏了人的文化品味，"在《一九八四》中，人们不堪专制之苦，而在《美丽新世界》中，人们由于享乐失去了自由"[①]。总之，正如《世界范围内的反现代化思潮》的作者艾恺所总结的那样："现代化是一个古典意义的悲剧，它带来的每一个利益都要求人类付出对他们仍有价值的其他东西作为代价。"[②]本雅明说："关于文明的记录同时都是关于野蛮的记录。"[③]文学家张爱玲以更为生动的语言意象表达了同样的意思："生命是一袭华美的袍，爬满了虱子。"[④]在此，文明发展和作为个体的人的成长历程也许不无可比

[①] 尼尔·波兹曼：《娱乐至死》，章艳、吴燕莚译，广西师范大学出版社2009年版，第4页。

[②] 艾恺：《世界范围内的反现代化思潮——论文化守成主义》，贵州人民出版社1991年版，第212页。

[③] 转引自斯维特兰娜·博伊姆：《怀旧的未来》，杨德友译，译林出版社2010年版，第35页。

[④] 张爱玲：《天才梦》，见来凤仪编：《张爱玲散文全编》，第3页。

之处，我们的成长、成熟的代价就是纯真与无忧无虑的消失，更极端地说，成长与死亡走的是同一条路。因此，依前述柯林武德提出的关于进步的得失测度，进步是不存在的，同理，其反命题则是，退步同样是不可能的：如果退步是成立的，那人类终有一天会毁灭，这一点至少现在是看不出来的。由此看来，循环论在终极意义上不失为关于人类历史发展的平实之论。循环论不是认为社会永远原地踏步绕圈子，而是在摒弃绝对进步或退步观念后对社会变化的承认。

历史进步观的心理根源，是由于历史反思总是以现在为中心导致的对过去的优越感，进步总是以代际联系为前提，并且天然包含着 "新旧、古今"的代际不平等的逻辑。而根据以上的讨论，这样一种优越感实际上是无法证明的。"将我们的现在看成历史的'曙光'或'顶峰'同样是无效的，且可能导致对创伤、对当下的痛苦以及对灾难无动于衷。"①在后现代主义或者说"启蒙梦醒"的今天，进步主义观念应该说不再像 19 世纪那么风行。或曰，对进步的否定或退步论也许会被认为是一种消极乃至颓废的观点，其实不然。如果世界正是如此，则对它的如实认识本身与积极与消极无涉。总体、终极意义的不在场推不出局部、具体意义的缺失，正如"上帝死了"并不等于人的末日。事实上，认识到在根本上说人类历史并不是趋赴某一价值目标的专列并不会让我们放弃旅行，相反，它倒可以让人实在地欣赏过程。人生的形上终极意义难以证明，但这并不妨碍人以自己的方式赋予其以特定的意义，以各种有意义的方式度过自己的一生。相反，"鄙

---

① Ágnes Heller, *A Theory of History*, p. 46.

视现在，迷信未来"，一心一意趋赴某一"美丽新世界"适足以毁坏我们的当下生活。以某种基督教终末论及其世俗版本的进步观看待历史，则各个历史发展阶段往往被视为趋赴某一终极目标的过渡性环节，本身缺乏独立的价值意义，于是可能成为"过河拆桥"逻辑的牺牲品。每一代人平凡但真实的生活都可能被供奉于迟迟未能降临的理想王国的祭坛，正所谓那使人间成为地狱的恰恰是人想将之建成天堂的良好愿望。因此，还是德国 19 世纪历史学家赫尔德及兰克的历史观来得健全。对赫氏来说，"历史地思考现在就意味着，承认每一时期都具有它自身存在的权利，甚而具有它自己的完美性"。而兰克则认为，"一切时期和一切历史现象在上帝面前都具有同样的权利"。[1]因此，"关于未来富足的想象不能为当下的饥馑辩护，将来的自由不能为现在的压迫辩护"[2]。

　　然而，话又说回来了，如果否认人类生活中进步与落后的存在，如果将"太阳底下没有新事"之类的历史循环认奉为信条，那对全部人类及其一代代的个体来说，由相对主义导致的虚无主义如何避免？生活乃至任何努力的意义何在？在社会存在层面上，我们对于社会阴暗、腐朽的批判与抗争以及对更为合理的社会制度的期望何以成立？赫勒说得好："拒绝乌托邦也就是对'好的生活'的拒绝，是让人类听凭工具理性的摆布；任凭那些追逐物质和权力欲的主宰者和独裁者的支配。"[3]在此，进步观念作为

① 伽达默尔：《真理与方法》上卷，第 259、272 页。

② Ágnes Heller, *A Theory of History*, p. 47.

③ Ágnes Heller, *A Theory of History*, p. 327.

理想蕴涵着一个价值上"应当"的维度，这为我们对现实的不满与批判提供了正当的道义根据，乌托邦因此成为需要。此中的辩证法在北岛的诗句中得到很好的表达："被理性所肯定的梦境是实在的，正如被死亡所肯定的爱情。如果你不信，它只是正在塌陷的雪人。星星是见证。"①因此，我们应该像另一位诗人食指在"文革"中说的那样"相信未来"："当蜘蛛网无情地查封了我的炉台，当灰烬的余烟叹息着贫困的悲哀，我依然固执地铺平失望的灰烬，用美丽的雪花写下：相信未来。"

相信未来，而未来在现在的脚下。在此，追求完美其实未必坐实为对完美的追求，它只是对现状不满而已。此外，在事实层面上，不同社会制度的优劣和进步与落后的差别毕竟是客观存在的，换言之，虽然不存在绝对完美的制度，但好制度和坏制度之间的根本差别对每个"用脚投票"或是"用枪说话"的民众来说是毋庸置疑的。因此，与肤浅的乐观主义相比，沮丧的虚无主义或者相对主义并不更为高明、可欲。

那么，我们对历史进步究竟应该采取什么的理论立场？首先，在方法论上，应该清楚地意识到进步论是以无限线性的时间观为根基的，这样，进步总是在远方，需要在未来某一时刻实现。这种观念在表面积极的背后包含非常消极的一面，它导致对现实的虚无主义态度。按本雅明的观点，真正的历史唯物主义应该时刻准备停止时间，这正是革命追求的。"这些革命一向都是以时间的终止和年代的中断来体验的。"革命"不是从千年至福

---

① 北岛:《见证》,《北岛诗选》,新世纪出版社 1986 年版,第 45—46 页。

的时刻，而是在现在摆脱时间的束缚"。[①]正如在犹太教的救世时间中，"未来的每一秒都有一扇小门，弥赛亚可以穿过它进来"[②]。

其次，是摆脱绝对主义的思维方式，这不但是由于绝对主义是导致进步无以言说的症结所在，并且它本身与虚无主义一脉相通。关于进步的绝对主义观点固然没有根据，在相反的方向上，否定任何进步从而否认差别的绝对主义同样站不停脚。换言之，我们不应对历史进步作终极、绝对的理解，但却应该确立以对当下不满的消除为目标的具体的进步观，即对历史进步应该取一种相对性或者说否定性的理解。绝对的即纯粹、完美的状态不论对人还是对社会来说都是不存在的，但是，在比较的意义上，事物之间的优劣是完全成立的，比如，人均寿命的提高当然不等于长生不老，但仍然为人所共欲的正面价值；自由、民主诚然和太阳一样都有自身的黑点，然而，与专制、独裁相比，亦具有不言而喻、无与伦比的道义正当性与事实优越性。因此，由前一状态到后一状态的发展无疑是进步的。所谓进步的否定性理解或套用伯林(Isaiah Berlin)自由概念的"消极进步"，是指在对落后的否定的意义上的进步。以幸福为例，纯粹的幸福或者说极乐本身是没法界定的，现实的幸福均表现为对痛苦的消除，正如现实的无限永远只存在于对有限的突破中。

其次，社会总体层面上的进步在事实上无以确立，但这并不意味着进步是无意义的幻影，我们不妨将之视为我们所需要的某

---

① 吉奥乔·阿甘本：《幼年与历史：经验的毁灭》，尹星译，陈永国校，河南大学出版社2011年版，第100页。

② 本雅明：《本雅明：作品与画像》，第151页。

种合理的乌托邦。在社会总体进程的意义上，进步非社会历史的本然事实，然而，正是由于人类有了进步理念，进步于是成为可欲的目标乃至现实。[①]当然，这不是类似于基督教中由上帝应许的"千年王国"式的乌托邦，用康德的话说，进步之为理念不是"构成性"的，而是"规范性"的。它类似于地平线，我们永远不会实际走到它，但它的存在却是我们界定方位与方向的基本参照。如果说进步之为社会理想表明的是"理应如此"（ought to be）的理想，这一理想要求我们的是"应该这样"的行动（ought to do）。[②]在这一意义上，针对现实不满或不足而来的社会现实的改善与人生的改进中就是对进步乌托邦的趋近和落实。总之，绝对、终极意义上的进步是不成立的，但这并不妨碍我们坚持关于人类进步的乌托邦信仰，而落实到实践中，所应采取的就是脚踏实地地改变不合理现状的努力。这样，既可以避免虚幻进步主义之惑，又不至于陷入消极悲观之中。用赖特的话说，"放弃把进步当作历史必然性来信仰，并不是放弃把进步当作任务来努力"。[③]具体而言，康德关于人类"良久和平"[④]的理想比起其他世俗千年至福王国的乌托邦理想远具有真实性和可能性。在各民族内部公共生活充分理性化，诉诸道义而非暴力成为基本游戏规则的前提下，国际范围内以武力解决争端不再具有任何合法性必定是可以实现的，虽然，一个没有战争的世界仍然不等于人间天堂，但其进步意义则是毋庸置疑的。

---

① "进步是理念，从而是实在。" Ágnes Heller, *A Theory of History*, p. 302.

② Ágnes Heller, *A Theory of History*, p. 310.

③ 冯·赖特：《知识之树》，第 86 页。

④ 康德：《论永久和平——一项哲学性规划》，《康德历史哲学论文集》。

　　最后有必要指出的是，进步作为社会理想并不具有究竟至极的价值，尽管在个体与群体或社会的现实关系上，个体并不具有先验的优先性。也就是说，在个人利益与社会公共利益之间，个人利益并非凌驾于集体利益的至高利益，但是在终极价值尺度上，人而非社会具有绝对的上位性：任何美好社会理想的目的和判定只能是"为了"(for the sake of) 个体的自由、平等与幸福，反之，后者作为目的 (end) 绝不再是"为了"任何美好的社会目标；换言之，社会的善绝不"止于"自身，相反，个体的善则是止于自身、自为自足的。不仅如此，在社会与个体之间，前者只能为个体自身价值的实现提供相对而言丰富的可能性和公平正义的条件，但理想社会并不等于理想人生的自动实现。因为，价值其实是一个比较性概念，这决定了价值依定义永远是稀缺的，没有稀缺就没有价值。生命大概可以说是人最宝贵的东西，在不可或缺的否定意义上，空气、水和食物在正常生命的维持上依次处于由高到低的价值位置上，然而，由于稀缺性的不同，现实中它们的价值排序正好是倒过来的。即便基本生活资料的"涌流"可以在很大程度上让"各取所需"成为现实，但在此基础上永远有无法让人人的愿望都得到满足的情况，比如，两个人以上对"冠军"的需求就永远无法满足，因为这种东西的存在本身以排他性为条件，而类似这样的排他性需求还可以举出很多，例如，对某一艺术品的占有，对某人的爱情的渴望，某一荣誉的获得，都是如此。因此，正像有人所说的那样，"我们应当追求公平的制度，我们不可奢望公平的人生"。反过来说，在任何社会制度下个人都可能追求某种有价值的人生，只不过，有些社会可能阻碍了人追求某种理想的可能性，让人生选择的可能性变得相当狭窄甚至唯一，如"苟全性命于乱世"，或是限制了众人选择其理想的普遍性。在此，总是感叹"生不逢时"的人往往是那种永远不会"长风破浪会有时"的人。

由于社会在价值维度上的非终极性，为了任何社会理想——不论其为虚幻或是真实——而以人为工具，都是缺乏根本道义性的。正是因为这一点，甘愿牺牲自己为社会正义献身者显示了人性中十分高贵的一面，但这并不意味着他人或社会有权利将牺牲加诸个体之上。或曰这只是从道义论出发的说法，如果从功利主义的得失计算出发，以个体为社会工具是否就具有道德上的正当性呢？"拔一毛利天下而不为"未免也太自私了吧。道义论与功利主义在这一问题上可能的思想分歧显然非三言两语可以解决，但有一点是可以提出来讨论的，即这种要求个体牺牲的功利主义观点似乎有对人不对己之嫌，因为，如果以此要求自己，这种立场是否可以具有康德所说的可普遍性就成了问题，尤其是当这种牺牲的代价对个体来说相当沉重的时候更是如此。进而，个体舍生取义的道义可欲性乃至崇高性并不单纯基于其对社会目标实现的功利价值，更在于这是其所选择的可欲人生价值目标，其意义最终仍系于个体。

推荐阅读书目

✧ 康德：《重提这个问题：人类是在不断朝着改善前进吗？》，《历史理性批判文集》，何兆武译，商务印书馆1997年版。该书有台湾联经版李明辉译本《康德历史哲学文集》，可资参照。

✧ 柯林武德：《历史的观念（增补版）》，何兆武、张文杰、陈新译，北京大学出版社2010年版，第五编第七节"历史思维所创造的进步"。

❖ Ágnes Heller, *A Theory of History*, Routledge & Kegan Paul Ltd., 1982, Chapter 20 "Is Progress an Illusion" and Chapter 21 "The Need for Utopia".

❖ Jonathan Gorman, "Moral Judgement in Historiography", in *Historical Judgenent*, Acumen Publishing Ltd., 2007, pp. 202-213.

❖ 格鲁内尔:《历史哲学——批判的论文》, 隗仁莲译, 安希孟校, 广西师范大学出版社 2003 年版, 第六章"论进步"及跋"进步论与历史主义"。

跋

　　就在这本《历史哲学》交稿与出版之间，发生了我个人生命史中的重大变故：给了我生命尤其是舍己之爱的母亲于 2013 年 7 月 31 日下午四时许走完了她八十三年的人生历程。"熄灯号响，老兵离世。"

　　我自十八岁当兵离家，后来上大学和工作，除节假日探视之外，均不在父母身边。虽说从来没有意识到，总觉得像始终和父母在一起似的，但如今回头想想，一生的缘分，其实真正在一起的时间，不过十八九年。从今往后，"子欲孝而亲不在"，不亦恸乎！

　　谨以此书献于慈母灵前，唯望能告慰当年因家贫只读到初小，却因此终生对文化怀有宗教般虔诚情怀的妈妈（离休后多年一直是南平市老年大学的常年生）于万一。

周建漳
2014 年 6 月 2 日
于厦大海滨东区"仁智近处"

再版跋

　　转眼母亲离开我们已经九年，尔后父亲也于两年前离世。今湖北崇文书局有意再版这本问世近十年的拙作，借此机会，谨附此言，告慰先人。

周建漳

2022 年 8 月 31 日

于东区"仁智近处"